下 자마
기음

KB116262

과

Full Catastrophe Living (Revised Edition)

by Jon Kabat-Zinn

Full Catastrophe Living:
Using the Wisdom of Your Body and Mind tp Face Stress,
Pain, and Illness(Revised and Updated ed.)

삶의 재난을 몸과 마음의
지혜로 마주하기

下 자기치유 마음챙김 명상과

존 카밧진 저

김교헌 · 김정호 · 장현갑 공역

학지사

🐾🐾🐾🐾🐾🐾🐾🐾🐾🐾🐾

　매우 재미있게 읽을 수 있고 동시에 실용적인 이 책은 독자들에게 여러 방면으로 도움을 줄 것이다. 나는 많은 사람이 이 책에서 이득을 얻으리라 믿어 의심치 않는다. 이 책을 통해 당신은 명상이 바로 우리 일상의 삶을 그 대상으로 하고 있음을 알게 될 것이다. 이 책은 달마와 세상, 둘 모두를 향해 열려 있는 문이라고 이야기할 수 있다. 달마가 삶의 문제에 진짜로 관심을 가질 때, 그것이 진정한 달마다. 이것이 바로 내가 이 책을 높이 사는 까닭이다. 나는 이 책을 쓴 저자에게 감사한다.

-1989년, 틱 낫한-

　지난 25년 동안 무수한 사람이 발견한대로, 마음챙김은 평화와 기쁨에 가장 믿을 한 정보다. 마음챙김은 누구나 할 수 있다. 그리고 개인으로서의 건강과 웰빙뿐만 아니라 문명과 행성으로서 우리는 점점 더 분명하게 마음챙김에 의존한다. 이 책은 우리 각자가 삶에 주어진 매 순간을 깨어나고 음미할 수 있게 해 준다.

-2013, 틱낫한-

🐾🐾🐾🐾🐾🐾🐾🐾🐾🐾🐾

1990년에 초판이 발간된 존 카밧진 박사의 세계적으로 유명한 『마음챙김 명상과 자기치유(Full Catastrophe Living)』의 개정판이 2013년에 출간되었다. 초판이 나온 지 거의 25년 만의 일이다. 장현갑과 김교헌은 1998년 초판을 '명상과 자기치유' 라는 제목으로 번역해 한국 독자들께 소개했다. 2010년에는 김정호가 역자로 참가해 책 내용을 보다 생생하게 잘 전달되도록 다듬고 책 출판 15주년을 기념하는 저자의 서문을 소개하였으며, 책 제목도 '마음챙김 명상과 자기치유' 로 고쳤다.

1998년에 한국어로 소개된 책에서 소개한 마음챙김에 기반을 둔 스트레스 완화 프로그램(MBSR)은 국내의 마음챙김 연구와 실천에 적지 않은 영향을 미쳤다고 생각한다. 마음챙김 관련 워크숍과 실습수련이 여러 분야와 지역에서 성행하게 되고 관련 학회도 출범하여 국내의 수련과 자격 제도도 갖추어져 가고 있다. 마음챙김을 주제로 하는 연구 논문의 수도 급격하게 증가하였고, MBSR의 사촌이라고 볼 수 있는 MBCT, ACT, DBT 등에 대한 관심과 연구도 크게 늘어났다. 이런 변화가 모두 이 책의 초판 번역본 때문이라고 볼 수는 없겠지만 적어도 기폭제 역할은 했다고 생각된다.

26년 만에 나온 책 개정판의 번역 원고를 앞에 두고 여러 가지 염려와 감회가 일어난다. 책에 담긴 마음챙김과 인간성에 관한 저자의 풍부한 실천적 경험과 깊이 있는 성찰을 제대로 전달하고 있는지? 특정 용어와 문장의 의미를 역자들의 편향된 생각이나 짧은 지식으로 잘못 옮기고 있지는 않은지? 대학에서 연구하고 학생들을 가르치는 심리학자인 번역자들의 집단적 편향이 번역 과정에 작용하지는 않았는지? 개정판의 번역본도 많은 독자의 사랑을 받고 독자들의 전인적 삶을 풍성하고 건강하게 하는 데 의미 있는 도움을 줄 수 있을지? 염려와 기대로 설렌다.

저자는 마음챙김을 실천하고 수련하는 것에는 인간사 재난과 상처를 치유하고 우리 삶과 세상을 건강하고 선하게 변화시키는 힘이 있고, 인간은 그런 능력을 선천적으로 타고난다고 말한다. 마음챙김의 실천과 수련은 별나지 않고 지금 어디에 있든 어떤 어려움이나 도전을 경험하든 순간순간 펼쳐져 나가는 자신의 경험에 부드럽고 순수한 주의를 기울이고 알아차리는 모험에서 시작하고 끝난다. 이 간명하고 질박한 원리를 제대로 된 실천으로 맞이하지 못하는 자신을 되돌아보며 사변과 말이 앞서고 이기가 일상을 살아가는 자동 조종 장치가 된 스스로의 삶을 꾸짖는 화두로 삼고 싶다.

2017년 2월
개정판의 번역본을 내놓으면서
역자 일동

개정판에 온 것을 환영한다. 25년 만에 처음으로 책을 개정하려
는 내 의도는 책 내용을 최신 현황에 맞추고, 더 중요하게는 출간
이후 많은 시간이 흘렀음을 인정하고 삶과 고난에 마음챙겨서 접
근하려는 명상의 안내와 기술을 다듬고 심화시키는 것이다. 최신
자료에 맞게 책을 개정하는 작업은 그동안 마음챙김이 건강과 웰
빙에 미치는 효과에 관한 과학 연구가 크게 늘어났기 때문에 꼭
필요한 일이었다. 그러나 책을 개정하는 작업에 매진하면 할수록
초판에서 전달하려 했던 기본 메시지와 내용을 본질적으로 동일
하게 유지할 필요가 있고, 적절한 대상들로 더 확대하고 심화시켜
야 한다고 느꼈다. 적지 않은 유혹이 있었지만 나는 마음챙김의 효
능에 대해 폭발적으로 증가하고 있는 과학 증거의 세부사항이나
과학 증거가 MBSR이 제공하는 내적인 모험과 잠재적 가치에 시
사하는 의미에 초점을 맞추지는 않았다. 결국 이 책은 초판이 의도
했던 것, 즉 마음챙김과 인간 본성에 대한 낙관적이고 혁신적인
관점을 기르는 상식적인 방식에 대한 실용적 지침을 제공하는 것

을 그대로 유지하고 있다.

개인적으로 마음챙김 수련을 처음 접하던 바로 그 순간, 나는 그것이 내 삶을 풍성하게 일구어 나가는 효과에 매우 놀라고 크게 감명받았다. 이런 느낌은 45년 이상의 시간이 지나는 동안에도 전혀 줄어들지 않았다. 가장 어려운 시기에 더욱 익어 가고 믿음이 쌓여 가는 진실하고 소박한 우정과도 같이, 이 느낌은 시간이 갈수록 더욱 깊어지고 믿을 수 있게 자랐다.

이 책의 초판을 작업할 때, 편집자는 책 제목으로 '재난(catastrophe)'이라는 단어를 사용하는 것이 현명치 못하다고 했다. 그는 이 용어가 많은 잠재 독자를 출발부터 뒤로 멈칫 물러서게 할 가능성이 있음을 염려했다. 그래서 대안으로 수많은 다른 단어를 생각해 보고 버리고 또 생각해 보았다. 『주의 기울이기: 마음챙김의 치유력(Paying Attention: The Healing Power of Mindfulness)』이 최고의 대안으로 등장했다. 이 제목은 책이 전하려는 내용을 꽤 잘 전달하고 있었다. 그러나 『재난으로 가득 찬 삶(Full Catastrophe Living)』이라는 제목이 또다시 떠올랐다. 그것이 내 마음을 떠나지 않았다.

결국 그 제목으로 정했다. 오늘날 많은 사람이 내게 이 책이 자신의 삶이나 친척, 친구의 삶을 구했다고 이야기한다. 최근 내가 매사추세츠 케임브리지에서 개최한 마음챙김 교육 콘퍼런스에 참석했을 때도 그랬고 그다음 주 영국 체스터에서 열린 마음챙김 콘퍼런스에서도 같은 이야기를 들었다. 나는 마음챙김이 자신의 삶에 미친 효과를 들려주는 독자의 이야기를 진심으로 귀 기울여 들을 때마다 말로 형언할 수 없는 감동을 느낀다. 그 이야기에 등장하는 삶의 재난은 듣기에도 너무 끔찍할 때가 있다. 그러나 완전히 불가능할 것처럼 보이는 재난 상황에 직면해서조차도 치유와 변화를 통해 실체를 품어 안을 수 있는 우리의 능력, 우리 내부에 존재하고 있는 매우 특별한 그 무엇과도 접촉할 수 있다는 것을 알리는 것이 이 책이 전하고자 하는 메시지다. 텔레비전 방송 시리즈의 일환으로 우리 프로그램을 촬영했던 빌 모이어스(Bill Moyers)는 책이 출간된 다음 해인 1991년 일어난 오클랜드 대화재를 취재할 때 소실되어 버린 자신의 집 앞에서 이 책을 팔에 끼고 있는 한 남자를 봤다고 나에게 말해 줬다. 뉴욕커스는 즉시 이 제목을 차용해 간 것으로 보인다.

마음챙김의 효과에 대한 이런 반응은 내가 스트레스 완화 클리닉을 시작한 바로 그 시점부터 마음챙김 수련이 환자들에게 미치는 효과를 관찰하면서 느꼈던 바를 확증해 준다. 클리닉의 환자 대부분은 자신의 만성질환을 개선하기 위한 여러 치료법에서 아무런 호전의 기미도 얻지 못하는 건강 보호 시스템의 갈라진 틈*에 끼여 있는 처지에 있었다. 마음챙김을 기르는 것에는 치유적이고 삶을 변화시키는 그 무엇이 있음이 분명했다. 그것은 낭만적인 구

---

* 클리닉은 의료진이 제공하는 치료 외에 보완적으로 환자 자신이 스스로를 위해 무언가를 해야만 하는 도전에 맞닥뜨린 환자들을 돌보기 위한 일종의 안전망으로 만들어졌다. 그 틈이 이제는 깊은 구렁이 되었다. 건강 보호 시스템의 현 상태와 환자 중심적이고 통합적 접근에 기초를 두어야 할 필요성을 잘 보여 주는 자료로 2013년 CNN 다큐멘터리 〈화재 탈출(Escape Fire)〉을 참조하라.

호가 아니라 단지 인간으로 존재한다는 점 그 자체 때문에 가능한 그 무엇이며, 우리의 삶을 우리 자신에게 되돌려 주는 그 무엇이다. 미국 심리학의 아버지인 윌리엄 제임스(William James)의 말로 표현하면 '우리 모두가 끌어낼 꿈도 꾸지 않았던 생명 저수지'인 셈이다.

지층 아래 깊숙이 묻혀 있는 지하수나 유전처럼 우리 내부 깊숙이 숨어 있는 내적인 자원이 있다. 이는 인간이라는 존재자에게 태어날 때부터 부여된 것이며 우리는 누구나 이를 개발하고 활용할 수 있다. 우리 모두는 학습과 성장과 치유와 자신을 변화시킬 수 있는 능력을 선천적으로 지니고 있다. 변화는 어떻게 일어나는가? 그것은 우리 자신이 스스로 생각하는 것보다 더 큰 존재라는 사실을 알아차리는, 보다 큰 관점을 지니는 능력에서 나온다. 그것은 우리 존재의 전 차원, 우리가 실재로 어떤 존재인가를 깨닫고 그 안에 거하는 데서 나온다. 우리의 이 모든 타고난 내적 자원들은 체화된 알아차림과 그 알아차림에 대한 관계성을 함양할 수 있는 능력에 기초하고 있다. 우리는 이런 자원을 발견하고 함양하는 여정을 자신의 주의를 특정한 방식으로 기울여 달성하려 한다. 즉, '현재 순간에, 의도적으로, 판단하지 않으면서 주의를 기울이다.'

나는 마음챙김이 과학으로 성립하기 오래전에 명상 체험으로 존재의 영역과 친해져 있었다. 설령, 마음챙김의 과학이 출현하지 않았다 하더라도, 명상은 여전히 나에게 중요했을 것이다. 명상은 그 자체로 설득력 있는 논리와 경험적 타당성을 지니며 오랜 시간에 걸쳐 의도적으로 함양하여 자신의 내면적 체험을 통해서만 알 수 있는 지혜다. 이 책과 MBSR 프로그램은 그닥 친숙하지 않고 때로는 걸어가기 어렵기도 한 지형을 명료함과 평정심을 가지고 여행할 수 있도록 돕기 위한 참조 틀과 안내 지침을 제공한다. 명상 체험을 위해서는 부록에 소개한 다른 유용한 책들을 활용해도 좋을 것이다. 그 책들은 당신의 명상 여행을 잘 도와줄 것이다. 중요한 것은 그 여행을 일생 지속하기로 선택하는 것이다. 그러면 기회와 도전이 이어지고 그 지형에 대한 다양한 관점에서 많은 이득을 얻을 수 있는 풍부하고 지속적인 지지와 양육 경험이 따라 나올 것이다. 그것은 일생을 온전하게 깨어서 사는 진정한 여행과 모험이 될 것이다.

어떤 지도도 실제 지형을 완벽하게 기술할 수는 없다. 궁극적으로 우리가 지형을 알기 위해서는 직접 경험해 보아야 한다. 지형으로 나아가 몸으로 체험하면서 그것의 고유한 선물을 맛보아야 한다. 그곳에 머물러야만 하고 적어도 가끔 찾아와서 그 진수를 스스로 직접 체험해야 한다.

마음챙김의 경우, 직접 경험이란 그야말로 별나지 않다. 당신이 지금 어디에 있든 삶의 어떤 어려움이나 도전이 있든 지금 바로 출발해서 순간순간 펼쳐 나가는 삶의 위대한 모험이다. 우리가 스트레스 완화 클리닉에서 환자들을 처음 만나 이렇게 말하듯이 말이다.

······우리의 견해로는 당신이 숨을 쉬고 있는 한 어떤 고통스러운 문제가 있더라도 당신에게는 잘못된 것보다는 좋은 것이 더 많다고 생각합니다. 앞으로 8주 동안 우리는 당신이 가진 좋은 것에 '주의'라는 에너지를 온전히 쏟아부을 겁니다. 당신이

가진 좋은 것의 대부분은 아직 한 번도 알아차리지 못했거나 어쩌면 당연한 것으로 취급했거나 제대로 개발해 보지 못한 당신 내면의 무엇입니다. 병원 의료진이나 당신의 건강 보호 팀이 당신의 잘못된 것을 돌보도록 하게 하고, 우리는 좋은 것에 주의를 기울이며 어떤 일이 일어나는가 한번 지켜보도록 하지요.

마음챙김, 특별히 이 책에서 이야기하는 MBSR 프로그램의 정신에서는 자신의 몸과 마음 그리고 가슴과 삶에 새롭고 보다 체계적이고 사랑스러운 방식으로 주의를 기울이도록 당신을 초대한다. 그렇게 하면 어떠한 까닭으로 지금까지 몰랐거나 눈치채지 못했었던 인생의 중요한 차원을 발견할 수 있다.

새로운 방식으로 주의를 기울이는 작업은, 실제로 당신이 무언가를 얻으려 하거나 어떤 목적지로 가려고 '행위(doing)' 하지 않음에도 매우 건강하고 잠재적으로 치유적이다. 그것은 '존재(being)'와 더 많이 관련된다. 존재하기는 이미 존재하고 있는 자신을 있는 그대로 허락하고 자기 내면에 있는 온전함과 잠재력을 발견하는 것이다. MBSR 프로그램을 진행하는 8주는 새로운 시작일 뿐이다. 진정한 모험은 바로 당신의 전체 삶이다. 이런 의미에서 MBSR은 있는 그대로의 실제와 관계를 맺는 새로운 여정으로 나아가기 위한 플랫폼이 되기를 희망하는 일종의 간이역이다. 마음챙김 수련은 일생의 동반자와 동료가 될 수 있는 잠재력을 지녔다. 일단 마음챙김 수련을 시작하면 알든 모르든 당신은 이 수행을 하는 다른 사람들, 즉 이러한 존재의 방식, 삶 및 세계와 연결되는 방식에 마음을 연 사람들의 전 세계적 커뮤니티에 참가한 것이다. 이것은 당신을 삶과 세상과 연결하는 인터페이스다.

이 책은 수련(practice)을 통해 마음챙김을 함양하는 것에 관한 것이다. 큰 분발심을 내어 해야 할 일은 수련에 매진하는 것이다. 이 책의 모든 것은 당신의 매진을 도우려는 것이다.

이 책과 스트레스 완화 클리닉의 작업, 즉 MBSR의 작업은 많은 다른 작업의 성과와 더불어 새로운 영역을 출범시키는 도구가 될 것이다. 이 새로운 영역이란 의학, 건강 보호, 심리학 등의 학문 내에 형성되는 새로운 영역이고, 또한 함께 마음챙김과 마음챙김이 우리의 생물학, 심리학, 사회적 연결의 여러 수준에서 건강과 웰빙에 미치는 영향에 관한 새롭게 성장하는 과학이다. 마음챙김은 또한 교육, 법, 경영, 기술, 리더십, 스포츠, 경제, 심지어는 정치, 정책 및 정부 등과 같은 매우 많은 영역에도 영향력을 키워 왔다. 이런 추세는 마음챙김이 우리의 세계에 미칠 잠재적 치유력을 생각할 때 고무적이고 흥분되는 일이다.

2005년에는 과학과 의료 영역에서 마음챙김과 이의 적용을 연구한 100여 편의 논문이 있었다. 그런데 2013년 현재 1,500여 편 이상의 논문이 있고 저술의 수도 계속 증가하고 있다. 심지어 '마음챙김'이라는 제목을 붙인 과학 저널도 있다. 다른 과학 저널에서도 마음챙김에 관한 특집호나 섹션을 마련하고 있다. 실상 마음챙김에 관한 전문직업적인 관심이나 건강과 웰빙을 위한 임상 적용 그리고 마음챙김이 작동하는 기제에 대한 관심이 매우 높아서 이 분야의 연구는 기하급수적으로 증가하고 있다. 더욱 중요한 것은 과학적 발견과 그것들이 웰빙에 시사하는 바와 스트레스, 통증, 질병과 함께 마음과 몸의 연결에 대한 흥미로움이 날이 갈수록 증가하고 있다는 사실이다.

개정판에서도 마음챙김의 함양이 심리 기제와 신경회로에 미치는 영향에 대해 더 초점을 두지는 않았다. 그보다는 우리의 삶과 삶의 조건을 커다란 부드러움으로 감싸 안고, 자신을 친절하게 대하고, 건강하고 만족스럽고 의미 있는 삶을 살 수 있는 가능성의 모든 차원을 존중하는 방식으로 사는 데 여전히 더 큰 관심을 두었다. 우리 중 어느 누구도 컬러풀한 뇌 영상을 얻으려고 마음챙김을 함양하는 것은 아니지만, 마음챙김 수련은 뇌의 특정한 영역의 활동성이 아니라 바로 뇌 구조와 연결성에 변화를 가져온다. 그런 변화는 수련을 통해 자연스레 일어난다. 자신의 삶에서 마음챙김을 함양하겠다고 선택하는 동기가 가장 기본이다. 보다 통합되고 만족스러운 삶을 살고 보다 건강해지고, 행복해지며 현명해지겠다는 바로 그 선택 말이다. 다른 동기는 자신과 타인의 스트레스와 고통과 질병을 동반하는 삶, 즉 인간 조건으로서의 재난*을 연민으로 감싸 안으며 그 고(苦)에 직면하고 그에 보다 효과적으로 대처하려는 것이다. 아울러 원래 우리의 모습이지만, 때때로 접촉하지 못하고 표류하기도 하는, 온전히 통합되고 있고 정서적으로 현명한 존재이고자 하는 것이다.

----

* 이 표현과 기원은 서장에서 설명한다.

나는 내 자신의 마음챙김 수련 과정과 내가 세상에서 마음챙김을 지도하고 보급하는 일을 통해 마음챙김 수련을 건강과 자기 자비 및 궁극적으로는 사람의 근본적인 행위로 보게 되었다. 거기에는 자신의 내면을 만나고, 현재를 살고, 때때로 멈추어서 누가 그 행위를 하고 왜 그렇게 행하는지도 잊은 채 자동적으로 반복하는 행위에 머물지 않고 존재하겠다는 의지가 포함된다. 거기에는 자신의 생각 그 자체를 진실이라고 믿고, 흔히 더 복잡한 통증과 고통으로 번져 나가기 쉬운 정서적 폭풍에 붙잡히는 취약함을 보이지 않겠다는 의도도 포함된다. 인생에 대한 이런 접근은 매 수준에서의 극단적인 사랑이다. 마음챙김이 갖는 아름다움 중 하나는 단지 주의를 기울이고 자각과 알아차림에 머무는 것 외에 당신이 해야 할 어떤 것도 없다는 점이다. 존재의 이런 영역은 이미 당신 안에 자리잡고 있다.

실제로는 명상수련이 행위보다는 존재에 관한 것이지만, 그것은 겉보기보다 상당한 노력이 필요한 일이다. 수련 시간을 마련하고 분발심과 규율이 필요한 실천을 행해야 한다. 우리는 MBSR 프로그램에 참여하려는 분들께 이렇게 말한다.

날마다 잡혀 있는 명상수련 일정을 좋아해야 할 필요까지는 없어요. 최선을 다해 참여하기로 약속한 수련 일정에 따라 단지 수련하시면 됩니다. 그러면 수련이 끝나는 8주 뒤에는 이 수련이 시간 낭비였는지 아닌지를 이야기할 수 있을 거예요. 수련

도중에 당신의 마음은 '이건 어리석은 일이야, 시간 낭비일 뿐이야'라고 끊임없이 속삭일 겁니다. 그래도 그냥 수련하세요. 가능하면 내 인생 전부가 여기에 달려 있다는 자세로 전심을 다해 수련하세요. 이는 당신의 생각보다 더 큰 무엇이기 때문입니다.

세계에서 가장 권위 있고 영향력 있는 잡지 『사이언스(Science)』의 최근 표지에 '방황하는 마음은 불행한 마음이다.'라는 제목의 논문이 실려 있다. 그 논문의 첫 글귀는 다음과 같다.

다른 동물과는 달리 인간은 자기 주위에서 일어나지 않는 일들을 생각하고, 예전에 일어났던 일이나 미래에 일어날 일 또는 일어날 가능성이 전혀 없는 일을 생각하는 데 많은 시간을 보낸다. 실제로 '자극과 무관한 생각'이나 '마음 방황'은 인간 뇌가 작동하는 기본 사양에 해당한다. 이 능력은 인간이 배우고 추리하고 계획할 수 있게 도와주는 큰 진화적 성취에 해당하지만, 정서적 비용이 들 수 있다. 많은 철학과 종교적 전통은 행복이 이 순간을 사는 것에서 발견된다고 가르친다. 수행자들은 마음의 방황에 저항하고 '지금 여기에 존재하기'를 훈련받는다. 이런 전통은 방황하는 마음은 불행하다고 제안한다. 과연 그런가?[*]

---

[*] Killingsworth MA, Gilbert DT. A wandering mind is an unhappy mind. *Science*. 2010; 330:932.

하버드 대학교의 연구자들은 제호가 말하듯이 실제도 그렇다고 결론짓는다. 지금 이 순간의 힘을 강조하고 그것을 어떻게 함양하는가를 강조하는 고대 전통에 무언가가 있음을 시사한다.

연구의 이런 발견은 흥미롭고 우리 모두에게 시사점이 있다. 이 연구는 일상의 삶 속에서의 행복을 대규모로 연구한 첫 사례다. 연구자들은 수천 명의 사람들로부터 무선적으로 반응을 받을 수 있는 휴대전화(스마트폰) 앱을 개발했다. 이를 통해 특정한 순간에 자신이 무엇을 하고 있으며, 마음이 방황하고 있는지("당신은 지금 하고 있는 일 말고 다른 어떤 것에 관해 생각하고 있습니까?")에 대해 물었다. 그 결과, 사람들의 마음은 전체 시간의 절반가량을 방황하고 있었다. 이 연구에 참여한 매슈 킬링스워스(Matthew Killingsworth)에 따르면, 사람의 마음이 부정적이거나 중립적인 생각으로 방황할 때 그는 덜 행복하다. 그의 결론은 "무엇을 하고 있든 그의 마음이 방황하고 있을 때가 초점이 맞춰져 있을 때보다 덜 행복하다."는 것이다. "우리는 최소한 몸이 하고 있는 일에 주의를 주는 만큼 우리 마음이 어디에 가 있는가에도 주의를 기울여야 하는데, 대다수는 자신의 생각에 대해 별로 주의를 기울이지 않는다. …… 우리는 '오늘 내 마음과 함께 무엇을 하려고 하는가?'를 물어야 한다." *

순간순간 우리의 마음이 어떤가를 알아차리는 것과 우리가 그렇게 할 때 우리의 경험이 어떻게 변형되는가를 알아차리는 것이 바로 MBSR이 하려는 것이며, 이 책에서 전하고자 하는 바다. 마음

----

* *Harvard Business Review.* Jan-Feb 2012:88.

챙김은 마음이 방황하지 않도록 강제하려는 것이 아니다. 그렇게 하는 것은 더 큰 골칫거리를 만들 뿐이다. 마음챙김은 마음이 방황할 때 그것을 알아차리고 당신이 할 수 있는 가장 부드러운 방식으로 주의를 지금 이 순간에 당신에게 가장 중요한 무엇으로 되돌려 오는 것이다. 지금 여기에서 펼쳐 나가는 당신의 삶에 귀를 기울이는 일이다.

마음챙김은 수련으로 개발할 수 있는 기술이다. 이는 근육과 같다. 마음챙김의 근육은 더 많이 사용할수록 더욱 강해지고 유연해진다. 사람의 근육과 같이 마음챙김 능력은 어느 정도의 도전에 저항할 때 더 강해질 수 있다. 우리의 몸과 마음 그리고 일상에서 마주하게 되는 스트레스는 그런 점에서 좋은 도전거리가 된다. 그런 도전거리는 우리의 마음을 알고 현재 순간에 가장 중요한 것에 마음을 둘 수 있게 하는 타고난 능력을 키워 나가는 데 최상이다. 그렇게 하여 우리는 어떤 것도 변화시키지 않고서도 웰빙과 행복의 새로운 차원을 발견하게 된다.

과학적으로 엄밀하게 실시간으로 매우 대규모의 사람들의 경험을 표집하고 최고의 학술지에 게재되는 이 같은 연구는 그 자체로 마음의 과학이 새로운 시대에 접어들었음을 나타내 주는 지표다. 특정한 순간에 우리가 무엇을 하고 있는가보다 우리의 마음에 무엇이 나타나 있는가를 알아차리는 것은 인간성을 이해하는 데, 그리고 매우 실질적이면서도 사적이고, 심지어 친밀하기도 한 방식으로 건강과 진정한 행복을 이해하는 데 심오한 의미를 지닌다. 이 친밀감은 바로 우리 자신과의 친근감이다. 이것이 마음챙김의 진수이자 MBSR을 통해 배양하려는 핵심이다.

유전자학(genomics)과 단백질체학(proteomics)에서부터 후성유전학(epigenetics)과 신경과학(neuroscience)에 이르기까지 과학계 내의 많은 흐름은 세계와 그리고 우리가 세계와 관계를 맺는 방식이 우리 존재의 모든 수준에서, 즉 우리의 유전자와 염색체로부터 세포와 조직, 뇌의 특정 영역, 특정 영역을 연결해 주는 신경망, 우리의 정서 및 사회적 연결망에 이르기까지 모든 수준에서 중요하고도 의미 있는 효과를 행사함을 반박하기 어렵게 드러내고 있다. 이러한 우리 삶의 모든 역동적 요소는 서로 연결되어 있다. 이들이 함께 우리를 구성하고 언제나 미지이고 무한히 닫혀 있는 전체적 인간의 잠재력을 계발할 수 있게 해 준다.

우리 각자에게 한 인간이 된다는 것은 무엇을 의미하는가? 하버드 대학교 연구자들의 "오늘 내 마음과 함께 무엇을 하려 하는가?"라는 질문은 존재 방식으로서의 마음챙김의 핵심이다. 우리의 목적을 위해 질문을 현재 시제로 조금 고쳐 본다면, "지금 내 마음은 어떤가?"이다. 우리는 이 질문을 확장시켜 "지금 내 심장은 어떤가?" 그리고 "지금 내 몸은 어떤가?"라고 물을 수 있다. 우리는 지금 이 순간에 마음과 심장과 몸이 어떻게 느끼는지를 감지할 수 있기 때문에 생각에 국한해서 질문할 필요는 없다. 이런 느낌, 이런 깨달음은 사고에 기반을 둔 앎을 넘어서서 자신을 아는 방법이다. 영어에서는 이를 '알아차림(awareness)'이라 부른다. 이런 타고난 알아차림 능력을 활용해서 우리는 심오한 해방의 방식으로 자신이 어떠한지를 조사하고, 물어보고, 깨달을 수 있다.

마음챙김을 하기 위해서는 현재의 순간에 주의를 기울이고 현재 순간에 거할 필요가 있다. 우리가 보고 느끼고 알고 배우는 것을 잘 활용해야 한다. 나는 마음챙김을 '의도적으로 현재의 순간에 비판단적인 주의를 기울일 때 생겨나는 알아차림'으로 조작적으로 정의한다. 알아차림은 생각하기와 같지 않다. 알아차림은 지능의 상보적 형태, 즉 적어도 생각만큼 경이롭고 강력한 앎의 방식이다. 더욱 중요한 점은 우리가 생각을 알아차릴 수 있다는 것이다. 이를 통해 우리는 생각과 그 내용을 완전히 달리 조망할 수 있게 된다. 우리의 생각이 다듬어지고 발달할 수 있는 것과 동일하게 알아차림에 대한 우리의 접근성도 다듬어지고 개발될 수 있다. 지금의 교육과정에서는 이를 거의 다루지 않지만, 알아차림의 역량은 주의를 훈련하여 기를 수 있다.

　마음챙김이라는 말 속에는 진심(heartfulness)이라는 의미도 포함되어 있다. 이 사실을 명심해야 한다. 사실 아시아 언어권에서는 마음(心)은 심장과 같은 뜻이다. 그래서 마음챙김이라는 단어를 보거나 사용할 때 진심을 놓친다면, 그 용어의 진수를 놓치는 것이다. 마음챙김은 그래서 단순한 개념이나 좋은 아이디어가 아니다. 그것은 존재 방식이다. '마음챙김'과 동의어인 '알아차림'은 생각보다 더 큰 앎이고 우리에게 많은 선택권을 준다. 우리가 마음과 심장과 몸과 삶에서 발생하는 그 무엇들과 어떤 관계를 맺을 것인지와 관련된 선택권 말이다. 알아차림은 개념적 삶 그 이상이다. 알아차림은 지혜, 지혜가 제공하는 자유와 더 유사하다.

　현재 순간에 일어나는 생각과 감정에 주의를 기울이는 것은 마음챙김의 함양에 있어서 보다 큰 그림의 일부일 뿐이지만, 매우 중요한 핵심에 해당한다. 엘리사 에펠(Elissa Epel)과 엘리자베스 블랙번(Elizabeth Blackburn, 블랙번은 항노화 효소 텔로머레이스를 발견한 공로로 2009년 노벨상을 공동수상했다)과 동료들은 우리의 생각과 정서가 우리가 늙어 가는 속도에 영향을 준다는 사실을 보여 준다. 특히 미래에 관한 걱정과 과거를 강박적으로 반추하는 등의 많은 생각과 스트레스는 세포와 텔로미어 수준에 악영향을 미친다. 텔로미어는 세포 분화에 꼭 필요한 염색체의 끝부분에 있는 DNA 반복 서열로 나이가 들어가면서 짧아진다. 이 연구자들은 만성 스트레스 조건에 있는 사람들의 텔로미어가 더 빨리 짧아진다는 것을 발견했다. 그러나 또한 사람들이 '스트레스를 어떻게 지각하는가'가 텔로미어가 얼마나 빨리 퇴화하고 짧아지는지의 모든 차이를 만든다는 점도 밝혔다. 이것이 여러 해의 수명 차이를 가져올 수도 있다. 이는 중요한 의미인데, 장수를 위해 스트레스의 원천을 반드시 없애야 하는 것은 아니라는 것이다. 실상 우리 삶의 적지 않은 스트레스원은 사라지지 않는다. 연구자들은 우리가 스트레스원이나 상황에 대한 관계를 바꿈으로써 건강과 웰빙, 더 나아가 수명의 차이를 창조해 낼 수 있음을 보여 준다.

지금까지의 증거는 텔로미어의 길이가 지금 현재에 얼마나 머물고 있나("지난주 동안 당신이 하는 그 순간의 일에 전적으로 초점을 맞추고 개입했었던 경험이 있습니까?")와 지난주에 마음이 얼마나 방황했었나("그 순간에 하고 있는 일이나 머물고 있는 장소에 있고 싶지 않았습니까?")의 차이와 연관되어 있다고 시사한다. 연구자들은 이 두 질문에 대한 평정치의 차이를 임시로 '알아차림의 상태'라고 부르고 있는데, 이는 마음챙김과 매우 밀접하게 관련된다.

다른 연구는 텔로미어의 길이보다는 텔로머레이스라는 효소의 수준이 우리가 얼마나 건강하고 오래 사는지에 핵심 역할을 한다고 가정한다. 이 효소의 수준은 실제가 어떠하든 상황이 우리의 안녕을 위협한다고 깨달을 때 낮아지며, 특정 분자나 혈류를 순환하는 면역 세포에서 측정할 수 있다. 이 연구는 삶에서 경험하는 스트레스에 깨어 주의를 기울일 것을 촉구하고 있으며, 삶의 스트레스와 의도적이고 현명하게 관계를 맺는 것이 중요함을 일깨워 준다.

이 책은 당신과 당신의 삶에 관한 것이다. 당신의 마음과 몸 그리고 몸과 마음과 어떻게 현명한 관계를 맺는가를 배우는 것에 관한 것이다. 마음챙김을 실천하고 이를 일상에 어떻게 적용하는가의 실험에 대한 초대다. 나는 이 책을 일차적으로는 우리 병원의 환자들과 그들과 유사한 세상 어느 곳의 사람들을 위해 썼다. 다른 말로 일반인을 위해 썼다. 일반인이라는 말 속에는 당신과 나 그리고 어떤 사람이나 누구나가 모두 포함된다. 삶의 성취와 쓰라린 이야기가 아래로 가라앉고 살아 있음의 진수를 마주하고 삶이 던져주는 과제를 마주해야 할 때, 우리는 누구나 그 고난을 최선을 다해 대처하려는 존재가 된다. 이 과제에는 원치 않는 어떤 것뿐만아니라 좋은 것, 나쁜 것 그리고 추악한 것 등 삶에서 발생하는 모든 것이 포함된다.

우리 마음에는 선함이 충분하다. 악함이나 추함을 이길 만큼 어려움과 불가능을 다루기에 충분한 선이 있다. 밖으로뿐만 아니라 내면에서도 발견된다. 마음챙김 수련은 이미 아름답고, 온전한 덕성으로 갖추어진 우리 내부의 그것을 발견하고, 깨닫고, 활용하는 것을 배우는 일이다. 우리 내면에서 무엇이 일어나든 그것과 관계 맺는 일을 가장 중요하게 여기면서 우리의 삶을 사는 것이다.

여러 해에 걸쳐 나는 마음챙김이 관계성에 관한 것임을 깨달아 왔다. 즉, 우리가 우리 자신의 몸과 마음, 사고와 감정, 우리의 과거와 여전히 호흡하며 우리를 이 순간으로 이끌어 온 것 등 모든 것과 어떻게 관계를 맺을 것인가에 관한 것이다. 또한 마음챙김은 삶의 모든 면을 어떻게 통합되게, 그리고 우리 자신과 타인에게 친절하면서 지혜롭게 사는 방식을 배울 수 있을 것인가에 관한 것이다. 사실 이는 쉬운 일이 아니다. 어쩌면 세상에서 가장 어려운 일이다. 그러나 잠시 멈춰서 다른 방식을 생각해 보자. 우리가 오직 경험할 수 있는 각 순간의 삶을 온전히 껴안고 그것에 온전하게 거주하지 못한다면 어떻게 될까? 그렇게 된다면 얼마나 많은 상실과 슬픔과 고통이 있을까?

아이폰을 활용한 행복 연구로 잠시 돌아가 보자. 하버드 연구자들은 마음챙김과 MBSR의 모험을 시작할 때 우리가 말하는 것과 관련성이 매우 높은 이야기를 한다.

우리는 사람들이 적절하게 도전받고 있을 때, 즉 어려운 목표를 달성하기 위해 노력하지만 목표 달성이 불가능하지는 않는 상황일 때 가장 행복하다는 사실을 안다. 도전과 위협은 같지 않다. 사람들은 도전을 받을 때 꽃피고 위협을 받을 때 시든다.

MBSR은 매우 도전적이다. 무엇이 일어나든 자신의 내면에서 일어나는 경험을 넉넉하게 품으며, 현재 순간에 존재하기란 인간인 우리에게 세상에서 가장 힘든 일일지도 모른다. 그와 동시에 이는 분명 실천할 수 있다. 세계의 수많은 사람이 MBSR 프로그램에 참여하고 참여가 끝난 뒤에도 여러 해 동안 마음챙김을 함양하기 위한 수련을 일상의 일부로 계속하고 있음이 이를 잘 웅변한다. 마음챙김을 함양할수록 자신에게 위협으로 다가오던 일과 상대할 수 있는 새로운 방법이 발견되고, 자동으로 반응하여 건강하지 못한 결과를 초래하던 위협에 대해서 현명하게 반응하는 방법을 배우게 된다.

> 내가 당신의 행복을 예측하고 싶다면, 단 한 가지만 알면 된다. 나는 당신이 남성인지 여성인지, 종교가 무엇인지, 건강과 수입은 어떤지에 대해 알고 싶지 않다. 단지 당신의 사회적 연결망, 즉 당신의 친구와 가족, 그리고 그들과의 연결의 강도가 어떤지만 알면 된다.

사회적 관계의 강도는 건강과 웰빙과 관련이 깊다. 사회적 관계는 마음챙김을 통해 더 깊고 강해지는데, 마음챙김이 바로 자신 및 타인과 맺는 관계성과 관계에 관한 것이기 때문이다.

> 사람들은 흔히 한두 가지 큰일이 행복에 큰 영향을 미칠 것이라 상상한다. 그러나 행복은 수백 가지 작은 일의 총화라고 할 수 있다. ……사소한 일상이 중요하다.

사소한 일이 중요할 뿐만 아니라 사소한 일이 실은 작은 일이 아니다. 작은 일이 거대한 것으로 바뀐다. 관점이나 태도와 현재에 머물려는 노력에서의 작은 변화가 당신의 몸과 마음 그리고 세상에 거대한 효과를 가질 수 있다. 어느 순간에 마음챙김이 아주 조금이라도 드러난다면, 혁신을 가능하게 하는 직관이나 통찰이 일어날 수 있다. 만약 이를 일관되게 키워 간다면, 마음챙김하려는 초보적 노력은 새롭고 보다 강건하고 안정된 존재 양식으로 변할 것이다.

행복과 웰빙을 높이기 위해서 어떤 작은 일들을 해야 하나? 행복 연구자 중 한 사람인 댄 길버트(Dan Gilbert)는 다음과 같이 말한다.

> 중요한 일은 단순한 행동, 즉 명상, 운동, 충분한 수면을 성실하게 행하고 이타성을 실천하는 것이다. ……그리고 당신의 사회적 연결을 가꾸라.

앞서 내가 명상은 근본적인 사랑의 행위라고 말한 것이 사실이라면 명상은 처음에는 자신에서 시작하지만 결코 나에게서 끝나지 않는, 친절과 수용의 기초적인 이타적 몸짓이다.

이 책이 처음 출간된 이래 세상은 생각도 못할 정도로 변해 왔다. 아마 책이 나온 25년 동안 겪은 변화가 그 전 모든 기간을 통틀어 일어난 그것보다 크다고 할 수도 있다. 랩톱, 스마트폰, 인터넷, 구글, 페이스북, 트위터 정보와 세상 어느 곳에서든 가능한 무선 기기 등을 생각해 보라. 끊임없이 확장되고 있는 디지털 혁명은 우리의 모든 일상에 영향을 미쳐 삶의 속도를 높이고 '24시간/7일'이라는 생활양식을 만들고, 전 지구적으로 어마어마한 사회, 경제, 정치적인 변화를 가져왔다. 변화 속도계의 가속은 결코 멈추지 않을 기세다. 이런 영향을 어느 누구도 피해 가기는 어렵다. 과학과 기술의 혁명 그리고 그로 인한 영향을 멈출 수 없게 되었다. 이런 변화에 적응하는 스트레스가 다음 세대에는 더 쌓여 갈 것이다.

이 책과 MBSR 프로그램은 변화의 회오리 속에서 무엇이 정말로 중요한가에 대한 시각을 잃지 않게 하고 사방으로 우리를 끌어당기는 변화의 압력을 효과적으로 균형 잡게 하는 데 기여한다. 우리는 당장 해야 할 일의 긴급성에 사로잡히기 쉽다. 머릿속에 떠오르는 생각이 중요해지고, 쉽사리 긴장과 불안에 사로잡히고, 끊임없이 주의가 분산되며 자동조종 상태로 진행되는 초기 선택 모드로 돌아가기 십상이다. 더구나 자신이나 자신이 사랑하는 사람의 심각한 질병이나 만성통증 혹은 만성질환과 직면하게 되면 스트레스는 더욱 복합적이 된다. 급속한 변화의 회오리 가운데서 마음챙김은 이제 우리의 건강과 웰빙, 더 나아가 우리의 온전함을 강화하기 위한 효과적이고 믿을 만한 대비책이 되어 가고 있다.

우리는 이제 24시간/7일 동안의 연결성이라는 축복을 받고 있다. 어느 시간이든 어느 곳이든 어느 누구에게든 접촉할 수 있다. 그러나 역설적이게도 우리 자신과 자기 삶의 내면적 풍경과 접촉하기는 더 어려워졌다. 종전과 같이 하루 24시간이 주어졌는데도 우리는 점점 더 자신과 만날 수 있는 시간이 적어진다고 느낀다. 하루의 시간을 너무 많은 할 일로 채워야 하고 내 호흡을 파악할 시간조차 드물어진다고 느낀다. 은유적으로, 우리가 무엇을 하고 있으며, 그 일을 왜 하고 있는지를 진지하게 알아볼 시간이 없다.

이 책의 첫 장에서 "당신은 오직 이 순간만을 살 수 있다."라고 말한다. 이는 부정할 수 없는 사실이다. 이는 세상이 아무리 디지털화되는가와 관계 없이 우리 모두에게 계속되는 진실이다. 그러나 많은 시간 동안 우리는 현재 순간의 풍성함과 접촉하지 못하고, 이 순간을 더 큰 알아차림 속에서 머물지 못한 채 그다음 순간을 맞이하게 된다. 만약 우리가 알아차림을 유지할 수 있다면, 이는 우리의 미래 그리고 우리의 삶과 관계의 질을 조형할 것이다.

우리가 미래에 영향을 미칠 수 있는 유일한 길은 현재에 있다. 우리가 지금 순간을 완전한 알아차림으로 마주할 수 있다면, 우리의 다음 순간은 그것 때문에 매우 달라진다. 그러면 우리는 인생을 정말 자신의 것으로 풍성하게 살 수 있는 창의적인 방법을 발견할 것이다.

우리는 고통과 함께 기쁨과 만족을 경험할 수 있는가? 대혼란 속에서도 자신의 피부 안에서 편안하게 있는 것은 어떤가? 웰빙, 진정한 행복을 쉽게 맛보는 것은 어떤가? 이것을 이 책에서 다루려 한다. 이것은 약간의 친절과 함께 비판단적으로 알아차림 속에 유지되는 현재의 순간이 주는 선물이다.

이 탐험을 함께 시작하기 전에 당신은 최근 괄목할 만한 성과를 보여 주는 MBSR 효과 연구에 대해 관심을 가질 수 있다. 앞에서 마음챙김은 그 자체로 자신의 내적 논리와 시를 지니고 있으며 삶에서 그것을 체계적으로 함양해야 할 많은 이유가 있음을 설파한 바 있다. 그러나 다음에 소개할 과학적 발견은 이 새로운 삶의 실험에 참가하려는 사람들에게 추가적 유인가가 될 수 있다.

• 매사추세츠 병원과 하버드 대학교 연구자들은 fMRI 스캔 기법을 활용해서 8주간의 MBSR 훈련으로 학습과 기억, 정서 조절, 자기 감(sense of self), 관점 취하기 등과 관련되는 뇌 부위가 두꺼워진다는 것을 보여 주었다. 연구자들은 또한 위협을 평가하고 그에 반응하는 뇌 부위인 편도체가 MBSR 후에 얇아지고 그 얇아지는 정도가 스트레스 지각 정도가 줄어드는 정도와 관련됨을 발견했다.* ** 이런 예비 연구의 결과는 적어도 뇌의 특정 영역이 마음챙김 명상수련에 반응해서 구조가 재조직화되는, 소위 신경가소성(neuroplasticity)으로 알려진 현상이 나타남을 시사한다. 연구자들은 또 관점 취하기, 주의 조절, 학습과 기억 그리고 위협 평가와 같은 웰빙과 삶의 질에 필수적인 성분이 MBSR 훈련으로 긍정적으로 변화됨을 보여 주었다.

---

* Hölzel BK, Carmody J, Vangel M, Congleton C, Yerramsetti SM, Gard T, Lazar SW. Mindfulness practice leads to increases in regional brain gray matter density. *Psychiatry Research: Neuroimaging*. 2010. doi:10.1016/j.psychresns. 2010.08.006.

** Hölzel BK, Carmody J, Evans KC, Hoge EA, Dusek JA, Morgan L, Pitman R, Lazar SW. Stress reduction correlates with structural changes in the amygdala. *Social Cognitive and Affective Neurosciences Advances*. 2010;5(1):11-17.

• fMRI를 사용한 토론토 대학교 연구자도 MBSR 프로그램을 마친 사람이 현재 순간의 체화된 경험과 관련된 뇌 연결망의 신경 활동은 증가하고 시간에 걸쳐 경험되는 자기(자신이 누구라고 생각하는지에 대한 스토리를 포함하기 때문에 '이야기 연결망'으로 언급되는)와 관련되는 뇌 영역의 활동은 감소함을 발견했다. 이야기 연결망은 마음 방황이라는 특성과 가장 밀접하게 관련되는 부분으로, 현재의 순간이 행복한가 혹은 그렇지 않은가를 결정하는 데 매우 중요한 역할을 한다.

이 연구는 또한 MBSR이 보통 함께 기능하는 두 가지 유형의 자기 자각을 분리시킬 수 있음을 보여 준다.* 이런 발견은 현재의 순간에 체화된 방식으로 머무는 것을 학습함으로써 사람은 '이야기 자기(narrative self)'의 드라마에 그렇게 강하게 붙잡히지 않거나 생각과 마음의 방황에서 길을 잃지 않는다는 것을 시사한다. 방황 속에서 혹시 길을 잃더라도 무엇이 일어났는가를 깨닫고 주의를 현재 순간의 가장 현저하고 중요한 것으로 돌려오게 된다.

연구자들은 방황하는 마음을 판단하지 않고 알아차리는 것이 다른 어떤 것의 변화가 없이도 현재 순간에 더 큰 행복과 웰빙으로 바로 들어가는 첫 관문일 수 있다고 말한다. 이런 발견은 불안과 우울을 포함하는 기분장애로 고통받고 있는 사람뿐만 아니라 우리 모두에게 중요한 시사점을 가진다. 그들

---

* Farb NAS, Segal ZV, Mayberg H, Bean J, McKeon D, Fatima Z, Anderson AK. Attending to the present: mindfulness meditation reveals distinct neural modes of selfreference. *Social Cognitive and Affective Neuroscience.* 2007;2:313-322.

은 심리학자들이 '자기'라고 말할 때 그것이 의미하는 바를 분명히 하는 첫 단계를 제공한다. 이와 같이 계속 진행되고 있는 나의 이야기가 포함되어 있는 뇌 연결망과 그런 이야기가 포함되어 있지 않은 뇌 연결망을 구분하고 그것들이 어떻게 함께 작동하고 마음챙김이 두 연결망 사이의 관계에 어떻게 영향을 미치는가를 아는 것이, 우리가 자신을 누구이고 무엇이라고 여기는지, 그리고 자기 앎에 기초한 통합된 전체로서의 존재로 어떻게 살아가고 기능하는지, 그 신비를 풀 수 있는 빛을 비춰 줄 것이다.

- 위스콘신 대학교의 연구자들은 MBSR에 참가하기를 자원한 건강한 사람을 훈련한 결과, 낯설고 정서적으로 무표정한 사람들로 구성된 평가단 앞에서 발표해야 하는 심리적 스트레스가 유도하여 일으키는 피부 발진 염증 과정에 미치는 악영향을 MBSR 훈련이 줄여 줄 수 있었다. 이 연구는 비교통제집단을 주의 깊게 설계해서 MBSR의 순수한 효과를 제대로 파악할 수 있게 한 좋은 연구였다. 비교통제집단은 건강 증진 프로그램에 참여했는데, MBSR 집단과는 마음챙김 수련을 제외하고는 모든 점에서 동일하게 매치되었다. 두 집단은 프로그램을 실시하고 난 뒤에 심리적 스트레스와 신체 증상 보고에서는 차이가 없었다. 그러나 발진의 크기는 MBSR 집단이 건강 증진 집단에 비해 일관되게 작았다.* 연구자들은

---

* Rosenkranz MA, Davidson RJ, MacCoon DG, Sheridan JF, Kalin NH, Lutz A. A comparison of mindfulness-based stress reduction and an active control in modulation of neurogenic inflammation. *Brain, Behavior, and Immunity.* 2013;27:174–184.

이런 예비적 발견을 필자와 동료 연구자들이 보고했던 피부 질환인 건선 환자에게 마음챙김 수련을 적용했던 연구 결과와 관련시켜서 논의했다. 제13장에서 기술한 그 연구에서는 건선 치료를 위해 자외선 치료를 받는 환자들에서 마음챙김 수련을 하면서 치료받는 집단이 그렇게 하지 않은 집단에 비해 완치율이 4배 높았다.[*]

- 위스콘신 대학교의 같은 연구자들과 협동으로 진행했던 한 연구에서는 건강하지만 스트레스를 경험하고 있는 회사원들을 대상으로 기업 장면에서 MBSR의 효과를 살펴보았다. 우리는 MBSR 수련에 참가했던 사람들이 불안이나 좌절과 같은 정서를 보다 잘 해결해 감을 시사하는 방향으로 뇌 전기적 활동이 변화(전전두엽의 편측성이 변화)함을 발견했다. 이는 어떤 면에서 보면 MBSR 수련에 참가한 사람은 장차 시행할 MBSR 수련을 기다리고 있는 대기자 통제집단의 사람들에 비해 정서적으로 보다 현명해진 것이라고 생각할 수 있는 결과다. 뇌 피질 활동의 우측 편측성에서 좌측 편측성으로의 변화는 부정적 정서를 보다 잘 조절할 수 있게 되었음을 의미한다. 이런 변화는 프로그램이 끝나고 난 4개월 뒤에도 동일하게 유지되고 있었다. 연구에서는 8주 훈련 뒤에 감기 백신을 접종했

---

[*] Kabat-Zinn J, Wheeler E, Light T, Skillings A, Scharf M, Cropley TC, Hosmer D, Bernhard J. Influence of a mindfulness-based stress reduction intervention on rates of skin clearing in patients with moderate to severe psoriasis undergoing phototherapy(UVB) and photochemotherapy (PUVA). *Psychosomatic Medicine*. 1998;60: 625-632.

었는데, MBSR 집단은 대기자 통제집단에 비해 접종 후 다음 주의 면역계 항체 반응이 훨씬 강력했다. 아울러 MBSR 집단에게서는 우뇌에서 좌뇌로 편측성이 변화한 정도와 백신 접종에 반응해서 생산된 항체의 양 사이에 일관성 있는 관계가 나타났다. 이에 반해 통제집단에서는 이런 관계가 나타나지 않았다.* 이 연구는 사람들이 8주라는 짧은 기간의 MBSR 수련을 통해 뇌 전두엽의 활동 편측성을 의미 있게 변화시킬 수 있음을 최초로 보여 주었다. 이런 좌우 전두엽 편측성의 비(ratio)는 사람들의 안정된 정서 양식을 결정하며, 성인의 경우는 상당 부분 고정되고 변화가 어렵다고 보아서 '설정 점(set point)'으로 언급해 오던 것이다. 이 연구는 MBSR이 면역의 변화를 초래한다는 것을 보여 주는 첫 연구이기도 하다.

• UCLA와 카네기 멜런 대학교 연구진이 함께 시행한 연구에서는 MBSR 프로그램에 참가한 사람들이 건강 문제, 특히 노인의 건강에 주요한 위험 요인인 고독감을 실제로 감소시킴을 보여 준다. 55세에서 85세 사이의 성인을 대상으로 한 이 연구에서는 고독감의 감소 외에도 혈액에서 채취한 면역 세포로 측정된 염증 반응과 관련되는 유전자의 표현이 감소함도 밝혔다. C-반응성 프로틴으로 알려져 있는 염증지수가 낮아진 결과였다. 이런 발견은 염증이 암, 심장병 및 알츠하이머

Davidson RJ, Kabat-Zinn J, Schumacher J, Rosenkranz MA, Muller D, Santorelli SF, Urbanowski R, Harrington A, Bonus K, Sheridan JF. Alterations in brain and immune function produced by mindfulness meditation, *Psychosomatic Medicine*. 2003;65:564–570.

치매의 핵심 요소로 알려지기 시작했고, 사회적 소외에 초점을 두고 고독감을 감소시키려고 설계된 많은 프로그램이 효과를 내는 데 실패하고 있기 때문에 더욱 큰 의미를 갖는다.[*]

요약하면 마음챙김은 단순히 좋은 아이디어나 철학에 머물지 않는다. 우리 모두에게 어떤 가치를 가지려면 그것은 우리 일상적 삶의 구체적인 부분에서 구현될 필요가 있다. 강제하고 무리하게 끌어당기는 것이 아니라 가볍고 부드러운 터치로, 그래서 자기수용과 친절과 자기 자비를 키워 나가는 것이어야 한다. 마음챙김 명상은 미국과 전 세계 모두에서 점차 필수불가결한 부분으로 자리를 잡아가고 있다. 이런 맥락과 정신에 더해서 나는 당신을 첫 개정판인 이 책에 초대한다.

마음챙김 수련과 함께 당신의 삶이 순간순간마다 날이면 날마다 더욱 자라나고 꽃피우고 번성하기를 바라면서…….

2013년 5월 28일
존 카밧진

[*] Creswell JD, Irwin MR, Burklund LJ, Lieberman MD, Arevalo JMG, Ma J, Breen EC, Cole SW. Mindfulness-Based Stress Reduction training reduces loneliness and proinflammatory gene expression in older adults: A small randomized controlled trial. *Brain, Behavior, and Immunity.* 2012;26:1095-1101.

차례

하권

제3부 마음챙김 명상법의 실천

제4부 응용: 인생사 고난 상대하기

제5부 알아차림의 길

상권

제3부

마음챙김 명상법의 실천

스트레스

오늘날 우리는 온갖 골칫덩어리로 가득 찬 인생을 묘사할 때 흔히 '스트레스'란 용어를 사용한다. 이토록 넓은 인생사를 아우르는 개념은 당연히 복잡할 수밖에 없다. 그러나 스트레스의 핵심 개념은 매우 단순하다. 사람들이 인생에서 겪는 다양한 변화에 대한 반응이 스트레스라는 하나의 개념으로 통합된다. 내가 만약 누군가에게 요즘 '스트레스를 줄이는 일'을 하고 있다고 하면 이구동성으로 "그래요! 그거 정말 나에게 필요한 거네요."라고 말할 것이다. 사람들은 이와 같이 스트레스가 자신에게 무엇을 의미하는지 곧바로 안다.

스트레스는 다양한 수준에서 발생하며 다양한 근원에서 유래한다. 우리 모두는 각자 다른 스트레스 각본을 가지고 있으며, 그 각

본의 양상은 유사하지만 세세하게는 시간의 흐름에 따라 끊임없이 변화해 간다. 이렇게 넓은 범위를 아우르는 스트레스의 개념과 서로 다른 상황에서 그 스트레스와 함께 어떻게 효과적으로 살아갈까를 제대로 이해하기 위해서는 시스템적 관점으로 조망해야 한다. 이제 스트레스 개념의 기원과 다양한 정의 방식 및 우리 자신의 삶에서 스트레스를 보다 효과적으로 다룰 수 있게 해 주는 원리에 대해 살펴보자.

스트레스는 '생리적' '심리적' '사회적' 수준을 포함하는 상이한 수준에서 작용한다. 짐작하듯이 이 수준들은 서로 밀접하게 상호작용한다. 이런 상호작용은 특정한 상황에 처해 있는 당신의 몸과 마음에 영향을 미친다. 그것은 또한 당신이 스트레스 사건에 직면하고 대처할 때 선택할 수 있는 대안의 범위에도 영향을 미친다. 설명과 이해를 돕기 위해서, 스트레스의 여러 수준이 상호 밀접하게 연관된다는 점을 염두에 두고, 이를 개별(생리–심리–사회) 수준으로 분리해서 고려해 보자.

한스 셀리에(Hans Seyle) 박사는 동물에게 상처를 입히거나 그들을 비일상적이거나 극단적인 상황하에 두었을 때 생리적으로 어떤 일이 일어나는가에 관한 광범위한 연구를 했고, 이를 통해 '스트레스'라는 용어를 처음으로 유행시켰다. 그 이후로 스트레스는 우리가 인생에서 경험하는 모든 압력을 포괄하는 일반적인 용어로 널리 사용되게 되었다. 그런데 불행하게도 이런 용법에서는 스트레스가 우리가 느끼는 압력의 원인인지 아니면 결과인지가 불분명하다. 스트레스는 자극인가 아니면 반응인가? 우리가 흔히 말하듯 "나 스트레스 받았어."라고 하면 스트레스는 그렇게 느끼게 만드는 것이 무엇이든 우리가 반응으로 느끼고 있는 것을 의미한다. 반면 "내 인생엔 스트레스가 많아."라고 말할 때 스트레스는 외부 자극을 뜻한다.

셀리에는 스트레스를 반응으로 규정하고, 스트레스 반응을 일으키는 자극이나 사건을 기술하기 위해 '스트레스 유발 자극(stressor)'이라는 용어를 별도로 만들었다. 그는 스트레스를 '어떤 압력이나 요구에 대한 유기체(인간)의 불특정 반응'으로 규정했다. 이 용법에서 스트레스는 당신이 경험하는 스트레스 유발 자극이 무엇이든 그에 반응하는 유기체(몸과 마음을 포함한) 전체의 반응이다. 스트레스 양상은 스트레스 유발 자극이 외부 사건뿐만 아니라 유기체 내부의 생각이나 감정일 수도 있다는 점 때문에 더욱 복잡해진다. 즉, 어떤 상황에서는 생각이나 감정 경험이 스트레스 유발 자극으로 작용할 수 있고, 다른 상황에서는 외부 자극에 대한 반응(즉, 스트레스)이 되기도 한다.

셀리에는 스트레스 상황에 적응하려는 시도가 실패하여 질병이 생긴다는 이론을 구성하는데, 그런 아이디어에는 유기체의 내적 요인과 외적 요인의 상호작용이 질병의 궁극적인 원인이라는 생각이 스며들어 있다. '심리신경면역학(psychoneuroimmunology)'이라는 새로운 학문 영역이 출현하기 30년 전에 셀리에는 이미 스트레스가 면역에 손상을 미쳐서 감염성 질환에 대한 저항을 낮춘다는 점을 잘 인식하고 있었다.

오랫동안의 굶주림, 근심, 피로, 추위로 인해 생기는 심각한 스트레스는 신체의 방어기제를 와해시킬 수 있다. 이는 모든 면역 체계에 적용된다. 이것이 전쟁과 기근이 있을 때 많은 세균성 전염병이 창궐하는 이유다. 거의 언제나 우리 내부나 주위에 세균이 있지만 우리가 스트레스에 노출되기 전에는 병을 일으키지 않는다면, 질병의 원인은 도대체 무엇인가, 세균인가 아니면 스트레스인가? 나는 두 가지 모두가 원인이라고 본다. 대부분의 예에서 질병은, 세균만도 아니요 적응 반응만도 아닌, 세균에 대한 사람의 반응의 부적절함에서 유래한다.

셀리에의 천재성은 스트레스 반응의 비특정성을 강조한 데 있다. 그는 스트레스의 가장 흥미롭고 기본적인 측면은 경험하고 있는 요구와 압력이 어떤 것이든지 간에 그것에 적응하려는 유기체의 일반화된 생리적 반응에 있다고 주장했다. 그래서 셀리에는 이 반응을 '일반 적응 증후군'이라고 불렀다. 그는 인간이 일반 반응을 통해 위협과 외상, 변화에 직면해서도 자기 내부의 질서와 적합성을 유지할 수 있다고 보았다. 그는 스트레스가 인생의 자연스럽고 피할 수 없는 한 부분이라는 점과 스트레스가 유기체로 하여금 생존을 위한 적응을 요구한다는 점을 강조했다.

셀리에는 스트레스가 어떤 상황에서는 적응의 질병을 일으킬 수 있다고 보았다. 다시 말해서 변화와 압력에 반응하는 우리의 실제 시도 자체가 해로울 수도 있고, 만약 그것이 부적절하거나 제대로 조절하지 못한다면 질병을 유발할 수도 있다. 그 변화와 압력의 근원이 무엇이냐에 관계없이 말이다. 이런 관점에서 보면, 우리가 경험하는 스트레스 유발 자극에 대처하는 노력이 효율적일수록 질병을 잘 피할 수 있게 될 것이다.

이런 주장이 제기된 이후 60년이 흐른 지금, 뇌와 신경계, 정서 그리고 인지가 이런 적응 과정에서 얼마나 중요한 역할을 하는지에 대해 많은 연구가 이루어졌다. 우리가 스트레스에 잘 적응하거나 부적절하게 대처할 때 일어나는 생물학적 기전 또한 많이 규명되었다. 아울러 스트레스에 대한 대처에서 인간이 매우 큰 결정권을 가지고 있다는 점도 밝혀졌다. 우리는 인지 자체만으로도 큰 변화를 만들 수 있다.

셀리그먼(Martin Seligman) 박사는 낙관론과 건강에 대한 연구에서 "어떤 문제가 스트레스가 될 것이냐 아니냐는 잠재적인 스트레스 유발 자극 그 자체가 아니라 당신이 그 문제를 어떻게 바라보고 어떻게 다루어 가느냐에 달려 있다."고 말한다. 우리는 이런 점을 일상 경험을 통해서 익히 알고 있다. 때로 아주 사소한 일이 그 자체가 갖는 도발성과는 전혀 관계없이 자신을 정서적 과민 반응으로 끌고 갈 수도 있다. 이런 일은 우리가 다른 압박에 시달리거나 불안하고 취약하게 느낄 때 특히 그렇다. 그러나 어떤 때는 사소한 짜증거리가 아니라 중요한 위기 상황에 처해서도 별로 애쓴다는 생각도 없이 문제를 능란하게 처리하는 경우도 있다. 그런 순간에는 심지어 자신이 스트레스 상황에 있다는 자각도 하지 못할 수도 있다. 그래서 그 문제가 끝난 뒤에야 감정적으로 고갈되었다거나 신체적으로 지쳤다는 느낌을 알아차리게 된다.

스트레스 유발 자극에 대한 대처 능력은 어느 정도는 그것의 독성이 얼마나 심한가에 달려 있다. 한쪽 극단에는 피할 수도 없고 우리가 그것을 어떻게 바라보는가에 관계없이 생명을 앗아가는 스트레스 유발 자극이 있다. 독성이 매우 높은 화학물질이나 방사선 혹은 필수 장기를 파괴하는 총탄 등이 여기에 속한다. 매우 강한 수준의 에너지를 신체에 가하면 어떤 생물이라도 죽거나 심각한 손상을 입는다.

반대쪽 극단에는 스트레스냐 아니냐로 논란을 벌여야 할 많은 힘(사건)이 있다. 예를 들면, 우리는 언제, 어디서나 지구 중력의 영향을 받는다. 중력은 우리에게 항상 영향을 끼치고 있기 때문에 평소에는 중력을 잘 인식하지 못한다. 우리는 중력에 적응하기 위해 무게중심을 다른 다리로 바꾼다거나 벽에 기대서는 등의 행동을 깨닫지 못한 채 실행한다. 하지만 당신이 콘크리트 바닥 위에 8시간 동안 부동자세로 서 있어야 할 일이 있다면, 이때 중력은 당신에게 큰 스트레스 유발 자극으로 다가올 것이다.

물론 당신이 철근공이나 첨탑 도장공, 공중 곡예사나 스키점프 선수, 또 나이가 매우 많은 사람이 아니라면 중력은 큰 문제가 되는 스트레스 유발인자로 작용하지 않을 것이다. 하지만 이 예시를 통해 어떤 스트레스 유발인자는 우리 삶에 불가피하며, 우리 몸이 변화에 적응하기를 끊임없이 요구받는다는 점을 분명하게 알고 넘어갈 필요가 있다. 셀리에가 지적했듯이 적지 않은 스트레스 유발인자가 우리 삶의 자연스런 부분으로 자리잡고 있다. 중력의 예는 스트레스 자체가 나쁘거나 좋은 것이 아님을 시사한다.

총상이나 높은 수치의 방사선 같은 치명적인 스트레스 유발 자극과 중력과 같은 미미한 스트레스의 양 극단 사이에는 다양한 범주에 속하는 수많은 스트레스 유발 자극이 위치한다. 심리적 스트레스 발생 법칙은 "당신이 상황을 어떻게 받아들이고 어떻게 대처하느냐에 따라 당신이 느끼는 스트레스의 정도가 다르다."는 것이다. 삶에서 피할 수 없는 스트레스 유발 자극과 이에 대응하는 당신의 내적 자원들 사이의 타협점을 찾는 힘은 당신에게 달려 있다. 이런 힘을 지적이고 의식적으로 잘 사용하면 본인이 받는 스트레스를 최소화할 수 있다. 각각의 스트레스 유발 자극에 대한 저마다 다른 새로운 대응책이 아니라 일반적인 대응책이면 된다. 물론 이를 위한 첫 단계는 자신이 스트레스를 받고 있다는 사실을 깨닫는 것이다.

스트레스의 생리적 효과에 대한 초기의 연구는 대부분 동물 실험으로 이루어졌으며, 스트레스 반응에서 심리적 요인과 생리적 요인을 구분하지 못했다. 예를 들면, 셀리에의 실험에서 찬물에서 수영하는 동물이 보이는 스트레스 반응이 찬물을 스트레스 유발 자극으로 하는 생리적 반응인지 동물이 겁에 질려 나타내는 심리적 반응인지에 대한 구분이 모호하다는 비판이다.

이런 실험에서 셀리에는 부정적 경험에 대한 순수한 생리적 반응보다는 심리적 효과를 측정했을지도 모른다. 그래서 후속 연구자들은 이를 염두에 두고 동물은 물론 사람에게서 나타나는 스트레스 반응의 심리적인 측면에 대해 규명하고자 했다. 이런 노력을 통해 동물에게 가한 물리적 스트레스 유발 자극에 대한 반응에서 심리적 요인이 매우 큰 비중을 차지한다는 점을 밝혀냈다. 특히 동물이 특정 스트레스 유발 자극에 대해 효과적으로 대처할 수 있는 선택권을 어느 정도 가지느냐에 따라 심리적 조절장애와 와해의 발생 정도가 크게 영향을 받는다는 사실이 밝혀졌다. 동물들은 심리적 요인에 해당하는 통제감을 통해 스트레스로 인해 유발되는 질병에서 자신의 몸을 지켜 낸다는 것이다.

인간에게 작용하는 스트레스 또한 마찬가지다(노인 요양원 환자들에 관한 연구에서 가장 큰 요인이 통제감이었다는 점을 기억하자—제16장에서 언급된 식물 실험과 제15장에서 언급된 코바사 박사의 심리적 강인성에 관한 실험을 참조하라). 인간은 실험 상황에 처한 동물에 비해 훨씬 다양한 심리적 선택권을 가지고 있다. 따라서 우리가 가진 그 선택권을 스트레스 상황에서 잘 인지하고 이를 스트레스 대처에 적절하고 효율적으로 사용할 때 굉장한 효과가 나타난다.

동물을 이용한 스트레스 실험을 통해 우리는 학습된 무력감이 엄청난 독성을 가지고 있다는 사실을 밝혀냈다. 학습된 무력감이란 본인이 어떤 행동을 하든 그것이 결과와는 아무런 상관이 없다는 점을 학습한 것이다. 하지만 무력감이 학습될 수 있는 것이라면 반대로 학습을 통해 없앨 수도 있다. 효과적으로 대처할 수 있는 외적인 통제력이 거의 없는 스트레스 상황에서도 인간은 무엇에 깊이 관여하여 어느 정도의 통제감을 지각하는 것으로 무력함과 절망감을 이겨 낼 수 있다. 이런 점은 안토노프스키 박사의 나치 캠프 생존자에 관한 연구를 통해 극적으로 드러난다.

지금은 고인이 된 리처드 라자루스(Richard Lazarus)와 동료 수전 포크먼(Susan Folkman)은 캘리포니아에 있는 버클리 대학교의 스트레스 연구자로 재직하던 중에 스트레스가 인간과 환경의 상호교섭적인 관계를 통해 발생한다는 심리적 관점을 제시하였다. 이들의 이런 생각은 마음챙김이 통합의학의 중심에 있음을 깨닫게 하는 데 큰 공헌을 했다. 라자루스는 심리적 스트레스를 '자신의 자원을 초과하거나 안녕을 해친다고 인식되는 환경과 사람의 특정한 관계'로 정의했다. 이는 개인과 환경의 관계에 초점을 두어 인간의 평가와 의식적 선택을 강조했다는 점에서 특별히 통찰력 있는 접근이다. 관계는 마음챙김의 근본이다. 그들의 아이디어는 현재의 순간에 펼쳐지는 경험이 어떤 것이든 그에 마음을 챙기고, 평가하고, 그 경험과 현명한 관계를 맺는 것이 중요하다는 견해를 지지해 준다. 관계적 관점은 어떤 특정 사건이 어째서 보다 큰 대처 자원을 가졌다고 생각하는 사람보다 대처 자원이 적다고 생각하는 사람에게 더 큰 스트레스로 작용하는지를 설명할 수 있게 해 준다. 이는 우리가 특정 환경과의 만남을 어떤 의미로 바라보고, 알아차리고, 어떻게 전체적으로 조망하는지에 따라서 그 상황이 스트레스가 될지 아닐지가 결정된다는 의미다. 당신이 만약 그 사건을 자신의 안녕을 해치는 사건이라고 인식하거나 해석한다면, 그 사건은 당신에게 큰 부담이 될 것이다. 하지만 당신이 사건을 다른 시각으로 인식한다면 같은 사건도 전혀 부담스럽지 않거나 덜 부담스러울 수 있다. 심지어 자신이 상황을 잘 다루고 그것에서 성장할 수도 있는 긍정적인 일로 인식될 수도 있다.

주어진 상황을 조망하고 그것을 처리하는 데에는 매우 다양한 방식이 존재한다는 것은 좋은 소식이다. 피할 수 없는 격한 스트레스 경험에 더욱 잘 대처하기 위해 자신의 내적 자원에 해당하는 '은행계좌'를 풍요롭게 하는 다양한 삶의 방식에 대해서는 책을 진행해 나가면서 더 자세히 들여다보기로 하자. 매일 일정 시간 동안 마음챙김 능력을 배양하기 위한 공식 명상과 일상의 행위들에 마음챙김해 가는 연습을 함께하는 것은 우리의 심리계좌에 예금을 하는 확실한 방법 중 하나다. 그동안 얼마나 많은 사람이 끔찍한 어려움과 고통스러운 상실과 도전을 겪은 후 "마음챙김 수련이 없었더라면 내가 무슨 짓을 저질렀을지 모르겠어요."라고 나에게 말해 왔는지 모른다. 나 또한 스스로의 경험을 통해 진실을 안다. 당신도 일정 기간 동안 마음챙김 수련을 해 보면 그동안 어떻게 마음챙김 수련 없이 살아왔는지 놀랄 것이다. 그만큼 강력하고 미묘하다. 마음챙김은 별 특별할 것이 없는 일이면서 동시에 굉장히 특별하고, 매우 평범하면서도 동시에 매우 유별난 것이다.

상호 교섭적인 관점에서 보면, 자신이 당면한 문제는 그것을 바라보고 평가하는 방식에 따라 그 문제를 어떻게 다루고 얼마나 많은 고통을 겪을지가 결정된다. 말하자면, 잠재적으로 스트레스를 유발할 수도 있는 일에 대해 우리는 보통 생각하는 것보다 훨씬 많은 통제력을 지니고 있다. 주위 환경에는 언제나 우리가 곧바로 어떻게 할 수 없는 많은 잠재적 스트레스 유발 자극이 존재하지만 "그 자극과의 관계에서 자신을 보는 방식을 변화시킴으로써 관계의 경험을 변화시킬 수 있고, 그것이 자신의 자원을 초과하거나 안녕을 해치는 정도를 바꿀 수도 있다."

심리적 스트레스를 이렇게 상호 교섭적인 관점에서 보면, 스트레스 유발 자극에 휘둘리지 않을 때 자신의 자원을 비축해 두고 신체 및 심리적 안녕감을 향상시켜 준다면(예를 들어, 규칙적인 운동, 명상, 적절한 수면, 대인 간 친밀감의 깊은 연결감 등의 네 가지 주요 방법을 통해서) 장차 소모적인 스트레스 유발 자극에 맞닥뜨려서도 보다 저항력이 커진다고 생각할 수 있다. 이는 우리가 자원이 필요할 때 꺼내 쓸 수 있고 그렇지 않을 때는 다시 잔고를 채워 놓을 수 있는 생리적·심리적 은행 계좌에 해당한다. 즉, 건강한 생활양식의 전형이다. 이때 자원이라는 말은 끊임없이 변화하는 경험에 대처할 수 있도록 도와주는 내적 및 외적 지지와 힘들의 조합을 의미한다. 사랑해 주고 지지해 주는 가족이나 친구들 혹은 당신이 좋아하는 집단의 구성원들은 당신의 스트레스 경험을 완충시켜 줄 수 있는 외적 자원이다. 내적 자원의 예로는, 역경을 이겨 나갈 수 있다는 자신의 능력에 대한 믿음(자기효능감), 한 존엄한 인간으로 자신을 바라보는 견해, 변화에 대한 관점, 종교적인 신념, 스트레스에 대한 강건함, 가까운 사람들에 대한 믿음 등을 들 수 있다. 여기 열거한 모든 것은 마음챙김을 수련하여 강화될 수 있다.

스트레스에 강한 사람은 인생을 도전으로 바라보고 통제력을 행사하기 위해 적극적인 역할을 하고자 하기 때문에 더 나은 대처 자원을 보유하고 있는 것이다. 인생이 질서 있다고 생각하는 경우도 마찬가지다. 세상을 살아가는 자신의 경험이 이해할 수 있고 다룰 수 있을 만하며 의미가 있다고 강하게 확신한다면 그것은 매우 강력한 내적 자원이 된다. 그런 힘을 키우고 있는 사람들은 그렇지 못한 사람에 비해 여러 인생사에 직면해 위협을 덜 느끼고 덜 압도당할 것이다. 이 이야기는 제15장에서 살펴보았던 건강을 증진시켜 주는 인지 및 정서적 양상 모두에 적용할 수 있다.

반면 세상사에 대한 우리의 반응은 흔히 공포, 절망 혹은 분노, 저변에 깔린 탐욕과 혐오, 상실이나 배신의 공포 등으로 덧칠해지기 쉽다. 세상을 이런 정서적 반응으로 덧칠하게 되는 양상은 어린 시절의 경험에서 발달해서 제대로 검토되지 않은 고착된 도식으로 지니고 다니다가 유사한 자극을 만나면 그 모습을 드러낸다. 그렇게 되면 문제가 더욱 복잡해지고 더 큰 함정을 파는 꼴이 되며 문제를 더욱 심각하게 바라보게 된다. 이는 스스로 화를 자초하는 꼴이며 긁어 부스럼을 만드는 모양새다. 이럴 때는 자신이 약하고 희망이 없다고 느껴진다.

라자루스 박사의 스트레스에 대한 정의에는 무언가가 심리적 스트레스가 되려면 어떤 방식으로든 '위협'으로 평가되어야 한다는 뜻이 들어 있다. 그러나 우리는 내부나 외부 환경과의 관계가 우리의 자원에 부담되는지를 거의 의식하지 못하거나 심지어 어떤 일이 일어났는지조차 모르면서 스트레스에 처하는 경우도 적잖게 경험한다. 생활양식의 적지 않은 부분이 자신도 모르는 사이에 건강을 해치고 육체적으로나 정신적으로 소진되게 만들 수 있다. 더욱 나쁜 것은 자신이나 타인 및 가능성에 대한 부정적 태도와 신념이 역경으로부터 성장하고 치유하며 통제력을 갖는 데 큰 방해가 된다는 사실이다. 이런 부정적 태도와 믿음은 자각하지 못하는 비의식 수준에서 진행된다.

지각과 평가 혹은 자신이 잘 깨닫지 못하는 자동화된 태도나 신념은 안녕에 대한 위협이나 통증과 변화에 적절하게 반응하고 적응하는 데 매우 중요한 역할을 한다. 따라서 사람들이 스트레스에 효과적으로 잘 대처하기 위해서는 자신의 내부와 환경에서 '무엇이 진행되고 있는가'에 대해 알아차리고 이해할 필요가 있다. 우리는 제12장의 9점 문제에서 연습했던 바와 같이 이런 훈련을 온전한 맥락 속에서 자신의 경험을 지각할 수 있는 능력을 기르게 하여 완성하고자 한다. 이 방법을 통해 전에는 깨닫지 못했던 관계와 피드백을 깨닫게 된다. 이는 자기 삶의 상황을 보다 명료하게 바라볼 수 있게 해 주는데, 어려운 상황에 처했을 때 습관적이고 자동적인 반응에 사로잡혀 생기는 영향을 알아차리게 해 준다. 또한 궁극적으로 성장을 방해하는 많은 무의식적 신념에 대한 집착에서 우리를 해방시킨다. 인생에서 중요한 것은 스트레스 유발 자극 자체가 아니라 그것을 어떻게 보고 어떻게 대처하느냐다. 그것이 바로 스트레스 유발 자극의 희생물이 되느냐 아니냐를 결정한다. 세상과 사물을 바라보는 방식을 변화시킬 수 있다면 그것에 반응하는 방식을 바꿀 수 있고, 이는 스트레스를 크게 낮추고 우리의 건강과 안녕에 장단기적인 효과를 갖는다.

18

변화, 가장 확신할 수 있는 한 가지

　스트레스 개념을 어떻게 정의하든 인간은 인생에서 부딪히는 다양한 경험에 필연적으로 적응해야 한다는 사실에 직면할 수밖에 없다. 이는 기본적으로 변화에 대한 적응을 뜻한다. 만약 변화를 안녕을 위협하는 것으로 보지 않고 삶에서 없어서는 안 될 한 부분으로 볼 수 있다면, 우리는 스트레스를 보다 효과적으로 대처할 수 있을 것이다. 마음챙김 수련은 끊임없이 변해 가는 자신의 생각, 감정, 감각, 지각 및 욕구를 관찰하여 몸과 마음의 내부에서 발생하는 끝없는 변화와 우리가 관계를 맺고 있는 모든 사물과 사람이 끝없이 변화해 간다는 사실에 마주하게 만든다. 어느 한 순간에서 다음 순간의 변화에 초점을 맞추는 것이 무엇이든 마음챙김은 우리가 변화의 바다에 빠져들어 있음을 스스로 알아차리게 만들어 준다.

무생물의 세계조차 끊임없이 변화해 간다. 대륙, 산맥, 바위, 해변, 대양, 대기, 지구 심지어 별들과 은하계도 시간에 따라 변화하고 진화해 간다. 생겨나고 스러져 간다. 상대적으로 짧은 시간을 살다 가는 우리 인간은 이 모든 것을 영구적이고 변화하지 않는 것처럼 생각하는 경향이 있다. 그러나 아니다. 불변하는 것은 없다. 모든 것은 무상(無常)이다.

자신의 삶에 침범해 들어오는 중요한 힘을 생각해 보자. 가장 먼저 인정할 수밖에 없는 것은 어느 것도 절대적으로 안정되어 있지 않다는 점이다. 심지어 생활에 별 풍파가 없을 때조차도 그렇다. 살아 있음은 끊임없는 유동의 상태다. 인간 역시 진화한다. 정확한 시작과 끝을 고정하기는 어렵겠지만 우리는 끝없는 변화와 변형의 길을 걷는다. 우리는 부모가 그 마지막 꼬리에 서 있는 혈통에서 개별적 존재자로 나타났다. 제대로 실감하고 있지 못하지만 어느 지점에선가 개체로서의 내 인생은 종말을 맞는다. 한편 인간은 무생물과는 달리 대부분의 생물은 변화가 불가피하고 언젠가는 죽는다는 사실을 안다. 우리는 자신이 겪는 변화를 생각할 수 있고 그것에 대해 경이로움이나 공포를 느낄 수도 있다.

일단 우리가 통과해 지나가는 신체 변화에 대해서만 생각해 보자. 일생에 걸쳐 우리 몸은 끊임없이 변화해 간다. 개체로서의 인간 생명은 수정란이라는 단일세포로 여정을 시작한다. 현미경으로나 볼 수 있는 매우 작은 이 실체는 하나의 새로운 인간이 되기 위해 필요한 모든 정보를 포함하고 있다—수정란은 나팔관을 타고 내려와 자궁벽에 착상되고 분열을 시작한다—하나의 세포에서

둘로, 둘에서 넷으로, 넷에서 여덟으로, 계속 분화해 나간다. 세포는 분열을 계속해서 덩어리를 형성하고 속이 빈 구로 발달한다. 꼭대기에 있는 세포들은 몸이 되는 이 조그만 구의 바닥 세포들과는 조금 다르게 분화한다. 세포가 분열을 계속해 감에 따라 구도 점차 자란다. 구 자체가 접혀 들어가 서로 상이한 기능을 하는 전문화된 조직과 기관으로 분화되는 여러 층과 지역을 형성한다. 뼈와 신경, 근육과 피부, 모든 내장과 내장계, 눈, 코, 혀, 머리카락, 치아 등의 발달 기반으로 분화된다. 기능이 분화되지만 궁극적으로는 모두가 하나의 솔기도 없는 전체로 통합된다.

신체가 구성되어 가는 이 초기 단계에서조차도 죽음은 그 과정의 일부다. 원래 손과 발의 구조를 만들기 위해 깔려 있던 세포들의 일부는 손가락과 발가락 사이에 공간을 제공하여 팔과 다리의 끝이 지느러미로 휘감기지 않도록 만들어 주고 자신은 죽어 간다. 신경계에 속한 많은 세포는 다른 세포들과 연결되지 못하면 태어나기도 전에 죽는다. 이와 같이 세포 수준에서조차도 전체와의 연결은 생명에 필수적이다.

태어날 때쯤이면 우리 몸은 제자리에서 모두 각자의 맡은 바 역할을 다하는 10조 개 이상의 세포로 구성된다. 그들이 계속 변하면서 유아기, 아동기, 청소년 전기, 청소년기, 청년기 등을 경험해 갈 것이다. 이런 생각을 수용한다면 성장과 발달과 학습을 청년기에 멈추어야 할 이유가 없다. 실제로 성장과 학습은 평생 계속된다. 우리는 몸과 마음 그리고 영혼의 모든 수준에 걸쳐서 자신을 계속 가꾸어 나가고 발달시킬 수 있으며(명상에 해당하는 팔리어인 bhavana는 '발달하다'는 의미다), 이 과정이 진행될수록 점점 더 통합되어 간다.

끊임없는 변화 과정의 종착지는 노화와 죽음이다. 죽음은 몸에 각인된 자연의 일부다. 모든 개체로서의 삶은 언젠가 죽음을 맞이하게 된다. 새로운 유전자를 맞이하여 새로운 가족 구성원이나 종을 출현시키는 과정을 반복하지만 이것도 절대 영원하다 할 수 없다.

요점은 인생이 출발부터 끝까지 계속되는 변화라는 것이다. 우리 신체는 일생을 통해서 성장하고 발달하는 가운데 무한한 방식으로 변화한다. 세상과 자신에 대한 우리의 견해도 그러하다. 하물며 우리가 살아가고 있는 외부 환경이 끝없는 변화의 유동이 아닐 수 있겠는가? 실상 어떤 일은 변화가 매우 느리게 진행되는 듯 보일 수 있겠지만, 영구적이고 영원한 것은 없다. 세상사 모두가 무상하다.

살아 있는 유기체는 환경에서 유래하는 예측하기 어려운 변화로부터 자신을 방호하고 지나친 변화에 대항해서 내적 조건을 지켜 나갈 수 있는 인상적인 방법을 발달시키고 있다. 19세기 프랑스 생리학자인 클로드 베르나르(Claude Bernard)는 '인간 내부의 생화학적 안정성'이라는 개념을 처음으로 제안했다. 그는 신체가 환경의 적지 않은 변화에도 세포들이 최적으로 기능하게 해 주는 일정한 조건을 유지할 수 있도록 하는 세련된 조절 기제를 진화시켰다고 가정한다. 이 기제는 뇌에 의해 통제되고 신경계와 혈류로 분비되는 내분비 호르몬 전령분자에 의해 조절된다. 큰 환경 변화의 비근한 예로는 기온의 급격한 변화, 장기간에 걸친 기근으로 인한 음식의 결핍이나 포식자나 경쟁자로부터의 위협 등을 들 수 있다. 조절 반응은 피드백 회로를 통해 역동적인 내적 균형을 유지하게 되는데, 이를 항상성(homeostasis)이라 부른다. 항상성 개념은 최근에는 '특정한 한계 내에서 유기체의 유동적인 변화를 유지한다.'는 의미인 알로스타시스(allostasis) 개념으로 바뀌고 있다. 체온이나 혈액 속의 산소와 당의 농도를 조절하는 것이 항상성의 예에 속한다. 항상성과 알로스타시스 사이의 차이는 항상성이 체온이나 혈액 화학과 같이 즉각적인 생존과 관련되어서 변산의 범위가 좁은 생리체계에 해당한다면, 알로스타시스는 혈압이나 코르티솔 수준 및 체지방과 같이 변동 가능한 범위가 넓어서 보다 경계가 넓은 생리체계에 해당한다는 것이다. 이런 일정 범위는 부분적으로는 뇌에 의해서 조절되고, 또 부분적으로는 수일, 수 주, 몇 개월 그리고 몇 년에 걸치는 만성적인 스트레스의 시간 틀 속에서 끊임없이 변화하는 환경에 본인이 어떻게 적응하는가에 의해서 조절되어 간다. 이런 생리적 건강 유지 체계는 항상성보다는 알로스타시스를 통해 조절된다. 그러나 우리 건강을 최적의 상태로 유지시켜 주는 두 가지 체계 모두가 만성적으로 스트레스를 받는 생활양식에 의해 심각하게 손상을 받을 수 있다.

우리는 신체의 욕구를 충족시키는 방향으로 행동하여 항상성과 알로스타시스를 유지해 가는 추동과 본능을 진화시켰다. 신체가 물을 필요로 할 때 갈증을 느끼거나 음식을 필요로 할 때 배고픔을 느끼는 본능이 바로 이런 범주에 속한다. 의식적인 행위를 통해서도 생리 상태를 조절할 수 있다. 즉, 바깥 기온에 따라 옷을 더

껴입거나 벗기도 하고, 시원하게 하려고 창문을 열기도 한다.

개별 유기체를 둘러싸고 있는 자연과 사회 환경 모두에 끊임없는 변화가 일어나지만, 우리의 신체는 외부 변화로부터 상당히 완충되고 방호된다. 우리는 변화하는 조건하에서 생존율을 높이기 위한 '내부 화학 상태'를 안정시키려 하는 타고난 기제를 지니고 있다. 아울러 생물학적 실수를 인식하고 바로잡는 타고난 수리 기제를 지니고 있어 암세포들을 추적하고 무력화시키며, 부러진 뼈를 고치고, 상처에 피막을 형성하고, 상처를 봉하고 또 고친다. 심지어 텔로미라제라는 효소가 분비되어 모든 염색체의 끝에 있는, 세포의 수명을 연장시키는 텔로미어를 수리할 수도 있다. 이런 작용은 특별히 우리가 위협을 느낄 때 어떤 생각을 하느냐와 밀접하게 관련된다.

이런 무수한 조절 과정은 유기체 내부에서 유래하는, 신체 내부의 화학 언어인 특정 신호에 반응해서 작동한다. 우리는 간의 화학에 대해 생각할 필요가 전혀 없다. 다행스럽게도 이는 자기조절된다. 우리는 언제 다음 숨을 쉬어야 할지 염려하지 않고도 저절로 호흡이 된다. 또한 어떤 특정한 계획에 따라 뇌하수체가 성장 호르몬을 분비해서 성인에게 걸맞는 몸 크기가 되는지 아닌지 신경 써야 할 필요도 없다. 아울러 우리가 다치거나 상처를 입었을 때, 피가 막을 형성하고 딱지가 앉거나 피부가 그 밑바탕을 고치도록 만들어야 할 의식적인 필요성도 느끼지 않는다.

그러나 신체가 견딜 수 있는 정도보다 지나치게 술을 마신다든지 해서 조직을 학대하면, 간에 대해 의식적으로 신경을 쓸 수밖에 없는 사태가 발생하기도 한다. 그 시점에서 간은 이미 회복할 수 있는 상태를 넘어서게 되고 조절이 어렵다. 흡연과 폐에 대한 이야기도 이와 비슷하다. 정교한 수리 능력과 방호 시스템과 정화 시스템이 내장되어 있더라도 우리는 압도당하기 전에 남용과 학대를 멈추어야 한다.

우리 신체는 끊임없는 변화에 직면해서 안정성과 활력을 유지하기 위해 수백만 년 이상의 진화를 통해 발달시킨 매우 강건하고 저항력 있는 타고난 기제를 가지고 있다. 이 점은 우리를 안도하게 해 준다. 이런 생물적 저항성과 안정성은 생활 스트레스에 직면했을 때 우리에게 큰 힘이 된다. 우리가 스스로의 신체를 신뢰하고 신체를 거스르는 방향이 아니라 조화를 이루어 함께 살아가야 하는 이유가 바로 여기에 있다.

한스 셀리에는 스트레스에서 자유로운 생은 없으며, 살아가는 과정 자체가 변화하는 환경에 적응하기 위해 줄다리기하는 과정이라는 것을 강조한다. 우리의 관심사는 자신의 생에 얼마나 많은 줄다리기가 있어야만 하는가다.

적응을 위한 힘겨운 줄다리기를 새로운 생물학적 용어로 '알로스타시스 부하'라고 한다. 이 용어는 록펠러 대학교의 저명한 스트레스 연구자인 브루스 매큐언(Bruce McEwen)이 소개한 것이다. 알로스타시스(allostasis: 생체 적응) 개념은 일찍이 다른 연구자도 소개한 바 있다. 이는 스트레스 자극에 대해 적응하기 위해 항상성 체계를 활성화하는 것을 지칭한다. 알로스타시스는 클로드 베르나르의 "동일한 상태에 머물러 안정성을 유지한다."는 항상성 개념을, 스트레스 생리학적인 관점, 특히 스트레스 반응에 있어서 뇌의 역할에 더 정확하게 맞추어 수정한 개념이다. 우리 몸의 스트레스에 대한 단기적 반응이 장기적으로 봤을 때에는 해가 될 수도 있다. 우리 몸은 다양한 스트레스 상황에서의 복잡한 상호작용을 조절하고 최적화하기 위한, 내재된 알로스타시스 체계를 갖추고 있다. '알로스타시스' 라는 단어는 "변화하여 안정성을 유지한다."는 문자적 의미를 가지고 있다. 매큐언은 "스트레스 반응을 구성하는 체계는 매우 극적으로 변한다."고 이야기하며, 이것이 극단으로 치닫는 경우가 투쟁/도피 반응이 된다고 본다. 스트레스 자극에 대해 습관적이거나 자동적으로 반응하는 대신 마음챙김으로 접근하면 스트레스에 의한 부작용(알로스타시스 부하)을 현저히 줄일 수 있다. 이후의 두 장은 이에 관해 논의할 것이다.

　1960년대에 들어 연구자들은 어느 개인이 한 해 동안 얼마나 많은 변화를 경험했느냐가 그 후에 그 사람의 건강에 어떤 영향을 미치는지를 연구하기 시작했다. 워싱턴 의과대학의 토머스 홈스(Thomas Holmes)와 리처드 라헤(Richard Rahe)는 배우자의 죽음이나 이혼, 교도소 수감, 상해나 질병, 결혼, 해고, 퇴직, 임신, 성 문제, 가족이나 가까운 친구의 죽음, 직무나 책임의 변화, 부동산 저당, 뛰어난 개인적 성취, 생활 조건의 변화, 사적 습관의 변화, 휴가 가기, 교통 위반 딱지 받기 등과 같은 항목을 포함하는 다양한 생활 변화를 설문지 목록에 담았다. 그들은 이 생활 사건이 적응하는 데 얼마의 노력이 필요하겠는가 하는 면에서 배우자의 죽음을 100으로 시작해서 가벼운 법률 위반의 11까지 내려가는 가중치를 배당했다. 연구자들은 생활 변화 목록표상에서 높은 점수를 받은 사람이 낮은 점수를 받은 사람에 비해 이듬해에 질병에 걸리는 확률이 높음을 발견했다. 이런 결과는 변화 그 자체가 질병을 유발하는 사전 경향성으로 작용함을 시사한다.

홈스와 라헤의 생활 변화 목록표에 나와 있는 결혼, 승진, 뛰어난 성취 등과 같은 사건은 '행복한' 사례에 해당한다. '긍정적'으로 보임에도 그런 사건들이 포함된 이유는 인생의 큰 변화는 적응을 요구하고 그래서 스트레스가 될 수 있기 때문이다. 셀리에의 용어로는 그런 사건들은 '즐거운 스트레스(eustress)'나 '좋은 스트레스의 예'가 된다. 그 일들이 후에 고통을 유도할지 어떨지는 대부분 당신이 어떻게 적응하느냐에 달려 있다. 쉽게 적응한다면 즐거운 스트레스는 비교적 해가 없고 양성이 되어 그 변화를 다루는 당신의 능력을 압도하거나 위협하지 않는다. 그러나 당신이 새로운 상황에 적응하는 것이 어렵고 힘들다면 긍정적인 인생의 변화가 얼마나 쉽게 고통으로 변하는가를 맛보게 될 것이다.

예를 들어 보자. 당신이 은퇴를 여러 해 동안 고대했었고 마침내 그 일을 맞이하여 일찍 일어나 직장에 출근해야 하는 고통에서 해방되었다면 처음에는 기쁠 수 있다. 그러나 얼마 뒤엔 넘쳐 나는 많은 시간을 어떻게 해야 좋을지 당황스러워하게 되고, 직장에 다닐 때 느꼈던 모든 연결성을 그리워하게 될 수 있다. 새로운 연결을 발견하고 의미 있게 시간을 꾸려 가는 방법을 터득하기 전까지 당신은 은퇴라는 중요한 인생 사건에 대해 실패한 꼴이 되고, 그것은 스트레스로 작용할 것이다.

최근 우리 사회의 높은 이혼율은 행복하게 출발하는 결혼이 크나큰고통과 재난이 될 수도 있음을 잘 보여 준다. 이런 사태는 자신과 상대의 성장과 변화를 허용하는 것을 포함해서 사람들이 함께 사는 것과 관련된 변화에 잘 적응할 수 없을 때 특히 잘 일어난다. 결혼 스트레스는 부모가 된다는 큰 짐과 역할이나 생활방식에서의 변화 등에 적응하지 못할 때 심각해진다. 아기를 갖는 즐거운 스트레스도 쉽사리 고통으로 바뀔 수 있다. 승진이나 졸업, 나이 드는 것 등 좋아 보이는 일도 이와 유사하다.

인생사의 의미는 자신이 처해 있는 전체 맥락에 따라 크게 달라진다. 예컨대, 배우자가 죽었다고 생각해 보자. 배우자가 오랫동안 소모적인 질병에 시달려 왔다거나 그 사람과의 관계가 불행이나 착취와 소외 등으로 점철되어 오다가 죽는 경우와 둘 사이의 관계가 매우 친밀했는데 갑작스럽게 사망한 경우는 그 죽음의 의미가 매우 다를 것이다. 홈스와 라헤의 방식대로라면 배우자의 죽음은 모두 100점으로 처리된다. 그들은 개인이 부여하는 경험의 의미를 고려하지 않았다.

우리가 인생에서 적응해야 하는 일은 중요한 전환점만이 아니다. 우리는 원하든 원치 않든 매일 어느 정도 중요한 일에서부터 아주 사소한 일에 이르기까지 갖가지 방해나 사건을 다루어야 하고, 그런 일은 우리가 마음의 균형을 상실하면 큰 문제로 바뀌어 다가올 가능성도 있다.

홈스와 라헤의 생활사건척도는 당시 연구에 큰 공헌을 하였지만 이렇듯 치명적인 단점이 있다. 또 다른 약점으로는 누구에게나 닥칠 수 있는―특히 어린 시절의 트라우마적인 사건을 배제한다는 점이다. 외상 경험은 때때로 삶에 중요한 의미를 부여할 잠재력이 있는 사건을 부정적으로 왜곡하거나 하찮게 보이도록 만든다. 자기 본연의 온전함과의 연결성을 회복하기 위해서는 이러한 사건을 인지하고 창의적인 방식으로 경험할 수 있어야 한다. 트라우마를 극복하기 위해서 마음챙김과 요가를 창의적으로 활용하는 다양한 치료법이 개발되었고, 또 개발되고 있는 중이다.*

우리가 경험하는 심리적 스트레스가 건강에 미치는 궁극적인 효과는 변화를 어떻게 지각하고, 한편으로는 내적 균형과 응집성을 잘 유지하면서 다른 한편으로는 끊임없는 변화에 얼마나 잘 적응해 가느냐에 달려 있다. 이는 다른 말로, 사건의 의미를 어떻게 귀인하느냐와 삶과 자신에 대한 신념이 어떠한가, 그리고 일단 '버튼'이 눌러지면 아무런 자각 없이 저절로 튀어나오는 스트레스 반응을 얼마나 많이 알아차릴 수 있느냐에 달려 있다. 스트레스의 순간은 삶의 질을 획기적으로 변화시킬 수 있는 마음챙김이 가장 필요할 때다.

* 보스턴의 외상 센터에서 근무하는 Bessel van der Kolk 박사의 최근 연구를 참조하라.

19

스트레스 반응에 붙잡히기

　잠시 멈추고 생각해 보면, 인간은 놀라울 정도로 스트레스에 잘 저항한다는 사실을 깨닫게 된다. 때로는 골칫거리로 가득 차고 끔찍한 사건을 만나도 우리는 이런저런 다양한 방법으로 스스로를 지키고 생존한다. 심지어 스트레스와 통증과 슬픔 속에서도 기쁨과 평화와 충만의 시간을 갖기도 한다. 인간은 뛰어난 대처자이며 문제해결사다. 단호한 결심을 통해, 창의와 상상을 통해, 기도와 종교적 신념을 통해 삶의 목적, 의미, 기쁨, 소속감, 이기심에서 벗어나거나 타인을 보호하려는 욕구 충족에 대한 관여를 통해서 스트레스에 대처한다. 우리는 가족과 친구 혹은 보다 큰 지역사회로부터의 사랑과 격려 및 지지를 통해서 또는 자기 삶에 대한 끈질긴 사랑을 통해서 어려움에 대처하고 원기를 북돋운다.

우리가 직면하는 문제를 해결하기 위한 의식적 반응은 무의식적인 생체 지능에 기반을 두고 있으며, 이는 경이로울 정도로 매우 정교하게 작동한다. 수백만 년의 진화 과정을 통해 연마된 이런 기제는 지각과 운동 반응과 알로스타시스로 작동되며, 매우 기민하게 진행된다. 캘리포니아 대학교 데이비스 분교(UC Davis)의 '뇌와 마음센터' 신경과학자인 클리프 사론(Cliff Saron)은 인간은 제한된 정보를 바탕으로 의미 있는 패턴을 완성해 내는 탁월한 능력을 가지고 태어난다고 강조한다. 이는 우리의 뇌, 신경계, 근육 및 심장이 작동하는 방식인 온전한 신체적 지혜의 예다. 이 과정에서는 모든 것이 통일된 하나를 이루기 위해 협동한다. 방금 살펴보았다시피 이러한 신체 내부의 회복을 위한 기제 중 일부는 위협의 즉시성을 넘어서서 심지어 수 시간 또는 수일에 걸쳐 작동하기도 한다. 그러나 우리를 위협하는 사건의 대부분은 신속하게 다가온다. 이 체계가 상황에 맞춰 작동될 때 우리는 생각할 시간조차 없이도 자동적인 반응을 통해 급박한 위험에서 스스로를 지킬 수 있다. 예를 들어, 자동차가 급정거 파열음을 내며 나를 향해 다가오고 있는 상황을 생각해 보라. 이처럼 우리에게 내재된 대다수 자동 반응은 문제가 되지 않는다. 이러한 반응은 생물학적으로 매우 신뢰할 수 있다.

그러나 문제가 발생하기도 한다. 건강한 심리생리적 균형과 역동성에 해당하는 우리의 알로스타시스는 매우 적응적이고, 매우 융통성 있고, 매우 다면적이고, 주의를 기울이지 않고도 믿음직하게 작동한다. 하지만 심리생리적 균형과 역동성이 건강한 방식으로 반응하고 적응하는 역량의 한계를 넘어서면 조절 이탈이나 장애가 발생하기도 한다. 우리는 이런 예들을 병원에서 일상으로 만난다. 또 다른 한편으로는 우리의 건강은 끊임없이 마주하게 되는 삶의 압력을 과장하고 복잡하게 만드는 뿌리 깊은 습관적이고 자동적인 행동방식에 의해서도 손상받는다. 결국 스트레스 자극에 대한 우리의 자동화된 반응, 특히 부적응적으로 반응하는 습관이 우리가 얼마나 스트레스를 경험하게 될지를 크게 결정한다. 의식적으로 알아차리지 못하고 자동화된 과정을 통해 드러나는 이런 반응은 스트레스를 과장하여 간단한 문제로 끝날 일들을 최악의 상황으로 빚어내기도 한다. 스트레스 유발 자극에 대한 자동 반응은 문제를 분명하게 바라보고 창의적인 해결 방법을 찾는 과정을 방해하며, 타인과 의사소통하고 싶어 하는 욕구가 있을 때 자기감정을 잘 표현하지 못하게 하며, 마음의 평화를 방해한다. 그렇게 반응할 때마다 우리가 알아차리지 못하는 가운데 내적 균형이 깨어진다. 이런 무의식적 반응성은 와해와 질병의 위험을 의미 있게 증가시킨다.

잠시 자신이 [그림 19-1]에 묘사된 사람이라고 가정해 보자. 그림의 꼭대기에 있는 화살표로 표시된 외적 스트레스 유발 자극—물리적, 사회적, 정서적, 경제적 혹은 정치적—은 당신에게 작용해서 당신의 신체와 생활과 우리를 둘러싸고 있는 사회적 지위를 변화시킨다. 이런 모든 힘은 이런저런 강도로 우리에게 작용하며 재빠르게 지각되고 평가되어 위협 수준을 결정한다.

외부에 있는 힘에 대한 지각 반응으로서의 변화뿐만 아니라 우리 마음 내부에서도 변화가 유발된다. 내부에서 유래하는 변화 또한 적응 에너지를 동원하고 유기체에게 또 다른 압력과 요구를 만들어 낸다. [그림 19-1]에는 이를 '내부 스트레스 유발 사건'으로

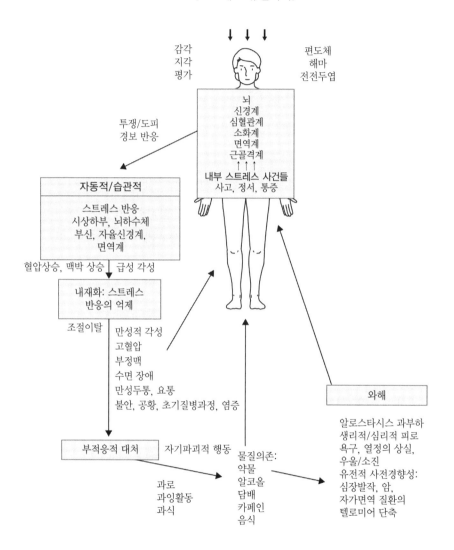

외부 스트레스 사건들
(스트레스 유발자극)

감각
지각
평가

편도체
해마
전전두엽

뇌
신경계
심혈관계
소화계
면역계
근골격계
내부 스트레스 사건들
사고, 정서, 통증

투쟁/도피
경보 반응

자동적/습관적

스트레스 반응
시상하부, 뇌하수체
부신, 자율신경계,
면역계

혈압상승, 맥박 상승 ｜ 급성 각성

내재화: 스트레스
반응의 억제

조절이탈

만성적 각성
고혈압
부정맥
수면 장애
만성두통, 요통
불안, 공황, 초기질병과정, 염증

와해

부적응적 대처 자기파괴적 행동

과로
과잉활동
과식

물질의존:
약물
알코올
담배
카페인
음식

알로스타시스 과부하
생리적/심리적 피로
욕구, 열정의 상실,
우울/소진
유전적 사전경향성:
심장발작, 암,
자가면역 질환의
텔로미어 단축

[그림 19-1] 스트레스 반응회로(자동적/습관적)

표시해 놓았다. 이렇듯 우리의 생각이나 감정조차도 그것이 효과적으로 반응하는 능력을 초과하거나 부담을 줄 때는 중요한 스트레스 유발 자극으로 작용한다. 생각이나 감정이 실제와 일치하지 않을 때도 그렇다. 예를 들어, 실제는 그렇지 않은데도 자신이 죽을병에 걸렸다고 생각한다면 그 생각 때문에 크게 스트레스를 받고 무력해질 수 있다. 제14장의 버나드 로운(Bernard Lown) 박사의 사례에서 보듯이 극단적인 생리적 불균형을 초래할 수도 있다.

어떤 스트레스 유발 자극은 상당한 기간에 걸쳐 영향을 미친다. 이를 만성 스트레스 유발 자극이라 한다. 흔한 예로는 만성질환이나 장애를 가진 가족 구성원을 지속적으로 돌봐야 할 처지에 있는 사람이 있다. 이런 경우 스트레스의 요인은 오랫동안 지속되고 이에 따른 부정적인 효과를 최소화하기 위해서는 엄청난 적응이 필요하다. 물론 스스로가 만성질환을 갖는 것 또한 만성 스트레스의 요인이 된다. 반면 비교적 짧은 시간 동안 찾아오는 스트레스도 있다. 이는 급성 스트레스 유발 자극이라 한다. 마감시간을 지켜야 하는 연말 소득세 정산을 생각하면 이해가 쉽다. 다른 급성 스트레스 유발 자극도 생활과 밀접하게 나타난다. 별것 아니게 보일지 모르지만 자주 나타나기 때문에 그 효과가 시간이 감에 따라 계속 쌓여 간다. 아침에 다급하게 나설 준비를 마치고, 막히는 길을 운전하고, 회의 시간에 늦은 뒤 집에 돌아와서는 자녀나 배우자와 말다툼을 한다. 혹은 급작스럽게 찾아오는 예기치 못한 일이 있다. 갑작스러운 사고, 직장에서 해고 통보를 받거나 가까운 사람의 죽음 등이 이에 해당된다. 모든 일이 급성 스트레스의 요인이 되기 때문에 우리는 이에 적응해 나가고 발생한 사건들을 받아들여야 한다. 이런 과정이 원활치 않으면 장기적인 부정적 생활양식이 형성되고 그것이 만성 스트레스를 일으키기도 한다.

UCSF의 스트레스 연구자인 엘리사 에펠(Elissa Epel)은 급성 스트레스를 단거리 달리기에 비교한다. 어떻게 해서든 금방 끝나서 출발점인 행복한 상태로 돌아가게 되기 때문이다.* 에펠 박사는 이 비유를 확장시켜 만성 스트레스를 마라톤에 비유한다. 마라톤은 지속적인 달리기의 중간중간에 여러 단거리 질주 구간을 포함하기 때문이다. 예를 들면, 만성질환을 앓고 있는 가족 구성원을 돌보는 와중에 해결해야 할 급격한 사건이 생길 때가 있다. 만약 이 상태가 계속되는 마라톤이라는 점을 깨닫지 못하고 급성 스트레스와 똑같이 대응하다 보면 곧바로 대응력이 고갈되기 마련이다. 장기적인 스트레스 상황에서 우리는 적절한 페이스를 유지해야 한다. 마음 은행계좌에 더 많은 자원을 보존하고 저축하기 위해서 때로는 잠시 쉬어 갈 줄도 알아야 한다. 그녀는 급성 스트레스 유발 자극이 만성 스트레스의 요인이 될 수도 있다고 염려하고 반추하는 것은 사려 깊지만, 이런 사고 양식 자체가 내적인 스트레스 요인이 되어 스트레스를 심화시킬 수 있다고 얘기한다. 그녀는 이러한 반추적 근심, 걱정이 고혈압의 원인이 되는 만성 스트레스를 야기한다는 사실을 증거를 통해 지적한다. 앞서 살펴보았듯이 그

---

* 급성 스트레스는 사바나에서 사자의 공격을 받는 가젤영양이 보이는 투쟁−도피 반응에 비유할 수 있다. 가젤영양은 일단 안전거리가 확보되면 아무 일도 없었다는 듯이 예전으로 돌아간다. 그러나 인간의 경우는 사정이 좀 달라진다. 인간은 눈앞에 닥친 위험이 끝난 뒤에도 장차 어떤 일이 벌어질 가능성에 대해 염려하고 이런 과정이 우리를 더 미치게 할 수 있다. 찰나의 간격으로 외상적 사건을 피할 수 있었던 사람은 오랜 시간 동안 자신이 그 일을 효과적으로 헤쳐 나갈 수 있을 것인지에 대해 반추하고 주의를 기울이게 된다.

녀의 만성 스트레스에 시달리는 사람들의 말단소체(telomere)와 말단소체복원효소(telomerase)에 관한 연구는 반복적으로 되씹는 근심 걱정이 우리에게 얼마나 나쁜 영향을 끼치는지 잘 보여 준다. 마음챙김 수련과 같은 적응을 위한 의도적인 심리적 과정 없이는 반추가 오히려 독이 될 수 있다.

세금 정산의 예처럼 어떤 스트레스 유발 자극은 매우 예측하기 쉽다. 사고라든가 예상치 못했지만 처리해야 하는 과제처럼 어떤 스트레스 유발 자극은 예측하기 어렵다. [그림 19-1]의 작은 화살표들은 급성과 만성 스트레스, 그리고 내외적인 스트레스를 모두 묘사하고 있다. 우리는 언제 어디서든 스트레스에 노출되어 있다. 서 있는 사람의 형상은 완전한 유기체로서의 몸과 마음 모두를 포함한 당신을 의미한다. 이는 그림에 묘사되어 있는 기관계를 포함한 몸의 모든 기관계(뇌, 신경계, 심혈관계, 면역계, 소화계 등)를 의미한다. 또한 기존의 지각, 신념, 사고, 감정 등을 포함하는 당신의 심리적 자아를 포함한다. 물론 뇌는 삶과 경험에 기여하는 관리 및 작동체계에 매우 중요한 역할을 하고 있다. 우리의 인지체계, 신경내분비계 그리고 사고와 감정이나 어떠한 사건에 어떤 의미를 부여하는지를 포함한 모든 기관계에 관여한다.

스트레스 자극에 노출되면 당신의 마음은 그것의 정체를 파악하고 장차 어떻게 될까를 예측하고 그것이 자신의 신체적 안녕이나 자기개념 혹은 타인과 관계에서 자신의 위치를 위협하는지를 평가한다. 위협이 지나가 버리거나 중립적인 것으로 재평가되면 전혀 반응이 없거나 최소한의 반응만 보일 것이다. 그러나 그 스트레스 유발 자극이 당신에게 정서적으로 높게 관여되거나 위협적으로 다가설 때는 자동적인 경보 반응을 나타내게 된다.

경보 반응은 우리 신체의 방어나 공격 활동을 위해 갑판을 치워 놓는 한 가지 방법으로, 위협 상황에서 자신을 방어하고 통제력을 회복하게 도와준다. 인간 신경계는 특정 상황에서는 그런 방식으로 수행하도록 타고났다. 경보 반응은 생명이 위협받는 상황에서 우리의 내적 자원들의 총력을 동원하게 해 준다.

인간 신체의 내적 안정성을 묘사하기 위해 '항상성'이라는 용어를 만든 금세기 초의 위대한 생리학자인 하버드 의대 월터 캐넌(Walter B. Cannon) 교수는 다수의 실험을 통해 경보 반응의 생리학을 연구했다. 한 연구에서 그는 사납게 짖고 있는 개 때문에 위협받고 있는 고양이가 겪는 생리적 변화를 연구했다. 캐넌은 그 상황에서 고양이가 보이는 생리적 변화가 싸움이나 도망을 위한 성질을 띠고 있기 때문에 이를 '투쟁 혹은 도피 반응(fight or flight reaction)'으로 불렀다.*

인간도 동물과 동일한 생리적 반응을 경험한다. 우리가 위협을 느낄 때는 거의 즉각적으로 투쟁 혹은 도피 반응이 일어난다. 그것

---

* 여기서는 자동적이고 상대적으로 무의식적인 특성을 강조하기 위해 반응(reaction)이라는 용어를 사용한다. 반면 대응(response)이라는 용어는 위협에 직면했을 때 보다 의식적으로 대처하는 성질을 묘사할 때 사용하려고 한다. 그러나 어떤 용어를 사용하든 투쟁 혹은 도피 반응은 뇌와 신체 모두에서 매우 복합적인 과정이 진행되는 복잡한 현상이다. 이 과정을 알아차리지 못한다고 하더라도 투쟁 혹은 도피 현상은 지각, 평가, 사고, 선택이 포함되는 고도로 진화된 과정이다. 우리는 마음챙김을 통해 순간순간에 예민한 주의를 기울이고 몸과 마음에서 펼쳐져 나아가는 실제 경험을 알아차릴 수 있게 된다. 이런 방식으로 습관적이고 검토되지 못한 반응—한때 학습하고 오랜 세월 동안 반복을 통해 강화가 된 많은 것도 포함해서—을 보다 적절하고 마음챙김을 매개로 한 반응으로 변화시킬 수 있다.

이 신체적인 성질의 위협인가 아니면 자기감이나 사회적 안녕을 해치는 보다 추상적인 성질인가는 중요치 않다. 결과는 과잉 각성(hyper-arousal) 상태가 되는 것이다. 이때 근육이 심하게 긴장되고 공포, 불안 및 격노와 분노 등에 이르는 강력한 정서가 유발된다. 투쟁 혹은 도피 반응은 폭포수와 같은 신경계의 과잉 활동과 스트레스 호르몬의 분비를 초래한다. 이와 동시에 경악, 공포, 불안, 수치, 당혹, 화, 격노 등의 강한 정서를 유발한다. 가장 널리 알려진 스트레스 호르몬이 에피네프린(epinephrine, 아드레날린)인데, 이는 급성 위협에 대한 순간적 반응으로 분비된다. 에피네프린은 감각 지각을 예민하게 만들어서 많은 관련 정보를 가능한 한 신속하게 취할 수 있게 해 주고, 눈동자의 동공을 확대해서 더 많은 빛이 유입되게 하며, 신체의 털을 곤추세워 진동에 민감하게 한다. 그러면 우리는 매우 기민해지고 주의 깊게 된다. 네다섯 가지 요인이 동시에 작용해서 심장박출량을 증가시키고 심장박동과 심장 근육의 수축 강도를 증가시켜서 더 많은 피, 즉 더 많은 에너지가 우리가 싸우거나 도망가는 데 필요한 팔과 다리의 대근육에 공급된다.

동시에 소화기 쪽으로는 피가 제대로 공급되지 않는다. 호랑이에게 막 먹힐 찰나라면 위에 있는 음식을 소화시키는 문제는 중요치 않다. 당신이 호랑이에게 잡아먹히는 순간 당신 위 속의 음식물은 호랑이 위 속에서 소화될 것이다. 싸우든 도망가든 양자 모두 가능한 많은 양의 피가 근육으로 유입될 것을 요구한다. 스트레스를 받을 때 혈류가 재분배되어 당신은 '내장이 뻣뻣해짐'을 느낄 수도 있다.

신체와 정서에서 일어나는 이러한 변화는 '자율신경계'라는 신경계의 활동 때문에 생긴다. 자율신경계는 심장박동, 혈압 및 소화 과정과 같은 신체 상태를 조절하는 신경계의 부분이다. 투쟁 혹은 도피 반응에서 자극을 받는 자율신경의 특정 부분은 교감계인데, 그 기능을 가속시키는 것이다. 부교감계로 알려진 또 다른 가지는 브레이크로 작용하고 속도를 늦추며 안정시킨다. 투쟁 혹은 도피 반응 시 소화 운동을 멈추게 하는 것이 바로 이 부교감계다. 교감계가 스트레스에 반응해서 심장 활동을 촉진시키면 뒤이어 부교감계가 속도를 늦추고 상태를 회복시킨다. 자율신경계 중의 부교감계, 그중 특히 고도로 진화된 미주신경은 스트레스에 대처하는 데 핵심 역할을 한다. 스트레스를 받으면 사람들의 미주신경 활동이 덜 활성화되는데 그 정도는 개개인의 위험 반응 정도에 따라 다르다. (라틴어로 '방황하다'라는 의미인) 미주신경이 잘 활성화되면 차분하고, 스트레스에서 더욱 빨리 회복하고, 사회적으로 더 많이 접촉하고, 긍정적인 감정을 갖는다. 매우 신기하게도 숨을 쉬는 데 집중하여 숨을 의식적으로 천천히 쉬는 것만으로도 미주신경을 활성화하는 데 큰 도움이 된다. 자율신경계는 변연계 바로 아래, 뇌간 바로 위에 위치하는 시상하부라는 선(gland)에 의해 통제된다. 시상하부는 자율신경계 통제의 주된 열쇠, 더 정확히 얘기하자면 자율신경계 활동이라는 오케스트라의 수석 지휘자다.

변연계는 대뇌 피질과 시상하부 사이에 위치한 상호 밀접하게 연결된 부위를 가리키며, 편도체, 해마, 시상 등 여러 독립적 구조물로 구성된다. 변연계는 '정서의 중심자리'로 생각되었지만 이제는 그 의미가 타당하다고 볼 수 없다. 변연계의 일부인 해마는 고등 인지 기능을 가진 것으로 널리 알려져 있었지만 공간 지각과 서술 기억과도 관련된다고 밝혀졌다. 또한 조망 수용, 충동 억제, 의사결정, 장기 계획, 만족 지연, 작업 기억 등의 소위 '실행 기능'과 연관된 이마 바로 뒤에 위치한 전전두피질 또한 스트레스와 역경에 처했을 때 사람이 얼마나 감정적으로 잘 견디는지와 관련이 있다고 밝혀졌다. 전전두피질은 인간 특유의 고등한 역량과 자질을 부여하는 뇌의 일부라고 얘기되고 있다. 진화적으로 전전두피질은 인간의 뇌 중 가장 늦게 발달한 부위다. 전전두피질은 다양한 구조물과 변연계 부위(우리가 불안감, 두려움, 위협감 등의 감정을 느끼거나 다른 사람의 표정을 통해 상대의 감정을 해독할 때 큰 역할을 하는 편도체를 포함한다)와 방대한 뉴런으로 연결되어 스트레스 반응성을 하향 조정한다. 이러한 전전두피질과 다양한 변연계 부위 간의 쌍방향의 연결은 감정의 인식과 통제를 모두 가능하게 해 준다. 리처드 데이비드슨(Richard Davidson)의 연구로 전전두피질은 오른편과 왼편이 감정을 조절하는 방식이 다르다는 점이 밝혀졌다. 그는 자신의 연구에 오랜 동안 명상을 실천해 온 전문가와 현재 마음챙김 명상수련을 받고 있는 사람을 모두 포함시켰다. 그의 연구 결과는 사람들이 감정적인 역경을 겪을 때 안정을 빨리 되찾게 해 주는 회복탄력성이 공포, 불안, 공격성의 감소와 관련되는 좌측 전전두피질의 활성화(이는 아마 편도체의 활동을 억제할 것이다)와 관련됨을 시사한다. 그는 기업에 종사하는 근로자를 대상으로 하는 연구에서 MBSR 훈련이 전전두피질의 우측 활성화를 줄이고 좌측 활성화 우세로 바꿀 수 있음을 밝혔다. 데이비드슨은 "회복 탄력성이 뛰어난 사람은 그렇지 못한 사람에 비해 좌측 전전두피질의 활성화가 거의 30배나 높다."고 얘기한다.[*]

변연계에 있는 여러 기관의 중요한 역할 중 하나는 시상하부의 기능을 조절하는 것이다. 시상하부는 다시 자율신경계를 비롯하여 내분비계와 골격육계를 포함한 신체의 모든 기관에 영향력을 행사한다. 이런 경로들이 상호 연결되어 있어 당신은 감정을 몸으로 느끼기도 한다. 또한 이를 의식적으로 인지하여 사건에 통합적으로 반응할 수 있다.

종합하자면 전전두피질과 변연계가 연결되어 있어 우리는 삶을 하나의 종합적인 경험으로 인지할 수 있다. 이는 또한 우리가 겪게 될지 모르는 상황이나 스트레스 유발 자극에 대한 깊은 이해를 바탕으로 정서적 정보를 활용하고 동시에 정서적 반응성을 조절할 수 있는 가능성을 열어 준다. 이런 심층적인 이해는 우리의 가치관, 자기감 그리고 우리가 궁극적으로 선택하고자 하는 행동에 맞추어서 의도를 가지고 스스로를 조절해 나가는 과정을 알아차리는 능력에서 유래한다. 다른 말로 하면, 우리는 스트레스에 직면해서 더 큰 회복탄력성과 안녕과 지혜와 평온을 기를 수 있다. 이를 통해 얻는 양질의 행복을 우리는 '유데모니아(eudaemonia)'라 부르기도 한다. 유데모니아로 가는 길은 어렵지 않다. 오로지 연습 또 연습만 하면 된다. 우리가 매일매일 살아가면서 받는 스트레스가 얼마나 많은지를 생각해 보면 연습을 위한 기회는 굉장히 많다.

시상하부의 특정 영역을 자극하여 교감신경계가 자극되면 우리 몸의 모든 기관 조직의 기능에 영향을 미치는 다량의 신경 신호가 방출된다. 이 활동은 두 가지 방식으로 이루어진다. 하나는 모든

---

* Davidson and Begley, *The Emotional Life of Your Brain*, 69.

내장기관으로 연결되어 있는 신경로를 통해서고, 다른 하나는 혈류 속으로 호르몬과 뉴로펩타이드를 흘려보내는 경로를 통해서다. 어떤 호르몬은 선에서 분비되고 어떤 것은 신경세포에서 분비된다. 이런 호르몬과 뉴로펩타이드는 신체의 구석구석까지 여행해서 상이한 세포 집단과 조직에 특정한 반응을 일으키는 화학적 전령 구실을 한다. 호르몬과 펩타이드가 목표 기관에 도착하면 특정한 수용기 세포분자와 결합해서 자신의 메시지를 전달한다. 그것들은 마치 우리 몸속의 특정한 통제 스위치들을 열거나 잠그는 화학적 열쇠에 비유할 수 있다.

우리의 모든 정서나 감정 상태는 각기 다른 조건에서 특정한 뉴로펩타이드 호르몬의 분비에 따라 달라진다고 할 수 있다.* 이런 호르몬 전령 중 일부는 투쟁 혹은 도피 반응의 하나로 방출된다. 예를 들어, 에피네프린과 노르에피네프린은 부신수질(콩팥 꼭대기에 위치한 부신선의 한 부분)에서 혈류로 방출되는데, 이 반응은 시상하부가 교감신경 경로를 자극할 때 일어난다. 이런 호르몬은 위급한 순간에 '힘이 몰려옴'과 '힘이 넘치는 듯한 느낌'을 초래한다. [그림 19-1]에서는 '스트레스 반응'으로 묘사되어 있다. 여기에 덧붙여 우리가 스트레스를 경험할 때 뇌 속의 뇌하수체가 자극된다. 뇌하수체는 스트레스 반응의 일부로 다른 호르몬(부신피질이라고 부르는 영역에서 방출되는데, 여기에는 코르티솔과 DHEA라 불리는 분자가 포함된다)의 방출을 자극한다. 편도체 또한 중요한 역할을 한

----

* 예를 들어, 뇌의 다른 부위와 함께 시상하부가 방출하는 도파민은 주의, 학습, 작업 기억에 정보를 유지하기와 쾌락 경험에서 중요한 역할을 하는 것으로 알려져 있다. 주로 장에서 분비되는 세로토닌은 기분, 식욕, 수면을 조절하고 안녕과 행복감의 경험과 관련된다.

다. 편도체는 위협을 느끼거나 좌절할 때, 심지어는 좌절감을 느끼게 되리라 예상할 때에도 활성화된다.

아놀드 레머란드의 이야기는 스트레스 반응에 내재해 있는 강력한 힘을 보여 준다. 다음은 1980년 11월 1일자 「보스턴 글로브(The Boston Globe)」의 뉴스 기사다.

> 아널드 레머란드 씨는 56세로 6년 전에 심장발작이 일어났다. 그래서 그는 무거운 물건을 드는 것을 좋아하지 않았다. 그러나 이번 주 다섯 살 난 손자 필립이 선철 파이프에 갇히자 그는 거뜬히 그 파이프를 들어 올리고 아이를 구해 냈다. 파이프를 들어 올릴 때 레머란드 씨는 파이프 무게가 140에서 180kg 정도 나가겠다고 생각했다. 하지만 실제로 파이프는 거의 1톤에 가까운 820kg이었다. 나중에 그의 아들과 기자 그리고 경찰들이 그 파이프를 들어 보려 했으나 모두 실패했다.

이 이야기는 투쟁 혹은 도피 반응과 생명을 위협받는 상황에서 솟구치는 에너지가 얼마나 강력한가를 잘 보여 준다. 또 위급함이 생각도 멈추게 할 수 있음을 보여 준다. 레머란드 씨가 파이프를 들어 올리기 전에 그 무게를 추정해 보거나 자신의 심장 상태를 염려했다면 아마도 그 엄청난 무게의 파이프를 들 생각조차 못했을 것이다. 그러나 위협의 순간에 직면해서 즉시 행동이 필요했기 때문에 그의 사고는 잠시 문을 닫고 순수한 활동만이 일어난 것이다. 그러나 그 위협이 끝났을 때 그는 다른 사람의 도움을 받으면서도 똑같은 일을 해낼 수 없었다.

이 예를 통해 투쟁 혹은 도피 반응이 동물에게 위험하고 예측 불가능한 환경에서 어떻게 생존 가능성을 높여 주는지 쉽게 짐작할 수 있다. 똑같은 일이 인간에게도 일어난다. 투쟁 혹은 도피 반응은 생존을 위협받는 상황에서 우리의 목숨을 구해 준다. 이런 생명력을 가졌다는 것은 나쁠 것이 없다. 다만, 그 능력을 통제하지 못하거나 건설적으로 사용하지 못해서 그것이 역으로 우리를 지배할 경우 문제가 될 뿐이다.

문명화된 현대사회에서 살아가는 우리가 일상에서 생명을 위협받는 상황에 마주치는 일은 흔치 않다. 우리가 받는 위협은 직장에 출근하고, 가족의 일을 다루는 데에서 오는 것이지 산에서 사자를 맞닥뜨리는 종류의 위협이 아니다. 그럼에도 우리는 위협감을 느끼거나 목표가 좌절되면 투쟁 혹은 도피 반응을 보이기 쉽다. 고속도로를 운전하거나 익숙한 길을 걸을 때 예상치 못한 일과 마주치면 우리는 마음의 안정이나 통제감을 갖기 위해 투쟁 혹은 도피 반응을 보인다. 우리의 마음은 주어진 상황이 생사를 가르는 일이 아님에도 그렇게 인지할 때가 종종 있다. 이런 경우 문제를 해결할 수많은 잠재적 방법이 존재하는데도 이를 보지 못하고 만성적으로 투쟁 혹은 도피 반응으로 달려가게 된다.* 그렇게 되면 우리의

* 이런 흔한 예는 우리가 흔히 많은 고통을 느끼게 되는 사회적 스트레스 상황이다. 현대인이 위협을 느끼는 가장 흔한 방식은 사회적 정체감이 거절될 때인데, 사회적 정체감은 타

몸은 마음과 함께 변한다. 우리는 소위 만성적인 각성과 연합되어 있는 모든 문제에 점화된다. 염색체의 유전자가 켜지는 수준이 낮아지고 스트레스 유발 자극에 취약하게 만드는 당류 코르티코이드가 상향 조절된다. 염증성 질환을 유발하는 염증 유발 사이토카인이 분비된다. 만성적 각성은 또한 텔로미어를 손상시켜 길이를 짧게 만들고 세포의 노화를 촉진한다. 이런 상황에서 자신이 보이는 스트레스 반응 경향성을 파악하고 마음을 챙겨 조절할 수 있는 법을 배울 수 있다면, 만성적 과잉 각성 상태에서 발생하는 결과를 피하거나 줄일 수 있다. 이때 우리가 즉각적으로 느끼는 위협을 정확하게 판단하지 못해 필요 이상의 공포감과 고통을 받는다는 사실을 인지할 필요가 있다. 이 책의 4부에서 살펴보겠지만, 직면한 상황과 잠재적 과제가 본질적으로 사적이지 않을 때, 우리 스스로의 생각과 감정을 항상 너무 믿거나 너무 개인적으로 받아들일 필요가 없다는 사실을 인식하는 것만으로도 끊임없이 변화하는 삶의 환경에서 요령 있게 반응할 수 있는 자율성을 얻게 된다. 이렇게 새로운 방식으로 스트레스나 잠재적 스트레스 유발 요인과 자신 사이의 관계를 재설정하여 우리는 큰 해방감을 느낄 수 있다.

  동물들이 다른 동물 종과 맞닥뜨릴 때 투쟁 혹은 도피 반응을 유발할 수 있다. 같은 동물 종들 사이에서 다른 구성원이 자신의

인들이 나를 어떻게 지각하고 있느냐에 대한 자신의 느낌이나 감이다. 이런 사회 상황에서 우리는 당황하고, 수치감을 느끼고, 자신에 대해 부정적으로 생각하게 되는데, 이 모두가 습관인 스트레스 반응을 유발하고 신체 기능의 하향 곡선을 그리게 만드는 잠재적 자극으로 작용한다. 우리는 흔히 그 상황을 매우 사적인 것으로 여긴다. 그러나 그것이 내가 누구인가에 관한 이야기의 전부가 아니다. 우리 모두는 타인의 평가나 눈과 독립적인 온전한 개체다. 이 주제는 제4부에서 중요하게 다룬다.

사회적 지위에 도전하거나 자신이 다른 구성원의 기존 지위에 도전할 때 투쟁 혹은 도피 반응이 일어난다. 어떤 동물의 사회적 지위가 도전을 받으면 투쟁 혹은 도피 반응이 어김없이 찾아오고, 두 동물은 틀림없이 어느 하나가 굴복하거나 도망갈 때까지 싸움을 계속한다. 한 동물이 다른 동물에게 굴복하면 '자기 자리 알기'가 확립된다. 그러면 도전받는다고 해서 그때마다 같은 반응을 보이지 않고 쉽사리 복종하고 내적인 생명 작용을 안정시켜 과잉 각성에 빠지는 것을 방지한다.

보다 많은 선택권을 가지고는 있지만 사람들도 사회적 스트레스와 갈등 상황에서 흔히 복종이나 도망 혹은 투쟁의 양상에 휩싸인다. 인간의 반응도 동물의 그것과 크게 다르지 않다. 오히려 동물은 같은 종을 서로 죽이는 경우가 드물지만 인간은 서로를 죽이기까지 한다.

스트레스의 대부분은 실제적이든 상상 속에서든 우리의 사회적 지위를 위협하는 것에서 온다. "투쟁 혹은 도피 반응은 우리가 생명을 위협받는 상황에 처하지 않았을 때조차 발동이 걸린다. 그 반응은 위협을 느끼는 것만으로도 충분하다."*

투쟁 혹은 도피 반응은 매우 신속하고 자동적으로 일어나기 때문에 우리에게 문제해결을 위한 에너지를 제공하기보다는 흔히

* 이런 이야기는 여성은 이런 상황에서 남성과는 다르게 반응할 수도 있기 때문에 좀 더 복잡해진다. UCLA의 심리학자인 셸리 테일러(Shelley Taylor)는 여성은 위협적인 상황에서 "잠잠해지고 한편이 되는(새끼를 돌보고 사회적 지지를 추구하는)" 경향이 있다고 제안한다. 이와 스트레스 생리와 심리에 관해 더 자세한 정보가 필요하면 Sapolsky R. *Why Zebras Don't Get Ulcers*(3rd ed. St. Martin's Griffin, New York; 2004)을 참조하라.

사회적 영역에서 부가적인 문제를 만들어 내는 경향이 있다. 우리의 안녕을 위협하는 성질이 어떠하든 어느 정도의 투쟁 혹은 도피 반응을 유발할 수 있다. 자신의 사회적 지위나 자기 개념, 자신이 강하게 믿고 있는 신념, 어떤 일을 통제하려는 열망, 어떤 일을 특정한 방식으로 진행하려는 생각 등이 위협받으면 교감신경계가 강하게 작용한다. 이때 우리는 좋아하든 싫어하든 과도한 각성과 투쟁 혹은 도피 상태에 사로잡힐 수 있다.

불행히도 과도한 각성이 생활의 반영구적인 방식으로 자리 잡을 수 있다. MBSR 프로그램에 참여한 환자들 중 다수는 언제나 긴장되고 불안하다고 이야기한다. 그들은 어깨와 얼굴, 앞이마, 턱이나 손 등에서 만성적인 근육 긴장을 느낀다. 사람들은 근육 긴장을 저장하는 자기 나름의 특별한 장소가 있다. 심장박동 또한 만성적 각성 상태에서 자주 상승한다. 사람에 따라 다르겠지만 내장이 떨리는 느낌, 위장에 무언가가 돌아다니는 듯한 느낌, 심장 고동이 멈춰지는 듯한 느낌, 숨 가쁨 및 늘 축축한 손 등 다양한 양상으로 표현될 수 있다. 도망가고 싶은 욕망이나 분노와 논쟁과 싸움에 휩싸일 수도 있다.

일상의 스트레스 상황에서 우리가 흔히 보이는 이런 반응은 생명을 위협하는 상황과는 별 관계가 없다. 이런 반응은 우리의 몸과 마음이 위협이나 위험을 지각했을 때 자동적으로 보이는 반응이기 때문에 늘 따라다닌다. 오늘날 일상에서 사나운 호랑이를 맞닥뜨리는 일은 매우 드문데도 투쟁 혹은 도피 반응이 본성의 일부이기 때문에, 그리고 투쟁 혹은 도피 반응이 통제되지 않으면 심리적·사회적·신체적으로 불건강한 심각한 결과가 초래되므로 그런 내적 경향성을 자각하고 그런 반응을 얼마나 쉽게 유발할 수 있는지 아는 것은 매우 중요하다. 자각은 위협을 느껴서 싸우거나 회피하는 행동을 하려는 순간에 어떻게 스트레스 반응에서 자유로워질 수 있는가를 학습하는 요체다. 위협의 순간에 당신에게 곧바로 다가오는 충동은 그 상황을 피하거나 얼어붙거나 공격적으로 만드는 것이다. 이런 반응은 아침에 일하러 나갈 때나 좌절하거나 긴 하루를 마치고 집으로 돌아올 때의 좋은 태도가 아니다. 그런 반응은 다른 사람에게도, 자신의 이익에도 건강한 것이 아니다.

이 시점에서 우리는 "당면하게 되는 이런 상황에서 종종 어떻게 하는 것이 좋을까?" 하는 자문이 도움이 될 수 있다. 투쟁 혹은 도피 반응이 내부에서 꿈틀대고 있지만 투쟁이나 도피 그 어느 것도 사회적으로 용인될 수 없으며 문제해결에 도움이 되지 않음을 우리는 익히 알고 있다. 우리는 여전히 위협을 느끼고, 상처받고, 두려움을 느끼며, 화내고, 분개한다. 여전히 우리는 투쟁이나 도피를 위해 갑판을 깨끗이 하는 스트레스 호르몬과 신경전달물질을 지니고 있어서 혈압은 치솟고 심장은 빠르게 뛰며 근육은 긴장되고 위는 소용돌이친다.

이런 사회 상황에서 그것을 다루는 흔한 방법 중 하나는 그런 감정을 억누르는 것이다. 즉, 자신이 경험하는 감정에 방어벽을 치는 것이다. 우리는 마치 각성이 되지 않은 척한다. 타인들에게 심지어는 자신에게조차도 자신의 감정을 숨기고 가장한다. 그렇게 하기 위해 각성을 오직 자신만 알아차릴 수 있는 우리 내부의 깊숙한 곳에 밀어 넣어 내재화한다. 스트레스 반응이 겉으로 드러나는 것을 억누르고 아무렇지도 않은 겉모습을 하고 다닌다(심지어 관찰하는 사람들은 누구나 쉽게 그것을 감지하고 느낄 수 있는 경우에서조차도). 우리는 자신의 감정을 억압하고 실체를 다루는 것을 회피한다. 이런 방식이 일상을 접하는 기본 대처방식이 될 때 그 해악은 가장 심각해진다.

투쟁 혹은 도피 반응과 관련해서 좋은 점 중 하나는 이 활동이 당신을 지치게 만들어서 스트레스 상황이 끝나면 쉬게 만든다는 점이다. 이제 당신의 부교감신경계가 작용한다. 그러면 치솟았던 혈압과 맥박은 제자리로 돌아가고, 혈류는 다시 적응되고, 근육은 이완되어 당신은 회복되고 다시 기운을 차리게 되는 상태를 향해 움직여 간다. 그런 뒤 당신의 염색체와 유전자 군은 스위치가 꺼진다.[*] 그런데 만약 당신이 스트레스 반응을 내재화하면 앞에 기술한 투쟁 혹은 도피 반응이 가져오는 그런 해결책을 얻을 수 없게된다. 아프리카 사바나의 가젤이 초원에서 사자를 만났을 때처럼 당신이 고갯마루까지 오르지 않으면 그에 따른 신체적 이완이나

---

[*] Bhasin MK, Dusek JA, Chang, BH, et al. 이완 반응은 에너지 대사와 인슐린 분비 및 염증 경로의 전사효소 변화를 초래한다. PloS ONE 8(5): e62817; May, 2013. doi10.1371/journal.pone. 0062817.

회복도 없다. 대신 당신은 자기 내부에 각성을 안고 다니게 된다. 그 각성은 신체에 해악을 끼치는 스트레스 호르몬의 형태를 띨 수도 있고 초조한 생각이나 감정의 형태를 띨 수도 있다. 이것은 당신 뇌나 몸의 실수가 아니다. 높은 스트레스와 편도체 활동은 전전두엽 활동을 차단해서 가장 필요한 시기에 당신의 집행 기능이 충돌을 일으켜 명료하게 생각하고 정서적으로 현명한 결정을 내릴 수 없게 만든다. 그러나 그런 스트레스 상황에서도 현재의 순간에 주의의 초점을 맞추고 자신의 무의식적이고 습관적인 반응을 알아차릴 수 있다면 당신의 전체성은 많은 것을 할 수 있게 된다. 전전두엽은 자신의 위치를 다시 회복하며 기능하기 시작한다. 이는 회복 탄력성의 한 표식이다.

우리는 날마다의 생활에서 이런저런 정도로 우리의 자원에 부담을 주는 매우 다양한 상황에 노출된다. 우리가 재난으로 달려가는 매 순간마다 타고난 자동 스트레스 반응이 투쟁 혹은 도피 반응을 유발하고, 표현을 대부분 억제하고 내부로만 흡수한다면 하루를 마칠 때쯤은 대단히 긴장이 쌓일 것이다. 이런 방식이 생활양식으로 자리 잡고 쌓인 긴장을 털어낼 건강한 방법을 지니지 못한다면 주말이나 월말 혹은 연말쯤이면 만성적 각성 상태를 영구화될 것이다. 이런 상태는 탈출구를 찾기 어렵고 심지어 그것이 정상인 듯한 착각을 불러일으킬 수도 있다.

교감신경계의 만성 자극이 만성불안을 비롯해서 고혈압, 허혈성 심장병, 소화장애(흔히 염증 과정에서 기인한다), 만성 두통과 요통, 수면 장애 등의 문제와 함께 우울을 포함하는 심리적 고통을 유발할 수 있다는 많은 증거가 있다. 이런 손상이 발생하면 우리는 그것을

'알로스타시스 과부하'라고 부른다. 물론 이런 문제를 지닌다는 그 자체가 더 심각한 스트레스로 작용한다. 이런 문제는 모두 우리에게 되돌아와 부가적인 스트레스 유발 자극이 되고 문제를 더욱 복잡하게 만든다. [그림 19-1]에서는 이런 과정을 만성적 과잉 각성 증상에서 나와서 본인에게로 돌아가는 화살표로 표시했다.

우리는 스트레스 완화 클리닉에서 일상을 이런 방식으로 사는 사람의 결과를 보게 된다. 이 사람들은 더할 나위 없이 절망을 겪고, 자신의 문제를 해결하는 더 나은 방법이 반드시 있어야만 한다고 절감할 때 비로소 클리닉을 찾는다. 요즈음은 신문 기사나 TV 혹은 유튜브 등을 통해 마음챙김과 명상 과학에 대해 소개받을 기회가 있기 때문에 찾기도 한다. 첫 수업에서 우리는 참가자들에게 가장 이완되었을 때의 느낌에 대해 기술해 보라고 초대한다. 이때 많은 이가 "난 잘 모르겠어. 아주 오래전의 일이지." 혹은 "난 편히 쉰 적이 아직 한 번도 없었어!"라고 말한다. 이들은 [그림 19-1]에 묘사되어 있는 과도한 각성 증후군을 곧바로 이해하고 흔히 "이게 바로 한 치도 틀림없는 내 이야기네."라고 말한다.

우리 모두는 인생에서 부딪치는 압력에 대처하고 균형을 잃지 않기 위해 다양한 대처 전략을 사용한다. 많은 사람이 아주 힘든 상황에서도 매우 잘 대처하고 자신의 정교한 대처 전략을 발달시킨다. 사람은 언제 멈추고 어떻게 문제 상황에서 벗어나야 할지를 안다. 딴 곳에 마음을 쏟을 수 있는 취미와 흥미를 개발하고 스스로에게 충고하며 문제를 다른 관점에서 바라볼 것을 주문하기도 한다. 이렇게 하는 사람은 스트레스에 강한 사람이다.

그러나 또 많은 사람이 자기파멸적인 방식으로 스트레스에 대처한다. 이런 통제 노력을 [그림 19-1]에서는 '부적응적 대처'라는 이름으로 기술해 놓았다. 부적응적이라는 이름을 붙인 이유는 그런 시도가 일시적으로는 스트레스를 견디고 통제감을 얻는 데 도움을 줄 수 있겠지만 장기적으로는 우리가 경험하는 스트레스를 더욱 복잡하게 꼬이게 만들기 때문이다. 부적응적이라는 말을 건강하지 않거나 더 많은 스트레스를 유발한다는 의미로 생각할 수 있다.

가장 흔한 부적응적 대처 전략 중 하나는 아무런 문제가 없다고 부정하는 것이다. 그들은 "내가 긴장하고 있다고? 도대체 무슨 소리야? 난 괜찮아."라고 말한다. 자신의 신체 언어가 근육이 긴장하고 해결되지 못한 감정을 웅변해 주고 있는데도 말이다. 어떤 사람은 자신이 심리적 갑옷으로 무장하고 있다거나 내부적으로 화가 나 있고 상처받고 있다는 점을 수긍하기까지 상당한 시간이 걸린다. 긴장이 자기 내부에 있다는 것을 수긍하지 않는다면 그 긴장을 해소하기란 매우 어렵다. 그런 긴장을 부정하는 반응에 대해 도전을 받는다면 분노와 적개심을 포함한 다양한 감정 반응이 표면으로 떠오를 수도 있다. 이는 당신 내부의 보다 깊은 곳에 있는 어떤 것을 바라보려 하는 데 저항한다는 확실한 징조다. 당신이 내부의 상처와 화를 정면으로 향하고, 그것을 위한 여유 공간을 마련하고, 친절과 자기연민으로 그것을 자각하는 것을 환영할 수 있다면 그것은 당신의 친구나 동지가 될 수 있다. 의도적으로 부드럽게 대하고 친구가 되어 이를 실험해 볼 수 있다. 이는 생각보다 어렵지 않다.

부정이 언제나 나쁜 것은 아니다. 비교적 덜 중요한 문제라면 더 이상 당신이 무시하기 힘들 때까지 이를 부정하는 대처 전략이 일시적으로는 좋은 방법일 수 있다. 어떤 경우는 매우 어려운 상황에서 자신이 할 수 있는 유일한 길이 부정뿐임을 서글프게 받아들여야 할 수도 있다. 어린아이가 어른에게서 문제를 폭로하면 죽여 버리겠다고 위협받거나 학대받는 상황에서 무엇을 할 수 있을까? 어려서 그러한 경험을 한 일부 환자는 부정 이외에는 아무런 대안이 없었다. 특히 자신을 고문하는 사람이 부모거나 가까운 사람일 경우 더욱 그렇다. 이런 사례는 제5장에서 논의했던 딜레마를 가진 메리의 예에서 소개하였다.

그녀는 부정을 통해 광적인 세계에서 자신을 지킬 수 있었다. 그러나 부정은 조만간 그 기능이 없어지고 무언가 조치를 취해야만 한다. 비록 그 상황에서 할 수 있는 유일한 길이 부정일지라도 결국 부정은 심각한 대가를 치르게 한다. 이런 이유로 외상 치료, 특히 마음챙김에 기반을 둔 외상치료는 그렇게 큰 효과가 있는 것이다. 동물과 인간 연구 모두에서 생의 초기에 겪는 스트레스적이거나 외상적인 경험이 그 개체가 자라서 다시 높은 스트레스 상황에 처할 때 큰 취약성으로 작용한다는 사실을 보여 준다. 스트레스가 낮은 상황에서는 별 문제가 없고 건강할 수 있다. 그러나 스트레스가 높아지는 상황에서는 모든 것이 무너져 내린다. 그런데 인간은 자신의 감정과 생각과 신체 상태를 의식적으로 조절하는 마음챙김과 같은 심신 기법을 길러 이를 막을 수 있다.

부정하는 것 외에도 우리는 여러 가지 건강하지 않은 방법으로 스트레스를 통제하려고 한다. 이런 방법은 실제 문제를 직면해서 다루는 것을 회피하기 때문에 건강한 방법이 아니다. 일중독(workaholism)이 그 전형적인 예다. 예를 들어, 당신이 가정생활에서 스트레스를 받고 만족하지 못한다면 일은 당신이 집에 없어도 될 멋진 이유나 변명으로 쓰일 수 있다. 일이 당신에게 즐거움을 가져오고 직장 동료들로부터 칭찬까지 받게 해 준다거나 혹은 일을 할 때 통제감을 느끼고 권력과 지위를 가졌다고 느끼며 생산적이고 창조적이라고 느낄 때 당신은 일에 빠지기 쉽다. 일에 빠져드는 것은 알코올과 같이 해악을 가져오고 중독이 될 수 있다. 세상에는 당신이 할 수 있는 것보다 언제나 더 많은 일이 존재하기 때문에 일은 가족과 함께 있지 않아도 될 만한 알리바이를 제공해 준다. 어떤 이들은 직업에 푹 빠져 있다. 그들 중 대다수는 자신이 최상의 의도를 가지고 세상에 봉사한다고 생각하며, 생활의 다른 측면과 건강한 균형을 잡아야 할 필요성에 직면하기를 꺼린다는 점을 깨닫지 못한다. 이런 양상은 알리 혹실드(Arlie Hochschild)의 책(『The Time Bind: When Work Becomes Home and Home Becomes Work』)에 잘 묘사되어 있다.

일로 당신의 대부분 시간을 채우는 것은 일종의 자기파괴적인 회피행동이 된다. 문제에 직면하는 대신에 일을 하는 데 미친 듯 질주한다. 인생이 해야 할 일과 의무로 흘러넘쳐 자신을 위한 시간을 내기 어려울 때까지 말이다. 언제나 바쁘게 뛰어다니다 보면 자신이 실제로 무엇을 하는지조차 잘 모를 수 있다. 때로는 이렇게 바쁘게 뛰어다니면서 문제가 삐걱거릴 때 통제감을 유지할 수도 있다.

스트레스를 느끼거나 편안하지 못할 때 우리는 즉시 회복하기 위해 바깥으로 눈을 돌리곤 한다. 몸과 마음의 스트레스를 다루는 흔한 방법 중 하나는 화학물을 써서 싫어하는 상태를 보다 흥미 있는 상태로 바꾸려 하는 것이다. 생활의 고통과 스트레스를 다루기 위해 우리는 알코올, 니코틴, 카페인, 설탕 등 모든 대중 요법의 약물을 사용한다. 이 방향으로 행동하려는 충동은 흔히 우리가 저조한 상태에서 다른 상태를 갈망할 때 생긴다. 지금 우리 문화에서 약물 의존 수준이 매우 높다는 사실은 사람들이 살아가며 겪고 있는 고통과 내적 평화에 대한 갈망이 어느 정도인가를 극적으로 보여 주는 것이다.

그런 저조한 순간이나 기분은 우울 반추로 알려져 있는 사고 양식의 뿌리가 된다. 이런 순간을 제대로 알아차리고 관리하지 못할 경우 끝없는 부정적이고 잘못된 생각의 악순환에 빠져 심각한 우울증에 이를 수 있다. 특히 우울증 소인이 있거나 과거의 인생사에서 동일하게 가라앉는 경험을 했다면 이를 감정적이고 인지적인 수준에서 해결하지 못한 사람들에게 위협적일 수 있다. 제24장에서 기술하는 마음챙김 명상에 기초한 인지치료(MBCT)가 연구와 임상에서 가장 큰 성과를 내는 영역이 바로 이 부분이다.

많은 사람이 하루를 거뜬하게 잘 보냈다고 느끼지 못하고, 심지어 아침조차도 커피 한 잔(혹은 두세 잔)을 마시고 나서야 비로소 출발할 수 있다. 커피 한 잔을 마시는 일이 자신을 돌보고, 잠시 멈추어 서며 다른 사람이나 자신과 연결하는 삶의 방식이 되었다. 커피나 차를 마시는 일은 그 자체의 미학과 논리와 문화를 지니며, 적절히 조절해서 사용하면 자신의 속도를 조절하고 일상의 요구를 잘 다룰 수 있게 도와준다. 일상의 리추얼은 그 순간의 휴식감을 더해 준다.

스트레스나 불안의 순간을 지나가는 또 다른 흔한 방편은 담배 피우기다. 한 담배회사는 '기분을 상쾌하게 해 주는 휴식'이라는 브랜드로 여러 해 동안 무차별적으로 광고를 해 왔다. 담배 끝에 불을 붙이고 깊이 연기를 들이마시면 세상은 잠시 달리기를 멈춘다. 거기에는 순간적인 평안과 만족 및 이완감이 존재한다. 그런 다음 당신은 다시 움직인다. 다음번 스트레스가 다가올 때까지…… 알코올 역시 스트레스와 정서적 고통에 대처하려는 또 하나의 화학적 수단이다. 술은 근육을 이완시키고 문제의 무게를 덜어 준다. 몇 잔의 술로 인생은 견딜 만해 보인다. 많은 사람이 술에 취하면 보다 낙관적이 되고 사회적이 되며, 자기만족이 높아지고 희망적이 된다. 물론 이것은 술을 적당히 마시고 습관적으로 자기 파괴적이 되지 않을 때까지만이다.

음식도 약물이 작용하는 방식이나 별다를 바 없이 스트레스와 불쾌감에 대처하는 데 사용된다. 많은 사람은 불안하거나 우울할 때 무언가를 먹는다. 음식은 불유쾌한 순간을 빨리 지나가게 만드는 장치가 되고 그 순간이 지나고 난 뒤의 보상이 된다. 만약 당신 내부에서 공복감을 느낀다면 그것을 채우려는 시도는 자연스럽다. 음식 먹기는 그렇게 하는 손쉬운 방법이다. 글자 그대로 공복감을 채운다는 의미로 말이다. 음식을 먹어도 실제로 좋아지지 않는다고 해도 음식 먹기는 중단되지 않고, 심리적으로 위로받기 위해 음식을 먹는 방식은 강한 중독이 된다. 어떤 중독이든, 심지어 당신이 그 중독에 대해 인식하고 있을 때조차도 깨뜨리기가 쉽지 않다.

중독에서 벗어나기 위해서는 중독 행동을 깨뜨릴 수 있는 전략과 함께 그 행동을 실천하려는 강력한 의지가 뒤따라야 한다. 이 문제는 음식 스트레스를 다루는 장에서 좀 더 자세히 논의할 것이다.

사람들은 심리적 안녕감을 조절하기 위해 약물을 사용하는 데 길들여져 있다. 진통제와 신경안정제는 미국에서 가장 많이 처방되고 남용되는 약물이다. 영국에서는 의사가 처방한 신경안정제로 인한 부작용과 중독으로 고통받는 사람들이 많은 것으로 알려져 있다. 발륨과 자낙스와 같은 신경안정제는 남성보다 여성에게 더 자주 그리고 더 오랜 시간 동안 처방되어 왔다. 그 메시지는 다음과 같은 의미를 전한다. "만약 당신이 불편하거나 숙면을 못하거나 불안하거나 아이들에게 언제나 고함을 지르거나 집이나 직장에서 사소한 일에 과민하게 반응한다면, '이것을 먹고' 평정을 되찾고 원래의 자신으로 돌아가 통제력을 회복하라." 이렇게 스트레스 증상과 불안 반응을 조절하는 일차적 방어 전략으로 약을 사용하려는 태도는 현대의학에 널리 퍼져 있다. 약은 편리하고 빠르게 작용한다. 왜 그런 약을 사용하지 않겠는가? 왜 그렇게 편리하고 효과적으로 감정을 통제할 수 있는 방법을 제공하지 않겠는가?

이런 관점에서는 투약에 아무런 의혹도 갖지 않는다. 이는 의약의 일상적 작업이 행해지는 묵시적인 틀이다. 의사들은 의학 저널이나 제약회사 영업사원들의 약 광고로 끊임없는 폭격을 받는다. 제약회사 영업사원들은 의사들에게 신제품의 무료 견본을 제공하며, 이와 함께 눈에 확 띄는 약 광고를 수놓은 노트 꽂이나 커피잔, 달력, 펜 등을 놓고 간다.

약 자체에는 아무런 문제가 없다. 실상 투약은 의학에서 매우 중요하다. 문제는 매우 공격적인 선전과 판촉 전략이 만들어 내는 분위기가 의사들에게 환자의 문제에 대한 첫 번째 접근법으로 약물 처방을 택할지 아닌지를 먼저 결정하기보다는 무의식적으로 어느 약물을 처방할지를 최우선적으로 생각하도록 만든다는 것이다.

약에 대한 이런 태도는 의료계뿐만 아니라 사회 전체에 만연해 있다. 우리는 약물 문화에 서 있다. 환자는 의사를 찾으면서 자신을 도와주는 무언가를 받을 것이라는 기대를 가지고 간다. 의사가 아무런 처방을 하지 않는다면 환자는 의사가 진정으로 자신을 도우려 하지 않는 게 아닌가 하는 의구심을 갖는다. 통증을 줄이기 위한, 감기 증상을 가라앉히기 위한, 장 운동을 활발하게 하거나 늦추기 위한 대중요법 약물 하나하나가 미국에서만 수십 억 달러 이상의 시장을 형성하고 있다. 사람들은 자신의 몸과 마음이 바라는 상태와 같지 않으면 약을 먹어야 정상으로 돌아갈 수 있다는 메시지의 세례를 끊임없이 받고 있다.

누가 이에 저항할 수 있겠는가? 아스피린이나 타이레놀 한 알로 두통의 고통에서 벗어나려는 게 무슨 문제인가? 많은 경우, 조절되지 않는 증상을 약으로만 다스리려 한다면 우리는 문제를 알아차리지 못하게 된다. 우리는 즉각적인 증상이나 불편함 뒤에 있는 보다 근원적인 문제에 주의를 기울이기보다는 회피하고자 약을 사용한다. 아스피린이나 타이레놀을 먹지 말라는 의미는 아니다. 불편한 증상을 바로 억누르려는 강한 충동에 손쉽게 굴복하기 전에 자신이 경험하는 것을 부드럽고 비판단적으로 알아차리고 그 후에 어떤 일이 벌어지는지 관찰하는 실험을 적어도 몇 번은 해 보라는 말이다.

약에 대한 이런 태도가 만연하다면 불법 약물을 사용할 수도 있으리라는 짐작은 불문가지다. 불법 약물 소비자의 마음도 "지금 상태가 마음에 들지 않아서 무언가를 먹어 상태를 좋아지게 만들겠다."라는 이야기와 다를 바 없다. 사람들은 지배적인 규범에서 소외되었다고 느낄 때 가장 편리하고 곧바로 강력한 효과를 낼 수 있는 가능한 수단으로 그런 감정을 완화시킬 수 있는 방법을 찾는다. 약물은 편리하고 즉각적인 효과를 가진다. 불법 약물 사용은 현재 사회 전반에 걸쳐 발생하고 있다. 십 대의 알코올 사용과 성공한 사회집단들에서 일어나는 코카인과 같은 취미활동적 약물 사용에서 도시 중심부의 헤로인 사용까지 다양하다. 2010년 실행된 약물 사용과 건강에 관한 조사에 따르면 12세 이상 미국 인구의 9퍼센트가량인 2,200백만 명이 불법 약물을 사용하는 것으로 나타났다.

통제감을 얻고, 마음의 평안을 찾고, 긴장을 풀며, 기분 좋은 감정을 느끼기 위해 약물을 사용하는 여러 방식은 부적응적인 도피적 대처 시도다. 특히 이것이 스트레스 반응을 통제하는 유일하거나 지배적인 습관으로 자리 잡을 때 건강을 잃을 수도 있다. 약물은 단기적으로 얼마간의 위안을 가져다줄지는 몰라도 장기적으로는 스트레스를 더 복잡하게 하기 때문에 부적응적이라 할 수 있다. 이 방식은 우리가 스트레스 유발 자극을 있는 그대로 바라보고 효과적으로 적응하게 도와주지 않는다.

[그림 19-1]에서 물질 의존에서 사람에게 되돌아가는 화살표는 물질(약물) 사용이 궁극적으로 우리에게 스트레스와 압력을 더해 준다는 점을 나타낸 것이다. 스트레스를 줄이기 위해 우리가 찾는

이런 물질이 우리 신체에 스트레스를 유발할 수 있다. 카페인은 혈압과 심장박동의 문제를, 흡연에서 오는 니코틴과 화학물질은 심장질환·암·폐 질환을, 알코올은 간·심장 및 뇌 질환을, 코카인은 허혈성 심장병과 급작스런 심장사와 연루되어 있다. 모든 물질은 심리적 의존성을 발달시키며 니코틴, 알코올, 코카인은 신체적 의존성도 아울러 발달시킨다.

[그림 19-1]는 여러 해에 걸쳐 스트레스와 그 스트레스에 대응해서 몸과 마음의 통제력을 유지하기 위한 스트레스 반응, 이어지는 더 심한 스트레스와 더욱 부적응적인 대처 행동이 뒤따르는 식의 악순환의 연결고리를 보여 준다. 과로, 과식, 과잉활동, 물질의존 등을 통해 상당 기간은 당신 자신을 지킬 수 있다. 그러나 당신이 그 문제를 직시한다면 분명 일이 나빠지고 있음이 확연하게 드러날 것이다. 그런 상황에 처하게 되면 주변 사람들이 전문가의 도움을 받으라고 권할 것이다. 심지어 자신도 그 필요성을 인정할 수도 있다. 그러나 다른 사람들이 하는 말이나 당신의 몸과 마음, 습관이 인생의 확고한 생활양식으로 자리 잡으려 할 때 당신에게 이야기하는 것들을 거부하거나 평가절하해서 듣기 쉽다.

앞서 이야기한 대처 방식은 그것이 결국은 당신을 죽일지라도 일시적으로는 어느 정도의 안락감과 안전감을 제공한다. 궁극적으로 모든 부적응적 대처는 중독이 된다. 그렇게 되면 자동으로 반복되는 습관을 조절하지 못하고 우리가 잠재적으로 지니고 있는 인생과 사랑의 충만성과 고통과 망상으로부터의 자유를 구가할 수 있는 삶을 가꾸어 나가지 못하게 방해받게 된다.

[그림 19-1]이 시사하듯 스트레스 반응은 조만간 스트레스를 다루는 다른 부적절한 방식과 혼합되고 누적되어 필연적으로 그 효과를 드러낸다. 우리 몸의 항상성을 유지하기 위한 자원들이 많은 인생의 짐과 남용에 노출되기까지 걸리는 시간이 저마다 달라서 와해되는 시기도 사람마다 다르다. 후성유전학(epigenetics)이라는 새로운 분야의 연구는 환경과 유전의 이러한 작용 양상을 분명하게 보여 준다. 유전자만도 환경만도 아닌 둘 사이의 상호작용이 건강과 질병을 결정한다. 유전자 정보는 우리가 어떤 생활양식을 선택하고, 어떻게 행동하며, 무엇을 습관적으로 생각하고, 마음챙김 연습을 하는가 아닌가 등의 환경 요인과 상호작용해서 결과를 만든다. 유전자는 환경에 의해 조절된다.

만약 당신이 후성유전학적 선택 조건을 제대로 바르게 쓰지 않아서 자신의 몸과 마음 및 스트레스를 유발하는 세상과 현명한 관계를 맺지 못한다면, 문제가 발생한다. 무엇이 문제가 되는지는 당신의 유전자와 환경과 당신 특유의 부적응적인 생활양식에 달려 있다. 가장 취약한 부분이 가장 먼저 문제가 된다. 만약 당신의 가계에 심한 심장질환 병력이 있다면 당신은 심장에 공격을 받을 가능성이 높다. 특히 흡연, 고지방식, 고혈압 및 타인에 대한 염세적이고 적대적인 행동과 같은 심장질환 위험을 증가시키는 요소들이 당신의 생활에서 현저하게 드러날 경우 그러하다.

다른 경우는 면역 기능을 이탈시켜 암 유발 가능성을 높일 수도 있다. 여기서도 역시 당신의 유전자와 일생 동안 노출된 발암인자,

섭식, 정서 경험 등이 암 유발로 가는 경로를 더욱 조장하거나 억제할 수 있다. 스트레스로 생기는 면역 기능의 저하는 전염성 질환도 취약하게 만든다. 어떠한 기관계도 질병을 유발할 수 있는 취약성을 지니고 있다. 어떤 경우는 피부가, 또 어떤 경우는 폐가, 뇌일혈을 유발하는 뇌 혈관계나 소화기관이나 콩팥이 문제가 될 수도 있다. 불건강한 생활양식은 목과 허리의 디스크 문제로 나타날 경우도 있다.

와해의 실제 형태가 어떠하든 그 결과가 죽음이 아니라면, 스트레스로 발생한 와해는 이제 당신이 직면하게 되는 또 하나의 스트레스 유발 자극이 되어 당신이 이미 가지고 있는 문제의 맨꼭대기에서 다시 작용하게 될 것이다. [그림 19-1]에는 와해 그 자체가 개인에게 되돌아가서 더 큰 적응을 요구하는 피드백 화살표로 표시되어 있다.

[그림 19-1]에는 표시되지 않았지만, 오랫동안 회피할 수 없는 스트레스 자극에 노출되었을 때 그 중요성이 배가되는 또 하나의 스트레스 반응 경로가 있다. 예를 들면, 병든 양친을 모시거나 치매로 고생하는 노인이나 장애가 있는 아이를 돌보아야 하는 사람들이 그러하다. 그런 예에서는 일상에서 오는 모든 스트레스 유발 자극이 상황이 만들어 내는 장기간에 걸친 요구와 합해져 잠재적으로 압도적인 스트레스 유발 자극의 조합이 될 가능성이 크다. 그 상황에 적응하기 위한 적절한 단기 전략과 장기 전략이 개발되지

않는다면 일상의 요구에 대해서도 끊임없이 과도한 긴장 상태로 반응하고, 심지어 사소한 스트레스 유발 자극조차도 긴장과 초조, 분노로 반응할 정도로 스트레스가 쌓일 수 있다. 더 나아가 스트레스 유발 자극에 대해 근본적인 통제력을 거의 갖지 못하고 계속해서 각성되기만 한다면 무기력과 무망감에 이를 것이다.

과도한 각성이라기보다는 만성적으로 우울한 경우는 각성과는 다른 호르몬과 면역계를 변화시키며, 이 또한 건강을 해치고 와해를 유도한다. 이런 예는 만성적 건강 문제를 보이는 아이를 돌보아야 하는 엄마가 건강한 아이를 돌보는 엄마에 비해 백혈구의 텔로미어가 더 짧고 활성산소로 인한 산화 피해도 높다는 결과에서 분명하게 드러난다. 그러나 이런 결과는 스트레스 지각 수준이 높은 엄마의 경우에만 해당된다. 건강하지 않은 아이를 돌보는 엄마도 자신이 경험하는 스트레스를 자기 삶의 일부로 바라보고 효과적으로 대처해서 스트레스 지각 수준이 높지 않을 경우는 텔로미어의 길이나 활성산소로 인한 손상 수준이 일반 엄마에 비해 높지 않았다.[*]

스트레스 반응 경로에서의 와해가 반드시 신체적인 면에만 국한되는 것은 아니다. 스트레스가 너무 많고 이를 효과적으로 대처하지 못한다면 심리적 자원이 고갈되어 일상의 삶에 대해서 더 이상 아무것도 할 수 없다고 느끼는 '심리적 와해' 상태가 되기도 한다. 오늘날에는 일상사에 어떤 열의나 에너지도 보이지 못하고 심

---

[*] Epel ES, Blackburn EH, Lin J, Dhabhar FS, et al. 생활 스트레스에 반응해서 텔로미어의 길이가 짧아진다. PNAS. 2004;101:17312-17315.

리적으로 소진되어 즐거움을 주던 것이 더 이상 즐겁지 않은 상태를 기술하는 데 '소진(burnout)'이라는 용어를 유행처럼 사용한다.

소진을 경험하는 사람은 일과 가족 그리고 친구들로부터 소외감을 느껴 어떤 것도 의미가 없어진다. 또한 깊은 우울감이 자리 잡고, 그 때문에 효과적으로 기능하는 능력이 소실된다. 신체적 와해와 마찬가지로 심리적 와해가 발생한다면, 이는 그 사람이 어떤 방식으로든 다루어야 할 새로운 스트레스 유발 자극으로 작용한다.

흔히 스트레스 반응의 내재화를 가져오는 스트레스 유발 자극의 이러한 순환은 일을 자신이 통제하기 위해 부적절하거나 부적응적인 시도를 하게 만든다. 그래서 더 많은 스트레스 유발 자극을 만들고, 또 더 부적절한 스트레스 반응을 하게 되고 종국에 가서는 건강에 문제가 생기거나 심지어 죽음에까지 이르게 되는 것이 많은 사람의 세상살이 방식이다. 당신이 그런 악순환의 고리에 들어 있을 때 당신은 그게 바로 인생이며 다른 길은 없다고 생각하기 쉽다. 당신은 아마도 그게 바로 늙어 가는 것이며 건강이 자연스럽게 쇠퇴하는 과정이며 삶의 열정, 에너지와 즐거움 혹은 통제감 등의 자연스런 소실 과정이라고 자신에게 되뇌일 수 있다.

그러나 스트레스 반응 회로에 발목을 잡히는 것은 정상적인 일도, 불가피한 일도 아니다. 앞에서도 살펴보았듯이 우리는 문제에 직면해 우리가 알고 있는 것보다도 훨씬 더 많은 대안을 가지고 있다. 자기파괴적인 양식에 사로잡히지 않는 건강한 대안은 스트레스에 반응하지 않고 대응하는 것이다. 그것은 바로 일상의 삶에서 마음을 챙기는 방법이다.

20

스트레스에 반응하는
대신 대응하기

   우리는 다시 마음챙김 명상의 중요한 핵심으로 돌아왔다. 스트레스에 자동적으로 반응하는 악순환에서 탈출하기 위해 가장 먼저 해야 할 일은 어떤 일이 일어나고 있는 동안에 실제로 어떤 일이 일어나고 있는지에 대해 깨어 있는 것이다. 이 장에서는 어떻게 그렇게 할 수 있는가를 살펴보도록 하자.

   앞 장에서 분석했던 [그림 19-1]의 사람이 처해 있는 상황으로 돌아가 보자. 어떤 순간에도 사람들은 습관적 혹은 자동적 스트레스 반응(habitual or automatic stress reaction)이라고 언급했던 일군의 느낌과 행동을 유발할 수 있는 내적 및 외적 스트레스 유발 자극의 조합에 노출될 수 있다. [그림 20-1]은 [그림 19-1]에서와 마찬가지로 동일한 스트레스 반응 경로를 보여 준다. 그러나 이번에는 또 다른 경로, 즉 마음챙김 매개 스트레스 대응(mindfulness-mediated stress response)이라 부르는 대안적 경로가 하나 더 추가되어 있다. '스트레스 대응'은 자동항법장치처럼 맹목적으로 달려가는 반응과는 다른 건강한 대안으로, 스트레스에 대한 부적응적인 대처 시도와 반대되는 건강하거나 적응적인 대처 전략을 총칭해서 표현한 말이다.

스트레스를 받을 때마다 언제나 투쟁 혹은 도피 반응을 보이거나 무력감과 압도당함과 우울의 길로만 가야 한다는 법은 없다. 연습과 수련 그리고 의도성을 통해서 당신은 스트레스에 자동적으로 반응하지 않는 의식적 실험을 해 볼 수 있다. 여기에 마음챙김이 개입한다. 순간순간을 깨어서 비판단적으로 알아차린다면, 당신은 자신이 자동적으로 반응하고 과도하게 각성하며 부적응적인 대처를 시도하던 바로 그 순간에 사건의 흐름과 사건과 자신의 관계를 한걸음 떨어져서 바라볼 수 있고, 어느 정도 통제력을 가질 수 있다.

정의상으로는 스트레스 반응은 자동적이고 무의식적이다. 그러나 잘 알려져 있는 것처럼 의식의 표면 아래에서는 고도로 진화되고 통합적이고 유용한 여러 인지 과정이 함께 진행된다. 스트레스가 많은 상황에서 어떤 일이 일어나고 있는가에 대해 알아차리는 순간 무의식적이고 자동적이 되지 않음으로써 당신은 이미 그 상황을 극적으로 변화시키고 있는 것이다. 이제 당신은 스트레스적인 사건이 전개되는 동안 현재에 온전히 출석해 있다. 알아차림 수준을 높여 당신은 전체 상황에 통합되었기 때문에 당신이 입을 열어 무언가를 말하는 것과 같은 행위를 하기 전이라 하더라도 전체 상황을 실제로 변화시켜 가는 것이 된다. 이런 내적 변화는 당신에게 다음에 무엇이 일어날 것인가에 영향을 미칠 수 있는 다양한 범위의 대안을 가져다주기 때문에 매우 중요하다. 그와 같은 순간에 알아차림을 갖추기 위해 소요되는 시간은 1초의 몇 조각에 불과하지만 그것은 결과에 결정적인 차이를 만들어 낸다. 실상 그 순간에 깨어 마음챙김을 할 수 있느냐가 [그림 20-1]에 있는 스트레스 반응의 길로 접어드느냐 아니면 스트레스 대응의 길로 나아가느냐를 결정하는 핵심 요소다.

어떻게 그렇게 되는가를 한번 검토해 보자. 스트레스 순간에 상황의 스트레스적인 성질과 자동적으로 반응하려는 충동에 대해 자각하고 있다면, 당신은 이미 그 상황에 새로운 차원을 도입해 놓은 셈이다. 그로 인해서 자신의 통제 범위를 넘어서지나 않을까 하는 두려움과 높은 각성과 연합되어 있는 생각이나 감정을 억제해야 할 필요가 없어진다. 대신 당신은 위협과 두려움과 분노, 상처를 느끼고 그 순간 당신의 몸에서 느껴지는 긴장을 경험하도록 허용할 수 있다. 지금 이 순간을 의식하게 됨으로써 그런 마음의 동요가 어떤 생각과 느낌과 감각으로 진행되고 있는지를 쉽게 알아차리고 깨닫게 된다.

알아차림이 없는 반응에서 내외부적으로 무엇이 진행되고 있는가를 마음챙겨 인식하고 있는 상태로 가는 이런 단순하고 순간적인 전환은 스트레스 반응성과 그에 묶여 있는 힘을 줄여 준다. 그 순간 당신은 매우 실질적인 선택권을 갖게 된다. 당신은 여전히 스트레스에 반응하던 옛길을 따라갈 수도 있지만 이제 그 길은 버튼이 눌러진다고 필연적으로 따라가야 하는 고정로는 아니다. 대신

외부 스트레스 사건들

(잠재적 스트레스 유발자극/위협)
물리적/사회적/환경적

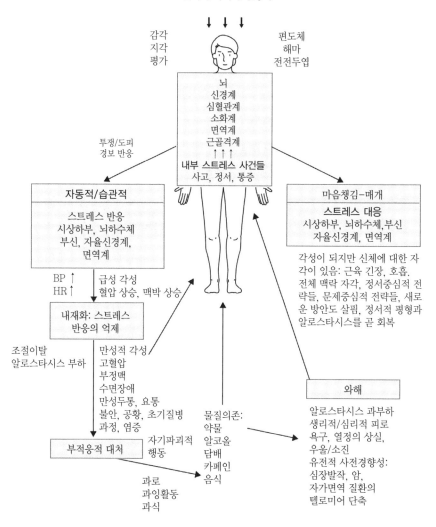

감각
지각
평가

편도체
해마
전전두엽

뇌
신경계
심혈관계
소화계
면역계
근골격계

내부 스트레스 사건들
사고, 정서, 통증

투쟁/도피
경보 반응

자동적/습관적

스트레스 반응
시상하부, 뇌하수체
부신, 자율신경계,
면역계

마음챙김-매개

스트레스 대응
시상하부, 뇌하수체,부신
자율신경계, 면역계

각성이 되지만 신체에 대한 자
각이 있음: 근육 긴장, 호흡.
전체 맥락 자각, 정서중심적 전
략들, 문제중심적 전략들, 새로
운 방안도 살핌, 정서적 평형과
알로스타시스를 곧 회복

BP ↑
HR ↑

급성 각성
혈압 상승, 맥박 상승

내재화: 스트레스
반응의 억제

조절이탈
알로스타시스 부하

만성적 각성
고혈압
부정맥
수면장애
만성두통, 요통
불안, 공황, 초기질병
과정, 염증

물질의존:
약물
알코올
담배
카페인
음식

와해

알로스타시스 과부하
생리적/심리적 피로
욕구, 열정의 상실,
우울/소진
유전적 사전경향성:
심장발작, 암,
자가면역 질환의
텔로미어 단축

부적응적 대처

자기파괴적
행동

과로
과잉활동
과식

[그림 20-1] 스트레스 대처하기: 대응 대 반응

지금 무엇이 일어나고 있는가에 대한 알아차림과 9점 문제에서 보았듯이 보다 확장된 관점에서 유래하는 새로운 선택 대안과 개방성을 가지고 스트레스에 대응할 수 있게 된다.

만약 우리가 알아차림과 내적 중심을 굳건히 할 필요가 있을 때면 언제, 어디에서건 바로 그렇게 할 수 있어야 하고, 우리의 몸과 마음이 고요하지 않은 바로 그때 나를 고요하게 만들 수 있어야 한다고 요청한다면 이는 끔찍한 요구처럼 보인다. 그러나 우리 프로그램에서는 공식 명상수련을 통해 바로 이런 특성을 개발하고 심화시켜 왔다. 예를 들어, 바디 스캔이나 정좌명상 혹은 마음챙김 요가수련을 하다 보면 초조나 짜증 등 정서적이고 인지적인 반응을 경험하게 된다. 그럴 때를 기회삼아 연습하여 마음챙김 근육을 개발할 수 있고, 충분한 근력이 길러지면 스트레스가 많은 상황에서도 보다 균형 잡히고 창의적인 방식으로 대응할 수 있게 될 것이다.

마음챙겨서 대응하는 역량은 불편이나 통증 혹은 강한 감정을 경험하면서 우리가 그것에 자동 반응하지 않고 한걸음 떨어져 지켜볼 수 있고, 있는 그대로 존재하게 내려놓을 수 있을 때마다 발달한다. 앞서 보았듯이 수행 그 자체가 내부에 있는 순간순간의 반응 상태를 바라보고 그에 대응하는 대안적 방식을 가꾸는 것이다. 마음챙김 수련은 우리가 어렵고 혐오스러워하던 것들과 관계를 맺는 새로운 방법을 소개한다. 그것은 우리가 지금 펼쳐지고 있는 순간순간을 제대로 느낄 수 있게 해 주는 새로운 존재 방식이다. 이를 통해 보다 확장된 알아차림의 마음 밭 속에서 사건과 상황에 대한 자신의 인식과 평가를 어느 정도 안정되고 무게중심이 잡히게 바라볼 수 있게 된다. 이는 어려운 상황에서도 자기감정에 보다 충실할 수 있고 자기 경험과의 관계에서 더 많은 통제력을 가질 수 있는 새로운 존재 방식에 가깝다. 그럴 때 우리는 내적 평온과 명징과 수용과 개방에서 유래할 수 있는 지혜로운 관계성을 경험할 수 있다. 우리는 자신의 생각과 감정과 싸울 필요가 없으며, 그것들이 지금 순간이나 다음에 어떠해야 한다고 강요할 필요가 없음을 알게 된다.

한 가지는 분명하다. 우리가 그냥 내버려 둔다면 [그림 20-1]의 왼편에 있는 것처럼 자동적으로 투쟁 혹은 도피 반응의 경로를 따라간다. 우리는 지금까지 그런 길을 왔다. 이제 우리에게 주어진 도전은 어떤 순간에도 자기 경험과의 관계를 의도적으로 바꿀 수 있는 위치에 있음을 깨닫는 일이다.

스트레스에 반응하는 것이 아니라 대응의 길을 선택한다는 것이 이제 다시는 스트레스 상황에서 위협이나 공포감을 느끼거나 분노하는 자동적 반응으로 보이거나 어리석고 자기파괴적인 행동을 하지 않겠다는 의미는 아니다. 오히려 그런 감정이나 충동을 그 순간에 알아차리겠다는 뜻이다. 그런 알아차림은 상황에 따라 당신이 느끼는 각성(혹은 흥분)의 강도를 완화시킬 수도 있고 그렇지 못할 수도 있다. 그러나 일반적으로는 그런 자각이 당시의 각성을 줄이거나 사후에 각성에서 보다 빨리 회복하는 데 도움을 준다. [그림 20-1]의 '스트레스 대응'이라고 표시된 상자 안에 있는 산처럼 생긴 표시를 '스트레스 반응'이라고 표시된 상자 안의 그것보다 작게 나타내어 이 점을 구별되게 했다. 이 속에는 스트레스 반응을 증가시키거나 감소시키는 스트레스 호르몬, 자율신경계의 활동 및 뇌와 몸의 경로가 모두 포함된다.

정서적 각성과 신체적 긴장이 적절한 상황도 있다. 그러나 이런 반응이 부적절하거나 도움이 되지 않거나, 심지어 파괴적인 상황도 있는 것이다. 둘 중 어느 경우든 현재 순간에 일어나는 정서적 각성과 생리적 긴장을 어떻게 다루느냐는 이완하고 알아차림 자체를 신뢰하고 사건을 스스로와 연관이 있는 것으로 여기지 않고 초연할 수 있는 당신의 능력에 달려 있다. 실제로 자신과 개인적인 연관성이 없는 상황에서는 특별히 그러하다.

어떤 경우 위협의 느낌은 사건 자체보다 오히려 당신의 마음 상태와 더 깊은 연관이 있을 수 있다. 스트레스의 순간을 개방과 호기심으로 마음챙겨서 지켜볼 수 있다면, 자신의 편파된 견해나 감정적인 혼란이 실제 상황이 경고하고 있는 것보다 과도한 반응을 일으키는 데 기여하고 있음을 분명하게 알 수도 있다. 그러면 바로 그 순간에 자신을 옭아매는 편협한 견해를 내려놓고 실제로 진행되고 있는 사태를 관조할 수 있게 자신에게 충고할 수 있을 것이다. 만약 그 상황을 보다 열려 있고 넉넉한 마음의 틀로 만나려고 노력하고 평온과 명료성 그리고 자기연민을 조금 더 지니고 그 상황에 대처한다면, 일이 보다 조화롭게 이루어져 나간다는 것을 차츰 더 믿을 수 있게 될 것이다. 이런 가능성을 시험해 보지 않을 이유가 어디 있는가? 그렇게 한다고 해서 당신이 잃을 것이 무엇인가? 이것이 보다 넓은 관점을 갖게 되는 방법이다.

스트레스 경험에 마음챙김을 적용할 때 당신은 상황을 보다 완전하게 평가하기 위한 여분의 시간이 주어지는 것 같은 일순의 멈춤을 만들어 낼 수 있다. 상당히 도전적이기는 하지만 의도적으로 현 상황에 주의집중을 하면 스트레스 반응의 압박감을 완충시킬 수 있는 기회가 생긴다. 이런 완충 효과는 몸과 마음에서 일어나는 스트레스 반응의 조기 경보 신호를 인지하고, 느낄 수 있도록 허용하고, 받아들이며, 심지어는 당신이 조절할 수 있는 정도만큼은 환영하며, 친절한 알아차림으로 껴안을 수 있을 때 나타난다. 이는 다시 당신에게 보다 깊게 마음챙김할 수 있고 보다 미묘한 정서적 반응을 고를 수 있는 선택권을 준다. 이런 순간의 멈춤은 물리적 시계로는 찰나이지만 마음속으로는 훨씬 더 길게 느껴지거나, 심지어 시간이 사라진 느낌을 준다. 이럴 때 당신의 선택은 보다 타당하고 현실성 있게 된다. 그 잠깐 동안 우리는 이미 우리 내면에 모든 것을 갖추고 있었지만 그 존재를 망각했었던 다중지능을 되찾게 된다. 물론 원치 않고 예기치 않던 일에 대응하는 것은 연습을 통해 길러지는 기술이다. 그것이 가장 필요한 상황에서 이를 떠올리는 것 자체가 연습의 큰 비중을 차지한다. 실제로 기억하기는 마음챙김 수련의 큰 부분이다.

이런 방식을 시험해 보면 당신은 흔히 해 온 '버튼 누르기' 식의 일이 이제 더 이상 당신을 각성시키지 않음을 깨닫고 놀랄 것이다. 당신이 포기하고 무력감을 느끼고 패배해서가 아니라 보다 여유 있고 이완되고 자신을 믿을 수 있게 되었기 때문에 그런 일들이 이제는 더 이상 스트레스로 보이지 않기도 한다.

스트레스 상황에서 이런 방식으로 대응하는 것은 매우 고무적인 경험이다. 어려운 상황에서도 몸과 마음의 균형을 유지, 심화시키고, 중심을 잡는 역량을 갖추는 것이다. 이것은 그저 낭만적인 이상을 취하는 것만으로는 달성되지 않는다. 최상의 의도를 가지고 시도해도 여전히 스트레스 반응에 붙잡히기도 하고 계속 실패할 수도 있는 어려운 작업이다. 하지만 실패하는 연습 그것 또한 수련의 중요한 한 부분이다. 마음챙김을 키워 내는 과정에서 맞이하는 우리가 실패라고 생각하는 것들은 진짜 실패가 아니다. 우리의 삶에서 펼쳐지는 모든 것을 마음챙김하여 받아들이기로 마음을 먹었다면 실패는 오히려 중요한 정보를 제공해 주는 선물이 된다.

우리는 일상에서 어떻게 의식적으로 스트레스에 마음챙겨서 대응하는 힘을 기를 수 있을까? 공식 명상수련에서 행하는 마음챙김 방법이 바로 그 답이다. 즉, 현재 순간 우리의 몸과 호흡 및 알아차림 그 자체에 마음의 기초를 두는 것이다. 스트레스 반응 버튼이 눌러지거나 스트레스를 느끼는 자신을 보게 되었을 때 혹은 투쟁이나 도피의 느낌이 올라올 때, 얼굴과 어깨가 긴장되고 심장이 뛰기 시작하며 위가 불편한 바로 그 순간에 당신의 몸이 어떻게 느끼는가를 알아차리려고 노력하라. 당신 내부에서 분노나 공포 혹은 상처받는 느낌이 일어남을 알아차릴 수 있다면 그것을 지켜보라. 당신의 감정이 신체의 특정 부위에서 움직이고 있는 것을 볼 수 있다는 것은 매우 유용한 정보가 될 수 있다.

그런 순간에 스스로에게 "이거야." "스트레스를 받고 있구나." "이제 호흡에 초점을 맞추고 중심을 잡을 시간이 되었군."이라고 되뇌일 수도 있다. 마음챙김 명상은 그 순간에 바로 여기에서 당신이 적절하게 스트레스에 대응하도록 하는 단계를 설정해 준다. 당신이 기민하다면 스트레스 반응이 심해지기 전에 바로 그것을 알아차려서 보다 상상력 있고 창의적으로 스트레스에 대응할 수 있을 것이다.

스트레스 반응이 일어날 때 그것을 바라보는 일은 연습이 필요하다. 걱정할 필요는 없다. 연습할 수 있는 기회는 매우 많다. 기꺼이 알아차리려는 의지만 있다면 당신이 접하게 되는 모든 스트레스 상황은 습관적으로 반응하는 대신 마음챙겨서 대응할 수 있는 또 다른 기회가 될 수 있다. 당신은 모든 상황에 일일이 대응하기를 원하지는 않을 것이다. 그것은 현실성이 없다. 스트레스 반응이 처음 일어날 때 그 신호를 찾아내지 못했기 때문에 아차 하고 그것을 따라잡으려고 노력하는 자신을 자주 발견할 것이다. 그러나 그런 순간 각각에 대해 보다 큰 견해를 가지려고 노력하여 스트레스 유발 자극을 도전과 성숙을 위한 경로로 전환시킬 수 있다.* 이제 스트레스 유발 자극은 순풍과도 같이 당신이 가기 원하는 그곳으로 당신을 밀고 갈 추진력으로 사용될 수 있다. 어떤 인생 역경이나 바람 속에서도 마찬가지이지만 우리는 그 상황을 완전하게 통제할 수 없다. 그러나 마음챙김을 통해 당신은 스트레스라는 역경을 창조적으로 활용하고 당신이 직면하고 있는 위험하거나 잠재적으로 해로운 요소를 최소화시키며 어려운 조건을 항해해 나갈 수 있게 된다.

----

* 서장에서 언급했듯이 행복 연구자 댄 길버트가 "사람은 도전으로 꽃피고 위협으로 시든다."라는 말을 기억해 보라. 도전과 위협은 중요한 차이다.

물론 시작은 호흡이다. 매우 짧은 순간이라 하더라도 주의를 호흡에 맞출 수 있다면, 그 순간을 직면하고 그다음 순간을 마음챙겨서 마주하기 위한 단계를 마련할 수 있다. 호흡 자체가 평안을 가져오기도 한다. 특히 복부에 초점을 맞출 때 그러하다. 그것은 오랜 친구와 같아서 우리에게 닻을 내리고, 안정감을 주며, 주위로 강물이 흘러 내려가는 가운데 배를 정박시킬 수 있는 다리가 되어 준다. 혹은 들끓고 있는 대양 표면의 수십 척 아래에는 평온이 있음을 일깨워 준다. 더 좋은 일은 호흡은 어디에나 지니고 다닐 수 있다는 점이다. 상황이 어떠하든 호흡은 언제나 여기에 있다. 그래서 정서적 균형을 훈련하는 데 더할 나위 없이 좋다.

호흡은 잠시 있는 그대로의 현실과 당신을 평온과 알아차림에 쉽게 다시 접속시켜 준다. 마음챙김 수련을 해 보면, 호흡이 특히 스트레스적인 순간에 내장이나 근육이 긴장되는 등의 신체 변화를 알아차리게 해 준다는 것을 틀림없이 경험하게 된다. 호흡 감각은 그 자체가 신체 감각 영역의 친근한 부분이고 신체 감각 전체와 접촉할 수 있게 해 준다. 심지어 한두 숨의 호흡을 알아차리는 것만으로도 자신의 생각과 감정을 확인하고 그것들이 어떤 긴장이나 단단함으로 몸의 어떤 영역에서 표현되고 있는지를 감지할 수도 있다. 그러면서 그런 반응이 현실을 얼마나 타당하게 반영하고 있는 것인지에 대해 의문을 제기할 것이다.

잠재적으로 위협적인 스트레스에 직면해서 평온과 중심을 지키면 그 상황을 회피하지 않고 직면하게 되며 그 순간에 그것이 무엇이든 상황의 전체 맥락을 알아차릴 수 있게 된다. 도망가거나 싸우거나 투쟁하거나 자신을 보호하려 하거나 공황 상태에 빠지거나 얼어 붙거나 떨어져 나가고 싶은 충동이 그 순간에 있는 모든 다른 관련 요소들과 함께 큰 맥락에서 드러날 것이다. 이런 방식으로 사물을 지각하면 출발부터 평온하게 시작할 수 있고 비록 처음에는 스트레스 반응으로 조금 균형이 깨어졌다 하더라도 신속하게 내적 균형을 회복할 수 있다. MBSR 프로그램을 마친 한 회사 중역은 사무실 벽 눈에 잘 띄는 곳에 9점 퍼즐(제12장 참조)을 붙여 놓고 자신이 일에서 스트레스를 느낄 때면 상황을 전체 맥락에서 바라보도록 상기시켰다.

평온과 순간순간의 알아차림에 굳건히 뿌리를 두고 있을 때 당신은 보다 창의적이 되고 새로운 가능성에 착안하게 되고 개방적이 된다. 달갑지 않고 어려운 상황을 다룰 수 있는 새로운 방법을 찾아내고 진부한 문제에 대해서조차 새로운 해결책을 보게 될 것이다. 감정을 더 많이 알아차리게 되고 그 감정에 휩싸일 가능성이 낮아져서 문제 상황에서 균형과 자신의 관점을 유지하기가 보다 쉬워질 것이다. 우리는 이를 '평온' 혹은 '사(捨, equanimity)'라 부른다.

당신에게 스트레스를 주었던 원래의 원인이 지나가 버렸다면 그 순간에 무엇이 일어났든 이미 그 일은 지나갔음을 보게 될 것이다. 그것은 이미 끝났으며 과거다. 이런 깨달음은 당신의 에너지를 과거에서 해방시켜서 그것이 무엇이든 지금 주의를 요구하고 있는 문제를 다루고 새로운 현재를 직면하는 데 사용할 수 있게 해 준다.

자신의 에너지를 이런 방식으로 돌릴 수 있을 때, 심지어 스트레스 상황에 처해 있을 때조차도 마음의 평형을 보다 빠르게 잡을 수 있다. 이는 앞에서 이야기한 생리적 평형(알로스타시스)의 경우도 마찬가지인데, 신체 반응성이 가라앉을 때 특히 그렇게 된다. [그림 20-1]에서 스트레스 반응의 경로와는 달리 마음챙김이 매개되는 스트레스 대응은 더 이상의 스트레스를 유발하지 않는다. 그것은 당신에게 더 이상의 스트레스 화살을 되돌리지 않으며, 다만 대응하고 그렇게 끝난다. 당신은 다른 곳으로 이동하지만 문제가 생겼을 때 직면하고 다루었기 때문에 이어지는 다음 문제로 이월되는 효과가 적다. 순간순간의 스트레스에 마음을 챙겨 대응하는 것은 내부에 쌓이는 긴장을 최소화하여 내재화하는 긴장에 따르는 불쾌감에 대처해야 하는 노력을 줄여 준다.

압박감을 다루는 방법이 있으면 우리가 긴장에 빠졌을 때 흔히 의지하고 빠져들게 되는 흔한 부적응적 대처 전략에 덜 의존하게 된다. 스트레스 클리닉 졸업생 중 한 명은 종일 명상수련을 마친 뒤에 3초 정도 담배를 피우고 싶은 강렬한 충동을 알아차렸다고 말했다. 그와 동시에 그녀는 몇 차례 숨을 쉬는 것을 알아차렸다. 그래서 호흡에 대한 자각을 높이면서 담배에 대한 욕망이 호흡의 파도를 타도록 시도했고, 담배를 피우지 않고도 그 욕망이 정점에 올랐다가 사그라지는 것을 지켜볼 수 있었다. 그녀는 2년 반 동안 담배를 피우지 않고 있다.

이완과 마음의 평화가 공식적인 마음챙김 수련을 통해 점차 익숙해지면 필요할 때 바로 불러내기가 쉬워지고 스트레스를 받을 때 자신이 그 스트레스의 파도를 탈 수 있게 허용할 수 있다. 당신은 그것을 차단하지도 않고 그렇다고 도망가지도 않으며 더 올라갈 수도, 내려갈 수도 있다. 그러나 언제나 자동적 반응의 희생양이 되는 것보다는 훨씬 기복이 적다.

스트레스 클리닉에 참여하는 사람들은 매주 자신이 이전과는 다른 방식으로 스트레스를 다루고 있음을 알 수 있는, 때로는 영감적이기도 하고 때로는 즐거움을 주기도 하는 일화를 보고한다. 필은 스트레스에 대응하여 요통을 다스릴 수 있었고 보험 설계사가 되기 위한 시험을 잘 치렀다. 조이스는 호흡에 주의를 기울여 병원에서 평온을 유지했고 다가올 수술에 대한 불안감을 잘 다룰 수 있었다. 펫은 담당 정신과 의사가 휴가를 떠나면서 한 그녀와의 전화통화에서 그녀가 자살할 수도 있을 거라고 잘못 판단하여 한밤중에 이웃들이 보는 앞에서 강제로 병원에 실려 가는 수모를 당하는 상황에서 잘 대처하고 마음의 평온을 유지했다. 젊은 의사인 재닛은 구명 헬리콥터를 탈 때의 공포와 구토를 조절할 수 있었다. 엘리자베스는 동생이 여느 때처럼 적대감을 보여도 적대감으로 대응하지 않고 침묵을 지킬 수 있었다. 동생은 그런 엘리자베스의 행동에 너무 놀랐고 그것에 관해 대화를 시작했다. 그 이후로 두 자매는 여러 해 동안 좋은 대화를 나눌 수 있었다.

도우는 사상자 없는 교통사고에 연루되었다. 자신의 잘못은 없었다. 그는 예전 같았으면 자기 차를 들이박고 이 바쁜 날 여러 불편을 초래한 상대 운전사에게 화가 머리끝까지 치밀었을 터였다. 대신 그는 자신에게 "아무도 다친 사람은 없군. 이미 벌어진 일이야. 여기서 내려놓자."라고 말하고 종전의 그의 성격과는 완전히 딴판으로 평온하게 사고 뒤처리를 했다.

마샤는 어느 날 밤 스트레스 수업에 참석하기 위해 남편의 새 밴을 몰고 병원에 왔다. 그녀가 떠나기 전 남편이 한 마지막 말은 "잘 다녀와. 새 차 조심해."였다. 병원으로 오는 내내 매우 조심스럽게 운전을 했고 수업 중 밴을 안전하게 보관해야겠다고 새삼 마음을 먹었다. 그리고 바깥보다는 실내 주차장이 나을 것이라 생각해서 실내 주차장으로 차를 몰았다. 주차장으로 진입하는 순간 밴 꼭대기에서 이상한 소리가 들렸고 때는 이미 늦었다. 입구의 높이 제한장치가 밴 꼭대기의 야광 불빛 장치를 망가뜨리고 있었다. 그것을 미처 생각하지 못했던 것이다. 잠시 동안 그녀는 자신이 어떤 일을 저질렀으며 그 일에 대해 남편이 어떤 반응을 보일까를 생각하니 아찔해졌다. 공황 상태에 빠질 정도였다. 그러나 잠시 후 웃으며 되뇌었다. "차가 찌그러졌군. 내가 어떻게 이런 실수를 했는지 믿을 수 없어. 그러나 이건 이미 일어난 일이야."

그녀는 스트레스 수업에 참석해서 그 사건에 대해 이야기했다. 자신이 그 공황 상황에서 통제력을 갖고 평온을 되찾으며 그 속에 있는 유머를 볼 수 있고, 남편도 이미 일어난 일을 받아들여야만 더 좋을 거라는 생각을 떠올리는 자신을 보며 얼마나 놀랐는지에 대해 털어놓았다.

키스는 치과에 가서 명상을 할 수 있었다고 보고했다. 평소 그는 치과 가기를 끔찍스럽게 무서워해서 너무 아파 못 견딜 때까지

치과 치료를 미루곤 했었다. 치과에서 그는 자신의 호흡과 의자에 가라앉는 듯한 느낌에 초점을 맞추었다. 그는 심지어 의사가 이를 드릴로 갈 때조차도 그렇게 할 수 있었다. 이전처럼 하얗게 질려 석고처럼 굳어지는 대신 그는 이제 평안하게 중심을 지키며 일어나는 일들을 지켜볼 수 있었다. 자신도 놀라면서…….

제4부에서 우리는 마음챙김 명상수련을 실생활에 적용하는 것에 대해 자세히 논의하려 한다. 제4부에서는 스트레스에 반응하는 대신 보다 큰 마음챙김으로 대응하는 것을 배운 뒤에 세상의 일을 다르게 조망하고 대처할 수 있게 된 사람들의 많은 사례를 접할 것이다. 아마 당신도 수련을 한다면 틀림없이 생활의 문제나 압력에 대해 평소와는 다른 방식으로 대응하는 자신을 발견할 것이다. 물론 그 일은 매우 중요하다.

규칙적으로 명상을 하는 사람들의 특징은 스트레스 유발 자극에 직면해서 보다 큰 저항력을 보이고 스트레스 반응성이 줄어드는 것이다. 이는 여러 연구에서 입증되었다. 대니얼 골먼(Daniel Goleman)과 게리 슈워츠(Gary Schwartz)는 1970년대 초반 하버드 실험실에서 산업재해에 관한 사진을 보여 주었을 때 명상 수련자가 비수련자에 비해 높은 감수성과 정서적 관여를 나타낼 뿐만 아니라, 그 사진을 본 뒤 훨씬 더 빨리 생리 및 심리적 평형을 되찾음을 보여 주었다.

최근 3개월 동안 이루어진 집중적인 명상수련의 효과에 대한 포괄적인 연구인 '사마타 프로젝트'가 캘리포니아 대학교의 클리프 사론(Cliff Saron) 박사의 지도로 진행되었다. 연구 결과에 따르면, 무선적으로 배당된 명상 집단과 무처치 대기자 통제집단 사이에는 의미 있는 심리 및 생리적 차이가 있었다. 명상 집단이 노화방지 효소인 말단소체복원효소의 양이 30퍼센트가량 더 많았고, 마음챙김과 삶의 의미의 증가에 비례해서 통제감은 높아지고 스트레스와 부적 정서에 대한 취약함을 의미하는 신경증적 경향성은 낮아지는 등의 심리 변화를 보였다.

또 실험 기간 동안 마음챙김이 가장 많이 늘어난 (자기보고식 질문지로 측정함) 참가자의 경우 코르티솔이 가장 많이 감소했다. 말단소체복원효소의 증가는 스트레스 반응성이 낮다는 것을 보여주고, 향상된 통제감은 스트레스에 자동적으로 반응하는 대신 얼마나 마음을 챙겨 스트레스에 대응하는가를 보여 준다.* 지금까지 나온 연구의 결과는 집중 명상(이 명상 프로그램은 마음챙김 중 호흡과 주의의 대상에 집중하기, 그리고 자애와 연민 함양에 초점을 맞추었다)을 통해서 심리 및 생리적인 스트레스 반응성을 조절할 수 있음을 시사한다.

딘 오니시(Dean Ornish) 박사와 동료들은 심장질환으로 판명된 사람이 24일에 걸친 집중적인 생활 변화 프로그램에 참가하고 나서 시간의 압박이 있는 상황에 수학 문제를 푸는 것과 같은 심리적 스트레스를 유발해서 혈압을 급격히 상승시키는 다양한 과제

---

* 이 연구에서 많은 자료를 양산했고, 그 결과는 앞으로도 계속 분석되고 발표될 것이다. http://mindbrain.ucdavis.edu/labs/Saron/shamatha-project 참조.

를 푸는 동안 혈압 반응을 의미 있게 낮출 수 있음을 입증했다. 반면 프로그램에 참여하지 않았던 통제집단의 사람들은 스트레스 과제에 대한 혈압 반응이 감소되지 않았다.

프로그램의 주요 내용은 저지방과 저콜레스테롤 및 채식 위주의 식사와 명상 및 요가수련으로 구성되었다. 우리가 스트레스를 받고 있을 때 혈압이 올라가는 것은 매우 자연스럽다. 그런데 오니시 박사의 프로그램에 참가한 사람이 그와 같은 짧은 시간 수련으로 스트레스에 대한 반응성을 현저하게 변화시킬 수 있다는 사실은 주목할 만한 일이다.

깨어 있으면서 스트레스에 대응하는 법을 배울 수 있다고 해서 이제 다시는 분노, 슬픔, 공포에 휘둘리지 않고 반응하지 않으리라고 생각하는 것은 사리에 맞지 않다. 마음챙겨서 스트레스에 대응할 때 우리는 자신의 감정을 억압하려 하지 않는다. 오히려 우리가 자연스레 보이는 감정 및 생리적 반응성과 함께 어떻게 일하며, 그 결과 그 반응성에 덜 민감해야 할 일을 어떻게 효과적으로 할 수 있는지를 분명하게 알게 한다.

특정한 상황에서 일어나는 일은 일의 심각성과 그것이 당신에게 의미하는 바에 달려 있다. 당신은 모든 스트레스 상황에서 전략이 되어 줄 하나의 전능한 계획을 미리 세울 수는 없다. 스트레스에 대응하는 것은 각 순간순간 이어지는 그 순간의 알아차림을 요구한다. 상상력에 의존해야 하고, 매 순간 다가오는 세상일을 조망하고 대응하는 새로운 방식을 만들어 내는 자신의 능력을 믿어야 한다. 당신은 이런 방식으로 스트레스에 당면하는 매순간마다 새로운 영역을 인생의 지도로 만들어 갈 수 있다.

당신은 더 이상 옛날 방식으로 반응하고 싶지 않지만 새롭고 다른 방식으로 대응한다는 것이 무엇을 의미하는지는 여전히 모를 수도 있다. 당신이 매번 맞는 기회는 모두 서로 다르다. 당신이 택할 수 있는 범위나 대안도 상황에 따라 다르다. 그러나 그 상황을 깨어서 맞이할 수 있다면 적어도 자신이 지니고 있는 모든 자원을 활용할 수 있다. 당신은 창의적이 될 수 있는 자유가 있다. 인생에서 마음챙김을 육성할 수 있을 때, 가장 소모적인 상황에서조차도 당신의 능력을 완전하게 발휘할 수 있을 것이다. 마음챙김 수련은 세상사 고난 그 자체를 품어 감싸 안는 것이다. 이는 때로 고통을 줄여 주기도 하고 때로 그렇지 못할 수도 있다. 그러나 깨어 있음 그 자체는 고통의 한가운데에서도 어떤 위안을 가져온다. 그것을 우리는 지혜와 내적 믿음의 위안, 전체로 하나됨의 위안이라 부를 수 있다.

제4부

인생사 고난 응용: 상대하기

21

증상과 함께 살아가기:
내 몸의 소리를 들어라

여러 증상을 완화시키기 위한 일은 수십 억 달러짜리 사업이다. 사람들은 아주 가벼운 콧물이나 두통, 복통 등에도 그것을 사라지게 할 마술을 찾기 위해 약장이나 약국으로 서둘러 달려간다. 먹은 음식물을 소화기관에서 천천히 움직이게 하는 약물뿐만 아니라 속도를 내게 만드는 약도 있다. 속 쓰림을 덜어 주거나 위산 과다를 중화시키기 위한 것도 있다. 의사의 처방전을 가지고 가면 불안을 감소시키는 발륨이나 자낙스 혹은 통증을 없애는 퍼코단 등을 살 수 있다. 발륨이나 자낙스 같은 신경안정제나 타가메트 잔탁과 같이 위산 분비를 줄이는 약들은 미국에서 가장 자주 처방되는 것 중 하나다. 그런 약들은 일차적으로 불편한 증상을 없애기 위해 사용되고 즉시 효과가 나타난다. 그러나 그런 약물이 널리 사용되어 일시적으로 증상이 억제되는 바로 그 이유 때문에 증상을 유발하는 근본 요인을 치료하지 못하는 문제가 발생한다.

증상을 완화시키기 위해 곧바로 약을 찾는 행태는 증상이란 불편하고 우리가 원하는 방식으로 살아가는 데 위협이 되지 않는 한 가능하면 억제되거나 제거되어야 할 것으로 보는 태도를 반영하고 있다. 이런 태도는 증상이란 흔히 우리 몸이 우리에게 무엇인가가 균형에서 벗어났다고 이야기해 주는 중요한 방식 중 하나라는 점을 간과하게 만든다. 증상은 조절 이상에 관한 피드백이다. 우리가 그런 신호를 무시한다면 증상은 더욱 심해지고 문제가 이어질 뿐이다. 더 중요한 점은 증상을 억제하기만 해서는 자신의 몸에 귀 기울이고 신뢰하는 법을 배우지 못한다는 것이다.

MBSR 프로그램에 본격적으로 참가하기 전에 참가자들은 자신이 지난달에 경험했던 문제를 바탕으로 질문지에 체크했다. 질문지의 내용은 100개 이상 되는 흔한 증상에 대한 것이었다. 그리고 스트레스 완화 클리닉을 마친 8주 뒤 동일한 질문지를 다시 체크했다.

두 시점의 증상 리스트를 비교하자 몇 가지 흥미로운 점을 발견할 수 있었다. 먼저 대부분의 사람은 비교적 많은 증상을 지니고 클리닉에 찾아오고 있었다. 참가자들은 110개의 증상 리스트 중 평균 22개의 증상을 체크했다. 이는 상당히 높은 수치다. 사람들이 클리닉을 떠날 때는 평균 14개의 증상을 체크했는데, 이는 클리닉을 찾아왔을 때에 비해 36%가 줄어든 것이다. 이는 특히 처음에 많은 증상을 보였고 오랜 기간 그 증상으로 고생했다고 한 사람들에게서 짧은 기간 동안 일어난 극적인 결과다. 이런 효과는 반복

검증된다. 우리는 삼십 년 이상 8주마다 반복되는 MBSR 프로그램에서 이를 관찰했다.

그런 증상 감소가 참가자들에게 주의를 기울였기 때문에 생기는 비특정 효과가 아닌가 의심이 들 수 있다. 사람들이 의료 장면에서 어떤 종류든 전문적인 주의를 받으면 일시적으로 증상이 호전되는 현상이 널리 관찰된다. 당신은 참가자들이 매주 병원에 와서 명상수련과 같은 스트레스 완화 클리닉에서 행하는 특별한 어떤 일 외에도 긍정적인 집단 장면을 겪어 증상이 줄었을 수도 있을 거라고 추측할 수도 있다.

그럴듯한 추측이기는 하지만 이 경우는 가능성이 낮다. 스트레스 완화 클리닉에 참가하는 사람들은 자신의 문제에 대해서 건강보호 시스템에서 전문적 조언을 받아 오던 사람들이었다. 그들이 우리에게 오게 된 의학적 문제는 평균 7년 정도 지속된 것들이었다. 단지 병원에 와서 만성적 문제를 가진 사람들로 가득 찬 방에 있었고, 또 서로에게 주의를 기울였다는 이유만으로 그와 같은 증상이 실제로 감소할 가능성은 매우 낮다. 문제 개선에 기여한 분명한 한 가지는 자신의 건강을 위해서 스스로 무언가를 하도록 도전받았다는 점이다. 스트레스 완화 클리닉에서 일어난 이런 경험은 대다수의 사람이 그간 건강보호 시스템에서 치료를 받는 동안 그러하리라고 가정되거나 강요받는 수동적인 역할과는 극적으로 다르다. 지금까지 강조해 왔듯이 이것이 바로 참여 의학(participatory medicine)의 한 예다.

우리가 스트레스 완화 클리닉에 참가한 사람들에게서 발견한 증상 감소가 참가자들이 이곳에서 실제로 배운 어떤 것에서 유래했다고 믿는 또 하나의 이유는 클리닉을 떠난 후에 그들의 증상이 더욱 개선되었다는 점이다. 우리는 프로그램을 마친 뒤 최장 4년이 지난 여러 시점에 걸쳐 400명 이상의 사람들에게 이런 정보를 얻었다.

우리는 또한 우리 클리닉을 수료한 사람의 90% 이상이 수료 뒤 4년까지 적어도 하나 혹은 그 이상의 명상수련을 계속하고 있다는 사실도 알게 되었다. 스트레스 완화 클리닉에서의 수련이 자신의 건강 개선에 가장 중요한 것이었다.

8주 동안 극적인 증상 감소를 목격했더라도 우리는 증상 자체에는 거의 초점을 맞추지 않고 증상을 줄이거나 없애려고 시도하지 않는다. 더구나 클리닉의 수강생들은 매우 다양한 문제를 보이는 사람들의 혼합 집단이다. 그들은 저마다 전혀 다른 증상과 관심의 꾸러미와 특정한 치료 계획을 가지고 있다. 20명에서 35명의 사람이 있는 방에서 불안한 가운데 자신의 증상에 모든 관심이 집중되어 그 증상을 없애 버렸으면 하고 바라는 사람들의 각자 처한 상황에 초점을 맞춘다는 것은 단순히 자기몰두와 질병 행동만을 조장하는 꼴이 될 것이다. 그런 논의의 장을 연다면 우리의 마음은 개인적 초월이 아니라 지금 겪고 있는 문제에 대한 끊임없는 토론으로 치달을 가능성이 높다. 그런 방식은 그것이 유발할 동정과 집단원들의 지지를 제외하고는 참여자들에게 실제 도움을 줄 가능성이나 세상사에 대한 견해나 행동에 큰 변화를 이끌어 낼 확률이 상당히 낮다. 스트레스 완화 클리닉에서는 참가자 자신이 지닌 문제보다는 그들의 현재 순간에 초점을 맞추어 무엇이 잘못되어 있는지에 관한 세세한 문제에 빠지지 않고 문제의 핵심, 즉 사람들이 '지금 여기의 순간에, 있는 그대로' 자신의 통합성을 맛보기 시작하게 한다.

우리는 증상에 관심을 둘 때 문제에 관한 걱정과 어떻게 그 문제를 제거할까 하는 측면에서 증상을 논의하는 대신 그 순간에 그 사람의 몸과 마음을 지배하고 있는 증상의 실제 경험에 초점을 맞춘다. 우리는 이 일을 특별한 방식, 소위 '현명한 주의'를 줌으로써 이루어 낸다. 현명한 주의는 증상과 그에 대한 반응에 마음챙김 명상의 안정성과 평온함을 가져다주는 것을 포함한다. 우리는 보통 우리가 문제나 위기에 기울이는 일상적 주의와 구분하기 위해 '현명한'이라는 단어를 사용한다. 통상적 주의는 매우 자기중심적이고 전혀 정확하지 않아서 유쾌하지 않고 원하지 않던 것과 보다 큰 관점에서 관계를 맺지 못하게 만드는, 우리가 스스로에게 말하는 이야기로 포장되어 있는 경향이 있다.

예컨대, 당신이 심각한 만성질환을 가졌을 때, 당신은 그 병에 모든 관심을 쏟고 집착하거나 심지어는 당신이 직면할 새로운 문제와 과거와 달라진 신체의 작동 방식에 공포스러워하고 우울해할 가능성이 높다. 그 결과 상당한 주의가 증상에 쏠리게 된다. 그러나 그런 주의는 불안 때문에 생긴 자기몰두이며 증상 개선에 도움이 되지 않고 치료적 주의가 되지 못한다. 그곳에는 자신의 상황과 도전을 수용하고 새로운 관계를 맺을 수 있는 가능성의 영역을 인식할 마음의 여지가 거의 없다. 이는 현명한 주의의 반대다.

마음챙김 방식은 증상이 있든 없든, 통증이 있든 없든, 무섭든 무섭지 않든 그 순간의 자신을 받아들이는 것이다. 자신의 경험을 바람직하지 않다고 거절하는 대신 "이 증상이 나에게 뭐라고 하는가? 바로 지금 내 몸과 마음이 어떠한가?"라고 묻는다. 우리는 최소한 잠시 동안이라도 스스로를 완전히 만개한 증상의 느낌 속으로 들어가게 허용한다. 이렇게 하는 데는 적지 않은 용기가 필요하다. 특히 당신의 증상에 통증이나 만성질환 혹은 죽음에 대한 공포가 포함되어 있을 경우에 그렇다. 그러나 가까이 다가가서 자신의 문제를 보다 분명하게 보기 위해 끓는 물이나 독약에 잠시 동안 '발가락을 담글 수' 있다. 비유적으로 말하자면 우리는 이미 여기에 존재하기 때문에 나를 찾아온 손님에게 환영의 방석을 깔아 주고, 따뜻한 눈길을 주며, 우리가 경험하는 전 범위를 자신이 느낄 수 있게끔 허용할 수 있는가?

지금 이 순간의 경험에 대해 이렇게 비일상적인 태도를 취하면 자신이 경험하는 상황과 증상에 관한 느낌을 알아차릴 수 있다. 분노나 거절 혹은 공포나 실망 혹은 단념이 거기에 있다면, 공정하게 그것을 바라본다. 왜? 그것이 지금 여기에 있기 때문이다. 그것은 이미 우리 경험의 한 부분이다. 좀 더 건강하고 편안해지기 위해서는 우리가 그렇게 하고 싶을 때가 아니라 바로 오늘 이 순간에 실제로 내가 있는 이곳에서 시작해야 한다. 더 건강해지는 것은 지금이기 때문에 그리고 우리가 처해 있는 바로 이곳이기 때문에 가능하다. 현재가 모든 가능성의 플랫폼이다. 그래서 증상과 그 증상에 대한 감정을 자세히 살피고 그것을 있는 그대로 받아들이는 일이 가장 중요하다.

이런 점에서 질병과 고통의 증상에 더해 그 증상에 대한 감정은 당신에게 몸이나 마음에 관한 중요한 무언가를 전해 주려는 전령이라고 볼 수 있다. 옛날 왕은 자신이 받은 메시지가 마음에 들지 않으면 전령을 죽이기도 했다. 원하는 것이 아니라고 자신의 증상과 감정을 억누르는 것은 왕이 했던 처사와 다를 바 없다. 전령을 죽이고 메시지를 무시하거나 화를 내는 일은 문제를 치유하기 위한 현명한 방법이 아니다. 우리가 범하기 원치 않는 일 중 하나는 연결을 깨뜨리거나 와해시키는 것이다. 그렇게 되면 관련되는 피드백을 완성하거나 알로스타시스와 자기조절과 균형을 회복시킬 수 없기 때문이다. 증상이 있을 때 우리가 맞이할 진정한 도전은 그들이 주려 하는 메시지에 귀 기울이고 이야기를 듣고 가슴 깊이 새기며 보다 완전하게 연결되는 것이다.

스트레스 완화 클리닉에서 어떤 환자가 바디 스캔이나 정좌명상 동안 두통을 느꼈다고 이야기한다면 아마 나는 "좋습니다. 이제 당신이 두통과 더불어 어떻게 일하셨는지를 이야기해 보시죠."라고 말할 것이다. 찾고 있는 것이 무엇이든 명상을 하고 있는 동안 두통을 알아차렸다면 당신이 두통이라고 부르는 이 경험을 자세히 살펴볼 수 있는 기회로 사용할 수 있다. 두통 증상은 당신이 명상을 하지 않을 때는 더 문제가 되었을 것이다. 현명한 주의를 기울여 그것을 관찰했는가? 마음을 챙기고 그 감각에 대한 느낌을 어느 정도 친절하게 수용했는가? 그 순간에 당신의 생각을 지켜보았는가? 당신의 마음이 자동으로 거절이나 판단으로 뛰어들거나 명상에 실패했다고 생각하거나 이완할 수 없다거나 명상이 작동하지 않거나 당신이 나쁜 명상가라거나 어떤 것도 두통을 치료할 수 없다고 생각하지는 않았는가?

누구든 이런 상황에서 이런저런 여러 생각이 떠오를 수 있다. 그런 생각은 두통에 대한 반응으로 시시때때로 당신의 마음을 드나들 것이다. 이러한 반응에서의 도전은 주의를 돌려 그 생각이 단지 당신의 생각임을 알아차리고, 당신이 그것을 좋아하든 좋아하지 않든 두통을 현재의 순간으로 환영하는 것이다. 당신의 몸이 바로 지금 어떻게 느끼고 있는가에 깊은 주의를 기울여 그 메시지의 암호를 풀 수 있는가? 머리가 아프기 전에 앞서 있었던 기분이나 정서를 깨달을 수 있는가? 두통을 촉발시킨 확인할 수 있는 사건이 있는가? 바로 지금 당신이 느끼는 감정은 무엇인가? 불안, 우울, 슬픔, 분노, 실망, 좌절, 짜증을 느끼는가? 당신은 이 순간에 어떤 감정이든 느낄 수 있는가? 관자놀이가 뛰는 것을 느끼며 두통의 감각과 함께 숨 쉴 수 있는가? 현명하게 주의를 기울이며 당신의 반응을 바라볼 수 있는가? 당신의 감정과 생각을 단지 감정과 생각으로 바라볼 수 있는가? '나의' 분노, '나의' 생각, '나의' 두통으로 식별하고 앞에 붙어 있는 '나의'라는 말을 내려놓고 받아들일 수 있는가?

당신의 두통을 바라볼 때 그와 함께하는 여러 생각과 느낌의 덩어리, 반응, 판단, 그 느낌에 대한 거부감, 당신 마음에서 진행되고 있는 일을 지금과 다르게 느낄 수 있었으면 하는 바람 등을 보게 되면, 어느 시점에서는 이런 내부 과정과 함께하지 않고, 또 자신이 그것을 두통거리로 삼지 않는 한, 당신은 자신이 당신의 두통이 아니라는 점을 깨달을 것이다. 그것은 단지 두통이거나 지금 현재 어떤 이름을 붙일 필요가 없는 머릿속 느낌일 뿐이다.

우리가 언어를 사용하는 방식은 우리 자신이 증상과 질병을 다루는 자동적인 방식에 대해 많은 것을 말해 준다. 예를 들어, "나는 감기에 걸렸어."라거나 "나는 열이 있어." 혹은 "나는 두통이 있어."라고 말할 때, 실상은 "몸이 감기(열 혹은 두통) 상태에 있어."라는 식의 표현이 보다 정확한 것이다. 우리가 경험하고 있는 각 증상을 '나'와 '나의'라는 말과 자동적이고 무의식적으로 연결할 때 마음은 이미 상당한 양의 고통을 만들어 내고 있는 셈이다. 우리는 과장된 반응에서 해방되고 그 증상이 전하고 있는 메시지를 깊이 경청하기 위해서 그 증상이 언제 발생하는지를 확인하고 의도적으로 그것을 내려놓을 필요가 있다. 두통이나 감기를 하나의 과정으로 봄으로써 그것이 고정된 무엇이 아니라 역동적인 것이며 '우리의' 것이 아니라 우리가 경험하는 하나의 전개 과정임을 깨달을 수 있다. 이런 과정을 통해 심지어 우리가 자신에게 하는 아주 사소한 이야기일지라도 무엇이든 간에 그것을 진실로 믿고 학습과 성장을 위한 기회를 제한한다는 사실을 깨달을 수 있다.

　마음챙김의 온전한 힘으로 증상을 바라볼 때, 그것이 긴장이든 빠른 심장박동이든, 숨 가쁨, 열, 통증이든, 그것이 전달하려 하는 메시지에 귀 기울이고 당신의 신체에 영예를 부여할 수 있는 기회를 더 많이 가질 수 있다. 부정이나 부풀림이나 증상에 선입견을 가지고 증상이 전하는 메시지를 존중하지 못할 때, 우리는 자신에 대한 심각한 딜레마에 빠질 수 있다.

　보통 우리 몸은 그것이 나쁜 상태와 연결되어 있더라도 메시지를 전달받고자 필사적으로 노력한다. 한 성직자는 스트레스 완화 클리닉에서 자기 병의 역사를 털어놓았다.

"지난 몇 주 동안 명상수련을 한 뒤에 돌이켜보니 처음에는 내 몸이 두통을 통해 조급하게 서두르고 스트레스를 많이 받으며 일하는 방식을 늦추려고 시도한 것 같다. 두통이 더욱 심해지는데도 나는 그 메시지를 듣지 않았다. 다음에는 몸이 위궤양을 보냈다. 그러나 나는 여전히 듣지 않았다. 마지막으로 심장발작을 보내 왔다. 이번에는 매우 놀라 몸이 보내는 메시지를 듣기 시작했다. 나는 심장발작에 깊이 감사하며 그것을 나에게 온 선물로 여긴다. 그것은 나를 죽일 수도 있었는데 그렇게 하지 않았다. 나에게 또 다른 기회를 준 것이다. 나는 이 일이 내 몸을 중히 여기고 몸이 보내는 메시지를 경청하며 몸을 존중할 수 있는 마지막 기회가 되리라고 생각한다."

22

신체 통증과 함께하기:
통증이 곧 내가 아니다

　망치로 손가락을 내려치거나 차 문에 정강이를 부딪치고 난 직후에 당신은 마음챙김을 수행하는 간단한 실험 하나를 할 수 있다. 감각이 폭발하고 외마디 비명과 신음 소리, 이에 뒤따르는 과격한 몸의 움직임 등을 관찰할 수 있다면 이를 모두 지켜보라. 이 모두는 1, 2초 안에 일어난다. 그때 당신이 느끼고 있는 감각에 마음챙김할 수 있을 만큼 재빠를 수 있다면 신음이나 저주의 말이 멈추어지고 몸의 움직임도 덜 과격해지는 것을 알아차릴 수 있을 것이다. 다친 부분의 감각을 관찰해 가면서 쏘고, 진동하고, 타고, 잘리는 듯하고, 쪼개지는 듯하고, 저린 듯한 감각이 다친 부분에서 어떻게 신속하게 이어져 가고 총천연색 투사기의 스크린에 여러 색깔이 섞이듯 혼합되어 가는지를 알게 될 것이다. 다친 부분을 쥐고 있든, 얼음이나 찬물에 넣고 있든, 머리에 얼음을 얹고 있든, 당신이 무엇을 하고 있든 간에 감각의 흐름을 따라가 보라.

이 간단한 실험을 통해서 마음챙김이 강하기만 하다면 사건이 펼쳐져 나가는 전 과정을 지켜볼 수 있는 평온함의 중심이 자신의 내면에 있음을 깨달을 것이다. 그것은 자신이 경험하고 있는 감각과는 완전히 분리되어 있는 듯한 어떤 느낌과 유사할 것이다. 마치 내 통증이 아니라 단지 그냥 통증으로, 심지어는 전혀 통증이 아니고 단지 강렬한 감각으로, 어떤 말로도 표현할 수 없는 그 무엇으로 느껴질 것이다. 아마 통증의 내부나 그 아래 있는 평온의 감각을 느낄 수도 있을 것이다. 통증을 알아차리는 것이 전혀 고통스러운 일이 아니고 피난처가 되며, 도피가 아니라 오히려 유리한 장소가 된다. 이런 과정을 깨닫지 못했다면 몸이 심하게 부딪혔을 또 다른 운 나쁜 순간에 당신의 알아차림과 의도가 우리가 보통 통증이라고 부르는 것과 어떤 관계에 있는지를 한번 탐구해 보라.

망치로 손가락을 치거나 정강이로 차문을 걷어찼을 때 찾아오는 즉각적이고 격심한 감각을 '급성통증'이라 부른다. 흔히 급성통증은 매우 강렬하지만 짧은 순간 지속된다. 급성통증은 그냥 없어지기도 하지만 의료적 도움이 필요할 때도 있다. 사고로 다치는 그 순간에 당신이 느끼는 것에 정확하게 마음챙김하는 실험을 해 본다면, 감각하는 경험과 자신이 어떤 관계를 맺느냐에 따라 실제로 느끼는 통증의 정도와 고통받게 되는 정도가 크게 달라지는 것을 발견할 것이다. 신체적 통증, 심지어 매우 강렬한 통증도 단지 그것에 압도당하지 않고 그것을 다룰 수 있는 상당한 선택권이 있음을 발견하는 일은 꽤나 이례적인 경험이 될 것이다.

건강과 의학의 관점에서 보면 만성통증은 급성통증보다 뿌리를 찾기 어렵다. 만성통증이란 오랜 시간에 걸쳐 지속되고 쉽게 나아지지 않는 통증을 뜻한다. 만성통증은 계속 지속되는 것일 수도 있고, 간헐적으로 왔다가 사라지고 다시 찾아오는 것일 수도 있다. 그 강도도 참을 수 없을 정도에서부터 둔하거나 뭉근한 아픔에 이르기까지 다양하다.

급성통증은 만성통증보다 근본 원인이 쉽게 확인되고 치료하면 빠르게 통증이 사라지기 때문에 의학적으로 다루기 쉽다. 그러나 때로는 통증이 지속되고, 통증을 치료하는 가장 일반적인 형태인 약물이나 수술에 잘 반응하지 않을 수도 있고, 원인이 잘 규명되지 않는 경우도 있다. 그래서 통증이 6개월 이상 지속되거나 상당 기간에 걸쳐서 재발된다면 급성으로 시작한 문제는 만성적인 것이 된다. 이 장의 뒷부분과 다음 장에서 우리는 조금 이상하게 들릴지 모르지만 만성통증과 친구가 되고 그것과 현명한 관계를 맺을 수 있는 방법을 찾는 데 마음챙김을 활용하는 방식에 대해 논의할 것이다. 다른 말로, 통증에 대처하고 통증과 함께 살아가는 법을 이야기하고자 한다. 또한 의도적으로 통증을 유도하는 실험실 연구를 통해 알아낸 고통과 통증에 관한 내용도 함께 다룰 것이다.

독자는 주치의들의 의뢰로 우리 클리닉에 찾아오는 모든 환자가 MBSR 훈련을 받기 전에 모든 의학적인 검사를 거친다는 점을 꼭 유념해야 한다. 이 절차는 통증의 원인이 즉시 의료적 처치를 받아야 하는 질병이 아니라는 것을 먼저 확인해야 하기 때문에 반드시 필요하다. 통증에 귀 기울이는 일은 적절한 의학적 치료를 결정하는 것과 관련해서 현명한 결정을 내리는 과정까지도 포함한다. 마음챙김 수련은 통증을 완화하기 위해 요구될 수도 있고 그렇지 않을 수도 있는 모든 의학적 처치와의 관련성 속에서 진행하여야 한다. MBSR은 결코 의료행위를 대체하는 수단이 아니다. MBSR은 의학적 처치의 대체제가 아니라 보완제로 설계되었다.

스트레스 자체가 나쁜 것이 아니듯 통증도 그 자체로 나쁜 것은 아니다. 이 점을 마음에 새기는 일이 중요하다. 통증은 당신 몸의 가장 중요한 전령 중 하나다. 통증을 느낄 수 없다면 고통스런 감각 없이 뜨거운 난로나 라디에이터를 만져 큰 화상을 입을 수 있다. 맹장이 터져도 내장에서 어떤 일이 벌어졌는지 모를 것이다. 이런 상황에서 우리가 경험하는 급성통증은 중요한 어떤 일이 벌어지고 있음을 알려 준다. 통증은 즉각적인 주의를 요하는 일이 생겼고 그 상황을 바꾸기 위한 조치를 취해야 한다는 것을 말해 준다. 어떤 상황에서는 난로에서 재빨리 손을 거두어들이며, 어떤 상황에서는 가능한 한 빨리 병원으로 가야 함을 알린다. 통증은 매우 강렬하기 때문에 우리를 즉각 행동하도록 몰고 간다.

어떤 사람들은 통증 회로가 불완전하게 태어나서 보통 사람들이 당연하게 여기는 기본 안전 기술을 학습하는 데 큰 어려움을 겪는다. 우리는 자신도 모르는 사이 여러 해에 걸쳐 신체 통증을 통해 세상과 자신 그리고 자신의 몸에 대해 매우 많은 것을 배우게 된다. 대부분의 사람은 통증을 '나쁜 것'으로 분류할 것이다. 하지만 통증은 매우 훌륭한 교사다.

우리 사회는 통증이나 통증에 대한 생각, 불편에 대해서도 혐오를 보이는 듯하다. 이것이 우리에게 두통이 찾아오자마자 약을 찾고 근육이 조금만 굳어도 자세를 바꾸는 이유일 것이다. 통증에 대한 혐오는 우리가 만성통증과 어떻게 함께 살아갈 것인가를 배우는 데 걸림돌이 된다.

　통증에 대한 혐오는 고통에 대한 혐오로 대치된다. 일상적으로 우리는 통증과 고통을 구분하지 않는다. 통증은 인생 경험의 자연스러운 부분이다. 고통은 통증에 대한 많은 반응 중 하나일 뿐으로, 신체적 혹은 감정적 통증에서 생길 수 있다. 고통은 우리의 생각과 감정을 포함하고 경험의 의미를 어떻게 파악하느냐에 따라 달라진다. 고통 역시 자연스러운 것이다. 그래서 인간의 실존적 조건을 피할 수 없는 고통으로 묘사하기도 한다. 그러나 고통은 통증 경험에 대한 여러 반응 중 단지 하나라는 점을 기억해야 한다. 통증이 우리에게 종양이 있다거나 어떤 치명적인 상태에 있음을 의미하는 것이라고 두려워한다면 아주 작은 통증조차도 큰 고통을 만들어 낼 수 있다. 한때는 심각하게 생각하던 통증이 모든 검사를 통해 문제가 없고 심각한 문제의 징표일 가능성이 전무하다고 확신하고 나면 전혀 아무렇지도 않거나 가벼운 가려움이나 불편 정도로 바뀌는 실례를 익히 알고 있을 것이다. 이와 같이 우리가 경험하는 고통의 정도는 통증 그 자체만이 아니라 크게 우리가 통증을 바라보는 방식과 그에 대한 반응에 달려 있다. 우리가 가장 두려워하는 것은 통증이 아니라 고통이다.

　노벨상을 수상한 심리학자 대니얼 카너먼(Daniel Kahneman)과 연구진들은 우리가 이미 일어난 고통에 대해 정확하게 기억하지 못한다는 사실을 밝혀냈다. 예를 들어, 대장 내시경을 받은 사람에게 당시의 통증에 대해 회상해 보라고 하면, 그는 고통의 전체 강도나 지속성을 별로 고려하지 않는다. 놀랍게도 그저 가장 고통이 심했던 순간과 내시경 절차의 마지막 순간에 경험한 통증의 강도만을 기억할 뿐이다. 실험을 위해 의도적인 통증을 유발하는 경우에도 똑같은 현상이 관찰되었다. 이 연구는 우리가 과거의 괴로운 기억을 어떻게 기억하며 그 기억에 어느 정도의 고통을 부여하는지에 관해 많은 것을 보여 준다. 카너먼은 어느 사건에 대해 우리가 '어떻게 기억하고 있는가?'가 우리가 가진 유일한 기록이라고 지적한다. 경험은 그 자체가 아니라 기억으로만 남기 때문이다. 카너먼에 따르면 '경험 자아(The experiencing self)'가 "지금 아파?"라고 질문하면 '기억 자아(The remembering self)'는 "전반적으로 어땠었지?"라고 물어 답한다. 이때 우리의 기억은 이야기를 만들기 시작한다. 카너먼의 연구는 우리가 기억에서 만드는 이야기가 매우 부정확하다고 한다. 우리는 행복함이든 괴로움이든 그 정도에 대해 변덕스럽고 편견에 찬 기억을 가지고 있다. 누군가에게 과거의 경험을 회상하여 평가하라는 질문은 좋지 않다. 차라리 순간의 단편적인 경험을 물어 그것을 종합하는 것이 훨씬 정확하다.*

물론 어느 누구도 만성통증을 지니고 살아가기를 원치 않는다. 그러나 실상 만성통증은 매우 흔하다. 만성통증에 지불하는 비용과 그로 인해 고통받는 사람은 매우 많다. 2011년 미국 의무성 자료에 따르면, 미국 사회가 만성통증의 치료와 생산성 손실로 지불

---

* Kahneman D. *Thinking Fast and Slow.* New York: Farrar, Straus and Giroux; 2012.

하는 비용은 매년 약 5,600억에서 6,350억 달러 사이로 추산된다. 정서적 고통이라는 면에서 지불하는 심리적 비용 또한 막대하다.

만성통증은 사람을 완전히 무력하게 만들 수도 있다. 통증은 생활의 질을 무너뜨려 당신의 힘을 야금야금 빼어 먹고 초조하고 우울하게 만들며 자기연민에 빠지고 무력감과 무망감을 가지게 만든다. 당신은 자신의 몸과 먹고 살아가는 일에 통제력을 잃었다고 느끼고, 전에는 인생의 의미와 즐거움을 주었던 활동이 이제 아무런 즐거움도 주지 못한다고 느낄 수 있다.

더욱 나쁜 것은 만성통증에 대한 모든 치료법이 단지 부분적으로만 성공적이라는 점이다. 많은 사람이 여러 약물치료와 때로는 수술까지 받는 길고 고통스러운 치료 끝에 통증과 '함께 살라.'는 말을 통증클리닉 의사나 의료진에게 듣는다. 그러나 그들은 '어떻게' 함께 살라는 것인지에 대해서는 가르쳐 주지 않는다. 통증과 함께 살아가라는 말은 길의 끝이 아니라 길의 시작이 되어야 한다. MBSR 프로그램이 해야 할 중요한 역할이 바로 만성통증이나 의료 문제에서 그런 길잡이가 되는 것이다. 이는 이라크나 아프가니스탄 같은 전쟁터에서 부상을 당했거나 다양한 외상 후 스트레스와 다양한 외상적 뇌 손상을 야기한 폭발 장애를 가진 현역 및 퇴역 군인들에게 특별히 중요하다.

예외 없는 규칙이 없어서인지 일부 최상의 사례에서는 고도로 숙련된 다학제적 통증클리닉 의료진들에게 계속 치료와 지지를 받기도 한다. 심리평가와 상담이 치료 계획에 통합된다. 이런 계획에는 수술에서 신경 차단까지, 발생 지점에 스테로이드를 주사하거나 리도카인을 정맥 주사하고, 근육 이완제나 진통제를 주고, 물리치료와 직업치료를 받고, 운이 더 좋으면 침과 마사지까지 포함될 수도 있다. 상담의 목표는 자신의 몸으로 일하고 통증을 어느 정도 통제할 수 있도록 하며, 낙관성과 자기효능감을 유지하고, 자신의 능력 범위 내에서 의미 있는 활동과 일에 종사할 수 있도록 도와주는 것이다.

우리 병원에서는 마취통증의학과에서 운영하는 통증클리닉이 역설적이게도 예산상의 이유로 폐쇄된 적이 있었다. 통증이 많은 환자의 중요 관심사이고 많은 환자가 우리 클리닉의 MBSR 수련에 의뢰되고 있는데도 말이다. 우리 클리닉으로 의뢰하는 결정적인 요인은 환자가 통증에 대처하기 위해 스스로 어떤 것을 시도해 보려는 의지가 있는가 하는 것이다. 의사가 통증을 '고쳐 주거나' '사라지게 해 주기'를 원하는 환자들은 우리 클리닉에 적합하지 않다. 그들은 자신의 조건을 개선하기 위해 스스로 어떤 책임을 져야 한다는 것을 이해하지 못한다. 그런 사람들은 처음에는 흔히 마음이 통증을 통제하는 데 중요한 역할을 한다는 말을 통증이 자신의 머릿속에만 있다거나 상상한 것이라는 의미로 받아들인다. 의사가 통증 치료에 심리적으로 접근해 보라고 제안하면 자신의 통증이 '진짜'가 아니라고 여긴다고 받아들이기도 한다. 자기 몸에 통증이 있다고 알고 있는 사람들은 보통 통증을 없애기 위해서 자신의 몸에 어떤 일을 해야만 한다고 여긴다.

이런 방식의 접근은 인간의 몸이 기계와 같다고 가정할 경우에만 자연스럽다. 기계가 정상적으로 작동하지 않는다면 무엇이 문제인가를 찾아내고 그것을 고치면 된다. 마찬가지로 통증이 생기면 차가 고장 났을 때처럼 고장 난 곳을 고쳐 줄 것을 기대하면서

'통증전문의'를 찾아갈 것이다.

그러나 우리 몸은 기계가 아니다. 만성통증 조건에 수반되는 문제는 흔히 무엇이 통증을 야기하는지가 분명하지 않다는 점이다. 의사들은 왜 어떤 사람이 통증을 경험하는지에 대해 확신 있게 이야기할 수 없다. 엑스레이나 CAT와 MRI 같은 진단 검사는 그 사람이 상당한 통증을 보이는데도 별다르게 나타나지 않는다. 통증의 원인이 정밀하게 밝혀진 특별한 사례에서도 의사들은 좀처럼 통증을 완화시키기 위해서 특정한 신경로를 차단하려는 시도를 하지 않는다. 수술은 끊임없이 고문하는 듯한 통증에 대한 마지막 수단으로 시도된다. 이런 수술은 과거에는 많이 시행되었으나 통증 메시지가 신경계의 배타적이고 특정한 '통증 경로'로만 전달되지 않는다는 단순한 이유 때문에 실패했다.

이런 이유로 만성통증 문제로 의학적 처치를 바라고 찾아오는 사람들은 자신의 몸이 자동차와 매우 유사하고 의사가 하는 일이란 자신이 왜 아픈가 하는 원인을 찾아내고 문제의 원인이 되는 바로 그 신경을 차단하거나 마술적 약이나 주사를 놓아 통증을 추방하는 것이라고 믿고 있다. 그러나 만성통증이 이렇게 단순히 해결되는 경우는 매우 드물다.

새로운 이해의 틀에서 보면, 통증은 단지 '신체의 문제'만이 아니라 전체 시스템의 문제다. 당신의 신체 표면과 내부에서 유래하는 감각 충동은 신경 섬유를 통해서 뇌로 전달되는데, 뇌에서 이 메시지들이 등록되고 '통증'으로 해석된다. 이 과정은 뇌가 이것들을 고통으로 해석하기 전에 일어나야 한다. 그러나 고등 인지 기능이나 정서 기능은 통증의 지각을 수정할 수 있는 뇌와 중추신경계 내부의 잘 알려진 경로와 많이 겹쳐 있다. 통증에 대한 시스템적 견해는 당신의 마음이 통증 경험에 의도적으로 영향을 미칠 수 있는 가능한 길을 많이 열어 준다. 이것이 바로 명상이 통증과 함께 살아가는 법을 배우는 것이 매우 가치 있는 이유다. 의사가 당신의 통증을 다루는 데 명상이 도움이 될 것이라고 제안했다면, 그것이 당신이 진짜로 아프지 않을 거라는 뜻이 아니다. 이 사실을 알아야 한다. 그것은 당신의 몸과 마음이 두 개의 분리된 실체가 아니며 통증에는 언제나 심리적인 성분이 있음을 의미한다. 이는 또 마음의 내부 자원을 사용하여 통증에 언제나 영향을 미칠 수 있음을 말한다.

이 관점은 오랫동안 마음챙김 명상을 수행해 온 사람들과 사전에 명상을 한 번도 접해 보지 못한 실험 자원자들에게 실험실에서 인위적으로 고통을 유도해서 마음챙김 수련의 효과를 살펴본 연구에 의해 입증되고 정교화되었다. 열이나 냉 감각을 유도해서 통증을 유도하며 각 경우 연구 참여자들에게 해를 끼치거나 조직이 손상되지 않도록 각별히 유의하였다. 실험 결과에 따르면, MBSR에서 시행하는 마음챙김 수련과 같거나 유사한 명상 경험은 통증 경험에 극적인 차이를 만드는 효과를 보였다.

현재 이루어지고 있는 대부분의 연구는 뇌가 통증을 조절하는 방식의 기전을 밝히고자 노력하고 있다. 위스콘신 대학교의 '마음건강연구센터'의 안토니 루츠(Antonie Lutz)와 리처드 데이비드슨

(Richard Davidson) 연구팀이 진행한 한 연구에 따르면, 'open monitoring(MBSR에서 현재에 일어나는 모든 경험을 차별 없이 알아차리는 것과 유사한)' 기법으로 일생 동안 일만 시간 이상 수행해 온 사람들은 통제집단 사람들에 비해 고통스런 자극에 대한 불유쾌함의 정도가 훨씬 더 낮았다. 그러나 오랜 기간 명상을 해 온 사람이라 하더라도 자극이 유발하는 통증의 강도를 통제집단에 속한 사람들에 비해 더 낮게 보고하지는 않는다.*

또 다른 연구에 의하면 이런 결과는 숙련된 명상가들에게서 '현저성' 평가와 관련해 나타나는 뇌 활동의 변화와 관련이 있다고 한다. 명상을 꾸준히 해 온 사람은 고통스러운 통증에 대한 예기적 생각을 현재에 집중하여 줄일 수 있었고 그에 따라 통증 자극에 대한 반응성이 감소한 것으로 볼 수 있다.**

앞 연구 결과는 통증 경험의 여러 차원—감각, 정서 및 인지적 측면—이 있고, 이들이 모두 기여해서 신체적 불편감을 동반하는 전체 고통의 감각을 이룬다는 사실을 상기시켜 준다. 우리가 MBSR에서 배우듯이 '통증'이라는 전체적 경험에서 이들 각 요소를 구분할 수 있다면 고통 경험을 의미 있게 줄일 수 있을 것이다. 이는 이 장과 다음 장에서 자세히 기술하는 MBSR 프로그램 참여가 만성통증에 미치는 효과 연구에서 발견한 결과와 유사하다.***

---

* Perlman DM, Salomons TV, Davidson RJ, Lutz A. Differential effects on pain intensity and unpleasantness of two meditation practices. *Emotion.* 2010;10:65-71.

** Lutz A, McFarlin DR, Perlman DV, Salomons TV, Davidson RJ. Altered anterior insula activation during anticipation and experience of painful stimuli in expert meditators. *Neuroimage.* 2013;64:538-546.

선 수행자들을 대상으로 한 또 다른 연구에 따르면 장기 명상 수련자들은 불쾌감과 통증의 강도에 모두 덜 민감했다고 한다. 또한 그들은 통증 경험과 관련된 뇌의 특정 부위인 회백질의 두께가 더 두꺼웠다.[*]

일부 실험실 연구에서는 호흡에 집중하는 마음챙김 명상수련법을 매우 간략하게 소개하고, 네 차례의 20분짜리 훈련회기를 마친 사람들에게서도 큰 차이가 발생했다고 한다. 참여자들이 느끼는 불쾌감은 57% 감소하였으며, 통증의 강도는 40% 감소하였다. 뇌의 통증 경험을 조절하는 영역에도 변화가 발생했다고 한다.[**]

다양한 명상법에 대한 여러 실험실의 연구 결과가 어째서 어느 정도는 서로 다른지는 앞으로 밝혀내야 할 과제다. 이런 상태는 아직 출발 단계에 있는 과학 분야에 특히 많다. 그러나 전반적인 연구 결과는 MBSR 수련이 다양한 만성적 통증을 수반한 질환을 가진 환자에게 끼치는 극적이고 장기적으로 지속되는 효과에 대한

[***] Kabat-Zinn J. An outpatient program in behavioral medicine for chronic pain patients based on the practice of mindfulness meditation: Theoretical considerations and preliminary results. *General Hospital Psychiatry.* 1982;4:33-47; Kabat-Zinn J, Lipworth L, Burney R. The clinical use of mindfulness meditation for the self-regulation of chronic pain. *Journal of Behavioral Medicine.* 1985;8:163-190. Kabat-Zinn J, Lipworth L, Burney R, Sellers W. Four-year follow-up of a meditation-based program for the self-regulation of chronic pain: Treatment outcomes and compliance. *Clinical Journal of Pain.* 1986;2:159-173.

[*] Grant JA, Courtemanche J, Duerden EG, Duncan GH, Rainville P. Cortical thickness and pain sensitivity in Zen meditators. *Emotion.* 2010;10:43-53.

[**] Zeidan F, Martucci KT, Kraft RA, Gordon NS, McHaffie JG, Coghill RC. Brain mechanisms supporting modulation of pain by mindfulness meditation. *Journal of Neuroscience.* 2011;31:5540-5548.

우리의 연구를 지지하고 있으며, 다른 연구자 집단들에 의해 반복 검증되고 있다.

통증 처치에 대한 성과

마음챙김 명상으로 통증을 완화하는 방법을 자세히 살펴보기 전에 스트레스 완화 클리닉에서 MBSR 수련을 받고 있는 만성통증을 가진 사람들에게서 얻었던 연구 결과를 소개하려 한다. 클리닉에서 8주간의 훈련을 통해 맥길-멜작의 통증평가지수(PRI)로 알려져 있는 통증 질문지로 측정된 평균 통증 수준은 MBSR 8주간의 훈련을 거치면서 극적으로 감소하였다. 이런 발견은 해마다 반복해서 확인할 수 있었다.

한 연구에서는 만성통증을 보이는 환자들의 72%가 통증평가지수에서 적어도 33% 이상 감소했다. 50% 이상 감소한 통증 환자도 61%나 되었다. 이 결과는 통증으로 찾아왔던 대다수의 수련자가 집에서 명상을 하고 병원의 주별 수업에 참여하는 8주간의 수련 과정을 통해 자신의 통증 수준을 임상적으로 의미 있게 줄일 수 있었음을 의미한다.

통증에서 한 발짝 더 나아가 우리는 그들이 부정적인 신체상(자기 신체의 각 부분에 문제가 있다고 평가한 정도)에서는 어떤 변화를 보이는지를 살펴보았다. 그리고 프로그램을 마쳤을 때 부정적 신체상 점수가 30% 정도 감소했음을 발견했다. 이는 통증 때문에 자신이 할 수 있는 일에 제한을 받을 때 특히 강해지는 자기 신체에 대한 부정적인 관점과 느낌을 짧은 기간 내에 현저히 개선한 것이다.

아울러 이들은 자신의 통증이 음식 준비나 운전, 수면, 성 생활과 같은 일상 활동에 참여할 수 있는 능력을 방해한다고 평가하는 정도에서도 30%의 감소를 보였다. 이런 개선은 부정적인 기분 상태의 현격한 감소(55%)와 긍정적인 기분 상태의 현저한 증가와 동반되어 일어났다. 중요한 개선점은 불안, 우울, 적대감, 자신의 신체 감각에 과도하게 집착하는 것을 뜻하는 신체화 경향 등에서 이루어졌다. 프로그램이 끝날 무렵에 만성통증을 가진 참여자의 대부분은 통증 때문에 먹었던 약을 줄이고, 보다 활동적이 되었으며, 전반적으로 기분이 나아졌다고 보고했다.

더욱 고무적인 일은 이러한 개선이 지속된다는 점이다. 스트레스 완화 클리닉에서의 경험 이후 4년이 지나서도 통증을 보였던 참가자들이 어떻게 대처해 가는가를 조사한 또 다른 연구가 있다. 그 연구에서 우리는 프로그램 마지막에 성취되었던 성과 대부분이 계속 유지되고 있거나 일부 사례에서는 더욱 개선되었음을 발견했다.

게다가 많은 통증 환자가 상당한 정도로 명상수련을 계속하고 있다는 추적연구 결과도 얻었다. 93%가 상당한 수준으로 한 가지 이상의 명상수련을 계속하고 있다고 응답했고, 대다수가 하루 일과 중에 자신의 호흡을 관찰하거나 다른 형태의 비공식적 명상을 하고 있다고 말했다. 일부는 자신이 필요할 때 공식 명상수련을 하며, 42%가량은 3년 뒤에도 한 번에 적어도 15분 이상 공식 명상수련을 주당 3회 이상 한다고 답했다. 그런데 이런 사람은 4년째에 접어들자 30%로 많이 떨어졌다. 그러나 전체를 종합해 보면,

몇 년이 지나서도 자신의 배움을 중시하고 계속하는 사람의 비율이 상당함을 알 수 있었다.

추적연구에 참여한 통증 환자에게 응답 시점을 기준으로 스트레스 완화 클리닉에서 했었던 훈련이 얼마나 중요한가를 물었다. 44%(3년 뒤)와 67%(4년 뒤)가 프로그램의 중요성을 '가장 중요하다(10점)'에서부터 '전혀 중요치 않다(1점)'는 방식으로 평가하는 체계에서 8점 이상으로 답했다. 4년 뒤의 시점에서 50%는 10점으로 평가했다. 6개월, 1년, 2년 후의 추적 응답에서 8점 이상이라고 응답한 비율은 6개월 뒤 67%에서 2년 뒤 52%에 이르렀다.

클리닉에서 배운 것이 통증 감소에 미친 영향을 물어본 결과, 43%가 자신의 통증 개선의 80~100%가 스트레스 완화 클리닉에서 배운 것에 기인한다고 응답하였다. 25%는 통증 개선의 50~80%가 그때 배운 것 때문이라고 응답하였다. 참가자의 말에 비추어 보면, 명상수련은 통증을 개선하는 데 지속적인 효과를 가졌다고 볼 수 있다.

다른 연구에서 우리는 통증 환자 두 집단을 비교해 보았다. 이 연구에서 42명의 환자는 매사추세츠 병원의 통증클리닉에서 사용하는 표준 의료를 시행하고 아울러 물리치료와 같은 지지적 치료를 받았다. 한편 그들 중 21명으로 구성된 집단은 통증클리닉의 표준 처치 외에 스트레스 완화 클리닉의 명상수련에 참여했다. 두 집단은 모두 10주 후에 그들의 상태에 대해 추적조사를 받았다.

우리는 선행연구 결과를 통해 명상을 하는 사람이 통증과 심리적 고통이 더 많이 줄었으리라 기대할 수 있었다. 핵심 문제는 "통증클리닉에서 수련한 사람이 유사한 통증을 해결하기 위해 강력한 의료적 처치를 받기는 하지만 명상수련을 하지 않는 사람에 비해 어떤 차이를 보이는가?"였다.

통증클리닉의 치료를 받고 난 10주 뒤 비수련 집단은 거의 변화를 보이지 않은 데 반해 명상수련 집단은 기대했던 큰 변화를 나타냈다. 예를 들어, 명상수련 집단은 비수련 집단이 전혀 개선을 보이지 않은 데 비해 통증평가척도에서 36%의 감소를 보였다. 비수련 집단이 2%의 신체상 개선을 보인 반면 수련 집단은 37%의 개선을 보였다. 비수련 집단이 '기분이 좋아짐' 항목에서 22% 개선된 반면 수련 집단은 87% 개선되었다. 심리적 고통 정도에서 비수련 집단이 11%의 개선을 보인 반면 수련 집단은 77%의 개선을 보였다.

이 예비 연구는 제대로 무선화된 본격적인 효과 연구는 아니었지만, 결과는 통증을 위한 의료 처치에 덧붙여 MBSR 수업에 참여하고 매주 가정에서 다양한 명상을 실습하는 등의 자신을 위해 적극적으로 뭔가를 하는 것이 단순히 의료적 처치만을 수동적으로 받는 것에 비해 훨씬 많은 긍정적 변화를 가져올 수 있음을 시사한다. 이런 발견은 참여 의료의 잠재력을 보여 주는 것이다. 참여 의료에서 환자는 치료 과정의 협력자로서 현명한 주의를 기르고 자신의 몸과 마음과 더 친밀해지는 체계적인 노력을 통해서 학습과 성장의 내부 잠재력을 찾아내고 자신의 건강과 안녕 수준을 높이려는 모든 시도에 참여한다.

연구의 가장 흥미로운 발견 중 하나는 MBSR 수련에 참가하는 환자들의 통증 문제는 매우 다양하지만 개선되는 과정은 유사하다는 사실이다. 요통, 목의 통증, 어깨 통증, 안면 통증, 두통, 팔의 통증, 복통, 흉통, 좌골 통증, 발의 통증, 관절염과 디스크 및 교감 신경 위축을 포함한 다양한 문제를 보이는 사람이 명상수련을 통해 중요한 개선을 볼 수 있었다. 이는 많은 상이한 통증이 마음챙김 명상수련에 반응한다는 것을 뜻하며, 통증에 마음을 닫고 그 존재를 빨리 없애려 하는 대신 마음을 열고 통증에서 배우려는 의지를 갖는 것이 매우 가치 있음을 시사한다. 다른 말로, 유쾌하지 않고 원치 않는 경험을 초대하는 것이 당신의 스승이 될 수 있음을 뜻한다.

명상수련을 통증과 함께 일하는 데 사용하기

어떤 사람은 우리가 왜 자신에게 미워하고 사라지기만을 바라는 통증 속으로 들어가라고 강조하는지 이해하기 어려워한다. 그들은 '왜 통증을 무시하거나 잊기 위해 주의를 분산하고 통증이 극에 달하면 참기 위해 이를 악물어서는 안 되는가?'라고 생각한다. 한 가지 이유는 통증을 무시하거나 주의를 딴 데로 돌리려는 시도가 작동하지 않는 때가 있다는 점이다. 그럴 때 통증을 견디려 하거나 줄여 주는 약물에 의존하는 것 외에도 옷소매에 다른 전략을 지니고 다니는 것은 큰 도움이 된다.

급성통증을 대상으로 한 몇몇 실험실 연구는 감각에 초점을 맞추는 전략이 주의를 딴 곳으로 돌리려는 전략보다 통증이 강렬하고 지속적일 때 경험하는 통증 수준을 줄이는 데 더 효과적임을 보여 준다. 심지어 주의분산이 통증을 줄여 주고 통증에 대처하는 데 도움을 줄 때가 있다 하더라도 마음챙김 명상은 주의분산이나 도피로는 결코 도달할 수 없는 자신의 몸이나 자신에 관한 새로운 이해와 직관을 가져다줄 수 있다. 이런 이해와 직관은 당신의 조건에 다가가는 과정과 그 조건을 그냥 견디는 것이 아니라 함께 지니고 살아가는 것을 학습하는 과정에도 매우 중요하다.

통증 경험의 감각, 정서 및 인지/개념적 차원은 서로 구분될 수 있고, 이는 이것을 경험의 독립적 측면으로 알아차릴 수 있음을 뜻한다. 예를 들어, 감각에 대한 생각이 감각 그 자체는 아니라는 것을 알면, 통증 경험의 감각적 측면과 인지적 측면 모두는 서로 독립적으로 변화할 수 있다. 이는 유쾌하지 않은 감각 경험에 대한 정서적 반응에서도 마찬가지다. 통증의 여러 차원이 분리되는 현상은 세 차원 중 어느 하나나 전체에서 어떤 상황이 서로 다르게 벌어지더라도 그것을 알아차리고 유지할 수 있는 상당한 자유를 선사하며, 이는 우리가 경험하는 고통의 정도를 극적으로 감소시킨다.

그렇다면 어디에서 시작해야 할까? 당신이 만성통증이 있다면, 제1부에서 제안한 마음챙김 실습을 이미 실험해 보았기를 기대한다. 독서를 하거나 명상수련을 하는 어떤 시점에서 자신의 상황을 종전과는 다른 관점에서 생각하거나 전에는 당연하게 여기던 어떤 것에 주의를 기울이고 싶은 욕망이나 느낌이 들었을 수 있다. 아마 우리가 통증이라 부르는 이 현상에 관해 진짜 호기심을 갖게 되었을 수도 있다. 제10장에 제시했던 계획안 중 하나나 그 이상의 공식 명상 기법을 수련하기 시작했을 수도 있다. 만약 그렇지 않다면, 지금 가장 먼저 할 일은 수련할 시간을 마련하겠다고 결심하고 하루에 적어도 45분 이상 매주 6일 이상 바디 스캔을 하는 것이다. 스스로 상당한 경지에 이르렀다고 느끼지 않는 한 바디 스캔을 계속하라. 보다 실천적으로는 마음챙김 안내 CD를 이용하거나 다운로드해 안내에 따라 몸을 맡겨 보라. 다시 얘기하지만 하루 최소 45분 이상 매주 6일 이상 바디 스캔을 해야 한다. 바디 스캔이 마음에 들건 들지 않건 갑자기 하고 싶지 않거나 지금 당장 바디 스캔을 한다고 무언가 바뀔 것 같지 않더라도 계속해서 연습해 나가기 위한 의도를 만들어야 한다.

제1부의 모든 제안은 만성통증과 무관한 사람에게도 적용하지만 통증을 보이는 사람에게도 똑같이 적용할 수 있다. 여기에는 제2장에서 이야기했던 마음챙김을 위한 태도를 갖는 것도 포함된다. 자신을 '만성통증 환자'로 간주하려는 경향성에 대해 깨어 있어라. 규칙적으로 자신이 만성통증을 직면하고 다루어야만 하는 한 인간이라는 점을 기억하라. 이런 방식으로 자신에 대한 견해를 재형성하는 것은 당신이 긴 통증의 역사를 가지고 있고 과거 경험과 상황에 의해 압도되고 패배하였다고 느낄 때 특히 중요하다.

통증 문제가 있는 사람이라고 해서 통증이 없는 사람이 당면하게 되는 다른 문제나 어려움에서 해방되지는 않는다는 점을 명심해야 한다. 인생의 다른 문제도 통증을 대했던 것과 같은 방법으로 직면할 수 있을 것이다. 때로 실망하고 우울해질 때 인생에서 여전히 기쁨과 즐거움을 느낄 수 있음을 자신에게 일깨우는 일이 특히 중요하다. 자신에 대해 이와 같이 폭넓은 견해와 따뜻한 관계를 길러 나가는 회상을 자주 한다면, 명상에 기울이는 당신의 노력이 좋은 결실을 맺는 비옥한 토양으로 작용할 것이다. 명상 또한 당신의 통증에 아무 도움이 안 되는 의심스런 방법을 쫓아버리는 힘을 보탤 것이다.

통증을 사라지게 만드는 것이 눈앞의 목표가 아닐 수도 있다. 통증은 때때로 일시에 사라지거나 조금 누그러져 다룰 만할 수도 있다. 어떤 방식일지는 여러 가지 상이한 상황에 달려 있으며, 그 중 일부가 당신의 잠재적인 통제력에 달려 있을 뿐이다. 당신이 겪고 있는 통증의 종류에 더 많은 것이 달려 있다. 예를 들어, 두통은 요통에 비해 단기간에 사라지고 재발할 가능성이 낮다. 일반적으로 요통이 나아지기 위해서는 보다 오랜 기간에 걸쳐 많은 작업이 필요하다. 그러므로 당신의 통증 문제가 어떤 것이든 규칙적으로 명상수련을 하는 데 몰입하고, 제2장에서 지적한 태도를 마음에 두면서 어떤 일이 일어나는가를 눈여겨보는 것이 최선이다.

일상적으로 하는 명상수련을 통증 실험이라고 생각하는 것도 좋은 방법이다. 자신의 통증을 통제하고 통증과의 관계를 변화시킬 수 있는 능력은 바디 스캔, 정좌명상, 요가(당신이 요가를 할 수 있는 상태라면), 그리고 일상에서 날이면 날마다 매순간 지금 하고 있는 모든 것에 마음챙김을 하는 데서 유래한다.

바디 스캔은 만성통증을 가진 사람이 수련을 처음 시작할 때 가장 효과적인 기법이다. 특히 가만히 앉아 있거나 움직이기 어려운 경우에 더욱 유용하다. 바디 스캔은 등을 바닥에 대고 눕거나 편하게 뻗은 자세로 시작할 수 있다. 눈을 감고 호흡에 마음을 두며 숨을 들이쉴 때 부드럽게 배가 불러오고 숨을 내쉬면 부드럽게 배가 들어가는 과정을 지켜본다. 그런 다음 제5장에서 기술했듯이 호흡을 이용해서 주의를 왼발의 발가락까지 내려가게 하고 순간순간을 자각하면서 거기부터 작업하기 시작한다. 당신의 마음이 몸의 어떤 한 부분에 있으면 생각을 그 부분에 맞추어라. 그 부분에서 생기는 어떤 느낌과 감각(아무것도 느낄 수 없다면 그 감각을), 그리고 그 부분으로 숨이 들어오고 나간다는 느낌에 주의를 집중한다.

숨을 내쉴 때마다 몸 전체가 누워 있는 표면으로부터 조금 더 깊이 내려앉고 모든 근육이 긴장을 내보내고 이완되는 것을 바라보라. 몸의 한 부분에서 다음 부분으로 떠날 때가 되면 마음의 눈으로 그 부분을 완전히 내려놓고, 다음 부분에 의식을 맞추기 전에 적어도 몇 차례 호흡을 할 동안 고요 속에 머물러라. 왼발에서 오른발로 그리고 몸의 다른 부분들로 여행을 계속한다. 마음이 흔들릴 때는 마음챙김 명상의 기본지침을 따르면 된다. 예외가 있다면 통증이 너무 심해서 통증 외의 어떤 것에도 주의를 기울일 수 없을 정도라면 다음 두 페이지의 내용을 참조하라. 어떤 시점에서 당신의 마음이 지금 주의를 기울이고 있는 신체 부위에서 벗어나 다른 곳으로 가 있음을 알아차린다면, 그곳으로 가 조용히 관찰하고 다시 초점을 맞추고 있는 그 부위로 주의를 조용히 되몰고 오라. 바디 스캔 CD를 사용한다면, 마음이 벗어나면 그것을 알아차리고 다시 CD가 가리키고 있는 곳으로 주의를 모아가면 된다.

천천히 이동해서 온몸을 이런 방식으로 스캔해 가면서 문제가 되는 부분으로 옮겨 가는데, 그 부분은 불편감과 통증이 매우 강렬할 수도 있다. 그 부분을 앞서 주의의 초점을 맞추어 왔던 다른 신체 부분에 해 온 것과 같은 방법으로 스캔하면서 깨어 지켜보라. 말하자면, 그 신체 부분으로 호흡을 부드럽게 들이쉬고 내쉬면서 그 감각을 주의 깊게 지켜보는 것이다. 자신에게 그 감각을 느끼고 개방하게 허락하면서 숨을 쉴 때마다 몸 전체를 이완되고 부드럽게 하라. 그 부분을 내려놓을 시간이 오면(그 순간은 당신이 결정할 수 있다), 이동해 가며 완전하게 내려놓는다(도움이 된다면 내쉬는 숨에 부드럽게 '안녕'이라고 말하라). 고요와 평온으로 그 순간 흘러갈 수 있다면 그것을 관찰하라. 통증이 전혀 변화되지 않거나 더욱 강렬해지더라도 단지 다음 부분으로 옮겨 가고 거기에 모든 주의를 쏟도록 하라.

몸의 특정 부분의 고통스런 감각이 어떤 방식으로 변화된다면 그 변화의 성질이 어떤 것인지를 세밀하게 바라보라. 그 성질을 충분히 알아차릴 수 있도록 완전하게 등록한 다음 바디 스캔을 계속해 나간다.

통증이 사라지기를 기대하는 것은 도움이 안 된다. 그러나 당신은 통증의 강도가 순간순간 강해졌다가 약해지고, 날카로웠다가 둔해지거나 가렵거나 타는 듯하거나 저미는 듯한 성질로 변해 가는 것을 알아차릴 수 있다. 통증이나 당신의 몸, CD, 명상 혹은 다른 어떤 것이든 그에 대한 생각이나 정서적 반응을 알아차리는 것은 도움이 될 것이다. 순간순간을 단지 지켜보고 내려놓고, 다시 지켜보고 내려놓기를 계속하라.

당신의 통증과 생각과 감정에 관해 지켜본 어떤 것이든 초점을 바디 스캔에 계속 고정하면서 판단 없이 알아차린다. 우리는 스트레스 완화 클리닉에서 이런 수련을 몇 주 동안 매일 시행한다. 이런 작업은 때로 지루하거나 짜증이 날 수도 있다. 그러나 그것은 문제가 되지 않는다. 지루함이나 짜증 또한 생각이나 감정으로 바라볼 수 있고 내려놓을 수 있다. 여러 차례 언급했던 것처럼 우리는 "당신이 이 과정을 좋아할 필요는 없다. 단지 그냥 행하기만 하면 된다."라고 환자들에게 이야기해 준다. 특히 바디 스캔의 경우에 더욱 그러하다. 바디 스캔이 당신을 매우 이완시키거나 흥미를 유발하거나 어렵고 짜증스럽게 만드는 것은 그것이 당신에게 잘 작용할 것인지와 별 관계가 없다. 이 과정이 시작하기에 가장 좋은 지점이다. 만약 좋다면 몇 주 뒤에는 바디 스캔을 정좌명상과 요가로 바꿀 수도 있다. 그렇다 하더라도 바디 스캔을 너무 빨리 포기하지는 마라.

성공에 너무 들뜨지 말고 진전이 없다고 너무 우울해하지도 마라. 매일매일이 다를 수 있다. 실상 모든 순간이 다 다르다. 따라서 한 회기나 두 회기 뒤에 결론으로 뛰어가지 마라. 성장과 치유에는 시간이 필요하다. 몇 달이나 몇 년이 아니라 몇 주에 걸친 명상수련에도 인내와 일관성이 요구된다. 만약 당신이 몇 년 동안 통증을 겪고 있다면 명상을 시작했기 때문에 그 통증이 며칠 내로 마법처럼 사라질 거라고 기대하는 것은 합리적이지 않다. 지금까지 당신이 할 수 있는 모든 것을 하고도 여전히 통증을 겪고 있다면, 8주나 그 이상 규칙적으로 명상수련을 한다고 해서 잃을 것은 무엇인가? 그 순간에 당신이 무엇을 생각하고 느끼는가에 관계없이 자신에 접촉하거나 존재의 영역에 머무는 것보다 하루에 45분 정도를 더 잘 보낼 수 있는 다른 어떤 일이 있는가? 실망의 순간에는 실망의 그 느낌을 단지 지켜보고 그것들이 다가오고 떠나가게 내버려 두고 수련에 수련을 계속하라.

통증이 매우 강렬해서 신체의 다른 부분으로 옮겨 가기가 불가능한 순간을 만날 때는 사용하던 CD를 끄고, 바디 스캔을 내려놓고, 그 순간에 통증 그 자체에 직접적으로 주의의 초점을 맞추도록 하라. 우리가 이미 논의했던 것 외에도 통증에 접근하는 방법은 여러 가지가 있다. 그 모든 것에 대한 열쇠는 당신의 주의를 부드럽고 섬세하게 그러나 확고하게 통증 위로 그리고 통증 속으로 기울이려는 변함없는 결심이다. 그 통증이 아무리 악성이더라도 말이다. 결국 단지 그것이 지금 여기에 존재하기 때문에 아주 조금이라도 수용할 수 있음을 알게 될 것이다.

당신이 통증으로 들어가서 열린 마음으로 직면하는 어떤 순간에, 당신은 마치 통증과의 백병전에 갇혀 버리거나 고문을 받고 있는 듯한 느낌을 받을 수 있다. 그것 또한 단지 내 생각일 뿐이라고 깨닫는 것이 도움이 된다. 마음챙김 명상이 당신의 통증과 당신 사이의 전투를 의미하지 않는다는 점과 만약 원치 않는다면 그렇게 되지 않는다는 점을 기억하는 것이 도움이 된다. 만약 당신이 그것을 전투로 만든다면 긴장은 더욱 커지고 따라서 통증도 더욱 커질 것이다. 마음챙김 명상에는 신체적 불편감과 흔들리는 감정을 순간순간 지켜보고 받아들이겠다는 확고한 노력이 포함된다. 통증을 찾아내고, 그것에서 배우며, 그것을 보다 잘 알려 하고, 통증을 멈추거나 제거하거나 도피하려 하지 않는다는 점을 기억하라. 당신이 이런 태도를 견지하고 통증과 평온하게 함께하면서 한 호흡이나 반 호흡 동안이라도 이런 방식으로 지켜볼 수 있다면, 바른 길로 접어들었다고 할 수 있다. 그런 다음 그것을 확장하고 두 호흡이나 세 호흡 혹은 그보다 많은 호흡 동안 통증을 직면하면서 평온하고 개방적으로 머무를 수 있다.

스트레스 완화 클리닉에서 우리는 명상하는 동안 통증과 함께 작업하는 방식을 표현하기 위해 '환영의 방석을 깔아라.' 라는 표현을 즐겨 쓴다. 어떤 특정한 순간에 통증은 이미 존재하기 때문에 우리가 할 일은 통증을 수용적으로 받아들이는 것이다. 우리는 가능한 한 가장 자연스럽게 통증과 관계를 맺고, 그것을 판단하지 않고 관찰하며, 세부적으로 어떻게 느껴지는지를 알아차리려 한다. 이는 생생한 감각 그 자체에 마음의 문을 열어 개방적이 되는 작업이다. 그 감각의 성질이 어떠하든 말이다. 우리는 순간순간을 통증과 함께 호흡하고 함께 존재하며 호흡의 물결과 감각의 물결을 타고 간다.

우리는 또 자신에게 질문한다. "바로 지금 이 순간에 그것이 얼마나 나쁜가?" 이렇게 해 나간다면 대부분의 시간에 심지어 당신이 끔찍하게 느끼는 그 순간에도 감각을 직시하고 "이 순간이 견딜 만한가? 괜찮은가?"라고 물을 수 있게 될 것이다. 어려움은 흔히 다음 그리고 그다음에 찾아오는 순간에 대한 것이다. 흔히 당신은 다음에 다가오는 순간이 더 많은 통증으로 채워져서 다가오고 있다고 생각한다.

해결은 다가오는 각 순간을 취하는 것이다. 한순간인 현재에 100퍼센트 존재하려 하자. 다음 순간과 그다음 순간에도 마찬가지다. 45분의 수련 동안 필요하다면 통증 강도가 완화될 때까지 그렇게 하라. 강도가 줄어드는 그 시점에 바디 스캔으로 돌아갈 수 있다.

앞서 언급했듯 고통스러운 경험을 얘기할 때는 신체 감각 이외에도 두 가지 매우 중요한 측면을 더 고려해야 한다. 당신이 신체 감각에 대해 가지고 있는 생각이나 감정에 대한 인식을 고려해 볼 필요가 있다. 분명히 당신은 당신의 경험을 어느 순간부터 '고통'이라는 단어를 가지고 마음속에 표상하고 있을 것이다. 하지만 이 것 또한 생각이자 당신이 그 경험을 표현하는 방법에 불과하지 그 경험 자체가 아니다. 어쩌면 애초에 그 경험을 '고통'이라고 부르는 것조차 부적절하다. '고통'이라는 단어는 단어 자체로 굉장히 강한 인상을 남기기 때문이다. 스스로 정말 그러한지 되살펴 보자. 그러면 더욱 열려 있고 꼼꼼하며 섬세하게 자신의 경험을 바라볼 수 있다.

원재료의 감각 자체를 지켜보는 것과 함께 당신이 할 수 있는 매우 중요한 것이 또 있다. 감각에 관해 당신이 가지게 되는 생각과 느낌에 깨어 있는 것이다. 그 한 가지로, 당신은 그것에 대해 마음속으로 '통증'이라고 되뇌이고 있음을 알아차릴 수도 있다. 이 것 역시 생각이며 명칭이지 경험 그 자체는 아니다. 이런 방식으로 그 감각에 명칭을 붙인다면 그것을 알아차려라. 그 감각이 반드시 '통증'이라는 이름이 붙어야 할 필요는 없을 수도 있다. 이런 이름으로 인해 그 감각이 더욱 강렬해졌을 수도 있다. 그런지, 그렇지 않은지 자세히 살펴보지 못할 이유가 무엇이겠는가?

이밖에도 무수히 많은 생각과 느낌이 돌아들 것이다. 다가왔다 사라지고, 통증에 대해 언급하고, 반응하고, 판단하고, 평안을 기원하는 등의 많은 생각과 감정이 말이다. 예를 들면, '날 죽이려 하는 구나.' '이제 더 참을 수 없어.' '이게 얼마나 더 계속될 것인가?' '내 인생이 엉망이 되는구나.' '희망이 없어.' '난 이 고통을 결코 이겨 낼 수 없을 거야.' 등의 생각이 한순간 다가왔다가 다음 순간 멀어져 갈 것이다. 당신은 그런 생각이 끊임없이 오가는 것을 발견할 것이다. 그것 중 어느 것도 통증 자체는 아니다.

수련하는 동안 이런 생각을 자각할 수 있는가? 이것이 핵심적인 깨달음이다. 이런 생각이 통증 자체가 아니듯 생각 자체가 당신도 아니다. 또 그것들이 진실이거나 정확해야 할 이유도 없다. 그것은 통증을 받아들일 준비가 되지 않고 지금과는 달리 통증에서 해방되면 좋겠다고 바라고 있는 당신 마음이 일으키는 이해할 만한 반응이다. 감각으로 경험하는 것을 순수하고, 단순하게 감각으로 느끼고 바라볼 수 있을 때 그 감각에 대한 생각이 그 순간에 당신에게 아무런 쓸모가 없고 실제로는 일을 더 나쁘게 만든다는 점을 깨달을 것이다. 그리고 그런 생각을 내려놓을 때 그 감각이 이미 그 순간에 존재하기 때문에 그 감각을 단순히 받아들이게 된다.

그러나 그 감각을 '나쁘다'고 이름 붙인 것이 당신의 생각이라는 점을 분명히 깨닫기 전까지는 그 감각을 확고하게 수용하기는 어렵다. 이제나저제나 그 감각을 받아들이기를 원치 않고, 좋아하지 않고, 단지 사라져 주었으면 하고 바라는 것은 당신의 생각이다. 그 감각을 수용하지 않는 것이 당신은 아니라는 사실을 주목하라. 이미 알고 있듯이 그것은 당신의 생각이다. 당신의 생각은 당신 전체가 아니다.

이런 관점의 전환이 당신이 통증에 직면하는 대안을 제시해 줄 수 있을까? 당신이 큰 통증에 휩싸여 있을 때 간단한 실험으로 그런 생각을 내려놓아 보면 어떨까? 자신이 바라는 방식으로 일이 존재하지 않는다고 생각하고 그와 달리 어떻게 되었으면 좋겠다고 간절히 바라는 그 마음의 한 부분을 내려놓아 보면 어떨까? 통증을 증오하더라도 바로 그 순간, 현재의 그 순간을 있는 그대로 받아들여 보면 어떨까? 증오와 분노로부터 의도적으로 한걸음 물러서서 일을 전혀 판단하지 않고 단지 수용하려 해 보면 어떨까?

명상수련 기간을 통해 내적인 소요 한가운데서도 평온의 순간을 맛보는 충격이 있을 것이다. 즉, 당신의 감각과 생각과 감정의 자각은 감각과 생각, 감정 그 자체와 다르다. 자각하는 당신의 부분은 통증 그 자체가 아니고, 생각이나 감정을 자각하고는 있지만 그들로부터 자유로워 그런 생각이나 감정에 전혀 흔들리지 않는다. 바디 스캔이나 다른 명상법을 수련할 때, 당신은 자신을 자신의 생각이나 감정 또는 몸속의 감각과 동일시할 때 더 큰 혼란과 고통을 경험하게 됨을 깨달을 것이다. 반면 그 모든 것에 깨어 있되 비판단적인 관찰자로 남아 있을 때 혼란과 고통은 줄어든다.

우리는 명상수련을 통해 이런 관찰자의 관점을 견지하지만 바디 스캔의 끝부분에 가서는 내적 경험의 전 과정—그것이 호흡이든, 감각, 지각, 생각, 감정이든 간에— 을 놓아 버리는 소위 선택 없는 자각을 강조한다. 바디 스캔이 끝나감에 따라 우리는 우리의 생각과 감정, 좋아하는 것과 싫어하는 것, 자신과 세계에 대한 개념, 관념과 의견, 심지어 우리의 이름까지 자각의 영역으로 초대해서 의도적으로 내려놓는 작업을 해 간다.

CD에서는 당신이 현재의 순간에 완전하게 존재한다는 감각에 초점을 맞추라고 한다. 당신의 문제를 해결하려 하거나 나쁜 습관을 바로잡으려 하거나 청구서를 지불하거나 대학 교육을 받거나 하는 등의 아무런 애씀 없이 지금 있는 그대로의 당신을 온전히 느끼는 것이다. 당신은 이 순간 자신을 전체로 그리고 온전하게, 또 다른 한편으로 보다 큰 전체의 한 부분으로 그려 낼 수 있는가? 당신은 신체와 이름, 생각과 감정, 관념, 의견, 개념, 심지어 성별 혹은 나이로 자신을 묶는, 자신의 동일시를 넘어서서 순수한 '존재'로서의 자신을 느낄 수 있는가?

이 모든 것을 내려놓을 때 비로소 당신은 모든 관념이 고요 속으로 녹아들고, 알려져 있는 것을 넘어서서 알게 되는 깨달음 상태에 들어간다. 그 고요 속에서 당신이 무엇이든 바로 당신 자신을 알게 된다. '당신'은 명백히 말해 당신의 육체가 아니다. 비록 몸을 통해 일을 하고 몸을 돌보며 몸을 사용하더라도 말이다. 몸은 매우 편리하고 기적과 같은 도구이지만 결코 당신은 아니다.

당신이 자신의 신체일 수 없다면 신체의 통증은 더더욱 아니다. 존재의 영역에 머물기를 배워 가면서 몸속의 통증에 대한 관계는 크게 변화할 수 있다. 이런 경험은 당신이 통증과 의좋게 지내고, 통증을 위한 여지를 마련하며, 통증과 함께 살아가는 방법을 개발할 수 있게 인도해 줄 것이다. 우리 클리닉의 많은 환자가 그렇게 할 수 있었다.

물론 계속 강조해 왔듯이 정규적인 수련이 필수다. 존재의 영역은 말하기는 쉽지만 경험하기는 어렵다. 존재의 경험을 생활에 실현하려면 그리고 어떤 순간에든 존재 경험과 접촉하려면, 집중적인 수련과 확고한 결심이 필요하다. 이 과정은 고고학 발굴 작업에서의 땅파기와 유사하다. 땅속에 숨어 있는 전체를 온전하게 드러내기 위해서는 통증은 말할 것도 없이 당신 의견의 층층을, 좋고 싫음과 자동적이고 무의식적인 사고와 습관이 짙게 배어 있는 안개의 층층을 한 꺼풀 한 꺼풀 벗겨가는 힘든 작업이 필요하다. 마음챙김 명상의 작업에는 특별한 낭만이나 감상도 없고, 아울러 당신의 본래적 전체성에도 낭만적이거나 감상적이거나 환상적인 개념은 없다. 그것은 언제나 그랬듯이 이미 여기에 있다. 그것은 신체와 통증의 느낌이 인간 존재의 일부이듯 이미 존재하는 인간의 부분이다.

당신이 만성통증으로 고생하고 있고 일을 이런 방식으로 바라보는 것이 당신의 관점과 통한다면, 이런 접근법을 자신을 위해 실험해 보라. 해야 할 유일한 일은 마음챙김 수련을 시작하고 계속하는 것이다. 당신의 통증을 스승으로 삼아서 내부에 있는 평온과 고요 그리고 깨달음의 순간을 발견하고 함양하라.

이런 수련 과정이 쉬운 일은 아니다. 특히 통증이 빠르게 감소하지 않을 때면 그만두고 싶은 마음이 들 수 있다. 그러나 그런 작업 자체에 자신이나 심지어 통증에 대해서도 인내와 온유와 사랑이 포함되어 있음을 기억하라. 그것은 당신의 한계 위에서 작업하는 것을 뜻한다. 그러나 부드럽게, 지나치게 열심히 하려 하지 않으며, 지치게 하지 않으며, 깨치고 벗어나려고 너무 세게 밀어붙이지 않아야 한다. 자기발견의 정신에 에너지를 쏟아간다면 도약은 그 스스로 가장 좋은 때를 택해 다가온다. 마음챙김 명상은 장애를 밀어붙이는 불도저가 아니다. 당신은 벼랑 끝에서 여기 조금 저기 조금 부드럽게 작업해 가야 한다. 특별히 통증이 가장 심하고 어려운 상황에서 마음속 눈이 깨어 바라보기를 계속하면서 말이다.

23

통증에 대하여 좀 더 알아보기

사랑하는 존과 페기에게
나는 통증과 아픔이 심하지만 기분은 아주 좋단다.
나는 80미터 이상의 드라이브 길을 삽으로 파내어 만들었단다.
호흡하고, 명상하고, 팔과 다리, 목 운동을 위해서 자주 휴식을 취하면서 말이다.
나는 근육통에 시달렸지만 어떤 것도 나를 무력하게 하지 못했단다.
지난 30여 년 동안에는 결코 내가 내 몸을 움직여 드라이브 길을 낼 생각을 한 적이 없었지.
고맙다. 팻.

만성 요통과 함께 마음챙겨서 일하기

만성통증을 겪어 보지 않은 사람은 그런 통증이 삶 전체와 모든 일에 얼마나 큰 변화를 일으키는지 실감하지 못한다. 허리를 다친 사람은 특히 무언가를 들어 올리거나 장기간 운전하거나 서서 일 해야 할 경우 문제가 된다. 직장으로 다시 돌아가 일할 수 있고 정 상적인 생활로 돌아갈 수 있을 때까지 휴직을 신청하는 사람들도 있고, 무능력을 증명받아 재해 보상금을 받으려고 시도하는 사람 들도 있을 것이다. 거기에는 흔히 법적 문제가 관여되고 보상이나 배상을 받기 위한 법적 투쟁이 벌어지기도 한다. 줄어든 소득으로 생활해야 하고, 통증으로 몇 날, 몇 주, 몇 달, 심지어 몇 년을 집 밖으로 나가기 어렵고, 아무것도 할 수 없다는 사실로 인하여 매우 우울하고 좌절하기도 한다. 이런 우울과 좌절감은 당사자뿐만 아 니라 가족과 친구들에게도 찾아와 분노와 패배감 그리고 무력감 을 느끼게 한다.

통증 때문에 내내 무력하게 지내든지 늘 주의해야 할 정도의 만 성적인 악성 통증을 지녔든지 간에 요통은 생활을 무능하고 우울 하게 만든다. 며칠 또는 몇 주 동안 계속되는 강렬한 통증이 찾아 오면 이를 닦거나 연필을 집거나 싱크대에서 허리를 구부리거나 욕탕이나 차 내부로 들고나는 간단한 일조차 하지 못하고 침대에 드러누워 단지 아픔을 견뎌야만 한다. 통증뿐만 아니라 통증에 대 한 위협이 생활을 이끄는 자신의 능력에 끊임없이 영향을 준다. 수 천 가지 일을 천천히 그리고 조심스럽게 해야 한다는 사실을 당연 하게 받아들이기란 쉽지 않다. 무거운 물건을 들어서 올릴 엄두도 못 낸다. 통증이 없을 때라도 몸의 중심에서 느껴지는 무능력하고 취약한 감각은 불안과 불확실감을 자아낸다. 똑바로 서거나 불편 함 없이 몸을 돌리거나 걷지 못할 수도 있다. 몸이 균형을 잃을 경우를 대비해 버팀대나 보호자가 필요하다고 느낄 수도 있다. 몸의 중심이 불안정하고 약하다고 느낄 때 몸이 '문제없다'고 느끼기란 쉽지 않다.

때로는 조심을 했는데도 허리가 문제를 일으킨다. 특별히 어떤 행동도 하지 않는데도 경련이 일거나 며칠 혹은 몇 주나 계속되는 퇴행이 시작될 수도 있다. 그리고 비교적 '양호'하다고 생각하는 다음 순간에 바로 문제에 떨어질 수 있다.

만성요통을 보이는 사람은 '맑은 날'과 '흐린 날'이 있다. 흔히 맑은 날은 매우 적다. 내일 내 몸이 어떨지가 불확실하고, 그에 대해 대처할 수 있는 일이 거의 없는 상태에서 하루하루를 잘 보내기란 쉽지 않다. 확실한 계획을 세우기도 매우 어려워 직업을 갖고 일하거나 사회적 역할을 해야 하는 일을 맡기가 거의 불가능해진다. 만약 당장 당신이 맑은 날을 맞는다면 몸이 느끼는 '쾌청'하고 정상적이라는 변화의 느낌 때문에 매우 기분이 좋아져서 아무 일도 할 수 없었던 날들을 보상하려고 무리할 가능성이 높아진다. 그러나 그렇게 했다가는 그에 대해 톡톡히 대가를 지불하게 된다. 이런 일은 악순환의 고리를 이룰 수 있다.

허리 문제는 조금만 방심했다가는 치러야 하는 대가가 크기 때문에 거의 언제나 마음을 떠나지 않게 되고, 당신이 할 수 있다고 믿는 일의 범위가 매우 제한된다. 한계의 벼랑을 넘어서지 않고 일을 하기 위해, 보다 튼튼하고 건강해지기 위해, 그리고 당신이 원하는 최소한의 어떤 일을 할 수 있기 위해서는 마음챙김이 절대적으로 필요하다.

만성통증을 가지고 스트레스 완화 클리닉에 참가해 자신의 통증을 통제할 수 있었던 사람들은 자신의 재활에 관해 장기적인 전망을 계발하는 특징이 있었다. 8주 내에 기동성과 통증 감소에 커다란 개선이 생길 수도 그렇지 못할 수도 있다. 처음에 얼마나 잘하느냐는 그리 중요하지 않다. 6개월, 심지어 1년 혹은 2년 이상 긍정적으로 생각하고 인내하고 끈기 있게 수련을 계속해 가는 게 중요하다. 그러나 바디 스캔 수련을 하는 그 순간부터 당신의 삶의 질이 개선되기 시작할 것이다. 제13장에서 소개한 필처럼 말이다. 이런 개선은 당신이 자신의 몸과 허리 문제에 대해 기꺼운 마음으로 천천히 그리고 체계적으로 작업하려 할 때 더욱 현저해진다. 그런 개입과 전략에는 당신이 기대할 수 있는 것에 대한 일관되고 합리적인 시각이 포함된다. 3년이나 5년을 지속적으로 마음챙겨진 신체 운동을 계속해 간다면 내 허리가 어떻게 될까 상상해 보고, 단순히 허리뿐만 아니라 몸 전체가 보다 강해지고 유연해진다고 상상해 보는 것도 도움이 된다. 통증이 심했던 한 과학자는 일하러 나가기 전에 매일 아침 1시간 동안 '등 전체를 바닥에 밀착시키기'를 하루도 거르지 않았다.

자신을 장기 훈련을 받는 운동선수라고 생각하는 것도 도움이 된다. 당신의 임무는 자신을 재활하는 것이다. 출발 지점은 물론 자신의 몸을 친구처럼 대해야겠다고 결심하는 시점의 자기 상태다. 지금 이 상태에서 시작해서 농담을 조금 하자면 일생에 걸쳐 행하는 임무다. 달리 더 좋은 출발점은 없다. 재활(rehabilitation)이라는 단어의 깊은 의미는 '머물다' '거주하다'라는 뜻을 지닌 프랑스어 'habiter'에서 유래하였다. 그래서 재활이라는 단어의 깊은 의미는 '다시 할 수 있게 되다'가 아니라 '내부에서 다시 배울 수 있게 되다' 라는 뜻이고, 이는 결국에는 다시 할 수 있게 만들어 줄 것이다.

장기적으로 허리 재활에 접근할 때 필요한 작업 중 하나는 당신에게 알맞게 처방된 허리를 강하게 하는 운동을 마음챙겨서 하는 일과 당신의 몸이 해낼 수 있는 범위 내의 요가수련을 하는 일이다. 이런 일은 물론 의사가 특정한 운동이 당신에게 적절한가를 확인한 뒤에야 가능하다. 자신에게 알맞다고 생각되면, 심지어 날이면 날마다 일부 동작은 생략하고 다른 동작은 추가할 필요가 있다. 의무적으로 모든 요가 동작을 할 필요는 없다. 단순히 자신이 할 수 있는 동작을 하고 의사가 당신에게 맞지 않는다고 말했거나 지금 내 몸이 맞지 않는다고 느끼는 동작은 피하라. 당신이 지금 취하고 있는 요가의 동작이나 움직임을 마음챙기고 사랑하면서 말이다.

허리에 문제가 있을 때 그런 작업은 특별히 천천히 무리 없이 행해야 한다. 클리닉에서 많은 환자를 치료했던 한 물리치료사는 환자들이 스트레스 완화 클리닉의 MBSR 수련을 수료한 다음에 물리치료를 시작했으면 하고 바란다. 그녀는 마음챙김 명상을 배우지 못한 사람에 비해 명상수련을 받은 사람은 물리치료를 받을 때 보다 반응적이고 이완되어 있으며, 자신의 몸에 민감하다고 말한다. 환자도 이와 유사한 말을 한다. 환자들은 자신이 몸을 뻗치고 무엇을 들어 올릴 때 호흡을 이용하는 법을 배우고 난 뒤 물리치료가 크게 달라졌다고 지적한다.

허리에 문제가 있다면 규칙적인 운동으로 몸을 돌보는 일은 그렇지 않은 경우보다 더욱 중요하다. "사용하지 않으면 기능을 잃게 된다."는 말을 명심하라. 자신의 허리 문제를 몸의 다른 부분을 사용하지 않는 변명거리로 삼지 마라. 규칙적으로 산보하거나 고정된 자전거의 바퀴를 돌리거나 수영을 통해 운동을 계속할 수 있다. 아마 어떤 특별한 요가는 가능할 수도 있다. 이런 운동 모두를 해야 할 필요는 없다. 당신이 그때그때 할 수 있는 것을 하고 주치의가 하지 않는 게 좋겠다고 하거나 자신의 생각에 적당하지 않은 것은 피하면 된다. 그러나 우리의 견해로는 신체를 재활하고 싶다면 제6장에서 언급한 신체를 뻗치고 강화시키는 운동을 매일 혹은 적어도 이틀에 한 번은 했으면 한다. 비록 처음에는 단 5분에 지나지 않더라도 말이다.

이런 방식으로 운동을 당신이 할 수 있는 목록 중 최상위에 두고 제5장과 제22장에서 기술한 바디 스캔을 재활 전략의 핵심으로 삼아 날마다 실습할 것을 제안한다. 이를 좋아하든 싫어하든 그 시간을 통증과 그와 동반해 찾아오는 불편감과 함께 작업하고 고요 속에서 순간순간 자신의 신체와 깊이 접촉하고 친구가 되는 '재생'의 시간으로 활용하라. MBSR의 기본 태도, 특히 자신에 대해 기꺼이 부드럽고 친절하게 대하는 태도가 큰 도움이 된다. 당연히 진전이 있기를 바라겠지만, 순간순간 바디 스캔 그 자체를 집착 없이 실천하라. 이것이 진정한 치료와 재활의 방향으로 나아가게 만드는 최상의 장단기 전략이다.

직장에 나가지 않거나 은퇴를 했다면 수련을 할 시간이 충분할 것이다. 시간이란 우리가 집에만 갇혀 있을 때는 매우 무겁게 다가와 권태롭고 좌절되고 불편하고 초조하며 심지어 자신에게 미안하게 만들기도 한다. 어느 누구든 그런 입장에 처하면 그렇게 된다. 그러나 당신이 그 시간의 일부를 명상과 요가수련을 하여 치유를 위한 시간으로 쓰겠다고 결심한다면, 열악한 상황은 이제 창조적인 것으로 바뀐다. 당신은 분명히 허리 문제가 생기도록 요청하지 않았지만 현실적으로 허리 문제가 생긴다면 할 수 있는 최선을 다해서 재활을 위해 당신의 자산인 많은 시간을 유용하게 사용하려는 결심을 굳힐 필요가 있다. 허리는 당신 몸의 일부분이고 어느 누구도 당신만큼 그에 대해 바로 알지 못한다는 점을 명심하라. 아울러 어느 누구도 당신만큼 당신의 허리에 스스로의 안녕을 의존하지 않는다는 점도 기억하라.

하루 중 당신의 몸을 위해 행할 수 있는 가장 좋은 치유 방법 중 하나는 낮 동안 호흡을 사용해서 주기적으로 통증을 보살피고 바디 스캔에서 호흡을 이용한 것과 같은 방법으로 몸을 부드럽게 하는 것이다. 이 방법은 앞 장에서 자세히 언급하였다. 당신이 의식적으로 호흡을 통증이 있는 부분으로 이끌어 가서 호흡이 허리로 옮겨 들어가 숨을 내쉴 때마다 이완되고 내려놓을 수 있으며, 그 작업과 함께 통증이 부드러워지고 녹아 버린다고 상상하라. 날마다, 심지어 매 순간순간마다 마음을 챙겨서 다가오고 있는 매 순간을 취하려고 하며, 통증이 줄어야 한다든지 내가 어떤 식으로 느껴야 한다든지 하는 기대도 내려놓고 호흡이 이루어 내는 그 작업만을 지켜보자. 호흡이 하는 작업을 단순히 지켜보는 대신 순간순간마다 매 호흡마다 자신과 자신이 처한 상황을 친절과 연민과 수용으로 대우해 보자. 바디 스캔 중에 몸 위치를 바꿀 필요가 있다면, 모든 창의력을 동원해서 가장 효과적으로 그렇게 할 수 있는 방법을 찾아보라. 이런 결정에는 어떤 표면 위에 눕고 싶은가? 두꺼운

패드 위인가 아니면 침대인가? 송장 자세로 허리를 바닥에 대고 눕는 대신 옆구리를 구부리는 자세를 취할 것인가? 등에 관한 판단이 포함된다. 직관적으로 자신이 지금 행하고 있는 수련에 도움이 된다고 판단되는 그 무엇을 고르면 된다. 농담으로 하는 말이 아니다. 지금 이야기는 당신의 인생이 달려 있는 중대한 수련에 대해 관한 것이다. 진심이다.

치유는 분명 긴 여정이다. 길은 내려가기도 하고 올라가기도 한다. 그래서 때로 한 걸음 전진하고 두 걸음 물러서는 듯한 느낌이 들더라도 놀라지 않아야 한다. 먼 길을 가는 것은 언제나 그렇다. 당신이 꾸준히 마음챙김 명상을 하고 의사나 당신의 노력을 지지해 주는 다른 사람들로부터 충고과 격려를 귀담아듣는다면, 변화하는 상황을 감안하기 위해 필요한 어떤 것이든 바꾸는 융통성을 가지고 그 변화를 따라잡을 수 있을 것이다. 가장 중요한 것은 많은 기복이 있더라도 인내하며 자신의 능력을 믿고, 자신에 대한 전체성의 관점을 잃지 않으며, 전체성을 온전히 실현하려는 여정을 쉬지 않고 계속하는 일이다. 깊게 들여다보면, 당신이 무엇을 희망하거나 추구하려 하거나 간에 그것은 이미 여기에 존재한다. 당신은 이미 전체성이며, 이미 완벽하다. 진정 가야 할 장소가 있거나 해야 할 일이 있거나 달성해야 할 무엇이 있는 것이 아니다. 이런 태도로 마음챙김 명상수련을 하면, 심장으로 직접 가는 산소 라인처럼 도움이 된다. 역설적으로 이렇게 할 수 있을 때 크게 나아질 수 있다. 이것이 무위와 무작위의 힘이며, 다른 말로 지혜다.

당신이 허리 문제와 통증이 있을 때 일상 활동에 대해 마음챙김 명상을 해 가는 일은 특별히 가치가 있다. 우리가 익히 알고 있듯이 연필을 집거나 화장지를 잡아당기는 데도 '잘못된' 방식으로 하면(화장지를 당기는 것조차 잘못된 방법이 있을 수 있다는 사실이 놀랍지 않은가?) 급성통증이 생길 수 있다. 창문을 열거나 자동차 문을 빠져 나오는 일이야 말할 필요도 없다. 따라서 어떤 일을 하는 동안 자신이 무엇을 하고 있는지를 깨닫는 것은 더욱 중요하다. 일을 자동 조종사의 손에 맡겨 버리면 심각한 문제가 일어나기 십상이다. 잘 알고 있겠지만 매우 가벼운 문제일지라도 일어서면서 동시에 비트는 일은 피해야 한다. 언제나 먼저 무릎을 굽히고 대상을 몸 가까이에서 들어 올리고, 그다음에 틀어야 한다. 당신의 모든 동작을 호흡과 몸의 위치를 자각하며 함께 묶을 수 있다면 도움이 될 것이다. 당신은 차에서 내릴 때 몸을 틀면서 동시에 일어날 수 있다고 생각하는가? 그렇게 하지 못한다. 대신 처음에 하나 그다음에 하나를 행한다. 당신은 멀리서 창문에 비스듬히 기대어 문을 들어 올릴 수 있는가? 아니다. 창문을 들어 올리기 전에 먼저 가까이 다가서야 한다. 작은 일에 이와 같이 마음챙기기를 계속해 간다면 상해나 통증에서 자신을 보호하는 데 큰 차이가 생긴다.

다음은 집 주변에서 하는 일들과 관련되는 문제다. 전혀 아무 일도 못할 때가 있을 수 있다. 그러나 허리 조건의 심각도에 따라 조심해서 그 일을 하거나 그것을 자신의 힘과 융통성을 키우는 프로그램의 일부로 바라볼 수 있을 만한 시기도 찾아온다. 진공청소기 사용을 예로 들어 보자. 허리에 문제가 있다면 진공청소기를 들어 올리거나 끌어당기는 일은 위험할 수 있다. 그러나 당신이 그 일을 하기로 작정한다면 그렇게 할 수 있는 방안을 주의 깊게 고안해 보라. 청소기 사용에 관여되는 동작은 허리에 많은 부담을 준다. 그러나 얼마간의 주의와 상상력을 결합해서 청소기 사용을 일종의 마음챙겨서 하는 요가로 바꿀 수 있다. 침대나 의자 아래서 손이나 무릎을 써서, 가능하다면 쪼그리고 앉아서라도, 자각을 하면서 굽히고 뻗치며 호흡을 동작의 지침으로 사용하고, 마치 요가를 수련할 때와 같이 청소 동작을 만들어 갈 수 있다. 그런 방식으로 청소해 나가고 천천히 마음을 챙겨서 진행한다면, 그러한 기회는 당신 몸이 그 일을 하기에 충분하다고 전하는 메시지를 전해 들을 수 있는 때다. 그런 다음 멈추고 하루나 이틀 이내에 좀 더 많은 시도를 해 본다. 청소기를 멈춘 뒤에는 긴장된 근육 부분을 뻗치고 신체를 이완하고 스트레스를 없애기 위해 5분이나 10분 정도 요가를 한다.

말할 필요도 없이 이것은 대부분의 사람이 청소나 다른 일을 하는 방식이 아니다. 그러나 한번 시험해 보라. 규칙적인 요가와 명상수련에서 유래하는 기술과 더불어 작은 깨달음을 얻을 수 있으며, 고역을 치료로, 자신을 좌절시키는 한계를 치유의 기회로 전환시키는 길로 들어설 수 있다. 당신은 가능성의 벼랑 끝에서 당신 신체에 귀 기울이면서 일한다. 그렇게 해 나가는 동안 몇 주 몇 달에 걸쳐 자신이 점점 더 강해지는 것을 알게 될 것이다. 통증이 없는 사람도 같은 방식으로 청소를 하여 허리 손상을 피할 수 있다. 진공청소기 사용에 아무런 문제가 없게 되면 다른 집안 일거리를 찾아서 유사한 방법으로 시도해 보라.

우리 클리닉에서는 허리 통증이 있는 사람들이 그들의 통증 조건에 의해 가장 손상된 생활 영역을 바로잡아 가는 데 매우 조심스럽고도 실험적인 접근을 한다. 단지 통증이 있다는 이유로 자신의 신체를 포기해서는 안 된다. 자신이 필요할 때 소용에 닿게 신체를 단련시킬 필요가 있다. 성 생활, 산책, 쇼핑, 청소, 포옹 등을 포기하는 것은 좋은 대처 방식이라 할 수 없다.

하나하나 주의 깊게 실험을 해 가라. 무엇이 당신에게 좋고, 일을 어떻게 바꾸면 적어도 짧은 시간 동안이라도 그 일을 할 수 있게 되는가를 찾아가자. 공포나 자기연민을 빌미삼아 당신에게 의미를 주고 생활의 응집성을 부여해 왔던 일상의 활동을 자동적으로 포기하려 하지 마라. 제12장에서 보았듯이 '나는 할 수 없다.'고 생각하면 정말로 할 수 없게 됨을 기억하라. 그런 생각이나 신념 혹은 진술은 자기충족적 예언으로 작용하여 말이 씨가 되어 그 말대로 이루어진다. 그러나 그것은 단지 생각이기 때문에 언제나 완벽하게 정확할 수는 없다. 그런 순간에 자신을 바로 붙잡아 '나는 할 수 없어. 난 결코 못해⋯⋯.' 등의 마음속 말을 바라보며 '아마도 어떻게든 가능한 방법이 있을 거야⋯⋯. 한번 해 보자⋯⋯. 마음을 챙겨서.'라고 바꿔 생각하도록 노력하라.

제13장에서 이야기했던 트럭 운전사 필이 프로그램을 시작하고 몇 주 동안 겪었던 바디 스캔에 대해 돌이켜 보라. 그는 눈에 띄게 통증이 줄어드는 바디 스캔을 배우는 데 여러 주가 걸렸다. 필은

처음 몇 주 동안 기복이 많았으나 참아가며 수련을 계속해 갔다. 마침내 그는 허리 통증뿐만 아니라 인생의 다른 영역도 통제할 수 있었다.

필은 명상수련을 시작하기 전에 통증클리닉이 그에게 처방해 준 TENS를 착용하고 있었다.* 필은 TENS 없이는 지낼 수 없다고 느껴 그것을 하루 종일, 날마다 착용했다. 그러나 몇 주 동안의 바디 스캔 수련을 통해서 그것을 착용하지 않고도 2~3일을 지낼 수 있음을 알게 되었다. 필은 스스로의 힘으로 통증을 통제할 수 있다는 것에 매우 기뻐했다. 그에게는 그것이 자기 힘의 표시였다.

요가 시간이 되었을 때 다시 한 번 시련이 다가왔다. 프로그램이 끝난 뒤에 그는 그 위기를 이렇게 말했다. "아시다시피, 당신이 요가에 대해 이야기하기 시작한 3주째 난 거의 포기할 지경에 이르렀지요. 난 말했어요. "맙소사, 날 죽일 작정인 모양이군." 그러나 다음 순간 당신은 요가가 자신을 괴롭게 한다면 하지 않아도 좋다고 말했고, 그래서 다시 바디 스캔을 계속했지요. 그러나 요가도 조금 시도해 보기 시작했고, 날마다 좀 더 많이 시도해 보았죠. 때로는 괴로웠죠. 다리를 들어 올리고 목을 거꾸로 돌리는 것이 특히 힘들었어요. 그런 동작을 전부 할 수 없었죠. 그러나 내가 할 수 있는 것, 날 괴롭히지 않는 것은 매번 해 나갔고, 점차 유연해지는 것을 느꼈지요."

필은 8주의 끝에 자신의 경험을 돌이켜보면서 "통증이 사라지

----

* A transcutaneous electrical nerve stimulator(TENS)는 피부에 가벼운 전기충격을 주어서 통증을 줄이는 벨트에 차는 도구다.

지는 않았어요. 그것은 여전히 그대로 있어요. 그러나 통증이 너무 심하다고 느끼기 시작하면 10, 20, 30분씩 통증을 대신 떠맡은 것 같은 명상을 하였지요. 내가 적어도 15분이나 30분 혹은 그 이상을 명상에 머물 수 있다면, 그다음에는 날씨만 허락한다면 밖으로 나와 서너 혹은 대여섯 시간, 경우에 따라서는 거의 온종일 통증에 대한 생각 없이 지낼 수 있을 거예요."

필은 집에서 아내나 아이들과의 관계가 달라졌다고 했다. "내가 처음 이 클리닉에 왔을 당시, 우리 가족은 문제가 꽤 많았죠. 아시다시피 난 그때 통증 때문에 아무 생각도 나지 않았고 교육이 필요 없는 일거리를 찾고 있었는데, 교육 없이 할 수 있는 일이 어디 있겠어요. 그래서 나도 모르는 사이에 스트레스가 머리 꼭대기까지 차올라 미친 사람 같았어요. 난 아내가 나를 위해 봉사하는 노예 같다고 느꼈지요. 어느 날 밤, 난 매우 좌절해서 그녀에게 말했죠. '우리 이야기 좀 합시다. 근래 우린 성 생활이 거의 없이 지내왔고 난 그것 때문에 벽에 부딪힌 것 같아요. 당신도 알겠지만 난 한 주도 성 생활을 거르는 사람이 아니오. 이리로 오시오. 우리 한번 시도해 봅시다.' 그녀가 말했지요. '당신이 날 사랑한다고 말한 지가 얼마나 됐죠? 얼마나 오래되었는지…….' 우린 흔들의자 두 개를 가져와 2인용 소파처럼 만들었어요. 그녀가 말했어요. '우리 함께 앉아 TV를 봐요.' 그러나 내가 TV를 볼 때, 난 정말 TV 자체를 바라볼 뿐이었어요. 그녀는 이야길 하고 난 그냥 TV만 바라보고 있었어요. 그녀가 말했죠. '좋아요. 난 당신에게……(말했어요).' 그리고 내가 말했어요. '미안해 여보, 듣고 있지 않았어. 복싱경기를 보고 있었어.' 그녀는 내게 마침내 어떤 일이 일어났는지를 깨닫게 해 주었어요. 스트레스 완화 클리닉에 참가하기 시작하면서부터 난 말했죠. '이제 깨달았어.' 그래서 우리는 TV에서 떨어져 나왔어요. 밤이면 이제 우린 죽치고 앉아서 TV를 보지 않지요. 밖으로 나갑니다. 우린 날마다 캠프파이어를 하죠. 이웃과 함께할 땐 더욱 멋지죠. 우린 앉아서 이야길 하죠. 가끔 다른 부부와 함께 대화하기도 하고 때론 그냥 불꽃을 지켜보죠. 불꽃은 내 주의를 쏙 빼앗아 가죠. 불꽃은 이야길 하죠. 그러나 멀리 떨어져 있는 것과 같아요. 난 저절로 호흡 훈련을 하고 있는 자신을 발견하곤 해요. 그렇게 하고 나면 기분이 훨씬 나아지지요. 그렇게 해서 얼간이 상자 보는 일을 그만둘 수 있었어요. 아내와의 관계는 완벽하게 좋아졌고 아이들과의 관계도 역시 그래요."

필은 자신이 시도해 본 새로운 일에 관한 이야기로 주제로 옮겼다. "프로그램에서 얻은 소중한 또 한 가지는……, 전에 난 다른 사람들 앞에서는 지금처럼 이야기하지 못했어요. 그렇게 하려고 하면 얼굴이 달아올라 토마토처럼 붉어지고, 너무 부끄러워하고 수줍어해서 말이죠. 난 내가 이 방에서 어떻게 지금처럼 이야기를 할 수 있게 되었는지 모르겠어요. 나는 어떤 이야깃거리가 있으면 기분이 좋아져요. 그건 내 입에서 나오는 게 아니라 나의 내부 바로 내 심장에서 샘솟는 거지요."

집중적 마음챙김 명상과 통증

명상수련이 통증에 대처하는 데 관해 우리에게 무언가를 가르쳐 준다는 것은 우연이 아니다. 과거 2,500여 년에 걸쳐 명상수련자들은 통증에서 많은 것을 배웠고 다른 한편 통증을 초월하는 방법을 발달시켜 왔다. 전통적으로 집중적인 명상수련은 종교적 수련 장소와 명시적으로 집중적 명상을 하려는 목적을 표방하고 세워진 묵상센터에서 행해져 왔다. 장기적 명상수련을 실행에 옮기는 일은 정신을 드높이고 자유롭게 하는 것만큼이나 신체적으로는 매우 고통스러울 수 있다. 어딘가에 틀어박혀 1주나 2주 혹은 한 달이나 두 달 동안 종일 침묵하며 명상을 하고 있다고 상상해 보라.

마룻바닥에 책상다리를 하고 앉아서 움직이지 않고 1시간이나 그 이상 혹은 며칠이나 몇 주 동안 하루에 10시간을 그렇게 한다면, 허리와 어깨 및 무릎 등에서 마치 고문하는 듯한 격렬한 아픔이 시작된다. 궁극적으로는 신체 통증은 대부분 스스로 없어진다. 그러나 몇 날 며칠을 가만히 앉아서 지내기란 매우 벅찬 일이다. 의도적으로 자신을 이런 상황에 처하게 하여 당신은 통증에 대하여 많은 것을 배울 수 있다. 이 통증을 기꺼이 받아들이고 그것을 그냥 관찰하고 달아나지 않는다면, 통증은 당신에게 많은 것을 가르쳐 줄 것이다. 무엇보다도 통증과 함께 일할 수 있음을 배우게 된다. 통증은 고정된 경험이 아니라 끊임없이 변화해 간다. 감각은 감각 그대로 그 무엇이고, 생각과 감정은 감각과 독립적인 또 다른 그 무엇임을 알게 된다. 당신은 마음이 자신의 고통에 매우 큰 역할을 할 수 있으며, 마찬가지로 고통에서 해방되는 데도 중요한 역할을 한다는 점을 깨닫게 된다. 통증은 이런 모든 것을 당신에게 가르쳐 준다.

쉼 없이 은둔해서 명상수련을 하는 사람은 오랫동안 앉아 있는 데서 오는 통증에 직면하게 된다. 이런 경험은 명상을 위한 은둔(피정)의 초기 단계에서는 피할 수 없는 것으로, 흔히 취하지 않았던 자세를 하고 계속 앉아 있는 데서 생긴다. 통증은 몸에 쌓인 긴장을 자각하게 될 때 생기기도 한다. 이런 통증은 등과 무릎 혹은 어깨에 생기는 얼얼함, 쑤심, 화끈거림, 간헐적으로 찾아오는 저미는 듯한 아픔, 쏘는 듯한 감각 등 많은 만성통증 조건에서 생기는 감각의 스펙트럼과 매우 많이 닮았다. 대개 일어서거나 걸으면 그러한 통증을 즉시 멈출 수 있는데, 만약 당신이 명상가라면 계속 머물러 그 통증에 대해서도 다른 경험에서와 마찬가지로 마음챙겨 지켜볼 것이다. 그러면 그 과정은 신체적 불편함을 직면하면서 고요와 마음챙김, 마음의 평정을 어떻게 길러 갈 것인지를 가르쳐 준다. 그러나 이는 손쉬운 배움이 아니다. 당신은 날마다 그 통증에 직면하고 지켜보며 그것과 함께 호흡하고 그것 안으로 들어가 그것을 수용해야 한다. 이 경우 명상수련은 통증을 탐험해 보는 실험실이 될 수 있다. "통증은 정말 어떤 것인가? 어떻게 통증 속으로 깊숙이 뚫고 들어갈 수 있는가? 궁극적으로 통증과 어떻게 사이좋게 지낼 수 있는가?" 등을 탐색해 보는 실험 말이다.

앞 장에서 살펴보았듯 최근 연구 결과에 따르면 명상에 숙달된 사람은 그렇지 않은 사람들보다 통증에 대해 훨씬 면역력이 높다. 그들은 일반인에 비해 동일한 통증 강도에 대해서 훨씬 더 낮은 불편감을 보고한다. 또한 감각을 느끼고 몸에서 감정 표출을 조절하는 뇌의 영역이 두꺼워져 있다. 오랜 시간 동안 명상을 수련한 사람은 고통스러운 경험의 감각적인 측면과 감정적인 측면을 분리하는 능력이 있다. 그들은 감각을 순전히 감각 자체로 받아들이고 개인적으로 개입해 해석하지 않는다. 고통스러운 경험에서 감각과 감정 인지의 양 측면을 분리하여 괴로운 경험에 노출되어도 적게 고통받는다. 우리는 이런 일이 일어나는 모습을 마음챙김 명상 수업에서 매일 확인할 수 있었다.

운동과 통증

명상가들과 유사하게 지구력을 요하는 운동을 하는 사람도 스스로 유도해 내는 특정한 통증에 대해 잘 안다. 그들 또한 자신의 통증에 작용하는 마음의 힘에 대해 잘 알기 때문에 마음 때문에 일을 그르치지 않는다. 운동선수들은 종종 스스로를 통증을 유도하는 상황으로 밀어 넣는다. 통증 없이 마라톤 전 코스를 뛸 수는 없다. 실제로 어떤 속도로 달리건 통증을 경험하지 않고 마라톤을 할 수 있는 사람은 거의 없다.

선수들이 그렇게 하는 이유는 그들은 통증과 함께 일을 할 수 있고 그 통증을 넘어설 수 있음을 알고 있기 때문이다. 100미터 스프린터이거나 42킬로미터 이상을 뛰어야 하는 마라톤이거나 철인경기이거나에 관계없이 지구력을 요하는 운동을 하는 선수들은 경기 막바지에 이르면 신진대사적(근육에 충분한 산소가 빨리 공급되지 않아 생기는) 통증이 일어나 몸이 멈추라고 외칠 때, 속도를 늦출지 아니면 정상인이 절대 한계로 여기는 그 지점을 넘어서기 위한 새로운 자원을 찾으려고 할지를 결정해야 한다.

신체적인 손상이 오지 않는 한(그 경우는 당신이 멈출 수밖에 없는 상해로 인한 급성통증이 생겨서 더 이상의 상해를 막아 준다) 그만둘까 어떨까를 결정하는 것은 거의 전적으로 마음에 달려 있다. 선수들은 마음챙김이 어렵다든가 공포나 자기의심, 아울러 훈련이나 경쟁 동안 직면했던 특정한 통증에 관한 지식으로 인해 인내가 방해를 받을 수 있다. 이런 이유 때문에 선수들이 자신의 최고 지점에서 수행하기를 희망한다면 신체 훈련과 함께 체계적으로 정신 훈련을 시행하는 것이 필요하다. 실제로 어떤 과제를 최적으로 수행하는 데 필요한 정신적 적합성이 없는 상태에서는 신체적 적합성이 확립될 수 없다. 양자는 함께 키워져야 한다.

1984년에 나는 미국 남자 올림픽 조정 대표팀과 함께 일할 기회가 있었고, 스트레스 완화 클리닉에서 통증 환자에게 가르쳤던 통증에 대처하는 명상 기법으로 조정 선수들을 훈련시켰다. 이 선수들은 훈련과 시합 동안 통증에 직면하고 대처하는 능력을 키우기 위해 마음챙김 명상 전략을 사용했는데, 이 전략은 통증 환자들이 자신의 통증에 직면하고 대처하기 위해 사용한 그것과 똑같았다. 비록 두 집단이 신체적 적합성의 범위에서는 양극단에 있었지만 말이다.

만성요통을 가진 독자는 1979년 조정 경기 중 디스크가 이탈하여 생긴 만성요통에도 불구하고 1984년 미국 최고 남자 조정 선수의 자리에 오른 올림픽 조정팀의 존 비글로(John Biglow)를 잘 알 것이다. 그는 처음 손상을 입은 후 1983년에 심각한 퇴행이 왔고, 다시 또 손상을 받았다. 그 뒤 한 번에 5분 이상 노를 젓기가 거의 불가능해졌고, 다시 노를 잡기 위해서는 3분을 쉬어야만 했다. 그러나 그는 자신의 한계에 관한 지식을 매우 조심스럽게 사용해서 훈련하고 재활하였고, 마침내 자신의 허리에 세계적 수준의 경쟁에서 필요로 하는 엄청난 노력을 요구할 수 있기에 이르렀다. 그는 올림픽 팀의 대표 선수가 되기 위해서 나라 안에서 가장 빠르고 강하며 경쟁적인 조정 선수들과 대항해서 그들을 물리쳐야 했다 (경기는 2,000m로, 5분 내에 끝난다).

만성적 허리 문제를 가진 이가 목표의 달성 유무를 떠나서 그와 같은 목표를 설정하기까지 필요했을 신념과 굳은 결심, 그때 그의 신체적 지능을 상상해 보라. 그가 세웠던 목표는 극도로 험난하고 고통스럽고 외로웠지만 스스로를 떠받치며 걸어갈 만큼 충분히 의미 있는 길이었다. 각자의 인생길에서 아무리 결함이 많고 무능력하다고 하더라도, 자신이 의미 있는 목표를 규정할 수 있고 그것을 완성하기 위해 현명하게 작업할 수 있다면, 그와 유사한 성취가 가능하다. 비록 그 목표를 완전히 이루지 못한다 하더라도 그 과정 자체에서 의미를 찾을 수 있고, 매 순간마다 깨어서 작업할 수 있다면 그 노력 자체가 우리를 지탱하고 치료할 수 있다.

2012년 런던 올림픽에서 이란의 역도 선수인 베다드 살리미코다시아비(Behdad Salimikordasiabi)는 용상 첫 시도에서 247kg의 무게를 들어 올렸다. 인상에서 들어 올린 무게와 합치면 이는 매우 높은 점수였고 그가 금메달을 따는 것은 이미 확실해진 상황이었다. 아직 그에게는 2번의 용상 기회가 더 남아 있었고, 관중은 그가 그의 스승이 세운 세계 기록을 깨기를 바라며 열광했다. 그는 한 번의 시도를 실패한 후 관중의 재촉과 순간적인 감정에 도취될 만한 상황과 그가 연습 때보다 훨씬 무거운 무게를 들었다는 사실에도 마지막 시도를 포기하였다. 그는 나중에 들어 올리기 중간중간에 너무 오래 쉬어서 "몸이 식었다."고 얘기했다. 세계 기록에 도전하는 것은 현명하지 못한 행동이다. 그는 나중에도 세계 기록에 도전할 기회는 얼마든지 있을 것이라 얘기했다. 이 일화는 관중과 스스로 끓어오르는 감정을 추스르고 자기 몸 상태를 인지하고 그 순간의 한계를 존중한 몸에 대한 마음챙김의 훌륭한 사례다.

물론 우리에게 역도 선수처럼 무거운 무게를 들어 올릴 수 있는 능력은 없다. 하지만 우리 모두 스스로의 몸에서 나오는 메시지에 귀 기울여 궁극적인 목표를 위해 무리하지 않을 수는 있다. 그런 면에서 우리 모두는 운동선수라고 볼 수 있다. 장애가 있건 없건 우리 모두 스스로의 의미 있는 목표를 설정하고 이를 현명하게 성취해 나갈 수 있다. 설령 우리가 목표를 완전히 이루지 못할지라도 매 순간, 그리고 매일 노력하는 그 과정에서 의미를 찾는다면 그 노력만으로도 정신을 지지하고 몸을 회복하는 데 도움이 된다. 스스로의 한계를 인정하지만 그 한계에 갇혀서는 안 된다. 만약 이 얘기에 믿음이 별로 가지 않는다면 유튜브를 통해 패럴림픽이나 휠체어 운동경기를 검색해 보라. 벅차오르는 감동을 느낄 수 있을 것이다.

두 통

대부분의 두통은 뇌종양이나 다른 심각한 병리적 조건을 나타내는 신호는 아니다. 그러나 끝없이 계속되는 심한 두통으로 고생하면 그런 생각이 쉽게 마음속으로 파고든다. 두통이 지속되거나 극도로 심한 경우에는 투약이나 명상으로 통증을 통제하려 시도하기 전에 충분한 검사를 거쳐 그런 병리의 가능성을 제외하는 것이 중요하다. 잘 훈련된 의사들은 환자를 스트레스 완화 훈련에 의뢰하기 전에 뇌 단층촬영을 포함해 충분한 검사를 실시하여 환자의 상태를 먼저 확인한다.

스트레스 완화 클리닉에 의뢰되는 대다수의 만성두통을 가진 사람은 마음챙김 명상수련에 잘 반응한다. 20여 년간 편두통 증세가 있어서 매일 두통약을 먹어야 했던 한 여성이 프로그램에 참석했다. 그녀는 수많은 클리닉에서 치료를 받았으나 효과를 보지 못했다. 프로그램에 참여한 지 2주 이내에 그녀는 두통 없이 이틀을 지냈는데 지난 20년 동안 처음 있는 일이었다. 그녀는 그 이후로도 두통에서 자유로운 날을 자주 경험하게 되었다.

만성적이고 끊임없는 두통이 사라지는 경험을 한 번만 해도 그 지루한 두통이 사라질 수도 있음을 충분히 체득할 수 있다. 이 경험은 자신의 몸과 질병에 대해 생각하는 방식과 종전에는 불가능하게 보였던 것을 통제할 수 있는 능력이 자기 내부에 있다는 신념을 새롭게 만들어 준다.

한 노인은 수업 시간에 두통을 처리하는 데 환영 방석을 깔아 주는 법이 아주 좋더라고 말했다. 그녀는 두통이 시작되는 기미가 보이면 정좌하고 앉아 명상을 하면서 두통에게 '이야기를 건넸다.' 그녀는 다음과 같이 말했다. "원한다면 내게 들어와도 좋다. 그러나 너는 이제 더 이상 내가 너에게 지배되지 않음을 잘 알아야 해. 난 오늘 할 일이 많아. 난 너와 많은 시간을 함께하진 못해."

이런 작업은 그녀에게 매우 효과가 있었고, 그녀는 이 발견을 매우 흡족해하는 듯했다.

바디 스캔법을 일부 변화시켜 사용할 여지도 있다. 몸 전체를 스캔하고 나면 당신의 머리 꼭대기에 있는 상상의 구멍을 통해 마치 고래가 등으로 숨 쉬는 것처럼 호흡한다고 상상하는 단계가 된다. 자기 머리 위의 숨구멍을 통해 숨을 들이쉬고 내쉰다고 느끼라는 것이다. 두통을 겪는 많은 사람이 이 '구멍'을 두통의 방출 밸브로 사용해 왔다. 머리 꼭대기로 숨을 들이쉬고 내쉬며 압박감과 긴장감 아니면 머리에 느껴지는 다른 모든 감각을 구멍을 통해 내보내는 것이다. 물론 정기적인 명상 연습을 통해 집중하는 연습을 해 오지 않았다면 쉽게 하기는 어려울 것이다. 하지만 두통과 비슷한 증상이 있을 때마다 바디 스캔과 함께 이를 매일 연습하면 두통이 본격적으로 시작되기 전에 쉽게 사라지는 것을 볼 수 있을 것이다. 이 방법은 두통을 진정시키거나 두통에 시달리는 시간을 줄이거나 아니면 완전히 해소하는 데 도움을 준다.

규칙적으로 명상수련을 해 감에 따라 명상을 할 그 시간에 두통이 있든 없든 간에 두통으로 스트레스 완화 클리닉에 찾아왔던 대다수의 사람은 두통의 빈도와 강도가 줄었다고 보고한다. 명상수련은 두 가지 방식으로 두통에 영향을 미치거나 두통을 완화시키는 데 사용할 수 있다. 하나는 그 사람이 두통을 경험할 때 머리 꼭대기의 상상의 구멍으로 호흡하여 두통의 강도를 줄이는 데 사용하는 것이다. 또 하나는 규칙적인 명상수련과 연합되는 이완으로 두통의 빈도를 줄일 수 있다는 것이다. 이완은 때때로 처음에 두통을 일으키는 생리적 전제 조건을 내쫓을 수 있다.

수련이 깊어짐에 따라 두통이 어디에서 왔는지를 알아차리게 된다. 두통 유발을 촉진시키는 확인 가능한 선행 조건이 있다. 문제는 생리적 유발인자 대부분을 제대로 이해하지 못하고 있고 심리적이거나 사회적인 촉발인자에 대해서는 거의 무시하거나 부정하는 데 있다. 분명히 스트레스 상황은 두통을 유발할 수 있고, 특히 근육긴장성 두통을 가지고 있는 사람은 적어도 이런 관련성에 대해 잘 알고 있다. 그러나 많은 사람은 아침에 잠에서 깨자 머리가 아팠다거나 분명 스트레스를 받지 않았는데 두통이 왔다고 보고한다. 예를 들면, 직장 일이 끝난 주말이나 스트레스를 받지 않고 모든 일이 잘 돌아갈 때 두통이 일어난다는 것이다.

　몇 주간 마음챙김 수련을 하면 자신이 언제, 왜 두통을 얻게 되었는지에 대해 새로운 직관을 갖게 된다. 심지어 주말조차 자신이 생각하던 것보다 훨씬 더 많이 긴장을 하고 있음을 알게 된다. 특히 두통이 시작되기에 앞서 특별한 생각이나 근심이 마음속을 지나갔음을 발견하기도 한다. 이런 일은 아침에 일어나자마자 바로 생길 수도 있다. 어떤 불안한 생각은 비록 완전하게 깨닫지 못하는 경우라 하더라도 방바닥을 떠나기 전에 당신을 긴장시킬 수 있다. 이때 당신이 아는 전부는 두통과 함께 잠자리에서 깨어났다는 것이 될 것이다.

　마음챙김은 그날 하루하루를 유용하게 보낼 수 있게 해 주는 한 예가 된다. 그것은 아침에 잠에서 깨어나는 바로 첫 순간부터 당신의 몸과 호흡에 주의를 기울일 수 있게 도와준다. 당신은 일어나 움직이기 전에 침대에 누워 적어도 몇 차례 호흡을 하고 자신의 몸 전체를 알아차림으로써 몸 상태가 어떤가를 느낄 수 있을 것이다. 아침에 일어나자마자 스스로에게 '이제 깨어나기 시작했다.' 거나 '이제 깨어난다.'라고 자신에게 되뇌일 수 있다. 당신은 스스로에게 하루가 펼쳐져 가는 과정에서 어떤 일이 일어나더라도 그에 열려 있고 깨어 있기만 하다면 알지 못하는 어떠한 가능성으로 가득 차 있는 신상(brand-new)의 하루라고 반길 수 있도록 스스로를 일깨울 수 있다.

시간이 지남에 따라 알아차림 속에서 휴식할 수 있었던 능력은 전에는 깨닫지 못하던 관계—당신이 일어날 때 가졌던 생각이나 그날의 이른 시간, 심지어는 당신이 깨어난 바로 몇 분 이내에 일어났던 상황과 나중에 발생한 두통 사이의 연결을 가능하게 해 준다. 이것은 어떤 생각이 생기자마자 그것을 바로 알아차려 두통을 유발하는 사건의 연쇄를 의도적으로 초기에 차단할 수 있게 만들 수 있다. 그 생각을 바라보고 그냥 지나가게 하거나 고통스런 스트레스 상황에 대한 관계를 변화시키고 그 결과를 모니터링해 보는 것도 그런 방법 중 하나다. 또 당신이 두통을 일으킬 확률이 높은 시간과 장소에 대해 깨닫게 되어서 두통을 유발할 수 있는 오염이나 알러지원(原) 등과 같은 환경적 요인을 알아차리게도 할 수 있다.

일부 사람에게 만성두통은 신체, 가족, 일, 환경, 갖가지 재난 등과 같은 삶에서 연결이 끊어지고 조절이 무너지고 있다는 은유일 수 있다. 그들은 일상에서 너무 많은 스트레스를 경험해서 왜 두통이 생겼는지를 찾아내는 생각을 어디에서부터 시작해야 할지 알기 어렵다. 현재 상황이 이러하다면, 출발을 위해서 자신의 문제 중 어떤 것을 반드시 해결해야 할 필요는 없음을 아는 것이 도움이 된다. 당신이 실제로 해야 할 모든 일은 수련을 시작하고 하루하루의 순간순간에 조심스럽게 현명한 주의를 기울이는 것이다. 그 순간부터 자기조절을 향한 움직임이 자연스럽게 일어나기 시작한다. 알로스타시스가 회복되고, 당신은 문자 그대로 골치가 아픈 것이 은유적으로는 이미 그 자체로 해결이 되었음을 알게 될 것이다. 그러나 그런 상황에서 완전하게 벗어나는 데는 몇 년이 걸릴 수도 있다. 당신이 이미 있는 그대로를 기꺼이 수용하고 그것이 인내하려는 의도와 결합된다면, 시도 자체만으로도 머지않아 두통 증상이 극적으로 개선되고 당신의 다른 문제도 해결될 것이다.

다음에 소개하는 두 가지 이야기는 인생의 특정 시점에서 어떻게 만성두통이 그 사람의 전체 인생의 이야기로 작동했는가와 마음챙김이 자신이 처한 딜레마를 타개하고 단순히 두통의 경감을 넘어서서 더 중요한 큰 상황에 대한 직관과 문제해결을 초래할 수 있었는지를 잘 보여 준다.

38세의 프레드는 수면무호흡증과 관련된 불안 때문에 우리 클리닉에 의뢰되었다. 수면무호흡증이란 잠자는 동안 호흡이 일시적으로 멈추는 것이다. 원인은 프레드의 비만이었다. 그는 작은 키에 체중이 무려 170킬로그램이나 나갔다. 프레드는 수면무호흡증과 불안에 더해서 만성두통까지 있었는데, 스트레스를 느낄 때마다 머리가 아팠다. 그는 버스 타는 것을 너무 싫어했지만 차가 없어 버스를 이용할 수밖에 없으며, 다른 사람과 방을 같이 사용했고, 작은 매점에서 일하고 있었다. 잘 때는 체중이 너무 많이 나가서 누우면 목이 접혀 숨 쉬기가 어려웠다. 이것이 수면무호흡증을 일으켰다. 흉부외과 의사는 프레드에게 지금 즉시 체중을 줄이지 않으면 기관절제수술을 해야 한다고 말했다. 이 말은 큰 불안을 일으켰다. 그는 절제수술을 하고 싶지 않았다. 체중 감량을 위해 상담해 주었던 한 동료는 그의 불안을 관리하기 위해 스트레스 완화 클리닉에 참석하도록 권했다.

수업에 처음 참석한 프레드는 이곳의 과정을 전혀 좋아하지 않았다. 그는 자신에게 "수업이 끝날 때까지 기다릴 수가 없어. 난 다시는 여기에 오고 싶지 않아."라고 되뇌었다. 그가 처음 수업에 참석하겠다고 동의했을 때는 자신이 30명가량의 다른 사람들과 함께 이 수업에 있게 되리라고는 상상을 못했었다. 여러 사람이 있는 곳에서는 언제나 불편했고 자신이 집단에서 이야기하는 것은 거의 불가능한 일이라고 느꼈다. 그는 수줍음을 많이 타고 타인과 갈등을 유발하는 어떤 상황도 본능적으로 회피하려 했다. 그러나 프레드가 프로그램이 끝났을 때 이야기했듯이 어떤 '내면의 느낌'이 그를 두 번째 수업에 참석하도록 몰고 갔다. 그는 "지금 이걸 하지 않으면 앞으로는 다시는 할 수 없을 거야. 다른 모든 이도 문제가 있어. 그렇지 않다면 여기에 와 있을 이유가 없지."라고 혼잣말을 했다. 그래서 첫 수업이 편하지는 않았지만 프레드는 계속 참석했다. 첫 주에 바디 스캔 테이프를 사용하기 시작했고 그다음 수업에서 이미 그것이 자신에게 큰 힘을 발휘하고 있음을 깨달았다. 그는 "나는 곧바로 올바른 길로 들어섰다."라고 덧붙였다. 그는 자신의 몸에 예민하게 주의를 기울일 때 얼마나 이완이 잘되는지에 관해 수업 시간에 이야기할 수 있게 되었다.

프레드는 바디 스캔을 시작하자 두통이 사라졌다. 이 일은 체중이 줄기는커녕 더욱 늘어서 기관절제수술을 받아야 할 가능성이 더욱 높아지고 있는 상황에서도 계속되었다. 또한 두통이나 아픈 느낌 없이도 이완하고 버스의 흐름과 함께 가며 그것을 즐기는 기분으로 버스를 탈 수 있었다.

또한 그는 자기주장을 더 잘하게 되었다. 룸메이트가 방세를 내지 않았을 때 집을 떠나 달라고 요구할 수 있었다. 이런 일은 예전 같으면 상상도 못할 일이었다. 자신에 대한 믿음이 점차 자라나자 그는 몸에서 더욱 이완된 감각을 느낄 수 있었다. 요가는 체중 때문에 힘들었던 터라 별로 하지 않았다. 전에는 체중이 한 눈금만 늘어나도 심한 우울감에 빠지곤 했었는데 프로그램에 참여하는 동안에도 체중이 어느 정도 늘었지만 우울해지지는 않았다.

프레드는 혈압도 문제가 있었다. 클리닉에 참가하기 이전에 그의 혈압은 210/170으로 상당히 위험한 수준이었다. 혈압강하제를 먹을 때는 평균적으로 140/95를 유지했다. 프레드가 프로그램을 마쳤을 때는 120/70으로 낮아졌는데, 이 수치는 15년 전보다도 더 낮은 것이었다.

그는 한 주에 한 번도 아니고 두 번의 기관절제수술을 하는 어려움을 겪었다. 그의 목이 너무 두꺼워 견뎌 낼 만한 튜브를 삽입할 수 없었고, 두 번의 시술 모두에서 며칠 만에 튜브가 빠져나왔다. 그래서 그는 기관절제수술을 성공적으로 받지 못했다.

코스가 끝나고 한 달 뒤쯤 프레드를 만났을 때, 그는 다이어트 중이었고 상당한 체중을 감량하고 있었다. 마음챙김 명상수련도 계속하고 있었다. 그는 인생의 어느 때보다 자신에 대해 확신이 든다고 했다. 체중 감량이 자신에 대한 신뢰감을 북돋워 주었다. 그는 몇 년 만에 처음 행복감을 맛보았으며, 수면무호흡증도 체중 감소와 함께 사라졌다고 했다. 코스가 끝난 이래로 단지 한 차례의 두통만을 경험했다고 덧붙였다.

다른 한 사례는 로리인데, 그녀는 40세의 이혼녀로 신경과 의사가 편두통과 일 스트레스 때문에 의뢰했다. 로리는 13세 때부터 한 주에 네 번 정도의 편두통을 경험해 왔다. 편두통이 올 때면 눈에서 빛이 보이고 욕지기가 뒤따라왔다. 두통이 오기 전의 아주 정확한 시간에 약을 먹지 않으면 약도 두통을 줄이는 데 도움이 되지 않았다. 그녀는 약을 먹는 정확한 때를 판단하기가 언제나 어려웠다. 클리닉에 의뢰되기 전 4개월 동안 그녀의 두통은 몇 차례나 악화되어 응급실로 찾아가야 할 정도였다.

프로그램 4주째에 우리는 명상수련과 함께 홈스와 라헤 박사의 생활사건척도를 실시하였다. 제18장에서 보았듯이 이 척도는 생활에서 경험할 수 있는 사건을 늘어놓은 것으로, 응답자는 지난 1년 동안 자신이 경험했던 사건을 질문지에 체크한다. 사건 목록에는 배우자의 죽음, 직장에서의 지위 변동, 가족의 질병, 결혼, 대출 등의 사건이 포함되어 있다. 각 사건은 인생사에 있어 그러한 변화에 적응하기 위해서 얼마나 많은 노력이 소요될까에 따라 개별 점수가 부여된다. 이 검사에서 150점 이상이 되면 상당한 스트레스를 경험하고 있는 것으로, 그런 상황에 효과적으로 적응하기 위한 조치를 취할 필요가 있다고 권고받는다.

수업 시간에 스트레스 척도의 결과에 대해 논의할 때, 로리는 생활사건 점수에서 반 구성원들 중 최고 점수를 받았다. 그녀는 남자친구와 함께 질문지를 체크하였으며, 그녀는 879점, 남자친구는 700점대를 받았다고 했다. 그들의 점수는 너무나 높아 처음에는 사람들의 웃음을 자아냈다. 사람들은 "두 사람 다 죽지 않고 살아 있는 게 기적이야."라고 하며, 그들이 아주 강인한 사람일 거라고 말했다. 그들은 웃기보다는 울기가 더 쉬우며 웃음은 그 자체로 건강의 한 징표라고 이야기했다.

그 당시 로리는 전 남편이 자신을 죽이려 한다는 공포에 휩싸여 있었다. 그녀에 따르면, 전 남편이 실제로 자신을 죽이려고 시도했다는 것이었다. 게다가 두 아들이 심하지는 않으나 교통사고로 다쳤다. 그녀는 그때 직장에서도 매우 스트레스가 심했다.

그녀는 대기업의 중간 간부로 일하고 있었는데, 그녀의 회사는 구조조정 중이어서 사원 모두가 상당한 압박감과 불안감을 느끼고 있었다. 그녀의 상황은 자신과 전 남편, 현재의 남자친구가 모두 같은 회사에서 근무하고 있다는 사실 때문에 더욱 복잡했다.

다섯 번째 시간(2주 동안의 요가와 4주 동안의 바디 스캔 수련을 마친 상태)에 그녀는 그 주에 흔히 큰 두통에 선행하던 빛을 보았다고 말했다. 그러나 그녀는 처음으로 그 빛을 보다 일찍 알아차리게 되었다. 단지 몇 줄기의 빛만 있었는데, 압도당할 정도로 많은 빛줄기는 보통 이미 두통이 시작되었거나 한 시간 이내에 시작됨을 의미했고, 그래서 그녀는 '멈출 수 없다.'고 치부했었다. 그녀는 그때 그 빛을 보고 약을 한 알 먹고 침대로 가서 명상을 하기로 결심했다. 그녀는 여느 때처럼 약으로 이 문제를 해결하려면 두통을 다스리기 위해 몇 시간에 걸쳐서 다른 약 서너 알을 더 먹었어야 했으리라고 짐작했다.

로리가 자랑스럽게 한 이야기 중에는 그녀가 소녀였을 때에는 스스로 두통을 빨리 끝나게 할 수 있었다는 내용이 있을 정도였다. 그날 그녀는 약을 더 먹지 않았다. 그녀는 바디 스캔을 했으며, 그 끝 무렵에 잠이 들었고 완전히 회복되어 깨어났다. 그녀는 자신의 성공 원인을 두 가지로 생각했다. 첫째는 그동안 해 온 마음챙김 수련이 그녀의 몸과 그녀가 느끼고 있는 것에 보다 민감해지게 도와주었다는 점이다. 이것이 그녀가 편두통의 경고 신호(전조로 알려져 있고, 로리의 경우는 빛이었다)를 알아차리게 해서 몇 시간 뒤에 완전히 만발해서 다른 조치를 취해야 할 문제를 미리 손쓰게 해 준 이유다. 둘째는 그녀가 그런 시간에 스스로 할 수 있는 무엇이 있었다는 점이다. 아니면 적어도 두통을 다스리기 위해서 약을 먹는 것 외에 다른 할 수 있는 일이 있다고 느꼈다는 점이다. 그녀는 두통에 새로운 방식, 즉 자기 내부에 존재하는 스스로의 자원을 사용해 보는 실험을 하는 방식으로 자신의 상황에 접근했다.

로리의 인생은 여전히 기복이 많았지만 그녀는 그다음 4주 동안 두통에서 자유로운 시간을 보냈다. 그녀는 사무실 벽에 아홉 개의 점을 찍었다. 그리고 스트레스에 반응하는 대신 대응하려 시도했다.

프로그램이 끝난 그다음 주에 그녀는 심한 편두통을 경험했다. 통증은 추수감사절 전날 시작되었으며 그다음 날까지도 계속되었다. 그녀는 비록 가족과 함께 있었던 시간보다 화장실에서 보낸 시간이 많았지만 응급실로 가지는 않았다. 가족은 그녀에게 병원에 가자고 애걸했다. 그러나 그녀의 마음속에는 아들이 추수감사절 저녁을 함께하기 위해 집으로 곧 올 것이며, 아들을 만나려는 바로 그날 자신이 너무 아프다는 사실이 얼마나 끔찍한가 하는 생각이 맴돌고 있었다.

다음날 아침 그녀를 보았을 때, 그녀는 창백했고 정신이 혼란스러웠으며 눈물투성이였다. 그녀는 수련 과정 동안 자신이 이룬 좋은 결과가 결국에는 모두 실패로 돌아간 것 같다고 말했다. 그녀는 두통에서 해방될 수만 있다면 의사와 멋진 공원에 함께 산책하러 갈 것을 기대해 왔다. 그녀는 이제 그 가능성이 완전히 부서져 버렸다고 느꼈다. 설상가상으로 왜 두통이 생겼는지에 대한 이유를 찾을 수 없어서 자신이 실패했다고 느꼈다. 그녀는 자신이 추수감사절 생각으로 스트레스를 받지는 않았을 거라고 말했다. 반대로 그날을 기다려 왔었다. 그러나 휴일이 다가올 즈음의 날들에 대해서 이야기를 나누었을 때, 그녀에게 추수감사절이 특별한 의미를 가졌다는 점과 오랫동안 제대로 만나지 못했다고 느끼는 아들이 오는 것에 특별한 기대를 하고 있었다는 점이 분명해졌다. 이야기를 계속해 가면서 그녀는 두통이 완전히 꽃피우기 전인 화요일에 눈앞에 어른거리는 불빛과 점을 보았으나 제대로 알아차리지 못했음을 깨달았다. 그녀는 남자친구가 그녀에게 저녁에 무얼 했으면 좋겠느냐고 물었고, 그녀가 "모르겠어요. 생각이 안 나요. 내 마음은 백지가 되어 버렸어요."라고 말했던 시점이 있었다는 것을 회상했다.

그때가 아마도 그녀에게 결정적으로 중요한 시점이었던 것 같다. 그것이 바로 그녀에게 편두통이 오고 있다는 경고 신호였다. 그러나 이번에는 몇 가지 이유로 그 메시지를 제대로 받아들이지 못했다. 그녀는 나중에 자신이 그때 몸의 신호에 귀 기울이기에는 너무 바쁘고 조급하고 지쳐 있었다고 말했다. 얼마 전까지만 해도 경고 신호를 알아차렸을 때 곧바로 조치를 취해서 중도에 차단시키는 데 성공했음에도 말이다.

자신에 대한 혼란이 조금 가라앉았을 때, 그녀는 이 공포스러운 두통이 자신이 실패했음을 의미하지는 않는다는 점을 깨달았다. 어쨌든 그것은 신체 메시지에 보다 많이 조율되어 있으라는 뜻이다. 그녀는 27년 동안이나 고생해 왔던 편두통을 단 4주의 훈련으로 두 번 다시 문제가 되지 않으리라고 기대한 것이 비현실적이었음을 알아차리기 시작했다.

이번 한 번의 두통으로 자신이 실패한 것이라고 일반화하지 않음으로써 로리는 특정한 시점에서 일어난 이 특정한 두통이 그녀가 미처 깨닫지 못하던 어떤 것을 가르쳐 주어서 큰 도움을 줄 수도 있음을 알게 되었다.

이 일화를 통해 그 시점에서 그녀의 인생에 얼마나 많은 위기가 다가와 있는지를 중요하게 여겨야 한다는 점을 배우게 되었다. 재판일이 다가오고 직장에서의 문제와 전 남편에 대한 분노 등이 그때의 당면 위기였다. 그런 압력이 단순히 휴일이 다가온다고 사라지지 않는다는 사실도 배웠다. 실상 그런 일은 휴일을 더욱 부담되게 만들어 무의식적이지만 세상일이 특정한 방식으로 진행되었으면 좋겠다는 강한 기대와 욕망을 불러일으켰을 수 있다. 가장 중요한 것은 두통이 그녀가 자기 신체의 메시지를 간과하고 무시할 수 있는 여유가 없음을 가르쳐 준 것이다. 그녀는 그런 메시지를 존중할 필요가 있으며, 경고 신호가 찾아올 때 하던 일을 멈추고 약을 먹고 즉시 바디 스캔을 할 필요가 있음을 알게 되었다. 고난으로 가득 찬 그녀의 상황이 이를 요구한다면, 궁극적으로는 생활과 큰 조화를 이루고 두통에서 자유로워지기를 바라면서 꾸준히 마음챙김을 수련하는 것이 필요하다는 것을 문자적으로나 은유적으로 깨닫게 되었다.

24

정서적 통증과 함께 일하기: 정서적 고통이 바로 당신은 아니다. 그것을 치유하기 위해 당신이 할 수 있는 일이 많다

몸만 고통을 독점하고 있지는 않다. 가슴과 마음의 통증에 해당하는 정서적 통증은 더욱 만연해 있고 신체적 통증 못지않게 우리를 쇠약하게 만든다. 정서적 통증은 여러 형태를 띤다. 무엇을 했다거나 하지 않았다고 자신을 비난하거나 자신이 무가치하다거나 자기에 대한 확신이 부족할 때 우리는 자기비난의 고통을 겪는다. 다른 사람에게 상처를 입혔다면 자기비난과 후회가 결합된 죄책감을 맛보게 된다. 불안, 근심, 걱정, 공포에도 아픔(통증)이 들어 있다. 상실과 슬픔, 굴욕과 당혹, 실망과 절망 등에도 통증은 깃들어 있다. 우리는 이런 저런 정서적 통증을 비밀스럽고 무거운 짐처럼 가슴 깊숙이 안고서 삶을 살아갈 수도 있다. 때로는 이런 가슴속 짐의 존재를 자신도 모르는 채 말이다.

신체적 통증의 경우와 똑같이 정서적 통증에 대해서도 마음을 챙기고 그것을 성장과 치유의 에너지로 활용할 수 있다. 열쇠는 바로 지금 이 순간에 고통을 환영하기 위한 여유 공간을 기꺼이 마련하고, 통증을 바꾸려는 시도 없이 지켜보고, 의도적으로 친한 친구처럼 대하고, 현재에 출석하도록 초대하고, 다른 말로 자신의 증상이나 신체적 통증과 함께 혹은 반복해서 표면으로 드러나는 어떤 생각과 함께 단지 존재하는 것이다.

정서적 고통이 표면에 드러나 있을 때 어떤 일이 벌어지든 현재의 순간을 수용하는 것이 중요하다는 관점을 설득하기란 매우 어렵다. 의료적 위급 상황으로 응급실로 실려 가서 놀라거나 한밤중에 경찰이 찾아와 당신을 연행해서 화나고 창피하거나 새로 부임한 의사가 전에는 몇 년이나 관례적으로 내어 주던 처방전을 안 주고 여러 사람이 함께 있는 대기실에서 당신에게 큰 소리를 내서 좌절되고 우울해지는 등 스트레스 완화 클리닉에 참가한 사람들이 겪어 왔던 많은 장면에서, 바로 그 순간이나 그다음 순간에 마음챙김을 한다는 것은 순전히 당신의 의지에 달려 있다. 통증을 경험하면서 전개되어 나가고 있는 현재를 알아차리는 일이 당신의 감정과 함께 일하기 위해서는 결정적으로 중요하다.

물론 우리의 자연스런 성향은 통증의 느낌을 회피하고, 가능하면 많은 것을 자신으로부터 차단하기 위한 벽을 둘러치거나 아니면 감정의 기복에 자동으로 밀려 떠다니는 것이다. 이런 경우에 우리는 선입견에 압도당하고 마음이 산란하여 그 순간을 직접 관찰하고 전체를 보는 눈을 갖기에 역부족이다. 즉, 우리가 그것이 무엇이든 그리고 얼마나 고통스럽든 간에 자신의 혼란을 바라볼 수 있는 훈련을 하지 않는다면 새로운 방식으로 대처할 수 있는 기회를 이용하지 못하고 종전과 같이 자동적이고 습관적으로 반응하는 희생양이 될 수밖에 없다. 자신의 감정을 거부 혹은 회피하거나 그 감정의 소용돌이에 빠져 버린다면 종국에는 더욱 복잡하게 얽힌 고통을 맛볼 뿐이다.

신체적 통증과 마찬가지로 정서적 통증 또한 우리에게 무언가를 말하려 한다. 그들 역시 전령이다. 감정은 적어도 자신으로부터는 인정받아야 한다. 자연스레 느껴져야 하고 만나야 한다. 다른 방법이 없다. 우리가 그들을 무시하고 억압하거나 억누른다면 결국에는 곪아 터져서 해결책과 평온을 얻지 못할 것이다. 아울러 그들을 과장하고 극화하며 자신이 무엇을 하고 있는지를 깨닫지 못하고 그들에 휩싸인다면, 감정은 좀처럼 사라지지 않으며 우리를 더욱 굳어 버리게 하고 일생에 걸쳐 반복되는 패턴으로 자리 잡을 수 있다.

분노나 슬픔의 고문하는 듯한 아픔과 복합적으로 밀려오는 죄책감의 회한, 슬픔과 상처의 끈끈함 그리고 공포의 소용돌이 속에서도 마음챙김할 수 있어서 그 순간에 내가 슬픔, 분노, 죄책감, 상처, 무서움, 혼란을 느끼고 있다고 알아차릴 수 있다. 이상하게 들릴지 모르지만, 정서적 고통의 순간에 자신의 감정을 의도적으로 알아보는 자체가 그 속에 치유의 씨앗을 포함하고 있다. 신체적 통증에서처럼 자신의 감정을 알아차리는 과정을 통해 그것이 무엇인지 실체를 분명히 바라보고, 그것을 현재에 받아들이고, 그들이 무엇이든 완전하고 기만 없이 살필 수 있다. 많은 경우에 그런 감정은 혼란이나 경직, 소외감 등으로 가장되기도 하는데, 감정을 알아차리는 일은 당신의 고통 바깥에 독립적으로 존재할 수 있다. 그것은 가슴과 마음의 폭풍으로부터 타격을 받지 않는다. 그 폭풍우가 여전히 스스로의 길을 계속해서 걸어가고 통증이 계속 느껴지는 그런 상황에서도 말이다. 그러나 알아차림의 요람 속에서는 감정의 폭풍은 이와 다르게 전개된다. 알아차림은 통증의 일부분이 아니다. 하늘이라는 큰 공간 속에서 날씨가 전개되듯이 알아차림은 통증을 포용하고 있다.

알아차림이 있을 때, 감정의 폭풍은 내가 책임질 수 없는 외부의 힘처럼 그냥 발생하지는 않는다. 이제 당신은 이 순간에 느끼는 당신의 감정에 책임을 진다. 그것은 당신의 인생에서 이 순간 일어나는 것이기 때문이다. 통증을 느끼는 이 순간을 그렇지 않은 다른 시간과 마찬가지로 완전하게 살아갈 수 있다. 기꺼운 마음으로 그렇게 하려 하는 사람은 매우 적지만, 통증은 우리에게 많은 것을 가르쳐 줄 수 있다. 통증과 의식적으로 관계를 맺는다면 감정의 희생자가 되기보다는 내 감정 세계의 능동적인 참여자가 될 수 있다.

심지어 느끼고 있는 감정이 너무 강렬해서 조용히 바라보거나 보다 큰 전체 상황을 자각하지 못할 것 같은 상황에서조차도 감정에 주의를 챙겨 오는 일은 당신이 지혜롭게 감정을 바라보고 감싸안을 수 있게 해 준다. 통증이 너무 거대할 수 있으나 누가 고통받고 있는지를 물어보고 우리의 마음이 소용돌이치고, 거절하고, 항의하고, 거부하고, 시끄럽게 요구하고, 환상을 그리며, 상처받는 것을 지켜볼 때 그 고통에서 틈새가 생겨난다.

마음챙김 명상은 통증의 성질과 그에 대해 자신이 만든 이야기를 보다 선명하게 바라보게 해 준다. 이것이 세상이 특정한 방식으로 존재해야 한다고 강요하는 자신의 욕망, 과장, 오해에서 유래하는 정서적 혼란과 상처받은 느낌과 혼동 등을 바로잡는 데 힘이 되어 준다. 당신이 고통의 순간에 처하거든 조용한 내부의 목소리를 들으려고 해 보라. "흥미롭지 않은가? 놀랍지 않은가? 자신이 얼마나 많이 고통받고 통증을 느끼는지 혹은 무너져 내리고 있는지를 스스로 귀 기울여 볼 수 있다는 이 사실이." 자신의 가슴과 통증 속에 들어 있는 고요한 목소리에 귀 기울일 때, 당신은 마음을 챙겨서 집착 없는 현명한 주의를 기울여 감정의 전개를 관찰할 수 있는 위치에 서게 된다. 당신은 일들이 결국 어떻게 해결될지 궁금해하고, 그에 대해 잘 알지 못함을 알고, 그저 기다리고 지켜보고만 있는 자신을 발견할 수도 있다. 그러나 언젠가는 해결되고, 당신의 현재 경험도 파도의 '들고남'과 같아 영원히 계속되지 않고 머잖아 곧 사그라진다는 사실은 확실하다. 이 파도의 소용돌이 속에서 진행되고 있는 상황을 당신이 어떻게 대처하느냐가 다음 상태에 영향을 미친다는 점 또한 발견할 수 있다. 예를 들어, 분노에 휩싸여 다른 사람에게 깊은 상처를 줄 수 있는 말이나 행동을 한다면 고통은 더욱 복잡해지고 해결은 더욱 요원해지며 자신이 바라는 상태와는 더욱 멀어지는 사태가 벌어짐을 알아차릴 수 있다. 매우 큰 정서적 통증을 경험하는 순간에도 일이 현재의 순간에 어떻게 해결될지 모른다는 점을 수용하고, 자신이 지금까지 스스로에게 말해 왔던 진부한 이야기를 믿지 않거나 심지어 만들지 않고 현재의 상황을 수용한다면, 당신은 치유의 과정을 시작할 수 있다.

당신은 심지어 통증을 느끼고 있는 그 시간에도 마음의 통증을 구분해서 어느 것은 이미 일어난 일을 수용하지 못함에서, 다른 일부는 일이 바라는 방식이나 선호하는 방식에 더 가까이 오거나 통제 속으로 들어오기를 지나치게 바라는 데서 비롯된다는 것을 안다. 아마 당신은 새로운 기회를 원하여 시계 바늘을 되돌리고 싶고, 무언가를 예전과 다르게 하고 싶고, 말하지 않았던 어떤 말을 하고 싶고, 했던 어떤 것을 취소하고 싶을 것이다. 전체 이야기를 모른 채 결론으로 뛰어들거나 어떤 일에 설익게 반응해서 불필요하게 상처받았다고 느낄 수 있다. 우리가 고통을 받는 방식에는 여러 가지가 있겠지만 이는 몇 가지 기본 주제의 변주곡이다.

정서적 격동이 일어날 때 마음을 챙긴다면, 당신은 자신이 그 일을 좋아하든 싫어하든 간에 이미 존재하는 일을 자신이 받아들이기를 꺼린다는 사실을 발견할 것이다. 아마도 이를 알아차리는 당신의 일부분은 그 일을 이미 일어난 일이거나 현재의 상황과 이런저런 방식으로 조화를 이루고 있음을 인식하고 있다는 것도 알 수 있을 것이다. 동시에 당신의 감정은 여전히 그 자체로 진행되어야 하며 자신은 아직 이를 받아들이거나 조용히 가라앉힐 준비가 되지 않았음도 보게 된다. 그것도 그대로 좋다.

명상수련에서와 마찬가지로 우리의 마음은 어떤 것이 통증, 질곡, 슬픔으로 다가올 때 그것들을 거절하는 경향이 강하다. 제12장에서 아인슈타인이 지적하였듯이 그런 것은 우리를 분리(혹은 분별)와 동일시하도록 몰아간다. 그런 견해는 우리가 가장 필요로 하는 바로 그때에 그 실체를 분명하게 보고 치유할 수 있는 우리의 능력을 차단한다.

통증이 전개되는 과정에서 순간적인 생각이 떠오른다면 이를 단순히 관찰하라. 그것에 휩싸여 이번에도 지금 현재를 받아들이지 못했다거나 보다 큰 전체와 동일시하지 못하고 있다는 식으로 자신을 싸잡아 비난하지 마라. 이 또한 생각이고 판단이며 낭만적이고 이상에 치우친 생각에 불과하다. 그 순간 우리에게 필요한 것은 느껴지는 대로 그것을 느끼고 그 소망이 우리를 어떻게 스치고 지나가는지를 바라보는 것이다. 이런 바람이 잦아지려면 상당한 과정이 필요하고 우리는 평온의 정도가 어떠하든 알아차림 속에서 자신의 생각과 감정을 지켜볼 필요가 있다. 수용하기를 꺼리는 것이 그 순간에서는 전적으로 적절한 것일 수 있다. 재난이 곧 닥쳐올 듯하거나 암울해지는 느낌에 위협받을 수도 있다. 비통한 상실로 고통받거나 누군가에 의해 부당하게 대접받거나 그렇게 한 것에 대해 회한을 느끼는 판단 실수를 범했을 수도 있다.

제2장에서 보았듯이 수용한다는 것이 이미 발생한 그 일을 좋아한다거나 그것에 굴복한다는 의미는 아니다. 항복이나 굴종이 아니다. 여기서 말하는 수용이란 무엇이 일어났든 이미 어떤 일이 있었다는, 단지 과거에 그러했었다는, 꾸밈없는, 있는 그대로의 사실을 받아들인다는 의미다. 흔히 수용은 스스로 적절한 시기에 찾아온다. 감정의 폭풍우가 그 자체로 수그러들고 바람이 잦아지면 수용은 자연스럽게 다가온다. 그러나 폭풍의 혼란 뒤에 얼마나 많은 치유가 일어날지는 당신이 얼마나 깨어 있고, 그것의 에너지를 바로 쳐다보고 감정이 들끓고 있는 동안 현명한 주의로 그들을 관찰할 수 있는가에 달려 있다. 심원한 치유의 직관은 당신이 정서적 통증을 일어나는 대로 깊게 바라볼 수 있을 때 생겨난다. 당신이

좋아하든 싫어하든 간에 알게 될 한 가지 중요한 깨달음은 변화의 불가피성으로 '사물과 관계의 본질은 무상'이라는 점이다. 우리는 이 진리를 신체적 통증에서 그 강도가 변하고 상이한 감각이 생겨나고 소멸해 가며, 심지어 몸의 한 부분에서 다른 부분으로 통증이 이동하는 것을 관찰하여 알 수 있었다. 우리는 또한 통증에 대한 생각과 감정이 변화하는 것을 보기도 하는데, 이 또한 무상의 관찰이다.

정서적 통증이 느껴질 바로 그때에 그것을 깊이 바라보면 생각과 감정이 매우 빠르게 가고 또 오고, 출현하고 사라지며, 변화해 간다는 것 또한 부정하기가 어렵다. 많은 스트레스를 경험할 때는 자주 떠오르는 어떤 생각과 감정이 있음을 알아차리게 된다. 그것들은 거듭 찾아와서 어떤 일이 일어났었는지를 되새기게 만들고 무엇을 해야만 했었는지, 그때 무엇을 어떻게 하면 어떻게 되었을 것 같은지 등에 대해 생각하게 만든다. 자신이나 다른 사람을 비난하고, 어떤 순간을 또다시 곱씹게 되고, 다음에 어떤 일이 일어나거나 당신이 어떻게 될 것 같은지를 의심하고 있는 자신을 발견할 수 있다.

그러나 그런 순간에 마음을 챙겨 주의 깊게 지켜볼 수 있다면 반복되는 심상과 생각, 감정이 그 시작과 끝이 있고, 마음속에서 일어났다가 사라져 가는 파도와 같다는 것을 알게 될 것이다. 그것이 되돌아올 때마다 조금씩 달라지고 전과 똑같은 파도는 하나도 없다는 사실도 알게 된다.

또한 당신은 감정이 순환하는 강도에 대해서도 깨닫게 된다. 어느 순간 무딘 상처가 되었다가 다음 순간은 강렬한 고통과 격노가 그리고 그다음 순간은 모호함과 탈진으로 바뀌어 간다. 어느 짧은 순간은 자신의 상처를 완전히 잊을 수도 있다. 이러한 감정 상태를 관찰하면서 경험하는 어떤 것도 영원한 것은 없다는 것을 깨달을 것이다. 통증의 강도가 일정하지 않음을 스스로 깨닫게 되며, 그 강도가 변화하고 위아래로 오르내리며 호흡을 내쉬었다가 들이마시는 것처럼 오고간다는 점을 알게 된다.

그러한 부분의 마음챙기기는 순간순간 무엇이 변해 가는가를 바라보는 것이지 마음에 안 드는 부분을 거절하는 것이 아니다. 어떤 상태나 사람을 비난하는 것도 아니다. 일이 이래저래 달라졌으면 하고 바라는 것도 아니다. 그렇다고 혼란스러운 것도 아니다. 아이들이 혼란에 빠졌을 때 평화와 온정과 지침이 되는 어머니처럼 당신의 가슴속에 자리 잡고 있는 지적 연민의 영역과도 같이, 알아차림은 혼란 속에서 평화의 근원이 되고 모든 것을 포괄하는 따스함의 근원이 된다. 어머니는 어떤 어려움이든 아이가 지나갈 수 있다고 믿으며 안전과 믿음과 평화를 준다.

가슴속의 마음챙김을 키워 갈 때 우리는 자신에 대해서도 유사한 따뜻함을 키울 수 있다. 때로 고통받고 있는 아이들이 우리의 일부인 것처럼 자신에 대해서 돌볼 필요가 있다. 자신을 향한 통증에 완전히 개방되어 있을 때조차 자신에 대해 온정과 친절, 동정을 보이지 않을 이유가 어디 있단 말인가? 통증을 겪고 있는 다른 사람에게 하듯이 나 자신에게 그 정도의 친절을 보일 만하지 않은가? 마음챙김 명상은 경계 없는 사랑과 온정을 함양시켜 준다.

나의 길은 무엇인가에 대한 명상

우리 인생고의 한 가지 주요 근원은 일이 내가 원하는 방식대로만 진행되기를 바라는 것이다. 우리는 일이 바라는 쪽으로 나아갈 때 행복해한다. 반면에 일이 내 뜻과 거슬리게 진척될 때는 좌절하고, 분노하고, 상처 입고, 불행해하고, 고통받는다.

아이러니 중 하나는 우리는 언제나 자기 바람대로 이렇게 혹은 저렇게 되기를 원하지만 실제로 내가 진정으로 무엇을 원하는가를 제대로 모르고 있을 경우도 허다하다는 점이다. 설령 처음 원하던 바를 얻게 되었더라도 또 다른 무엇을 원하게 된다. 우리 마음은 행복하고 충족감을 느끼기 위해서 새로이 필요로 하는 또 다른 어떤 것을 끊임없이 추구한다. 이런 점에서 일이 비교적 평화롭고 만족스럽게 진행되는 경우에도 그 만족이 매우 오래 지속되는 일은 거의 드물다.

어린아이가 가지고 싶은 모든 것을 가질 수 없어서 혼란에 빠져 있을 때 우리는 흔히 "네가 하고 싶은 대로만 할 수는 없어."라고 말해 준다. "왜 안 되나요?"라고 아이가 되물으면 "나중에 어른이 되면 알게 돼."라고 답한다. 그러나 우리가 아이들에게 계속 반복하는 이 이야기는 이미 어른이 된 자신에게서도 잘 실현되지 않는다. 그래서 많은 경우 어린아이보다 인생의 이런 면을 더 잘 이해하는 것처럼 행동하지 못한다. 우리는 어른이 되어서도 여전히 세상사가 자신의 방식대로만 진행되기를 바란다. 지금 상태와는 사뭇 다른 상태를 일방적으로 원하곤 한다. 원하는 방식대로 일이 진행되지 않으면 아이와 똑같이 혼란스러워하지는 않는가? 우리는 자신의 마음 상태에 따라 아이들의 유치함에 미소 짓거나 화를 낸다. 그러나 아이들과 우리의 주된 차이는 우리가 단순히 자신의 감정을 아이들보다 좀 더 잘 감추는 것을 학습한 데 불과할 수도 있다.

언제나 자신의 욕망대로만 움직이려는 이런 덫을 깨뜨리기 위해 수시로 자신에게 "나의 길은 어떤 것인가?" "정말 내가 바라는 것이 무엇일까?" "내가 그것을 갖게 되면 그걸 알아차릴 수 있을까?" "지금 당장 모든 일이 완벽해야 할까?" "모든 걸 통제할 수 있다면 지금 더 행복할까?" 등을 진지하게 자문해 볼 필요가 있다.

다른 방법으로, 스스로에게 "지금도 기본적으로는 모든 게 좋지 않은가?" "지금 단순히 내 마음이 어린아이처럼 행복하기 위해선 이걸 더 가져야 하고 저걸 버려야 한다고 칭얼대는 건 아닌가?" 만약 그렇지 않다면 계속해서 이렇게 물어보라. "지금 바로 내 불행을 보면서 내 인생의 더 큰 조화와 평화를 위해서 내가 취할 수 있는 특별한 조처가 있는가?" "나의 길을 발견하도록 돕는 선택과 결정이 있는가?" "내 방식을 고집해야 할 어떤 힘이나, 내가 젊어서 혹은 어리석거나 눈이 멀었거나 불안정했거나 지금보다 잘 몰라서 나의 나머지 인생을 행복과 평화를 경험할 수 없는 숙명 속에서 살아야 하는가?"

명상수련에 인생길에 관해 자문하는 방법을 포함시킨다면, 당신을 현재의 순간으로 다시 되돌리는 데 도움이 된다. 이렇게 질문하며 정좌할 수 있다. "무엇이 지금 나의 길인가?" 그 질문을 하는 것만으로 충분하다. 반드시 대답을 구할 필요는 없다. 질문에 대해 곰

곰이 생각해 보는 것이 더 유익하다. 순간순간을 살아 있고 가슴속의 이야기에 귀 기울이는 것이 필요하다. "나의 길은 무엇인가?" "나의 길은 어디인가?"

스트레스 완화 클리닉에 참석하는 대부분의 사람은 자신의 길[道]이 실제로 지금 살아가고 있는 바로 그 인생일 수 있다는 사실을 빠르게 알아차린다. 어떤 다른 길이 자신의 길일 수 있는가? 그들은 통증도 자신의 한 부분이고 그것이 반드시 나의 적은 아니라는 것을 알게 된다. 또한 자신의 정서적 통증의 일부는 자신의 행위나 비행위에서 비롯되고 그래서 잠재적으로 통제할 수 있다는 점도 알게 된다. 전체성의 눈을 통해 바라보면, 자신은 자신의 고통이나 증상이 아니며, 자신의 신체적 통증이나 질병이 아님을 깨닫게 된다.

이런 깨달음은 추상적인 철학이 아니다. 매우 실제적인 결과를 갖는다. 그것들은 중환자실에서, 경찰차에서, 진료실에서 혹은 예기치 않은 전환을 해야 하는 삶의 어떤 시점이나 자신이나 타인이 매우 강렬한 감정에 휩싸이는 어떤 때에 정서적 고통에 대해서 무언가를 할 수 있는 능력을 이끌어 낸다. 이와 같은 때에 자신의 마음에 대해 책임감을 갖는다는 것은 넘어설 수 없는 듯 보이는 장벽이나 공포와 절망의 장벽 혹은 확신의 부족 등을 건너갈 수 있는 안락한 작은 길을 제공해 준다. 고통에서 유래하는 이 작은 길은 '바로 이것' 바로 지금 살아가고 있는 이 삶이 나의 인생이고 그게 내가 가진 유일한 것이라는 점을 깨닫게 되는 순간에 드러난다. 삶을 기꺼이 이런 방식으로 조망한다면 당신은 인생을 그 순간에 완전하게 받아들일 수 있게 된다. 적어도 그 순간에는 일어나는 일이 바로 현재의 당신 인생이 된다. 미래는 알 수 없고 과거는 이미 지나갔다.

현재의 순간에 있는 그대로 다가가서 알아차리고 수용하고 평온과 선명한 관조가 자리 잡으면, 위기의 순간에 흔히 발생하는 공포와 절망의 느낌에 덜 취약해진다. 통증의 한가운데서도 당신은 자신이 해야 할 행위와 자신의 통합성에 대한 확인과 치유를 향한 발걸음을 내딛고 있다.

이런 경로가 가능하기도 하고 실질적이라고 제안하는 게 통증이나 고통을 얕본다는 뜻이 아니다. 우리가 생활에서 경험하는 정서적 통증이나 고통은 너무나도 생생하다. 정서적 격변이 오가고 나쁜 감정은 우리를 떠나가지 않고 주위를 맴돌고 짓누른다. 그러나 우리는 또 다른 한편으로 그것을 음미하면서 자신의 힘과 능력이 자라나서 스스로 변화를 만들어 내고, 우리의 상처나 깊숙한 상실을 초월하게 하며, 우리를 외부의 힘이나 우연에 의존하지 않게 한다는 사실도 깨닫는다. 그런 힘은 이미 여기에, 바로 지금 자신의 가슴속에 자리하고 있다.

문제 중심적 대처와 정서 중심적 대처

자신의 정서에 마음챙겨서 작업을 하면 현재 순간에 실제로 느끼고 있거나 생각하고 있는 바를 스스로 인정하기 시작한다. 아주 짧은 순간일지라도 완전한 멈춤이 도움이 된다. 즉, 상처와 더불어 호흡하고, 그것을 느끼고, 그것을 설명하거나 변화시키려 하거나 사라지게 하려는 인위적 노력을 하지 않으면서 상처와 함께 앉아 있게 된다. 이런 경험 그 자체만으로도 마음과 가슴에 평온이 찾아온다.

다시 한 번 제12장으로 돌아가서 전체성의 눈으로 상황을 바라보는 것이 도움이 된다는 사실에 유의하라. 시스템적 관점에서 볼 때, 정서적 통증에는 두 가지 중요한 상호작용 성분이 있다. 하나는 당신의 감정이고, 다른 하나는 그 감정의 뿌리에 해당하는 상황이나 문제의 영역이다. 상처와 함께하면서 스스로에게 "자신의 정서적 상태와 함께 실제로 무엇이 일어났거나 일어나고 있는지를 분리해서 볼 수 있는가?"라고 물어볼 수 있다. 이 두 가지 성분을 구분할 수 있다면, 당신의 감정과 함께 문제 상황을 효과적으로 풀어 갈 수 있는 보다 유리한 위치에 서게 된다. 반면에 감정과 문제의 영역을 평소와 다름없이 뒤섞는다면 사태를 선명하게 바라보고 단호하게 대처하는 방법을 찾아내기가 매우 어려워진다. 또 이런 혼란 자체가 더 많은 통증과 더 많은 고통을 초래한다.

문제에 초점을 맞추려 노력하라. 문제가 유발하는 강렬한 감정에서 한걸음 떨어져서 문제나 상황을 전체로 온전하게 바라보고 있는지를 스스로에게 물어보라. 그런 다음 문제의 영역에서 일을 해결하는 데 도움이 되는 당신이 취할 수 있는 행위가 무엇인지 자문해 보라. 전체를 한꺼번에 다루기에 문제가 너무 크다면 당신이 다룰 수 있을 만한 크기로 쪼개어 보라. 그다음 행동하라. 가슴과 직관을 믿고 그들의 이야기에 귀 기울여 보라. 그들이 말하는 무언가를 행하라. 문제를 바로잡거나 가능한 한 손상의 정도를 줄이려는 시도를 할 수도 있다.

반면 어떤 때는 지금 할 수 있는 일이 아무것도 없음을 깨닫기도 한다. 당신의 생각이 그렇다면 아무것도 하려고 하지 마라. 아무것도 하지 않기를 행하라! 아무것도 하지 않기를 행하는 것은 의도적으로 그런 순간과 함께 그냥 존재하기만 해 보는 것이다. 이 또한 여러 행위를 하는 것만큼이나 의미 있는 대응이다. 적지 않은 상황에서는 '아무것도 하지 않기를 행하기'가 가장 적절한 대응일 수 있다.

그 결과가 '행하기'든 '행하지 않기'든 마음챙기기를 할 수 있을 때는 과거를 등 뒤로 미뤄 놓을 수 있다. 현재에서 행위를 해 감에 따라 사태는 당신이 선택한 행위에 반응해서 변화하며 이는 다시 문제 상황 자체에 영향을 미친다. 이와 같은 진행 방식을 '문제 중심적 대처'라고 부른다. 이는 강렬한 정서 반응에도 효과적으로 기능할 수 있도록 도와주며, 이미 일어난 것보다 사태를 더 나쁜 쪽으로 몰아가는 행동을 하지 않게 막아 준다.

문제를 정면으로 대응하는 방식과 나란히 나 있는 또 다른 길이 있다. 당신이 어떻게 느끼고 있는지에 초점을 맞출 수 있다. 고통의 근원에 대해 깨어 있으려고 노력하라. 그것이 죄책감이나 공포 또는 상실에서 오는가? 당신 마음속을 스치고 지나가는 생각은 어떤 것인가? 이런 모두를 충분히 수용하면서 생각과 감정의 유희를 단지 지켜보기만 할 수 있는가? 마치 그 자체로 구조와 생명을 가지고 있는 태풍이나 소용돌이치는 파도와도 같이! 그것이 당신의 판단과 사태를 선명하게 바라보는 능력에 영향을 미치지는 않는가? 그것이 사태를 좋게 하기보다는 나쁘게 만든다는 점을 분명히 알고 있는 어떤 행위를 하라고 당신을 윽박지르지는 않는가? 감정의 영역에 현명한 주의를 가져오는 것은 '정서 중심적 대처'라고 부르는 것의 일부분이다. 앞서 살펴보았듯이 마음의 태풍에 마음을 챙기는 것만으로도 그것이 어떻게 해결되는가에 영향을 주어서 보다 잘 대처할 수 있게 해 준다. 이 과정에서 문제해결로 한걸음 더 나아가는 것은 자신의 감정을 바라보는 대안적인 방식을 기꺼이 찾으려고 할 때, 사랑하는 부모를 의식 속에 머금고 있을 수 있을 때, 통증 가운데서도 자신을 부드러움과 사랑으로 대할 수 있을 때 발현된다.

문제 중심적 대처와 정서 중심적 대처를 결합하는 구체적인 예를 보고 그것들이 어떻게 함께 사용되는지를 알아보자.

여러 해 전 나는 열한 살이 된 아들 윌과 등산을 했다. 우리는 무거운 배낭을 지고 있었다. 늦은 오후였고 곧 폭풍우가 올 것만 같았다. 우리는 높은 선반처럼 생긴 바위의 중간쯤에 와 있었으며 무거운 짐을 지고는 앞으로 나아가기가 어렵겠다고 직감했다. 어느 지점에서는 바위에서 자라는 작은 나무에 매달려 있었다. 아래로는 계곡과 몰려드는 구름 떼뿐이었다. 갑자기 우리 둘은 공포에 휩싸였다. 어떻게 일어서서 다음 바위로 옮겨 가야 할지 막막했다. 둘 중 하나가 쉽게 미끄러져 추락할 것만 같았다. 윌은 떨고 있었고 공포로 얼어붙었다. 아들은 분명히 위로 더 나아가기를 원치 않고 있었다.

공포는 매우 강렬했고 우리는 매우 당혹스러웠다. 우리 중 누구도 공포를 느끼고 있다고 인정하고 싶지는 않았지만, 그것은 이미 거기에 와 있었다. 나에게는 단지 두 가지 선택이 가능해 보였다. 계속 위로 나아가서 '해내고' 우리의 감정에는 주의를 두지 않는 것 또는 두려움의 감정을 존중하는 것이었다. 특히 폭풍이 다가오고 있어서 우리의 감정은 우리에게 매우 중요한 무엇인가를 말하려 하고 있는 듯했다. 우리는 산의 정상과 바다 사이의 어느 지점에서 어떻게 해야 할지 몰라 작은 나무에 달라붙어서 호흡과 감정에 의도적으로 마음을 모았다.

시간이 잠시 흐르자 우리는 어느 정도 마음을 가라앉히고 보다 분명하게 생각할 수 있었다. 우리는 우리가 취할 수 있는 선택안과 꼭대기까지 가고 싶은 강한 욕망과 또 한편 공포 때문에 우리가 등산을 마무리하지 못했다고 느끼지 않았으면 하는 바람 등에 대해 이야기했다. 아울러 그 순간의 위험과 취약성에 대해서도 저울질해 보았다. 감정을 존중하고 원래의 목표를 거두기로 결정하는 데는 오랜 시간이 걸리지 않았다. 우리는 조심스럽게 아래로 내려가면서 바람과 비에 쓸려 가지 않을 정도의 작은 은신처를 발견했다. 나와 아들은 그날 밤을 그 은신처에서 비교적 안전하게 지냈으며, 우리가 자신의 감정에 귀 기울이는 예민성을 가진 것을 행복해했다. 그러나 여전히 산에 오르고 싶었다. 실상 무서워서 정상에 오르지 못했다는 기분을 안고 내려가기는 싫었기 때문에 더더욱 정상에 오르고 싶었다.

다음 날 아침을 먹으면서 우리는 문제를 보다 세부적으로 나누는 전략을 개발했다. 우리는 길의 각 단계마다 작은 교두보를 만들며 갈 것과 짐을 지고 바위에 작은 교두보를 만들기가 얼마나 어려울지 짐작하기 어렵다는 점에 대해 동의했다. 우리는 또한 앞으로 무슨 일이 일어날지 모르며 정상까지 오를 수 있을지 모르겠지만 어쨌든 시도는 할 것이며, 정상에 오르는 중에 생기는 문제를 해결하려 여러 시도를 해 보자는 데 동의했다.

바위는 비에 젖어 매우 미끄러웠다. 그래서 전날보다 위로 나아가기가 더욱 어려웠다. 우리는 즉시 신발을 벗어 들고 맨발로 바위를 타 보았다. 전보다 훨씬 나았다. 우리는 배낭을 지고 힘들지 않을 만큼만 나아갔다. 어제 올랐던 바위까지 다시 올랐을 때, 윌의 배낭이 너무 크고 무거워서 발가락과 손가락 받침대를 찾으려 할 때 그를 아래로 끌어내리는 구실을 하고 있음을 알아차렸다. 그래서 배낭을 벗어 놓고 나아갈 수 있는 데까지 가 보기로 했다. 작은 나무까지 다시 왔다. 오늘은 둘 다 아무런 공포감을 느끼지 않았다. 배낭도 없이 맨발로 완벽하게 안전감을 느꼈다. 전날 우리에게 도저히 극복할 수 없는 것으로 보였던 장애가 이젠 매우 손쉬워 보였다. 이제 나무가 있는 지점에서 얼마나 더 높이 올라야 할지를 정확하게 볼 수 있었다. 그래서 정상에 오르기가 상대적으로 쉬워 보이는 정상 근처 지점까지 도달했다.

경관은 이루 말할 수 없이 훌륭했다. 우리의 발아래에서 폭풍구름이 매우 빠르게 흩어지고 아침 햇살로 흠뻑 젖어 있는 산을 지켜보았다. 잠시 후, 나는 윌을 그곳에 남겨 두고 떠났다. 윌은 혼자 남는 것에 만족해하였다. 그는 아침의 고요함 속에 바위 위에 걸터앉아 있었다. 내가 아래로 내려가 배낭을 가져오는 한 시간은 족히 될 듯한 시간 동안 발아래의 산과 계곡을 지켜보며 말이다. 그 뒤 우리는 다시 우리의 길을 갔다.

내가 이 이야기를 하는 이유는, 작은 나무에서 멈추었을 때 찾아왔던 두려움이 우리에게 얼마나 중요한가를 매우 분명하게 깨달았기 때문이다. 그것은 어리석게 행동하는 것을 방지해 주었다. 나는 또한 같은 길을 그다음 날 다시 오를 때 다른 생각을 하게 되었다. 즉, 보다 좋은 조건하에서는 문제해결적 대처를 시도해 보는 것이 좋다는 것이다. 미끄러움과 등짐의 무게를 상상력을 동원해서 독창적인 방법으로 해결했다. 이 예는 우리가 전날은 공포를 경험했던 지점이었지만 다른 조건하에서는 그것을 넘어서는 선택을 할 수도 있음을 잘 보여 준다.

월은 이 경험을 통해 자신이 공포와 함께 일할 수 있음을 알게 되었다. 그는 공포를 느끼는 것을 존중할 수 있게 되었으며, 심지어 이 느낌이 자신에게 도움이 되고 지성적일 수 있으며, 자신이 약하다는 표시가 아님을 배웠다. 전날은 무서움을 주었다가 그다음 날은 아무렇지도 않았다. 같은 사람, 같은 산인데도 그렇게 달랐다. 우리가 문제를 기꺼이 감정과 분리된 것으로 볼 수 있다면, 그리고 둘 모두를 존중할 수 있다면, 우리는 참을 수 있어 공포가 독버섯처럼 피어올라도 그 자체로 위험해지거나 신뢰감을 좀먹게 하지 않을 수 있다. 이 전략은 산 정상에 오르는 문제를 한 번에 다룰 수 있는 분량으로 나누어 실험해 보고, 일이 어떻게 되어 가는지를 관찰해 보며, 그렇게 할 수 있을지는 확신하지 못하더라도 일단 자신감을 가지고 시도해 보고, 상상력을 동원해 보며, 순간순간을 걱정과 잡념 없이 몰두할 수 있게 해 준다.

정서적 격통과 혼란 속에 서 있을 때 문제 중심 경로와 정서 중심 경로라는 양쪽 길을 동시에 진행하는 것이 치료에 도움이 될 수 있다. 한 경로는 생각과 감정을 알아차리는 것을 포함하고(정서 중심적 관점), 다른 경로는 상황 그 자체를 다룬다(문제 중심적 관점). 이 두 경로 모두 스트레스가 많고 위협적인 상황에서 효과적으로 대응하는 데 꼭 필요하다.

문제 중심적 접근에서는 경험하고 있는 감정의 아픔과는 별도로 문제의 근원과 범위를 명확하게 확인하려 한다. 우리는 일이 성사되기 위해서는 무엇이 필요하고, 어떤 행동을 취해야 하며, 사태의 진전에 잠재적 방해 요인은 무엇이며, 사용 가능한 내적·외적 자원은 어떤 것들이 있는가를 예민하게 가려 보려고 시도한다. 이 길을 가려면 전에는 한 번도 해 본 적이 없는 일을 해야 할 수도 있고, 다른 사람의 조언과 도움을 찾고, 어떤 문제를 다루기 위한 새로운 기술을 익혀야 할 경우도 있다. 그러나 문제를 다룰 수 있을 만한 부분들로 나누어 한 번에 하나씩 대응해 간다면 정서적 통증이 심한 시간에서조차도 효과적으로 행동할 수 있을 것이다. 어떤 경우에는 이런 방식으로 일에 접근하는 것 자체가 정서적 각성을 줄여 주고 문제를 더욱 복잡하게 만들지 않을 정도로 시간을 버는 데도 도움을 준다.

문제 중심적 대처 방법의 단점은 이 접근이 두 갈래 길 중 단지 하나라는 점을 잊을 때 발생할 수 있다. 인생의 모든 문제를 객관적이고 문제해결적인 방식과 관련시키는 사람도 있다. 그런 사람은 자신이 당면하고 있는 상황에 관한 자신의 감정에서 스스로를 차단하며, 이와 마찬가지로 다른 사람들이 경험하는 감정을 알아차리고 반응하는 데 실패한다. 이런 습관은 균형 있는 인생을 살지 못하게 하며 많은 불필요한 고통을 만들어 낸다.

나와 아들 윌이 작은 나무에 있을 때 했던 것처럼 정서와 감정에 주의를 기울이며 마음챙김의 관점에서 자신의 생각과 감정을 관찰하고 감정과 함께 일할 수 있음을 상기하자. 당신이 마음챙김을 계속 수련해 나간다면, 매우 어려운 상황에서도 깨어서 자신의 감정 경험에 대한 관점을 확장하고 그것을 요람에 품어 안을 수 있게 된다. 이런 전략은 '틀 다시 짜기(reframing)'라고 하는 것으로, 의문시되는 쟁점을 중심으로 종전보다 더 큰 틀이나 다른 틀을 구성해 보는 것을 의미한다. 틀 다시 짜기는 당신의 정서에 대해서뿐만 아니라 문제 자체나 정서와 문제 모두에 대해서 그렇게 할 수 있다.

문제를 기회나 도전으로 새롭게 보는 것도 틀 다시 짜기의 한 예다. 당신의 상처를 당신보다 더 심한 처지에 있는 사람이 겪고 있는 고통의 면에서 비교해 보는 일 또한 그러하다. 마음챙김 그 자체는 있는 그대로를 지각하려는 궁극적 틀이 된다. 나는 이를 '의식의 180도 전환'이라고 말하려 한다.* 알아차리며 마음을 열고 우리에게 선천적으로 부여되어 있는 지혜로운 공간에서 유래하는 직관으로 인해 모든 것이 다르게 보인다. 이런 개안(開眼)과 새로운

---

* *Coming to Our Senses*, 347-358 참조.

선택권은 당신의 관점을 제외하고는 모든 것이 이전과 하나도 달라지지 않더라도 일어날 수 있다.

크나 큰 정서적 소요와 혼란의 시기, 슬픔과 분노, 공포와 비탄의 시기, 상처받고 상실감을 느끼며 굴욕감과 패배감에 빠진 시기가 중요하다. 바로 이런 시기가 자기 존재의 핵심이 안정되고 흔들리지 않으며 이런 시기를 의연하게 지나갈 수 있으면 인간적으로 더욱 성숙해진다는 점을 절실하게 깨달아야 할 시기다. 이런 알아차림은 그런 격동의 순간에서 우리를 고요한 상태에 머물 수 있도록 도와준다. 자신의 정서적 통증이 펼쳐져 가는 과정을 수용과 개방성과 친절로 지켜보는 동시에 상황 자체에 대해 문제 중심으로 접근해 간다면, 우리는 세상에 효과적으로 대응하면서 동시에 순간순간의 정서적 통증을 직면하고 존중하며 그것이 전해 주는 메시지에서 배우는 양자 사이의 균형을 취할 수 있다. 이렇게 하는 것 자체가 어느 순간의 감정에 눈멀고 얼어붙는 것을 최소화 한다. 특히 타인과의 관계나 위협적이고 스트레스가 많은 상황에서 발생하는 우리의 생각과 감정에 대한 마음챙김은 한없이 깊은 정서적 통증의 한가운데서도 효과적으로 행동하도록 돕는 데 결정적인 역할을 한다. 그와 동시에 마음챙김은 가슴과 마음을 치유하는 씨앗을 뿌려 준다.

마음챙김 명상과 우울증

마음챙김의 씨앗은 여러 방법으로 뿌려지고 자라날 수 있다. 잘 알고 있듯이 개인에게 큰 고통을 안겨 주는 정서 조절장애 중 가장 흔한 것이 우울증이다. 우울증은 밤중에 찾아오는 검은 개로 비유되기도 한다. 블랙홀도 좋은 비유다. 우울증은 전 세계 공공 의료의 관심사이며, 특히 기계화가 많이 진행된 사회에서 더욱 만성적 불행감의 근원이 되고 있다. 지난 20년 사이에 MBSR 수련 방식을 기초로 한 명상수련을 통해 우울증 환자의 재발 방지를 목적으로 한 중요한 치료 프로그램이 개발되었다. 바로 현재 널리 쓰이고 있는 마음챙김에 기반을 둔 인지치료를 이야기하는 것이다.

마음챙김 인지치료(MBCT)는 우울증에 일차적 관심이 있는 세계적으로 저명한 인지치료사이자 감정 연구자인 토론토 대학교의 진델 시걸(Zindel Segal) 교수와 옥스퍼드 대학교의 마크 윌리엄스(Mark Williams), 케임브리지 대학교의 교수였던 존 티즈데일(John Teasdale)이 우울증 치료를 위해 개발한 프로그램이다. MBCT 개발 과정은 그들이 쓴 『마음챙김 명상에 기초한 인지치료—우울증 재발 방지를 위한 새로운 치료법(Mindfulness-Based Cognitive Therapy for Depression)』에 극적으로 잘 묘사되어 있다.[*] MBCT는 MBSR 프로그램과 같이 8주 동안 진행된다. 그러나 MBCT는 이전에 심

---

[*] Segal, ZV, Williams JMG and Teasdale, JD *Mindfulness-Based Cognitive Therapy for Depression*. 2nd ed. New York: Guilford; 2012.

각한 우울증을 겪었지만 현재는 인지치료나 항우울제 처방을 통해 우울증을 치료한 사람들을 대상으로 한다. 3번 이상의 우울 삽화를 겪었던 우울증 환자들의 재발 가능성은 거의 90%에 육박한다. 티즈데일, 시걸, 윌리엄스와 그들의 동료들이 2000년에 발표한 첫 무선화 처치 연구에 따르면, 3번 이상의 우울 삽화를 보인 환자 중 MBCT를 받은 사람들이 그렇지 않고 일반적인 치료를 받은 대조군에 비해 재발률이 절반가량이나 낮아졌다. 이는 주 우울증의 높은 유병률과 치료 후 매우 높은 재발률을 고려했을 때 놀랄 만한 발견이다.

마음챙김과 MBCT에 대한 인지치료계의 관심은 그들의 과학적인 연구 결과 덕분에 빠르게 확산되었다. 인지치료사들을 위주로 한 그들의 첫 번째 저서 이후에 좀 더 넓은 층의 독자를 대상으로 한 두 번째 책의 저술에는 나도 함께 참여하였다.* MBCT의 주된 접근 방법은 자신의 우울에 관한 이야기를 털어놓거나 자신이 느끼거나 생각하는 비합리적인 방식을 이렇게 저렇게 합리적으로 고치고 바꾸려고 하는 태도에서 자신의 생각을 단순히 알아차리고 보다 허용하고 수용하는 양식으로 바꾸는 것이다. 이는 우리가 명상수련을 통해 실험하고 경험하려는 존재의 영역과 상당 부분 일치한다.

우리가 반복해서 강조해 왔듯이 우리는 생각을 그 내용이나 정서에 관계없이 알아차림의 장에 나타난 그 무엇에 해당하는 것으

----

*Williams M, Teasdale J, Segal Z, Kabat-Zinn J. *The Mindful Way Through Depression: Freeing Yourself from Chronic Unhappiness.* New York: Guilford; 2007.

로만 바라본다. 이는 하늘에 구름이 오고 가는 것과 같다. 생각을 개인적으로 받아들이고 이를 사실이라고 간주하지 않는다. MBCT는 영국 보건성의 만성 우울증 재발 방지 치료 가이드라인에서 권장하는 치료법이다. 지금도 MBCT가 우울증의 재발 방지에 보이는 효과를 검증하려는 연구가 늘고 있다. 최근에는 MBCT가 치료에 저항을 보이는 우울증 환자들을 위한 치료법으로 성공적으로 사용되기도 하였다. 또 만성불안과 같은 다른 장애에 적용하기 위한 MBCT의 변형도 개발되고 있다.*

---

* Orsillo S, Roemer L. *The Mindful Way Through Anxiety: Break Free from Chronic Worry and Reclaim Your Life*. Berkeley: New Harbinger; 2011. Semple R, Lee J. *Mindfulness-Based Cognitive Therapy for Anxious Children: A Manual for Treating Childhood Anxiety*. Oakland: New Harbinger; 2011.

25

공포, 공황 및 불안과 함께하기

영화 〈스타팅 오버〉에는 브루트 레이놀즈(Brut Reynolds)가 한 대형 백화점 가구매장에서 불안발작으로 고통을 받고 있는 한 젊은 여인과 함께 겪는 재미있는 장면이 나온다. 그가 어쩔 줄 몰라 하며 그녀가 자신의 감정을 다스리게 돕고자 할 때, 그 광경을 이상한 눈초리로 바라보는 한 무리의 쇼핑객이 그들을 둘러싼다. 그가 "빨리, 빨리. 누구 발륨 가진 사람 없어요?"라고 외치는 순간 100개의 손이 미친 듯이 윗 주머니와 지갑 속으로 드나드는 장면이 펼쳐진다.

오늘날은 분명 불안의 시대다. 영화가 나온 지 30여 년 사이에 바뀐 것이 전혀 없다. 스트레스 완화 클리닉의 많은 사람은 삶의 엄청난 스트레스로 야기되고 그들의 건강 문제로 더욱 복잡해진 많은 불안 관련 문제를 보인다. 불안은 우리가 클리닉에서 만나게 되는 가장 흔한 마음 상태 중 하나다. 사정이 이러하니 어떻게 이완하고 어떻게 스트레스를 보다 잘 다룰 것인가를 배울 필요가 분명해진다.

자신에게 좀 더 정직해진다면, 우리가 공포의 대양 위에서 삶을 살아가고 있다는 사실을 받아들일 수밖에 없으리라. 때로는 우리 중 가장 강인한 사람에게조차도 공포의 감정이 스며든다. 죽음이나 누군가에게 버림받을 수 있다는 것에 관해, 아프거나 홀로 되거나 침범당하거나 고문받거나 추행당하거나 혹은 사랑하는 사람이 다치거나 살해되지나 않을까 하는 등의 공포가 밀려올 수 있다. 실패에 대한 공포와 성공에 대한 공포, 배신에 대한 공포, 지구촌의 운명에 대한 공포 등 우리 다수는 그와 같은 공포를 내부에 지니고 산다. 그것들은 언제나 존재하고 있지만 특정 상황에서 더욱 두드러진다.

다른 사람들에 비해 공포의 감정을 더 잘 다루는 사람도 있다. 흔히 우리는 공포가 드러날 때 그것을 무시하거나 은폐하여 공포에 대처하려 한다. 이런 방식의 대처는 다른 방식으로 손상이 오거나 바로 그 감정이 우세하게 드러날 때 그 감정에 압도당하거나 무력화됨으로써 혹은 신체 증상이나 우리가 보다 통제력을 가졌다고 느끼는 생활의 덜 위협적인 측면에 초점을 돌림으로써, 자신의 불안정감을 보상하는 공격성이나 수동성과 같은 습관적인 부적응 행동 패턴을 초래한다. 그리고 효과가 의심스러운 이런 방식으로도 대처할 능력이 없는 사람들도 많다. 그들은 가능하다면 자신의 불안을 거부하거나 무시하거나 취소하려 한다. 불안을 다루는 효과적 방법이 없다면 불안은 그들이 기능하는 능력에 중대한 악영향을 미친다. 물론 제19장에서 살펴보았듯이 불안은 많은 부적응적 대처 방식을 추구하도록 사람들을 내몰기도 한다.

마음챙김을 함양하는 것은 제20장에서 논의된 스트레스 대응의 경로를 통해 불안 반응을 줄이는 긍정적인 효과가 있다. 우리 병원의 정신의학과와 함께 진행한 연구 결과, 8주간의 MBSR 프로그램은 일반화된 불안장애나 공황장애로 진단을 받은 환자들의 불안과 우울 점수를 현격하게 낮춰 주는 것으로 드러났다. 그 효과는 이후 3년 뒤에 실시된 추적조사 시점까지 지속되는 것으로 나타났다.[*] 이 연구에 대해서는 추후에 다시 자세히 설명하겠다.

당신이 이미 상상하고 있듯이 만성불안에 마음챙기기를 적용하는 작업은 불안 그 자체가 우리의 비판단적 주의를 기울이는 대상이 될 수 있도록 허용하는 것을 포함한다. 통증을 관찰했듯이 우리는 자신에게 찾아오는 공포와 불안을 의도적으로 조용히 바라본다. 자신의 공포와 불안에 한걸음 더 가까이 다가가서 생각과 감정 혹은 신체 감각의 형태 등으로 드러나는 불안의 양상을 조용히 관찰하면 그들의 성질이 어떤가를 깨닫고 어떻게 적절하게 대응할 수 있는지를 보다 잘 알 수 있는 유리한 위치에 서게 된다. 그러면 불안이나 공포에 휩쓸리거나 압도당하거나 혹은 자기파괴적이거

* Kabat-Zinn J, Massion AO, Kristeller J, Peterson LG, et al. Effectiveness of a Meditation-Based Stress Reduction Program in the Treatment of Anxiety Disorders *Am J Psychiatry*. 1992;149:936-943.
Miller JJ, Fletcher K, Kabat-Zinn J. Three-Year Follow-Up and Clinical Implications of a Mindfulness Meditation-Based Stress Reduction Intervention in the Treatment of Anxiety Disorders *General Hospital Psychiatry* 1995;17:192-200.

나 자기억제적인 방식으로 보상하려 하지 않게 된다.

공포라는 말은 이 감정을 일으키는 특정한 무엇이 있음을 뜻한다. 우리는 누구나 위협적인 상황에서는 공포나 공황을 경험하기도 한다. 이것이 투쟁 혹은 도피 반응의 주요 특징이다. 예를 들면, 갑자기 숨을 쉴 수 없어지면 공포가 생겨난다. 만성 폐쇄성 폐 질환을 가진 사람은 이런 공포에 직면해야 하고 그런 상황이 유발하는 공황과 함께하며 사는 법을 배워야 한다. 공격의 대상이 된다거나 자신이 치명적인 질병에 걸렸음을 알게 되는 것 등은 공포를 유발하는 다른 사례에 해당한다.

그와 같은 상황에서 위협적인 생각이나 경험은 쉽게 절망과 완전한 통제력 상실감에서 유래하는 공황발작으로 발전한다. 그러나 위협 상황에 공황발작으로 반응하는 것은 매우 위험하고도 불행한 일이다. 왜냐하면 위트 있고 신속하며 분명하게 문제를 해결해야 하는 바로 그 시기에 자신을 무력하게 만들기 때문이다.

불안은 공포처럼 분명히 확인할 수 있는 임박한 원인이나 위협을 찾을 수는 없지만 모호한 위협을 느낄 때 발생한다. 불안은 거의 모든 것에 의해 일어날 수 있다. 불안은 불안정과 초조함이 일반화된 상태다. 때로는 전혀 그 까닭을 찾을 수 없는 듯 느껴지는 불안도 있다. 이때 영문도 모르는 채 불안감을 느낄 수 있다. 두통에 대해 논의한 제23장에서도 보았듯이 아침에 일어났을 때 산란하고 긴장되고 무서울 수 있다. 불안감에 휩싸이기 시작하면 불안의 강도는 지금 자신이 객관적으로 받고 있는 압력보다 훨씬 과도하게 상승한다. 당신은 불안의 근본적 원인을 지적하기 어려울 것이다. 위협을 받을 만한 무엇도 없는데 언제나 불안할 수도 있고,

언제나 긴장하고 이번에는 이것이 다음에는 또 다른 것이 염려나 재앙의 대상으로 등장할 수 있다. 이런 마음의 상태가 만성화되면 '일반화된 불안장애'라고 일컫는다. 증상으로는 신체의 떨림, 마음의 동요, 근육 긴장, 안녕감 없음, 쉬이 피로해짐, 숨 가쁨, 호흡 항진, 진땀, 침 마름, 현기증, 욕지기, 목에 무언가 걸린 듯한 느낌, 마음 볶임, 쉽게 놀람, 집중 곤란, 잠들기 어렵거나 자주 깨어남, 초조 등 이루 말할 수 없이 다양하다.

일반화된 불안에 더해서 강렬한 불안이나 공황발작으로 고통을 받을 수도 있다. 이 삽화는 어떤 분명한 이유도 없이 강렬한 공포와 불편감이 현저해지는 순간을 경험하는 것을 뜻한다. 공황발작을 경험하는 사람은 자신이 왜 그렇게 되었는지, 또 언제 그 일이 있을지에 대해 알지 못한다. 처음 공황발작을 경험할 때는 흔히 가슴의 통증, 현기증, 숨 가쁨, 심한 발한 등을 포함하는 신체 증상이 찾아오기 때문에 '심장발작이 오는구나.'라고 생각하게 된다. 비현실감을 느끼고 '이제 죽는구나.' '이제 내가 미쳐가는구나.' '자신에 대한 통제력을 잃는구나.'라는 생각을 하게 된다. 의사가 "당신이 미치거나 당신에게 지금 심장발작이 오는 건 아니다."라고 이야기해 주어도 무언가가 매우 잘못되어 있다고 느끼기 때문에 안심을 못한다. 당신의 증상을 공황발작이라고 알아차릴 수 있는 의사의 보호를 받는다면, 이제 올바른 도움과 증상을 통제할 수 있는 바른 길로 접어든 셈이다. 그러나 불행하게도 공황발작을 보이는 적지 않은 사람이 반복해서 병원 응급실을 찾고, "당신에게는 아무런 문제가 없어요."라는 말과 함께 신경안정제 처방이나 별다른 도움 없이 집으로 되돌려 보내진다.

공황발작이 무엇인지에 대해 알게 하는 일과 그 증상으로 당신이 미치거나 죽지 않는다는 점을 확신하게 하는 작업이 필요하다. 가장 중요한 원칙으로 자신의 마음속에서 일어나는 생각과 반응의 과정을 바라보고 주의를 기울이는 방법을 바꾸어 당신이 몸과 마음의 폭풍과 함께 일할 수 있음을 알게 되면 치료에 많은 도움이 된다. 이런 작업이 바로 의사나 심리학자들이 만성 공황발작 환자를 MBSR 수련을 위한 스트레스 완화 클리닉에 의뢰해 왔을 때 우리가 하는 일이다.

앞서 언급했다시피 1990년대 초부터 중반까지 우리는 같은 대학의 정신건강의학과와 협동하여 다양한 신체 문제를 진단하고 이차적으로 범불안장애나 공황장애를 보이는 22명의 환자를 대상으로 MBSR 수련 효과를 연구하였다. 이 연구는 명상수련을 통해 삶에서 높은 불안을 보이는 사람이 극적으로 개선되었기 때문에 이를 보다 체계적으로 살펴보기 위해서 설계된 것이다. 자신이 공포스러운 감정을 보다 잘 다스릴 수 있다고 느끼는 것 외에도, 불안과 공포 및 의학적 증상을 측정하는 척도 점수가 프로그램을 마친 후에 크게 감소했다. 우리는 심리 상태를 감찰하는 보다 정교한 수단을 사용해서 이 결과를 엄격하게 검증해 보기로 하였다. 연구자들은 불안과 공황발작으로 스트레스 완화 클리닉에 의뢰된 환자들이 정확하게 진단되었는지도 확인해 보고자 하였다. 연구는 불안이나 공황과 관련된 문제로 클리닉에 의뢰된 사람들을 연구에 초대하는 것으로 시작되었다. 연구에 참여하기를 동의하는 사람들 각자에게 정신과 의사나 임상심리학자가 정밀한 심리 진단을 위해 꽤 오랜 시간 면담을 하였다. 그들 22명에게 스트레스 완화 클리닉에서 훈련을 받고 있는 동안과 프로그램 수료 후 세 달 동안 매주 불안과 우울 및 공황의 수준을 평가하였다. 3년 뒤에 우리는 이들에 대한 추수 연구를 실시하였다.

우리는 이 연구에서 MBSR 수련에 참여한 거의 모든 개인에게서 불안과 우울 경험이 급격하게 줄어든 것을 발견하였다. 이런 양상은 공황발작의 빈도나 강도에서도 마찬가지였다. 3개월의 추수연구에서는 프로그램이 끝난 뒤에도 그 효과가 지속되고 있음을 보여 주었다. 대다수의 사람이 추수연구 기간이 끝날 무렵에는 공황발작에서 실제로 자유로워져 있었다.

이 연구는 연구 참여자의 수가 적고 공정한 비교를 위한 무선배당 통제집단도 없다는 제한점이 있다. 그럼에도 불안과 공황발작을 가진 사람이 마음챙김 명상수련을 이용해서 불안과 공황을 조절할 수 있음을 분명하게 보여 주었다. 아울러 그들이 이 8주 프로그램에서 배운 것이 지속적으로 긍정적 효과를 보인다는 점도 보여 주었다. 이런 장기적인 효과는 제22장에서 살펴본 만성통증 환자에게서도 얻은 바 있다.

이 연구를 진행하는 동안 스트레스 완화 클리닉의 강사들은 이 환자들에게 다른 특별한 조치를 하지 않았다. 좋은 결과를 얻기 위해 평소 진행해 오던 프로그램을 어떤 방식으로든 바꾸지도 않았다. 참가자는 만성통증이나 심장질환 혹은 그 밖의 문제를 가진 사람들로 모두 섞여 있었다. 연구 결과, 클리닉의 방식을 따랐던 22명 모두가 우리가 측정한 여러 증상에서 개선의 효과를 보였지만 22명 한 명 한 명은 모두 각기 다른 개인의 특유한 경험과 함께 드러내는 이야기가 서로 달랐다. 연구 결과는 MBSR 프로그램 수련이 불안과 공황발작의 빈도와 강도를 급격하게 줄일 수 있음을 알려 주는 것이지만, 명상수련이 불안으로 고통받는 한 개인을 어떻게 돕는지 생생하게 알려 주는 데는 개인의 사례에 관한 이야기가 더 생생하다. 다음 이야기는 11년 동안 만성불안과 공황으로 고생했던 사람이 자신의 문제를 마음챙김 명상수련을 통해 어떻게 극복해 가는지를 보여 준다.

클레어 이야기

클레어는 일곱 살이 된 아들이 하나 있는, 행복하게 결혼한 33세의 여성이다. 클레어가 둘째를 임신한 지 6개월이 되었을 때 그녀는 스트레스 완화 클리닉을 찾아왔다. 그녀는 아버지가 돌아가시고 난 뒤로 지난 11년 동안 공황의 느낌을 받아 왔고 실제 공황발작도 몇 차례 경험했다. 지난 4년 동안 발작은 점점 더 심해져서 일상생활을 방해할 정도가 되었다. 클레어는 자신이 과보호적인 가정에서 자랐다고 이야기했다. 아버지가 돌아가셨을 때 그녀는 22세로 약혼한 상태였다. 클레어는 아버지에게 즉시 결혼하겠으며 아버지가 결혼 전에 돌아가시더라도 그렇게 하겠다고 선언했다. 실제로 그런 일이 일어났다. 그녀의 아버지는 목요일에 돌아가셔서 토요일에 장례를 치렀고, 그녀는 일요일에 결혼했다. 그녀는 자신은 그 당시 세상에 대해 아무것도 몰랐으며, 집에서만 살아서 늘 문제로부터 보호를 받아 왔다고 말했다.

그때까지 클레어는 자신이 행복하고 잘 적응하고 있다고 생각했었다. 불안과 관련된 문제는 아버지의 죽음과 그녀의 결혼 후 곧바로 찾아왔다. 그녀는 자신이 신경이 날카롭고, 중요하지 않거나 심지어 사실이 아닌 사소한 일조차 지나치게 걱정한다는 것을 발견했다. 그리고 그 감정을 다른 사람에게 잘 설명할 수도 없고 통제할 수도 없다고 느꼈다. 그녀는 자신이 '미쳐가고 있다'고 생각했다. 해가 갈수록 불안한 생각과 감정의 양상은 더욱 악화되었다. 그녀는 자신이 점점 더 통제력을 잃어가고 있다고 느꼈다. 그녀는 스트레스 완화 클리닉에 찾아오기 전 4년 동안 현실감을 잃는 발작을 경험했다. 그 시점에 그녀는 신경과 의사를 찾아갔는데, 의사는 그녀에게 신경안정제를 주고 문제가 불안 때문에 생긴 거라고 말해 주었다.

그때 이후로 그녀의 가장 큰 공포는 여러 사람 앞에서 정신을 놓고 다른 사람의 놀림거리가 되지나 않을까 하는 것이었다. 그녀는 운전을 하거나 어디에 혼자 가는 것이 두려웠다. 그녀는 정신과 의사를 찾기 시작했는데, 신경안정제만 계속 처방받았다. 의사가 항우울제도 함께 먹도록 강하게 권했으나 그녀는 거절했다.

얼마간 치료를 받고 난 뒤 그녀와 그녀의 남편은 지금까지 받아온 치료가 약을 먹여 그녀를 '세뇌' 시키려는 것이지 그녀를 한 인간으로 심각하게 생각하고 있지 않다고 느끼게 되었다. 정신과 의사는 먹는 약을 바꿀 때만 그녀를 만나 주었으며, 규칙적으로 클레어를 만나는 사람은 의사들과 합동으로 진료를 하는 상담가였다. 그녀는 의사나 상담가 모두 그녀에게 투약이 문제를 해결하는 길이라고 거듭 이야기했으며, 그래서 자신을 하루하루를 보내기 위해서는 매일 아침 안정제를 먹어야 하는 '바로 그런 인간'으로 느끼게 되었다고 회상했다. 의사와 상담가는 그녀의 상황이 고혈압이나 갑상선 문제를 가진 사람들의 그것과 별다를 게 없다고 주장하곤 했다. 그런 사람들은 자신의 조건을 조절하기 위해 매일 약을 먹어야 하고, 그녀 또한 마찬가지라고 했다. 그 이야기가 담고 있는 메시지는 클레어가 자신을 도우려 하는 의료진의 노력에 저항하지 말고 협력해야 한다는 것이었다. 그들은 계속해서 약을 먹어야만 공황발작이 통제된다고 주장했다.

그러나 의사와 상담가의 투약에 대한 입장을 보면서 클레어는 그들의 권고를 받아들이고 잘 따르지 않는 한 그녀에게 별 관심이 없다고 가슴속으로 느꼈다. 그녀가 그들에게 가서 투약이 별 효과가 없으며 여전히 불안발작을 경험한다고 말했을 때, 정신과 의사는 단지 약의 복용량을 늘리기만 했다. 그녀는 한 인간으로서 자신의 이야기가 받아들여지지 않는다고 느꼈다.

그녀는 또한 자신이 비난받는다고 느꼈다. 그녀가 항우울제를 거부하고 영구적으로 신경안정제가 필요하다는 데 대해 의문을 제기하자, 의료진은 그녀를 완고하고 불합리한 사람으로 보는 듯했다. 그녀는 그들이 자신에게 얼마나 오랫동안 계속 약을 먹어야 하는지를 말해 주지 않아서 더욱 괴로웠다. 그녀는 그들이 10년은 약을 먹어야 하며 영원히 상담을 받아야만 한다고 말하는 것처럼 느꼈다. 그녀가 스트레스 완화나 요가, 이완, 바이오피드백과 같은 약을 대치할 수 있는 대안적 방법을 요청했을 때, "당신이 원한다면 그렇게 할 수는 있겠죠. 그렇지만 그렇게 하는 것이 당신을 해치지는 않아도 문제해결에 도움은 되지 못할 겁니다."라는 말을 들었다.

자신이 임신했다는 사실을 알게 됐을 때 결단의 마지막 기회가 찾아왔다. 지나온 인생길을 되돌아보며 그녀는 임신이 의료계와의 관계를 극적으로 바꿀 수 있는 결과를 가져올 가능성이 있어 보였기 때문에 자신에게 축복이 될 수도 있다고 생각했다. 그녀는 임신한 것을 알자마자 모든 투약을 중단하겠다고 선언했다. 이는 의사와 상담가의 충고에 반하는 것이었다. 클레어는 약을 먹지 않으려는 자신의 입장을 지지해 주는 다른 상담가를 얼마 동안 만났다. 그러나 결국 언제나 투약에 관한 견해차의 전투에 끼어들 수밖에 없다고 생각되어서 정신과 의사와 함께 상담가를 만나는 일도 그만두었다. 그래서 그녀는 다른 대안을 찾기 시작했다. 클레어는 불안을 통제하기 위해 최면을 사용하는 사람을 찾았고, 다소간의 도움도 받았다. 적어도 그녀는 그 치료를 통해 자신이 지지받는다고 느꼈다. 그러나 여전히 그녀는 매우 예민해 있었고 전전긍긍했다. 마침내 신경과 의사는 그녀에게 스트레스 완화 클리닉에 가 보라고 제안했다.

그 당시에 그녀는 불안 때문에 차를 타고 이동하는 것조차 어려운 지경이었다. 그녀는 군중 앞에 설 수 없었다. 심장은 언제나 심하게 요동치고 있었고, 어떤 스트레스에도 제대로 대응하는 방법을 몰랐다. 그래서 임신 6개월이 되었을 때 그녀는 스트레스 완화 클리닉에 등록했다.

첫 시간에 그녀는 바디 스캔을 통해 신체를 이완시킬 수 있음을 발견했다. 스펀지 매트 위에 30여 명이나 되는 낯선 사람들과 한 무리를 이루어 바닥에 함께 누웠는데도 바디 스캔을 하는 동안 전혀 불안하지 않았다. 그녀의 일상이던 불안한 생각과 감정은 어쩐

일인지 첫 수업을 진행하는 두 시간 동안 사라져 버렸다.

클레어는 그런 경험에 전율했다. 그것은 만성 신경과민에서 해방되기 위해 '스스로 할 수 있는 무엇인가가 분명히 있을 것'이라는 자신의 신념을 확증시켜 주는 경험이었다. 그녀는 바디 스캔을 매일 수련했으며 매주 큰 진전이 있었다. 그녀는 수업 시간에 발표할 때면 매우 확신에 차 있었으며 원기가 넘치고 열정이 있었다. 어느 날 그녀는 차 안에서 라디오를 끄고 대신 호흡 훈련을 따라 했는데 그렇게 운전해 온 길이 평소보다 훨씬 평온했다고 말했다.

어느 누구도 그녀에게 그렇게 하라고 말하지 않았다. 그녀 스스로가 명상수련을 자신의 일상생활 속으로 통합시켜 보려는 실험을 해 본 것이다. 이제 그녀는 긴장하고 있다고 느낄 때면 그 긴장을 느끼게 허용하고 그것을 지켜본다. 8주 프로그램에 참여하는 동안 그녀는 단지 한 차례의 가벼운 공황발작을 경험했을 뿐인데, 이는 신경안정제를 먹고 있을 때 며칠에 한 번씩 경험했던 발작에 비하면 극적인 변화다.

그녀는 현재 매우 좋다고 말했다. 더욱 확신에 차 있었고 더 이상 공공장소에서 통제력을 잃을지도 모른다는 공포로 걱정하지 않는다. 더 이상 주차할 때나 사람들로 붐비는 거리를 걸어가는 것을 무서워하지 않는다. 이제 그녀는 찾아가려는 목표 지점에서 일부러 몇 블록 떨어진 곳에 차를 주차하고는 마음챙김을 하며 천천히 걸어가곤 한다. 그녀는 이제 깊이 잠들 수 있다. 그리고 이는 전에는 상상할 수조차 없는 일이다.

요약하면, 클레어는 비록 자신의 문제 그 자체는 전혀 변하지 않았다고 지적하고 있지만, 그녀 일생의 어느 때보다도 자신이 만족스러웠다. 임신 초기 몇 주 동안 먹었던 약 때문에 태어날 뱃속의 아기에 대한 걱정이 들었지만 그녀의 공포스런 생각이 신경 과민이나 공황으로 진행되지는 않았다. 일이 이제 더 이상 압도적으로 보이지 않았다. 그녀는 '시간이 다가왔을 때' 그녀가 해야만 한다면 일을 수습할 수 있는 자신의 능력에 대해 확신하고 있었다. 자신에 대한 이러한 믿음은 전에는 결코 느껴 보지 못했던 것이었다. 예전에는 아주 가벼운 부정적인 생각도 그녀를 초조와 공황으로 곧바로 몰고 가곤 했다.

그녀는 현재 임신 9개월의 몸이지만 매일 명상수련을 하며, 명상수련을 위해 평소보다 한 시간 일찍 일어난다. 알람시계를 오전 5시 30분에 맞추고, 깨어서 15분 동안 침대에 누워 있다가 다른 방으로 가서 테이프를 따라한다. 그녀는 바디 스캔보다 정좌명상을 좋아하고 그것을 많이 수련한다.

나는 클레어와 1년 뒤에 다시 만나 그녀의 생활에 대한 최근 정보를 들었다. 그때 그녀는 1년 동안 모든 명상을 중단하고 있었으나 공황발작은 경험하지 않았다고 했다. 그녀는 여섯 번의 작은 불안 일화를 겪었는데, 그 모두를 스스로 통제할 수 있었다. 그녀의 아기는 태어난 지 18일 만에 유문협착(위와 장 사이의 판이 좁아져서 아이가 먹은 것을 토하고 적절한 영양 공급과 체중 증가가 방해받는 상태)으로 수술을 받아야 했다. 수술 때문에 아이가 병원에 머무는 동안 클레어는 아기와 함께 병원에서 살면서 평온과 총기를 유지하기 위해 끊임없이 호흡에 주의를 집중했다. 마음이 '만약 무슨 일이 생긴다면' 이라는 걱정 사이에서 방황하지 않도록 자신을 조절해

나갔다. 그녀의 아기는 이제 건강이 좋아져서 잘 자라고 있다. 클레어는 그녀가 MBSR 프로그램에서 행했던 것을 배우지 못했더라면 결코 상황을 이렇게 효과적으로 다룰 수는 없었을 거라고 했다.

클레어의 이야기는 동기가 높은 사람이라면 만성불안과 공황이 명상수련을 통해서 충분히 조절될 수 있음을 보여 준다. 그녀의 경험과 스트레스 완화 클리닉의 많은 다른 사람의 경험에 비추어 보면, 문제가 생기는 즉시 약물치료를 위해 달려가기보다는 명상을 먼저 시도해 보는 것이 의미가 있음을 시사한다. 특히 약을 원치 않는 사람이라면 더욱 그러하다.

이는 불안과 공황의 치료에 약물 사용이 적당하지 않다는 의미가 아니다. 어떤 신경안정제와 항불안제는 급성 불안장애나 공황발작을 관리하고 알로스타시스적인 자기조절이 가능하게 돌아오도록 돕는 데 매우 유용하다고 입증되었다. 투약은 또한 심리치료나 행동적 상담 방법과 결합해서 효과적으로 사용되곤 한다. 인지치료, 최면, 스트레스 완화법 등과 같은 다양한 기법과 투약을 조합할 수 있다. 그러나 불행하게도 클레어의 경험은 전형에서 크게 벗어난 것이 아니다. 불안장애를 가진 많은 환자는 그들이 의지하고 있는 약이 그렇게 큰 도움이 되지 못한다고 느낀다. 아울러 환자들은 투약이 자신의 이야기를 귀담아 들어주고 자기조절과 내적 균형의 영역을 찾아갈 수 있게 도와주는 방법의 손쉬운 대체물로 쓰인다고 느끼기도 한다. 클레어는 불안에 직면해서 확고한 태도를 취했으며, 불안을 스스로 조절해 보려고 노력했다. 불안이 어떻게 인생을 파멸로 몰고 가는지를 분명하게 보았기 때문이다. 그녀는 안정제에 의존하게 되면 스스로를 '신경쇠약'이라는 고정된 틀에 넣어 버리는 고정관념을 더욱 강화하는 꼴이 된다고 생각했다. 그녀는 자신의 본능적인 판단이 옳았음을 입증해 보였다. 자신이 갑상선 호르몬이 부족한 것처럼 자신의 마음 상태를 관리하기 위해 영원히 약을 먹어야 하고, 전 생애를 무력하게 살아서는 안 되겠다는 결심을 이루어 냈다.

이제 공황과 불안이 더 이상 당신의 인생을 통제하지 못하게 하고 그런 감정과 함께 일하는 데 명상수련이 어떻게 사용되는지 알아보자. 이 제안은 정서적 통증을 다루는 앞 장들의 접근법과 보조를 맞춘다.

마음챙김 수련으로 불안 및 공황과 함께 일하기

명상수련은 불안 및 공황과 함께 일하기 위한 완벽한 실험실 역할을 할 수 있다. 바디 스캔과 정좌명상 및 마음챙김 요가에서 우리는 존재의 영역에 머물면서 우리 몸에서 발견하는 긴장의 느낌과 계속해서 생겨나는 산란한 생각이나 감정도 알아차리고 받아들이는 연습을 한다. 명상수련에서는 신체의 감각이나 불안한 감정을 판단하는 것을 멈추고 수용하며 자신을 비난하지 않는다는 것을 제외하고는 어떤 것도 할 필요가 없음을 강조한다.

이런 방식으로 순간순간의 알아차림을 수련해서 몸과 마음이 불안한 감정에서 이를 넘어서는 고요함을 개발하도록 체계적으로 접근한다. 이것이 클레어가 수련에서 했던 바로 그것이다. 수련을 더해 갈수록 당신은 당신의 피부 안에서 더욱 평안해질 것이다. 더 평안하게 느낄수록 공포와 불안이 당신의 전체 존재가 아니며 그것들이 당신의 생활을 필연적으로 지배할 이유가 없음을 깨달을 것이다.

당신은 비록 짧은 순간의 평온과 이완감일지라도, 명상에서나 다른 시간을 통해서 자신이 언제나 불안하지는 않다는 점을 알아차리게 될 것이다. 이를 지켜보면서 불안도 다른 모든 것처럼 사라지고, 그리고 다가오며 강도가 끊임없이 변해 간다는 것을 관찰하게 될 것이다. 불안감이나 무료함, 행복함 같이 일시적인 정신 상태임을 깨달을 것이다. 이로 인해 당신은 훨씬 더 넓은 시야를 견지할 수 있게 되며 압박받던 정신 상태에서 자유로워질 수 있을 것이다. 그리고 전체로서의 자신과 보다 넓은 관점에서 관계를 맺게 될 것이다.

제3장에서 소개한 방독면을 쓰려 하면 숨을 쉴 수 없고 불안 때문에 무력해지곤 했던 소방수 그레그의 이야기를 기억해 보라. 그가 처음 수련을 시작했을 때 바디 스캔을 하는 동안 자신의 호흡을 관찰하는 것만으로도 초조와 공황이 일어났다. 그러나 얼마간 자신의 호흡에 대한 혐오적 반응과 함께 존재하고 있어 봄으로써 이완할 수 있었고, 이완하는 방법을 통해 초조함을 보다 깊은 평온

의 상태로 가라앉게 하는 것을 배웠다.

당신은 규칙적인 수련을 통해 신체적 이완과 평온을 위해 내면 깊은 곳에 있는 능력과 접촉하고 그것을 끌어낼 수 있는 방법을 배운다. 이는 지금 당장 직면하고 해결해야 할 중대한 문제가 산적해 있는 상황에서조차도 그렇다. 수련 과정에서 믿을 수 있고, 의지할 수 있으며 흔들리지 않는 자신 내면에 있는 안정된 '내부 핵'을 신뢰하는 것도 배우게 된다. 점차 당신 몸의 긴장과 마음속의 근심과 불안이 덜 침입하게 되고 그 세력을 잃게 된다. 당신 마음의 표면은 대양의 표면에서 파도가 이는 것처럼 때때로 안달한다. 그러나 마음이 그런 식으로 존재하는 방식을 수용하면, 바다 표면의 파도가 기껏해야 부드러운 흔들림 정도를 가져오는 바로 그 마음의 바다 중심에 항존하는 깊은 심해의 내적 평화를 경험할 수 있다.

여러 번 강조했듯이 이런 배움의 과정에서 중요한 부분은, 당신이 당신의 생각이나 감정이 아니며, 그들을 그대로 믿어야만 하거나 반응해야만 하거나 그들에 의해 내둘리거나 지배받을 필요가 없다는 점을 깨닫는 것이다. 수련을 하면서 마음챙김 명상수련에서 가장 먼저 주의를 기울이는 대상이 무엇이건 그것에 초점을 맞추면, 자신의 생각과 감정을 대양 위의 파도와 같이 구분되고 짧은 순간 명멸해 가는 하나의 사건으로 바라볼 수 있게 된다. 알아차림이라는 대양에서 발생하는 이런 파도는 순간 일어났다가 그다음 순간에 스러져 간다. 당신은 그 파도를 지켜보고 그들을 '당신 의식의 한 부분에서 한때 일어난 사건들'로 지각할 수 있게 될 것이다.

당신의 생각이 순간순간 펼쳐져 나가는 것을 지켜볼 때, 그 생각이 갖는 정서적 부하가 다름을 알아차리게 될 것이다. 일부는 매우 부정적이고 염세적이며, 불안 · 불안정 · 공포 · 음울 · 파멸감 · 비난 등으로 채색되어 있다. 일부는 긍정적이고 낙관적이며, 기쁨과 개방, 수용과 보호 등으로 채색되어 있다. 또 다른 생각은 정서적 내용이 긍정적이지도 부정적이지도 않거나 객관적 사실에 관한 중립적인 것이다. 우리의 생각은 반응과 연상, 내용 정교화, 상상의 세계 구축하기와 침묵을 바쁨으로 채우기 등등 어느 정도는 혼돈스런 양상으로 진행된다. 정서로 짙게 채색된 생각은 반복적으로 찾아오는 경향이 있다. 그들이 의식에 등장하면 강력한 자석이 끌어당기듯 당신의 주의를 끌고 가서 호흡이나 몸에 대한 알아차림을 빼앗아 간다.

자신의 생각을 단지 하나의 생각으로만 보고 내용이나 정서적 채색에 의도적으로 반응하지 않게 될 때, 비로소 그것들의 끌어당김과 밀어냄에서 어느 정도 자유로울 수 있다. 그럴수록 당신은 그 생각에만 처박혀 버릴 가능성이 줄어든다. 감정적 채색이나 부하가 크면 클수록 그 생각의 내용이 주의를 사로잡고 당신을 그 순간에 존재하는 것에서 끌어내릴 가능성이 높아진다. 이때 당신이 할 일은 단지 그 생각을 조용히 바라보고 내려놓고, 다시 보고 내려놓는 것이다. 때로는 필요하다면 냉혹하고 무자비하게 그리고 언제나 의도적으로, 용기를 갖고 단지 바라만 보고 내려놓아라.

그 생각의 내용이 '좋든' '나쁘든' '중립적이든' 간에, 정서적으로 짙게 혹은 엷게 채색이 되었거나 간에, 명상 중에 찾아드는 모든 생각을 보고 내려놓는 방식으로 수련해 가면 불안과 공포로 채색된 생각은 점차 덜 강력하고 덜 위협적이 된다. 이제 그것들을 '실제'나 '진실'이 아니라 단지 '생각'이라고 바라볼 수 있기 때문에 당신의 주의를 끌어가는 힘이 줄어든다. 생각의 내용에 사로잡힐 필요가 없다는 점을 자신에게 상기시키는 것은 큰 도움이 될 것이다. 아이러니하게도 어떤 생각을 두려워하고 붙잡고 있음으로써 그 생각이 계속 힘을 발휘하도록 만드는 데 기여함을 알아차려야 한다.

생각이 진행되어 가는 전 양상을 찬찬히 살펴볼 수 있게 되면, 하나의 불안한 생각이 다른 불안한 생각을 유도하고 그것이 다시 또 다른 불안한 생각을 유도해서 자신이 만들어 낸 공포와 불안정의 세계에서 완전히 길을 잃을 때까지 계속되어 가는 악순환을 이룬다는 것을 관찰할 수 있게 된다. 그렇게 하는 대신, 그것은 단지 불안한 내용을 가진 하나의 생각이며 그것을 바라보고 떠나가게 내려놓고 평온으로 다시 돌아오게 해 보라. 불안한 내용을 지닌 또 다른 생각이 의식에 다시 찾아오면 그것을 바라보고, 가게 내려놓고, 평온하게 머물며 또다시 생각을 호흡과 함께 붙잡아 놓고 '바라보고' '스쳐 가게 내려놓고' 그리고 '다시 평온으로 돌아오라.'

강렬한 생각과 감정에 대해 마음챙김한다는 것이 강렬한 감정의 표현을 가치 있게 보지 않는다거나 강렬한 감정이 나쁘다거나 문제라거나 위험해서 그것을 억압하거나 제거하는 데 힘든 노력을 기울여야 한다는 뜻이 아니다. 즉, 감정을 마음챙겨서 관찰하

고 받아들이며 내려놓는다는 것이 그것을 제거하거나 무력화시킨
다는 의미는 아니다. 당신의 감정이 어떤지 확실히 아는 것이다.
예를 들어, '분노는 이런 느낌이고 슬픔은 이런 느낌이구나!' 하고
알아 가는 것이다. 분노를 알아차려도 화를 내지 않는 것이다. 그
것은 또한 당신의 생각이나 감정에 온힘을 다해 반응하거나 표현
한다는 의미는 더욱 아니다. 그것은 단지 행위를 할 때 자신의 경
험에 대해 어떤 관점을 가지고, 자각 없는 행동에 쫓긴 것이 아닌
자신의 경험을 바탕으로 한 전망을 지니고 있기 때문에, 명료함과
내적 균형감을 지니고 행위함을 의미한다. 그러면 감정의 힘은 문
제를 더욱 얽히게 만들거나 자신이나 타인을 해롭게 하는 방식으
로 작용하기보다 문제를 해결하고 없애는 창의적 방향으로 사용
할 수 있다. 이는 마음챙김 명상에서 정서에 초점을 둔 관점과 문
제에 초점을 둔 관점이 서로를 보완해 줄 수 있는 또 하나의 방식
이다.

 생각의 과정에 초점을 맞추면 나와 생각에 대한 관계가 변화한
다. 그래서 생각하거나 생각과 감정에 대해 말하는 방식을 변화시
켜야 한다. 당신을 공포나 불안으로 몰고 가는 "나는 두렵다." 또
는 "나는 불안하다."라고 말하기보다는 "나는 공포로 채색된 생각
을 하고 있다."라는 표현이 보다 정확하다. 이런 방식은 '당신 생
각의 내용이 바로 당신이 아니라는 점과 자신을 생각의 내용과 동
일시할 필요가 없다.'는 점을 강조하고 당신은 생각과 감정을 넘

어서는 보다 큰 존재라는 것을 알게 해 준다.

당신은 생각의 내용이라기보다는 오히려 알아차림 자체에 더 가깝다. 알아차림은 우리 존재의 기본 모드이자 바탕이다. 더 나아가 스스로에게 '밖에 비가 내린다.'고 말하는 것과 똑같이 '매우 두려운 순간이다.'고 말할 수 있다. 이런 방식은 감정과 생각이 가지고 있는 본성이 개인적인 것이 아님을 일깨워 줄 것이다. 이로써 당신은 생각과 감정의 내용이 나 자신이 아님을 강조한다. 스스로를 생각의 내용이나 정서적 감동과 동일시할 필요가 없다는 것이다. 대신에 단지 그 생각을 자각하고 수용하며 애정을 가지고 경청하라. 그러면 생각이 당신을 더 큰 공포와 공황 및 불안으로 몰고 가는 대신, 당신의 마음에 실제로 무엇이 있는가를 보다 분명하게 볼 수 있을 것이다. 당신은 이를 마음과 친구가 되는 기초 자세로 부를 수 있다. 이런 자세는 마음에서 오가는 의식의 내용에 사로잡히지 않고 그것들과 친해지는 방법이다. 앞에서도 말했지만, 친밀함이 이상이다. 마음챙김의 기초 자세를 제대로 잡기 위해서는 연습 또 연습이 최고다.

평온과 마음챙김의 관점에서 자신의 사고 과정을 깊이 관찰해 가다 보면 제15장과 제24장에서 보았듯이 생각과 감정의 많은 부분이 이런저런 불쾌감에 의해 유도되는 양상을 알아차리게 된다. 현재에 만족하지 못해 생기는 불만이 있는 반면, 무언가 좀 더 나은 일이 일어나기를 바라거나 좀 더 많은 것을 소유하거나 보다 기분 좋고 완전하기를 바라는 데서 생겨나는 불만도 있다. 이런 것들은 당신이 원하는 것을 가지고자 하는 충동과 유지하고 싶어 하는 충동으로 이야기할 수 있다. 이는 제2장에서 살펴본 바나나에 대한 탐욕으로 덫에 걸리는 원숭이처럼 간절히 소유하고 싶은 것을 욕망의 손에서 내려놓지 못해 생긴다.

이를 좀 더 깊이 들여다보면, 행복해지기 위해 '나에게 더 많이'를 갈망하는 탐욕에 이끌려 문제를 일으킨다는 것을 알 수 있다. 당신이 원하는 것은 돈, 통제력(권력), 인정, 사랑 또는 이들의 조합일 수 있다. 그 순간에 원하는 것이 무엇이든 그런 충동에 이끌려 다닌다는 것은 깊은 수준에서 보면 전체로서의 자신을 믿지 못함을 뜻한다. 당신은 쉽사리 탐욕의 노예가 되고 우리 모두는 이런 위험성을 안고 산다.

반대의 양상도 나타난다. 기분이 좋고 행복해지고 보다 만족하기 위해서 생활에서 사라졌으면 하고 바라는 열망과 어떤 일이 일어나지 않기를 바라는 생각과 감정의 지배받을 수도 있다. 실제 행동에 대해 마음챙김 명상을 해 가면 우리가 좋아하고/바라는(탐욕) 것과 싫어하고/원하지 않는(혐오) 두 종류의 동기에 생각과 행위가 사로잡혀 있음을 깨닫게 된다. 미묘하고 무의식적이어서 알아차리기 쉽지 않지만, 우리 인생은 우리가 좋아하는 것을 쫓아다니고 싫어하는 것으로부터 도망 다니는 끊임없는 동요로 볼 수 있다.* 그

---

* 이런 구분은 살아 있는 유기체의 특징인 행동 '접근'과 '회피' 체계에 반영된다. 뇌 구조도 양 반구의 기능적 비대칭성으로 이런 이분법을 반영하고 있다. 접근행동은 좌측 전전두피질의 특정 영역 활성화와 관련되는 반면, 회피행동은 우측 전전두피질의 유사 영역의 활성화와 관련된다. 좌측과 우측 전전두엽 활성화의 비대칭성은 MBSR 훈련으로 변화될 수

런 길에서 몇 순간이나 평화와 행복을 맛보겠는가? 어떻게 그게 가능하겠는가? 거기에는 항상 불안의 원인이 존재한다. 그 어느 순간에도 당신은 이미 가진 것을 잃을 수 있다. 마찬가지로 어느 순간에도 당신이 원하는 것을 결코 얻지 못할 수 있다. 아니면 그 것을 막상 얻고 보니 그게 진정으로 바라던 것이 아님을 알게 될 수도 있다. 이 모든 경우 당신은 여전히 완전함을 느끼지 못한다.

자신의 마음 활동에 마음챙기기를 할 수 없는 한 당신은 이런 사태가 계속 이어지고 있다는 것을 깨닫지 못한다. 깨닫지 못함의 멍에인 오랜 자동조종 방식이 당신을 계속해서 이리저리로 내몰고, 대부분의 시간에 대해 자신은 통제력이 없다고 느끼게 만든다. 이는 근본적으로 행복이란 자신이 원하는 것을 손에 넣을 수 있느냐 없느냐에 달려 있다고 생각하기 때문이다.

이 과정은 매우 많은 에너지를 소모하게 만든다. 그것은 우리 인생의 너무 많은 부분을 자각하지 못하고, 우리가 지금 당장 근본적으로 '오케이'일 수 있다는 것을 자각하기 어렵게 만든다. 바로 그것이 우리가 공포와 불안의 재난 가운데서 우리 내부에 있는 조화의 핵을 찾을 수 있게 만들어 주는 기본이다. 실제로 곰곰이 생각해 보면, 어디에서 만족과 평온을 찾을 수 있겠는가?

있음을 보여 주는 우리의 연구 결과와 관련된다. MBSR 수련은 휴식기 좌측 전전두엽의 활성 수준이 높아지는 방식으로 정서적 결정점(emotional setpoint)을 바꾸어 회피/혐오 모드에서 접근/허용/수용 모드로 변화시켰다. 이는 높은 정서지능과 일맥상통한다. 이런 결과가 접근행동이 늘 건강하고 회피행동은 건강하지 않다는 의미는 아니다. 탐욕과 증오로 얼룩진다면 어느 경우도 건강하지 못하다. 지혜, 다른 말로 현명한 알아차림은 온전한 것과 그렇지 못한 것을 구분할 수 있다.

지나친 불안으로 고통을 받고 있건 아니건 간에 자신의 사고 과정에 의해 학대받는 일생을 자유롭게 할 수 있는 유일한 길은 당신의 생각이 어떤 것인지 그리고 그 생각 내부에 미묘하지만 갈망의 씨앗과 일에 대한 혐오가 들어 있지는 않은지를 가리는 것이다. 당신은 자신의 생각과 감정 자체가 아니며 그것들을 믿어야만 할 이유가 없고, 그것들에 대응해서 반응해야 할 이유는 더욱 없으며, 그것 중 상당 부분이 부정확하고 판단적이며 근본적으로 탐욕적임을 한걸음 떨어져서 생생하게 바라볼 수 있다면, 자신이 왜 그렇게 무서워하고 불안해했는지를 이해할 수 있는 열쇠를 얻을 수 있다. 그와 동시에 균형을 유지하기 위한 열쇠도 한꺼번에 손에 넣은 셈이다.

공포, 공황, 불안은 더 이상 통제할 수 없는 마귀가 아니다. 대신 당신은 함께 일할 수 있고 수용할 수 있는 자연스런 마음의 상태에서 그 감정을 바라볼 수 있게 된다. 자, 보라! 그 마귀는 더 이상 당신 주위를 배회하지 않으며, 당신을 심하게 괴롭히지 않으리라. 당신은 그들을 오랫동안 보지 못할 것이다. 당신은 그 마귀들이 어디로 갔는지 그들이 존재하기는 했었는지조차 궁금해하리라. 가끔 아련히 피어오르는 연기를 보고 용의 굴에 아직도 주인이 있음을 떠올리듯이 공포는 삶의 자연스런 한 부분이고, 그래서 당신이 무서워해야 할 대상이 아님을 알게 되리라.

다가오는 것은 무엇이든 처리할 수 있다는 자신의 능력을 믿는 것은 당신이 키우고자 하는 치유력의 근본이 된다. 최근 스트레스 완화 클리닉에 찾아온 베벌리는 매우 위협적인 상황의 불확실성 속에서 살고 있었다. 그녀는 지난해 대뇌동맥류(뇌혈관 파열) 수술을 했으나 동맥상태가 완전치 않아 제2의 동맥류를 일으킬 가능성이 높은 상태였다. 그녀는 불안이 심해 스트레스 완화 클리닉에 찾아왔다. 그녀는 더 이상 옛날의 자신이 아니라고 느끼며, 때로는 자기 몸과 신경계를 통제할 수 없다고 말했다. 그녀는 불현듯 찾아드는 공포스러운 경련, 현기증 및 눈과 관련된 문제를 가지고 있었다. 그녀는 이제 사람들과의 관계도 불편했다. 자신이 전보다 훨씬 더 많이 감정적으로 변했다고 생각하고 있지만 이를 확신하지는 못했다. 전체적으로 그녀는 혼란스럽고 두려웠다.

그녀의 상태를 파악하기 위해서 무수히 많은 뇌 단층촬영이 필요했는데 이것이 그녀를 불안하고 불쾌하게 만들었다. 그녀는 머리를 큰 기계 안으로 들이밀고 오랫동안 꼼짝 않고 조용히 누워 있는 것이 무척 싫었다. 물론 그 뒤에는 더욱 끔찍한 검사 결과가 기다리고 있었다.

스트레스 완화 훈련을 받는 2주째에 뇌 단층촬영 일정이 또 잡혔다. 그녀로서는 전혀 예상하지 못하던 일이었다. 머리가 거대한 촬영 기계의 빈 동굴로 천천히 들어가는 순간, 그녀는 지난 2주간 바디 스캔에서 수련해 왔던 '발가락에 마음을 모으는 작업'을 해 보자는 생각이 머리를 스쳤다. 그녀는 촬영 기계 안에서 회전하고 있는 동안 그 기계에서 가장 멀리 떨어져 있는 발가락으로 숨을 들이쉬고 내쉰다고 상상했다. 그녀는 발가락에 초점을 모으면서 더 큰 통제감을 느꼈고 이완된 상태에 계속 머무를 수 있었다.

그녀는 완전히 평안하고 공황에서 자유로웠다. 그런 평안은 자신과 남편을 놀라게 했다. 그녀는 통제 불가능하다고 여겼던 것을 통제할 수 있는 새로 발견한 능력에 전율하면서 다음 수업 시간에 찾아왔다.

몸에서는 그녀를 매우 근심스럽게 하는 일이 여전히 계속되고 있었지만, 이제 그녀는 균형을 유지하기 위해 언제나 사용할 수 있는 도구를 지녔다고 느끼고 있었다. 특히 무수한 날씨 변화에도 안정되고 움직임 없이 그 변화를 모두 끌어안는 산의 이미지를 그리는 것이 그녀에게 큰 도움이 되었다. 그래서 그녀는 명상이나 다른 시간 동안에 '마음속의 산'을 자주 그리곤 했다.* 그녀는 이제 자기가 지니고 살 수밖에 없는 상황의 불확실성을 받아들일 수 있다고 말했다. 그런 수용 자체가 마음의 평화를 더욱 조장했다. 인생살이 다사다난은 사라지지 않았지만 그녀는 당면한 문제를 자신에 대해 더 좋게 느끼고 미래에 대해 더 낙관적으로 느끼는 방식으로 대처할 수 있게 되었다.

다가오는 것이 무엇이든 그것과 함께 일하고 그것을 받아들이는 확신감일까? 당신은 매 순간 당신에게 다가오는 것들과 함께 존재하기 위한 강력한 '도구'와 그 경험을 어떻게 이용하는가를 알아야 한다. 아울러 융통성과 어려운 상황에서 그들을 회상하려는 마음이 필요하다. 베벌리가 마음의 초점을 발가락에 맞추려 결심하고 뇌 단층촬영 동안 명상을 이용했을 때 이런 특성이 나타났다.

---

* 산 명상에 관한 자료는 *Wherever You Go, There You Are*와 guided mountain meditation in the Series 2 Guided Mindfulness Meditation Practice CDs.를 참조하라.

그녀는 뇌 단층촬영을 한 몇 주 뒤 MRI라 불리는 또 다른 뇌 영상 검사를 받아야만 했다. 그녀는 이번에도 뇌 단층촬영 동안 도움을 주었던 것과 같은 방법을 사용하려 했다. 그러나 기계의 소음이 너무 심해 발가락에 주의를 집중하기 어려웠다. 그렇지만 그녀는 공황에 빠지는 대신 주의를 소리 그 자체로 전환했으며, 이번에도 검사하는 동안 평온할 수 있었다. 이렇게 해서 불안을 다룰 수 있는 도구들의 조합을 발달시키는 외에도 그것을 사용하는 데 상상력과 융통성을 가지게 되었다. 그녀는 스트레스 상황에서 전처럼 자동적으로 반응하는 대신 MRI를 하나의 도전으로 받아들였다. 예기치 않은 상황에 직면해서 균형을 유지하기 위해서는 융통성이 필수적이다.

불안을 안고 살면서 성공적으로 일한 한 남자의 이야기도 있다. 그는 군중 속에서 언제나 공황과 가위눌림을 경험해 왔지만 지난 6개월 동안 공황발작을 일으키지는 않았다. 그는 불안과는 관계가 없는 다른 의학적 문제로 클리닉에 의뢰되었다. 그는 프로그램이 진행되는 동안 친구와 함께 보스턴 가든에서 열린 셀틱스 농구 경기를 보러 갔다. 1층 플로어 높은 곳에 있는 의자에 앉았을 때, 그는 많은 사람으로 가득 찬 장소에 갇혔다는 두려운 느낌을 받았다. 예전 같으면 그런 느낌은 극심한 공황발작으로 가는 전조로, 그에게 출구를 찾아 도망치게 만드는 것이었다. 사실 그런 느낌에 대한 공포 때문에 이전에는 경기장에 갈 엄두조차 내지 못했다.

그는 도망가는 대신 자신이 그 순간에 호흡을 하고 있다는 사실을 떠올렸다. 그는 뒤로 돌아앉아서 몇 분 동안 호흡의 파도를 타고, 자신의 공황적인 생각에 초점을 맞추고 그것이 지나가도록 내려놓았다. 그 느낌이 지나간 몇 분 뒤에 그는 그날 저녁을 온전히 즐길 수 있었다.

　이것들은 사람들이 불안과 공황과 함께하는 데 명상수련을 어떻게 사용하는지를 보여 주는 몇 가지 예에 불과하다. 이 책에 있는 다른 몇 가지 이야기와 함께 이 사례는 우리 인생에서 때때로 불어오는 공포, 공황, 불안의 폭풍우 속에서 마음의 안전과 평온의 중심부에 어떻게 다가갈 수 있는지를 보여 준다. 아울러 이 사례들은 그 중심부를 어떻게 보다 현명하고 자유롭게 유지하고 출현하게 할 수 있는가에 대한 도움을 줄 것이다.

26

시간과 시간 스트레스

아무것도 하지 않기를 수련하면 모든 것이 제자리에 앉을 것이다.
– 노자, 『도덕경』

우리 사회에서 시간은 이제 가장 큰 스트레스 유발 원인 중 하나가 되었다. 디지털 시대의 도래와 함께 인터넷과 무선기기와 SNS 등으로 우리는 24시간, 일주일 내내 서로 연결되는 놀라운 세계로 진입했다. 많은 면에서 우리의 인생이 훨씬 더 쉬워질 것으로 예상했으나 의사소통을 결코 멈출 수 없기 때문에 편리한 만큼 기술에 더욱 의존하게 되고 압박감은 더욱 커졌다. 모든 것이 점점 더 빨라져서 그 변화를 따라잡기도 어려워졌다. 이제 기술 없이는 살 수 없는 세상이 되었고 그것에 시의 적절하게 대응하기란 너무 힘들어졌다(이메일 과부하를 생각해 보라). 그러나 이는 이제 시작일 뿐이다. 젊은 세대는 아날로그적 과거 세상에 대해 아는 바가 전혀 없고 지금까지 존재해 본 적이 없는 새롭고 끊임없이 변해 가는 세상으로 들어서고 있다. 많은 장밋빛 약속과 함께 현재는 알아차릴 수 없는 적지 않은 잠재적 비용이 우리를 기다리고 있을 것이다.

통신수단이 발전할수록 시간은 더욱더 빨리 흘러간다. 우리는 각종 전자기기와 페이스북, 트위터 등으로 여러 사람과 소통하고 있다. 하지만 아이러니하게도 자신과 진지하게 소통하는 경우는 그다지 없다. 그런 시간을 갖기엔 우린 너무 바쁘다.

시간은 여전히 언제나처럼 불가사의하다. 생의 어느 시점에서 당신은 의무적으로 해야 할 일을 하기 위한 시간이 절대적으로 부족하다고 느낄 것이다. 그 많던 시간이 어디로 갔고 지난 세월이 왜 이렇게 빠르게 흘러갔는지 이해할 수 없다. 인생의 또 다른 어느 시점에서는 시간이 굉장히 무겁게 다가온다. 하루 심지어 한 시간마저도 도무지 흘러갈 기미가 보이지 않는다. 이렇게 넘치는 시간을 어떻게 보내야 할지도 모른다. 이상하게 들릴지 모르겠지만 이런 시간 스트레스에 내리는 내 처방은 '아무것도 하지 않기(non-doing, 無爲)'다. '아무것도 하지 않기'는 시간이 부족할 때에도, 그리고 시간이 넘칠 때에도 모두 적용할 수 있다. 당신이 직면하는 과제는 '아무것도 하지 않기' 다른 말로 하면 '마음챙김의 함양'을 실생활에 적용해 당신과 시간과의 관계를 아무것도 하지 않기, 즉 무위를 통해 바꿀 수 있는지 알아보는 것이다.

당신이 의무적으로 해야 할 일에 압도당하고 있다면 '무엇을 해야만 하는' 시간을 빼앗아 '아무것도 하지 않는' 데 사용한다는 의미가 잘 이해되지 않을 것이다. 역으로 고립되고 권태를 느끼며 가진 것이 시간뿐이라고 느끼고 있다면 '아무것도 하지 않기'를 통해 어떻게 '아무 할 일도 없는' 시간을 채우겠다는 것인지 도무지 이해하기 힘들 것이다.

답은 매우 단순하다. "안녕감과 내적 균형과 내적인 평화는 시간을 초월해서 시간의 바깥에 존재한다." 당신이 매일 내적 고요 속에서 얼마간의 시간을 보내기로 작정한다면, 그 시간이 2분이든 5분이든 혹은 10분이든 그동안 당신은 시간의 흐름에서 온전히 비켜서 있을 수 있다. 평온, 이완, 시간을 자연스럽게 가게 내려놓는 데서 오는 중심 잡힘이 다시 일상으로 되돌아왔을 때 당신의 경험은 변화한다. 단순히 현재 이 순간의 경험을 알아차리는 것만으로도 시간과 끊임없이 투쟁하거나 시간에 의해 내둘린다고 느끼지 않고 그날의 시간과 함께 흘러갈 수 있다.

하루 중 특정한 시간을 내어서 무위를 수련해 갈수록 하루 전체가 더욱 무위가 된다. 현재 순간에 뿌리를 둔 알아차림으로 충만해지고 시간의 바깥 편에 서게 된다. 바디 스캔이나 정좌명상 혹은 요가수련을 한 적이 있다면 이미 이를 경험했을 것이다. 깨어 있는 존재가 되는 데 가외 시간이 필요치 않다. 알아차림은 매 순간을 완성하며, 보다 충만하게 하고, 생명을 불어넣고, 있는 그대로 펼쳐지게 한다. 그래서 시간에 쫓기고 있다면 현재에 존재하는 것이 당신이 가진 매 순간을 충만하게 채워 더 많은 시간을 갖게 해 준다. 어떤 일이 일어나더라도 있는 그대로를 알아차리고 수용하는 데 집중할 수 있다. 그러면 당신은 부당한 불안이나 상실감을 가질 필요 없이 장차 무엇을 해야 하는가를 직관적으로 알아차리게 된다. 그런 후 그 행위를 하는 순간으로 옮겨 가 당신의 존재와 평화로부터 나오는 행위와 함께하면 된다.

앞서 얘기한 것들을 전자통신에 적용할 수도 있다. 문자 보내기, 이메일, 페이스북이나 트위터를 하며 시간을 보내거나 사진이나 영상을 공유할 때 등 어느 때나 적용할 수 있다. 방법은 간단하다. 첫째로는 전자기기를 사용할 때 자신의 몸에 존재하는 것이다. 그래서 현재의 순간에 존재한다. 두 번째는 마음을 챙겨서 현재 내가 무엇을 하고 있는가를 완전히 알아차리면서 문장을 써 나간다. 답을 보내야 할 이메일이 산더미처럼 많이 쌓여 있을 때에는 두더지 잡기 게임을 하듯 계속 더 빨리 쓰려 스스로를 재촉하기보다는 조금 뒤처지는 감이 있더라도 시간을 가지고 천천히 쓴다. 뒤쳐진다는 느낌은 오직 내 마음속에서만 존재하는 것이다. 특히 무엇을 하는지, 나는 누구인지, 존재의 주체가 누구인지를 잊었을 때 더욱 시간에 쫓긴다. 이런 경우 보내고 싶지 않은 내용을 보내 버리거나 보낸 내용의 중요한 요점을 곧바로 잊어버리는 경우도 많이 생긴다. 또한 인터넷에 글을 올려 그 순간을 공유하고자 하는 충동과 그 경험에서 받은 장소와 인상에 대해 떠벌리느라 자신의 경험을 정확하게 알아차리지 못한다.

모든 것이 정신없이 흘러간다. 우리는 흔히 자신의 경험을 진정 느끼고, 호흡하고, 소화하고, 내 안으로 온전히 받아들이기도 전에 이를 기록하고 공유하고 싶은 유혹에 끊임없이 시달린다. 이것은 주머니나 손가방에 다목적 소형 컴퓨터를 넣고 다니는 현대인의 직업병이기도 하다. 그저 우리가 할 수 있기 때문에 그렇게 하는 것뿐이다. 하지만 잠시 멈춰서 우리가 이렇게 빠르게 기록하고 공유하는 과정에서 무엇을 잃고 있는지 생각해 보지는 않는다.

반면에 지금 자신이 가진 모든 시간을 무엇을 하며 지내야 할지 모르는 상황에 처해 있다고 생각해 보자. 시간이 크나큰 무게로 당신에게 다가온다. 슬프게도 우리는 모두 늙어 간다. 늙어 갈수록 고립되며 허약해지고 감각의 예민성이 예전 같지 않아진다. 시간이 골칫거리로 느껴진다. 공허하고 세상에서 이루어지고 있는 모든 의미 있는 일에서 소외된 기분이 들 수도 있다. 실직을 하고, 외출을 못하고, 우두커니 나와 앉아서 오랫동안 시간의 흐름을 지켜보고 있어야 하는지도 모른다. 친구나 친척도 없거나 그들과 매우 멀리 떨어져 혼자 있을 수도 있으리라. 어쩌면 당신은 인터넷을 전혀 이해하지 못하고, 이해하고 싶은 마음조차 없다. 그런데 여기에 또 어떻게 '아무것도 하지 않기'가 도움이 될 수 있을까? 당신은 이미 아무 할 일도 없고 그게 당신을 미치게 하고 있는데 말이다.

그와 같은 상황에서도 실제로 당신은 알아차리지 못할 뿐이지 매우 많은 일을 하고 있다. 아마도 불행, 권태, 불안해 '하기'를 행하고 있을 것이다. 적어도 일부 혹은 대부분의 시간 동안 당신의 생각과 기억에 주저앉아서 과거의 즐거웠던 순간과 불행했던 일들을 떠올리고 있을 것이다. 이미 오래전에 일어났던 일에 대해 다른 사람에게 화내기를 '행하고' 있을 수도 있다. 고독 혹은 분개, 자기연민 혹은 절망하기를 '행하고' 있을지도 모른다. 이런 마음의 내적 활동은 에너지를 고갈시켜 당신을 지치게 만들고 시간의 흐름이 끝이 없게 보이도록 만든다. 고독감은 건강을 위협하고 사망률에도 일조하는 위험 요소다. 카네기 멜런 대학교의 연구에서 보았듯 MBSR을 수련하면 외로움이 줄어들고 이는 유전자와 세포의 활성화 차이를 만든다. 마음챙김 수련을 통해 우리는 자신과 시간의 관계를 바꿀 수 있다.

시간의 흐름에 대한 우리의 주관적 경험은 몇 가지 방식으로 사고 활동과 연결된다. 우리는 과거에 대해 생각하고, 미래에 관해 생각한다. 시간이란 끊임없이 흘러가는 생각 사이의 공간(여백)으로 측정된다. 자신의 생각이 오가는 것을 마음챙겨서 지켜보는 수련을 해 가다보면 우리는 생각 자체의 흐름을 넘어서서 시간과 관계없이 존재하는 현재의 고요와 적막에 머물 수 있는 능력을 기를 수 있다. 현재는 언제나 '지금 그리고 여기'에 있기 때문에 그것은 이미 시간의 흐름에서 벗어나 있다. T. S. 엘리엇은 그의 시 「네 개의 사중주」 중 첫째 연 번트 노턴(Burnt Norton)에서 이렇게 묘사한다.

앞과 뒤로 뻗어 있는
황량하고 구슬픈 시간은 우스꽝스럽구나.

– T. S. Eliot, Burnt Norton, Four Quartet

엘리엇의 마지막 작품이자 가장 위대한 시로 칭송받는 「네 개의 사중주」는 시간의 아름다움, 신비로움, 그것의 '냉담함'에 대해 이야기한다.

무위 혹은 아무것도 하지 않기는 어떤 순간에라도 취할 수 있는 급진적 자세다. 무위는 우리가 모든 것에 대해 갖는 애착을 내려놓는 것이다. 무엇보다도 먼저 자신의 생각이 '오가는 것'을 지켜보고 그것을 '오고 가게' 허락함을 뜻한다. 그것은 당신이 존재하게 허락함을 의미한다. 만약 당신이 시간의 덫에 깊이 빠져 있다고 느낀다면 아무것도 하지 않기는 당신을 모든 시간에서 한걸음 벗어나 무시간(timelessness)의 영역으로 옮겨 갈 수 있게 해 주는 열쇠가 된다. 그렇게 해 나가는 과정에서 적어도 한순간만이라도 고립과 불행에서 한 걸음 벗어날 수 있고, 무언가에 관여하고 싶고, 바쁘고 싶고, 어디의 부분으로 소속되고 싶고, 의미 있는 무언가를 하고 싶어 하는 욕망에서 벗어날 수 있다. 당신은 시간의 흐름을 넘어선 자신의 한 부분과 연결되어 당신이 할 수 있는 가장 의미 있는 일을 하고 있는 것이다. 즉, 당신의 마음에 평화를 가져오고 당신의 전체성과 접촉하며 자신의 깊은 내면과 다시 접촉하게 된 것이다. 엘리엇은 다시 이렇게 음유한다.

> 지난 시간과 오는 시간
> 단지 얼마간의 의식을 허락하자.
> 의식적이 되는 것은 시간에 존재하지 않는 것이다.

당신은 자신이 지닌 모든 시간을 존재와 성장의 내적 작업에 쓸 수 있는 기회로 볼 수 있다. 몸이 원활하게 움직이지 않고 집이나 병상에 묶여 있을 때조차 생을 모험으로 전환하고 각 순간에서 의미를 발견할 수 있는 가능성은 얼마든지 존재한다. 자신을 마음챙기기 작업에 개입시킨다면, 물리적으로 고립되어 있다는 것이 자신에게 전혀 다른 의미로 다가온다. 외부 활동에 대한 무능력이나 그것에서 당신이 느낄 수 있는 후회와 아픔은 '새로운 가능성에 대한 환희' '자신에 대한 새로운 관점' '세상에 대한 낙관적 관점' '당신을 무겁게 내리누르던 시간을 존재의 작업을 하는 시간으로 전환' '무위의 작업' '자기 알아차림의 작업'에 의해서 균형이 잡힌다.

이 작업은 끝이 없으며 최종 목적지가 어디인지도 말할 수 없다. 그러나 그것이 무엇이든 그것은 고통에서 해방되고 권태와 불안 그리고 자기연민에서 벗어나 치유를 향한 길로 나아가게 한다. 무시간의 마음이 생겨나면 부정적인 마음 상태는 오래가지 못한다. 평화가 당신 마음에 깃들 때 부정적인 상태가 어떻게 계속될 수 있겠는가? 주의가 모아지고 안정된 알아차림은 부정적 마음 상태를 녹여 제련하는 도가니로 작용할 수 있다.

당신이 바깥에서 적어도 한두 가지 일이라도 할 만큼 몸이 말을 듣는다면, 무위에 머무는 작업을 통해 다른 사람에게 도움도 되고 유용할 뿐만 아니라 당신에게도 의미 있을 수 있게끔 사람, 활동, 사건과 자신을 어떻게 연결할지에 대한 직관이 생겨날 것이다. "어느 누구나 세상에 내놓을 것이 있다." 사실 어떤 사람도 줄 수 없으며 고유하고 값을 매길 수 없는 그것은 바로 '자신의 존재' 그 자체다. 당신이 무위를 수련한다면 이 모든 시간을 당신 손에 무겁게 들고 있기보다는 '행하기'가 필요한 것을 하는 데만도 그날의 시간이 부족함을 발견할 것이다. 이 작업에서 당신은 어디에도 고용되지 않으며 자신의 주인이 된다.

시간에 대해 보다 우주적인 관점을 취한다면, 우리가 이 세상에 머무는 기간은 그리 길지 않다. 지상에서 한 인간의 일생은 지질학적 시간의 광대함에 비추어 보면 눈 깜짝할 정도의 짧은 순간이며 하루살이의 삶과 유사하다. 하버드 대학교 고생물학자인 스티븐 제이 굴드(Stephen Jay Gould)는 인류가 지상에 살기 시작한 역사는 25만 년 정도에 불과하며, 이는 생명 역사의 0.0015%에 불과하다고 지적한다. 그럼에도 우리의 마음이 표상하는 시간은 우리가 마치 매우 오랫동안 살아온 것 같은 착각에 빠지게 만든다. 사실상 우리는 특히 어리거나 젊은 시절에 우리가 죽지 않고 영원불멸하는 것처럼 자신을 속인다. 그렇지 않으면 우리 삶의 짧음과 죽음의 필연성을 너무 예민하게 알아차릴 수밖에 없기 때문이다.

우리가 시간에 쫓기는 궁극적인 이유는 아마도 의식 혹은 무의식적인 '죽음에 대한 인식' 때문일 것이다. '데드라인'이라는 용어가 바로 그러한 메시지를 전달하고 있다. 우리는 매우 많은 데드라인을 가지고 있으며, 이것은 일이나 다른 사람 또는 스스로에 의해서도 부과된다. 우리는 이것저것 모든 일을 '제시간' 안에 해내느라 서두르게 된다. 언제까지 마쳐야 한다고 생각하는 일을 끝내고 스스로에게 "마침내 해냈다."라고 말하고 싶어서 시간 압박감을 많이 받곤 한다. 앞으로 해야 할 일거리 목록을 늘 마음속에 지니고 다닌다. 이제 다음 단계는 매 순간을 계속해서 재촉하는 것이다. 가능한 한 빠르게 모든 일을 끝내기 위해 일하고, 또 일하고 계속 일한다. 그리고 결국에는 이 모든 것을 다 이룰 수는 없다는 사실을 깨닫게 된다. 또한 주의하지 않는다면 이렇게 서두르는 가운데 내 인생에서 정말로 소중하고 중요한 것들을 놓치게 된다는 사실을 깨닫는다. 일을 하는 주체가 누구인가에 대한 체화된 경험, 즉 존재의 영역을 잃어버리는 것이다.

어떤 의사들은 시간 스트레스가 현대 질병의 가장 핵심 원인이라고 말한다. 시간 압박감은 관상성 심장질환의 위험 요인인 A유형 행동의 일차 특징이다. A유형 증후군은 때로는 '조급증'이라고 이야기된다. 이 범주에 들어가는 사람은 일상의 모든 것을 더 빠르게 하려는 시간의 압박에 내몰리고 한꺼번에 한 가지 이상의 일을 생각하고 하려 한다. 그들은 남의 이야기를 귀담아듣지 않으며 다른 사람의 말을 자주 가로막고 자신의 말로 나머지 부분을 채우곤 한다. 매우 안달하고, 가만히 앉아서 아무것도 하지 않거나 줄서서 기다리는 데 큰 어려움을 겪는다. 말을 빨리 하고 상황을 지배하려 덤비며, 매우 경쟁적이고, 쉽게 화를 내며, 냉소적이고 적대적인 경향이 있다. 최근 연구 결과에 따르면 적대감과 냉소적 태도는 관상성 심장질환을 유발하는 행동 중 가장 해로운 요소로 밝혀지고 있다. 비록 최근 연구 결과에서는 시간 압박감 자체가 심장질환의 주된 원인은 아니라는 증거가 나타나고 있지만, 그럼에도 시간 압박감의 독성은 적지 않다. 시간 스트레스는 삶의 질을 쉽게 부식시키고 건강과 안녕감을 위협한다.

심장전문의이자 저명한 스트레스 연구자인 로버트 엘리엇(Robert Eliot) 박사는 자신에게 심장발작이 오기 전의 심적 상태와 시간과의 관계에 대해 다음과 같이 기술하고 있다.

내 몸은 휴식을 외치고 있었으나 내 뇌는 그 소리를 듣지 않았다. 나는 내 계획보다 뒤처져 있었다. 나의 예정 시간표에는 마흔에는 우수한 대학의 심장과 주임교수가 되어야 했다. 1972년 게인즈빌에 있는 플로리다 대학교를 떠나 네브라스카 대학교의 심장과 주임교수직을 받아들였을 때, 내 나이 마흔 셋이었다. 내가 해야만 하는 모든 것은 조금 더 빨리 달려 원래 계획했던 예정된 길로 들어서는 일이었다.

그러나 그는 혁신적인 심장연구센터를 반석에 올려놓고자 갖가지 장애물을 제거하기 위해 정신없이 달리는 자신을 발견했다.

나는 내 앞에 버티고 서 있는 큰 벽을 느꼈다. 나는 내 꿈을 이루기 위해서는 반드시 깨뜨려야 할 그 벽을 결코 극복할 수 없을 거라고 느꼈다.

나는 필사적으로 내 인생에서 해야 할 일들을 해 왔다. 나는 속도를 올리고 철저히 일하려고 노력했다. 나는 현장에서 곧바로 심장 교육을 제공하고 대학 심장 프로그램에 대한 의사들의 지지를 구하기 위해 네브라스카 시골 지역을 정신없이 순회했다. 나는 강의 일정을 잡고 그에 맞추어서 주와 주 사이를 끊임없이 비행기로 날아다녔다. 아내 필리스가 내 사업을 도와주려고 함께 갔던 한 여행이 생각난다. 경황없이 세미나를 치르고 집으로 돌아오는 비행기에서 그녀가 옛 기억을 더듬어 보자고 제안했다. 하지만 난 아니었다. 나는 평가 양식을 만들고, 다음 세미나를 어떻게 하면 더 잘할 것인가를 걱정하느라 여념이 없었다.

나는 가족과 친구와 함께하거나 긴장을 풀고 주의를 분산할 시간 여유가 없었다. 아내가 크리스마스 선물로 운동용 자전거를 사 왔을 때는 화를 냈다. 지금 내가 한가하게 자전거 위에 앉아서 페달을 밟을 시간이 있단 말인가?

나는 종종 너무 지쳐 있었지만 마음에서 그 사실을 밀쳐 내곤 했다. 나는 내 건강에 관심을 갖지 않았다. 건강을 걱정해야 할 이유가 어디에 있는가? 나는 심장질환 전문가가 아닌가? 나는 어떤 위험 요인도 가지고 있지 않았다. 아버지는 78세, 어머니는 85세까지 심장질환의 어떠한 신호도 없이 잘 사셨다. 나는 담배도 피지 않고 체중도 과하지 않다. 혈압도 정상이다. 콜레스테롤 수준도 높지 않고 당뇨도 없다. 나는 심장병으로부터는 면제받았다고 생각했다.

그러나 나는 다른 이유로 큰 위험을 안고 뛰고 있었다. 나는 너무 오랫동안 너무 힘들게 내 몸을 밀어붙였다. 지금 내가 몰두한 노력은 별 쓸모가 없는 듯 보였다……. 환상이 깨지는 느낌이 다가왔다. 보이지 않는 덫에 걸린 듯한 느낌 말이다.

나는 그때는 그것을 제대로 몰랐다. 그러나 나의 몸은 끊임없이 이런 내적인 소요에 반응하고 있었다. 9개월 동안 나는 타격받을 준비를 하고 있은 셈이었다. 그것은 마흔 네 번째의 생일을 보낸 2주 후에 찾아왔다.

어느 날 그는 매우 실망스러운 어떤 결과를 마주하고는 매우 화가 나 평온을 되찾을 수 없었다. 불면의 밤을 보내고 강연 약속을 지키기 위해 오래 운전을 한 뒤에 강의를 마쳤다. 점심을 많이 먹은 뒤 환자를 진단하려 했을 때, 의식이 몽롱해지고 눈이 흐릿해져 왔다. 그는 현기증을 느꼈다. 이런 증상들은 모두 심장발작이 있기 바로 직전의 증상에 해당하는 것이었다.

심장발작으로 인해 엘리엇 박사는 『그것이 죽을 만큼의 가치가 있는가(Is It Worth Dying For?)』라는 제목의 책을 썼다. 그 책에서 그는 그 질문에 대한 답이 분명히 "아니요."인 까닭과 자신이 시간과 스트레스에 대한 관계를 어떻게 변화시켰는가에 대해 자세히 적고 있다. 그는 심장발작을 일으켰던 자신의 생을 '기쁨 없는 쳇바퀴'로 묘사했다.

노먼 커즌즈(Norman Cousins) 역시 『치유되는 심장(The Healing Heart)』이라는 책에서 심장발작이 오기 전의 상황을 매우 유사하게 묘사하고 있다.

> 몇 년 동안 내 생활의 스트레스 원천은 공항과 비행기였다. 많은 강연과 회의 일정으로 이용할 수밖에 없었다. 공항으로 가는 도중에 겪는 교통 체증, 공항터미널 통과하기, 게이트에서 탑승권을 얻기 위한 행렬과 기다림, 예약 초과로 되돌아서기, 도무지 나타나지 않는 짐을 기다리며 컨베이어 벨트를 바라보고 서 있기, 시간대의 변화, 불규칙한 식사, 불충분한 수면 등 이런 비행기 여행의 특징은 여러 해에 걸쳐 우울한 짐이었으며, 1980년 후반에는 그 정도가 특히 심했다.
>
> 나는 크리스마스 바로 전에야 대서양 연안의 정신없는 여행에서 돌아왔고 며칠 뒤면 또 남서부로 떠나야 하는 일정이 잡혀

있었다. 나는 비서에게 연기나 취소의 가능성을 물었다. 그녀는 나와 함께 향후 일정을 면밀하게 검토해 보았다. 모든 약속이 내가 참석하지 않을 수 없는 사안들이었다. 오직 지극히 격렬한 사건만이 약속에서 나를 구해 줄 수 있는 유일한 길임이 분명했다. 나의 몸은 이를 귀담아듣고 있었다. 그다음 날 나는 심장발작을 경험했다.

현대인이 경험하는 시간 압박과 긴박감은 '예정표보다 뒤쳐졌다.' '가속도를 붙였다.' '일이 제대로 돌아가도록 몰아붙였다.' '가족이나 친구를 위한 여유 시간이 어디 있어.' '기쁨 없이 달려가기만 하는 트레드밀' '교통 대란과 싸우기' '지구를 돌리기 위해 무조건 달리기' '줄 서서 끝없이 기다리기' '목 빼고 짐 기다리기' '시간대의 변화에 적응하기' 등의 표현에서 잘 찾을 수 있다.

시간 압박감은 대기업 중역이나 의사 혹은 많은 여행을 하는 예술가들에게만 국한되는 것은 아니다. 후기 산업사회에서 우리 모두는 시간 스트레스에 노출되어 있다. 우리는 아침이면 팔목에 시계를 차고 하루를 시작한다. 시계에 따라 삶을 꾸려 간다. 시계는 우리가 언제 어디에 있어야만 하는지를 지시해 주고 너무 자주 제시간을 잊어버린다고 우리를 걱정하게 만든다. 시간과 시계는 우리를 한 가지 일에서 다음 일로 내몰아 간다. 우리 대다수는 매일매일 의무와 책임을 다해야 한다고 내몰리는 느낌을 받고, 의무와 책임이 끝나는 밤이면 지쳐 잠자리로 드는 생활방식을 갖게 됐다. 만약 적절한 휴식이나 고갈된 에너지를 재충전하는 기회 없이 이런 식으로 계속해 간다면 문제는 이런저런 방식으로 반드시 찾아올 것이다. 당신의 알로스타시스 기제가 아무리 안정적이더라도 때때로 재정비하지 않는다면 결국은 벼랑 끝으로 내몰리게 되어 있다.

때로 우리는 자신의 시간 압박감을 다음 세대인 아이에게로 전달한다. 아이에게 "서둘러. 시간 없어."라거나 "난 지금 바쁘단다."라고 얼마나 자주 말했던가? 우리는 아이가 옷 입고, 밥 먹고, 학교 갈 준비를 서두르도록 재촉한다. 우리가 하는 말과 신체 언어를 통해 우리 스스로가 서두르는 모습을 보임으로써 우리는 아이에게 언제나 시간이 부족하다는 메시지를 전달한다.

이런 메시지는 너무나도 선명하게 아이에게 전달된다. 어린 나이에도 스트레스를 받고 서두르는 행동이 몸에 배는 것은 이제 드문 일이 아니다. 아이는 자기 내부의 리듬을 따르는 대신 부모 인생의 컨베이어 벨트 위에 올려져 서두르고 시간을 민감하게 의식하는 삶의 방식에 쉽게 젖어 버리게 된다. 이런 생활양식은 생물학적 리듬에는 궁극적으로 해로운 결과를 가져올 것이며, 심리적 고통과 함께 다양한 신체적 조절 이상을 초래할 것이다. 예를 들어, 우리 사회에서 고혈압은 이제 아동기부터 시작된다. 그 정도가 작기는 하지만 의미 있는 혈압 상승이 5세 아동에게서도 발견된다. 이런 양상은 산업화가 진전되기 이전의 사회에서는 상상조차 할 수 없었으며, 그때는 사실 고혈압이 무엇인지도 잘 몰랐다. 우리의 생활양식에서 혈압을 높이는 데 기여하는 스트레스 원인의 일부는 단순한 섭식요인을 넘어서는데, 시간 스트레스가 가장 중요한 범인일 가능성이 높다.

인간의 역사 초기에 우리는 자연계의 순환과 훨씬 더 가까이 살고 있었다. 사람들은 한 곳에 오랫동안 머물러 살았으며, 아주 멀리 여행하는 경우는 매우 드물었다. 대부분의 사람은 자신이 태어난 장소에서 일생을 마감했고, 자기 마을의 모든 사람에 대해 잘 알았다. 낮의 햇살과 밤의 어둠은 생활의 리듬을 규정해 주어 많은 일이 빛이 부족한 밤에는 할 수 없었다. 밤이 되어 열과 빛의 유일한 근원인 불가에 둘러앉는 것은 사람들의 속도를 늦추어 주는 방법이었다. 불은 따뜻할 뿐만 아니라 평온함을 준다. 불꽃과 장작을 지켜보면서 마음은 언제나 변하지만 언제나 변함없는 불꽃에 초점을 맞출 수 있었다. 사람들은 불꽃을 순간과 순간, 밤이면 밤마다, 달이면 달마다, 해마다, 사계절을 통해 지켜보며 시간이 그 불꽃 속에 조용히 서 있는 것을 감지할 수 있었다. 아마도 불가에 둘러앉는 의식은 인류가 처음 경험한 명상이었으리라.

고대에는 인간의 리듬이 바로 자연의 리듬이었다. 농부들은 해가 있는 동안 손이나 소로 할 수 있는 만큼의 밭만 갈고 도보나 말을 타고 갈 수 있을 정도만큼만 여행을 했다. 사람들은 가축과 자신의 욕구와 긴밀하게 접촉하고 있었다. 동물의 리듬은 시간의 한계를 따랐다. 자신의 말을 가치 있게 여긴다면, 그 녀석을 너무 빨리 혹은 너무 멀리 밀어붙이지 말아야 한다는 것을 알고 있었다.

이제 우리는 자연의 리듬과 상당히 독립적으로 살 수 있게 문명화되었다. 전기가 어둠을 밝혔고 이로써 낮과 밤이 그리 큰 차이가 없어졌다. 우리는 이제 해가 넘어가더라도 자신이 원하거나 의무적으로 해야만 한다면 일을 계속할 수 있게 되었다. 이제는 빛이 없어서 일을 늦추어야만 하는 사태는 없어졌다. 또 자동차와 트랙터, 전화기와 제트 여행, 라디오와 TV, 복사기, 노트북과 태블릿에 이르기까지 전 세계를 인터넷으로 연결하는 작고 큰 영향력이 있는 기기들이 속속 등장했다. 이 모든 현대식 발명품은 세계를 축소시켰고, 일을 하거나 정보를 교환하거나 한곳에 모이기 위해 필요로 했던 시간을 급격히 줄여 주었다. 컴퓨터는 계산이나 지필 사무에서 사람을 혁명적으로 해방시켰다. 하지만 사람들은 더 짧은 시간에 더 많은 일을 하라는 압력을 전보다 훨씬 더 많이 받게 되었다. 자신과 타인에 대한 그런 기대는 기술이 우리에게 보다 빨리 일처리를 할 수 있는 능력을 제공할수록 더욱 심해진다. 밤이면 온기와 빛 그리고 무언가 볼거리를 위해 불가에 둘러앉는 대신에, 스위치를 올리고 우리가 해야만 하는 일을 계속해 나간다. 그런 다음에도 우리는 이완과 휴식을 위해 TV를 시청하거나 유튜브를 보거나 인터넷을 서핑한다. 실상 이런 휴식은 당신의 감각에 폭격을 퍼붓는 격이다.

　게다가 가까운 미래에 새로운 기술의 물결이라 일컬어지며 밀려오는 혹은 이미 도달해 있는 온라인 쇼핑, 스마트 TV, 목소리로 작동되는 전자화된 집, 심지어 우리가 할 일을 대신 해 주는 말하는 개인용 로봇 등 우리를 돕는 물건이 더 많이 생기면 생길수록 우리는 더욱 바빠지고 더 많은 일을 할 것으로 기대된다. 우리는 운전하면서 동시에 사업을 하고(운전을 하면서 다른 일을 하다가 부주의해져 발생하는 사고율이 매우 높다), 운동을 하면서 동시에 정보를 처리하며, 독서를 하면서 TV를 시청하고, 하나의 TV 화면을 둘, 셋, 심지어 네 개의 화면으로 분할해서 시청하기도 한다. 우리는 세상과 접촉하지 않고는 한시도 살기 어렵다. 그러나 그 덕분에 우리 자신의 내면과 접촉할 수 있는 기회는 매우 드물어졌다.

당신을 해방시키는 네 가지 길

세상이 기술의 발전을 통해 속도를 더해간다고 해도 그것의 지배를 받아 자신의 한계를 넘어서 스트레스를 받는 지점까지 내몰리고, 심지어 현대 생활의 트레드밀 쳇바퀴를 돌다가 조기에 무덤으로 달려가야 할 이유는 없다. 시간이라는 폭군에게서 자신을 해방시킬 수 있는 길은 많이 있다. 첫째로, 스스로에게 시간이란 생각의 산물임을 일깨우는 것이다. 분과 시는 우리가 만든 하나의 인습으로, 서로가 동의해서 편리하게 만나고 의사소통을 하며 조화롭게 일할 수 있게 해 준다. 아인슈타인이 대중에게 즐겨 이야기했듯이 시간은 절대적인 의미를 갖지 못한다. 상대성의 개념을 설명하기 위해서 그는 이렇게 쉽게 바꾸어 설명했다. "당신이 만약 뜨겁게 달아오른 스토브 위에 앉아 있다면 1분이 아마 한 시간처럼 느껴질 것이다. 그러나 당신이 즐거운 무언가를 하고 있다면 한 시간이 1분 같을 것이다."

물론 우리 모두 이와 비슷한 경험을 한 적이 있을 것이다. 자연 세계는 실제로 큰 형평성을 띠고 있다. 우리 모두는 일률적으로 하루 24시간을 가지고 있다. 우리가 시간을 어떻게 바라보고 그 시간으로 무엇을 하는지가 '충분한 시간'이나 '너무 많은 시간' 혹은 '충분치 않은 시간'을 가졌다고 느끼게 할지 어떨지를 결정한다. 우리는 '내가 이렇게 바쁘게 살아서 이루려는 것이 무엇인지' '그것을 위해 너무 큰 대가를 지불해야 하지는 않는지' 엘리엇 박사의 표현을 빌리자면 '그것을 위해 죽을 가치가 있는지'에 대해 알아차릴 필요가 있다.

시간의 압제에서 벗어나기 위한 두 번째 방법은 더 많은 시간을 현재에 사는 것이다. 우리는 과거를 곱씹고 미래를 걱정하는 데 너무나 많은 시간과 에너지를 쏟고 있다. 그런 순간은 거의 만족을 가져다주지 못한다. 일상적으로 그것은 불안과 압박감, '시간은 흘러가고 있다.'거나 '아! 좋았던 옛날이여'라는 식의 생각을 만들어 낸다.

지금까지 누차 보아 왔듯이 한 순간에서 다음 순간으로 마음챙기기를 수련하는 것은 당신이 살아야만 하는 유일한 시간인 바로 지금 이 순간과 접촉하라는 의미다. 지금 하고 있는 일이 무엇이든 당신이 자동항법장치를 버리고 알아차림과 수용의 양식으로 옮겨 오는 순간 매우 큰 풍요가 찾아올 것이다. 식사를 하고 있다면 이번에는 건성으로가 아니라 정말로 먹는 것이다. 그것은 잡지를 읽거나 TV를 보는 것을 선택하지 않고 '먹기를 선택한 것'이며, 딴 일을 하면서 반무의식적으로 숟가락질만 해대는 것이 아님을 의미한다. 손주를 돌보고 있다면, 정말로 그 아이들과 함께하고 그 활동에 몰입하는 것이다. 그러면 시간은 사라질 것이다. 아이들의 숙제를 도와주거나 그들과 함께 이야기하려 한다면, 전화나 이메일을 확인하면서 하지 마라. 현재에 출석하려는 노력을 충분히 하여 눈길을 맞추고 그 순간을 자신의 것으로 온전히 소유하라. 그러면 자신에게서 한걸음 떨어져서 '시간을 소모케 하는 것'으로써 다른 사람을 보지 않을 것이며, 모든 순간을 진정으로 소유할 수 있을 것이다. 과거를 되돌아보고 미래를 계획하고 싶다면, 마찬가지로 온전히 알아차리면서 하라. 현재에서 회상하고 현재에서 계획하라.

일상생활에서 행하는 마음챙김의 정수는 모든 순간을 자신의 것으로 소유하는 것이다. 서둘러야 할 때도 있다. 그렇더라도 마음을 챙겨서 서둘러라. 당신의 호흡을 알아차리고, 빨리 움직여야 할 필요에 대해 알아차리고, 당신이 더 이상 서두를 필요가 없을 때까지만 알아차림을 하면서 서둘러라. 그런 다음 의도적으로 서두름을 내려놓고 이완하라. 당신의 마음이 의무적으로 해야 할 일의 리스트를 만들고 그 하나하나를 마지막까지 완성해야 한다고 압박받는다면, 당신의 몸과 정신과 신체적 긴장에 마음을 챙겨 오고, 그 일 중 일부는 기다릴 수 있다는 것을 기억하라. 당신이 벼랑 끝까지 내밀리거든 스스로에게 질문을 던져 보라. "이것을 위해 죽을 가치가 있는가?" 혹은 "누가 어디로 달려가고 있는 것인가?"

시간의 압제에서 해방되는 세 번째 길은 의도적으로 하루 중 얼마쯤 시간을 내어서 '단지 존재하기', 즉 마음챙김 명상을 하는 것이다. 우리는 공식 명상수련을 위한 시간을 보호할 필요가 있다. 왜냐하면 명상하기를 불필요하거나 사치스런 행위 혹은 '아무것도 하지 않는 시간'으로 치부해 버리기가 쉽기 때문이다. 그러나 명상의 시간이야말로 당신만을 위한, 당신의 존재를 위한 가장 가치 있는 당신 생활의 중요한 부분이다.

마음챙김 명상수련을 한다는 것은 기본적으로 시간의 흐름에서 한 발자국 벗어나 고요에, 영원한 현재에 사는 것이다. 이 말은 수련하는 모든 순간이 무시간의 순간이 된다는 의미가 아니다. 당신이 어느 정도 무시간에 존재할 수 있느냐는 당신이 매 순간 가져오는 주의집중과 평온의 정도에 달려 있다. 그러나 단지 아무것도 하지 않기에 몰두하려 결심하고, 지나친 애씀을 내려놓고, 자신이 때때로 얼마나 판단적인가에 대해 판단적이지 않게 되면 당신을 위한 시간을 늦출 수 있고 당신 내부의 무시간이 자라난다. 매일의 어떤 시간을 시간 자체를 늦추는 데 들이고 자신에게 존재를 위한 시간을 내주면, 현재와 그날의 나머지 시간 동안 존재로 작동하는 능력을 강화시킬 수 있고 외부와 내부세계의 평화가 안정될 것이다. 이것이 바로 날마다 특정한 시간을 단지 존재를 위한 시간으로 마련해야 하는 중요한 이유다.

시간에서 자유로워지는 네 번째 방법은 당신의 생활을 특정한 방식으로 단순화하는 것이다. 우리는 법관들을 위한 8주간 스트레스 완화 프로그램을 실시한 적이 있다. 판사들은 넘쳐 나는 소송으로 과부하되어 스트레스가 심하다. 한 법관은 사례를 자세히 훑어보고 그 재판을 위해 필요한 부가적인 배경 정보를 알아볼 충분한 시간을 가져 본 적이 없고, 가족과 함께할 시간도 거의 낼 수 없다고 불평했다. 그가 직장이 아닌 곳에서 무엇을 하면서 시간을 보내는가를 알아본 결과, 그는 날마다 세 종류의 신문을 꼼꼼히 읽고 하루에 한 시간 이상 TV 뉴스를 보고 있었다. 신문만 보는 데도 한 시간 반이 걸렸으니 중독이라고 볼 수 있을 정도였다.

물론 그는 자신이 시간을 어떻게 보내고 있는가를 알고 있었다.

그러나 몇 가지 이유로 그는 하루에 두 시간 반을 별반 서로 다르지도 않은 뉴스를 보기 위해 TV나 신문에 사용하고 있었다. 우리가 그것에 관해 논의하면서, 그는 두 가지 신문과 TV 뉴스를 내려놓음으로써 다른 일을 위한 시간을 마련할 수 있음을 금방 알아냈다. 그는 그 즉시 자신이 중독된 뉴스 찾기 습관을 의도적으로 깨뜨렸다. 그 후에는 하루에 신문 하나만을 읽었으며 TV 뉴스도 거의 보지 않았다. 대신 하루에 두 시간가량 다른 일을 할 수 있었다.

아주 사소해 보이는 측면에서조차도 생활을 단순화하는 것은 큰 차이를 만들어 낸다. 모든 시간을 이런저런 것들로 채운다면 아무런 시간도 갖지 못한다. 심지어 왜 자신에게 시간이 없는지조차 알아차리지 못한다. 단순화하기는 당신이 해야만 하거나 하기를 원하는 일의 우선순위를 정해 의식적으로 특정한 일을 최우선으로 선택하는 것을 의미한다. 그것은 또한 때때로 당신이 하고 싶거나 당신이 돌보고 돕기를 원하는 사람에게 "싫어요."라고 말하는 것을 의미할 수도 있다. 침묵과 아무것도 하지 않기의 공간을 보존하기 위해서 말이다.

다년간 통증으로 고생해 오던 한 부인이 MBSR 수련에서 종일 수련회기를 마친 뒤 그다음 날은 전혀 통증이 없다는 것을 발견했다. 그녀는 그날 아침 시간에 평소와는 상당히 다른 평온한 기분으로 깨어났다. 그날 그런 경험이 그녀에게 매우 소중했다. 평소와 다름 없이 아들에게 손주들을 맡기러 오겠다는 전화를 받았을 때, 오늘은 아이들을 데려오지 말 것과 자신이 지금 아이들을 돌볼 수 없으며 혼자 있고 싶다고 말하는 자신을 발견했다. 그녀는 고통에서 자유로운 이 놀라운 순간을 보호해야겠다고 느꼈다. 그녀는 그날 아침 경험했던 고요함의 가치를 다른 것으로 채우기보다는 보존할 필요가 있다고 생각했다. 그것이 자신이 매우 사랑하는 손자들과 함께하는 것이라도 말이다. 그녀는 아들 부부를 도와주고 싶어 했었다. 그러나 이번에는 "안 돼."라고 말하고 자신을 위한 무언가를 할 조용한 시간이 필요했다. 그녀의 남편은 그녀에게서 평소와는 다른 그 무엇, 아마도 그녀 내부에 있는 평화를 감지하고 평소와 달리 그녀를 지지해 주었다.

아들은 믿을 수가 없었다. 전에는 어머니가 한 번도 이런 부탁에 대해 "안 돼."라고 말한 적이 없었다. 그녀는 그날 해야 할 일이 있을 때에도 이런 부탁을 거절하지 못했었다. 그러나 그녀는 아주 짧은 순간에 처음으로, 어떤 순간은 보호할 가치가 있음을 알아차렸고, 아무 일도 일어나지 않도록 하였다. 왜냐하면 그 '아무것도 일어나지 않음'이 매우 '풍요로운 아무것도 없음'이기 때문이다.

'시간은 돈이다.'라는 말이 있다. 그러나 어떤 사람에게는 돈은 충분하지만 시간이 충분치 않다. 시간을 위해서 돈의 일부를 포기한다는 생각이 자신을 해치지는 않는다. 매우 여러 해 동안 나는 일주일에 사흘 내지 나흘 동안 일하고 그에 준하는 봉급을 받았다. 그때 나는 전일 근무에 해당하는 돈이 필요했지만 개인적 시간이 보다 더 중요하다고 생각했다. 아이들이 매우 어렸기 때문이었다. 나는 내가 할 수 있는 한 아이들을 위해 집에 머물고 싶었다. 이제 나는 하루 종일 근무한다. 이는 내가 집에서 떠나 있는 시간이 많아졌으며 행위를 위한 시간 압박감을 더 많이 느끼게 되었음을 뜻한다. 그러나 나는 행하기 영역 내에서 아무것도 하지 않기(무위)를 연습하려 시도하며(많은 경우 실패하기도 한다) 지나치게 개입하지 않을 것을 기억하고자 노력한다.

나는 자신이 얼마만큼 일할까를 스스로 결정할 수 있을 만큼 충분히 운이 좋은 축에 끼지만, 대다수 사람의 경우는 그렇지 못하다. 그러나 생활을 단순화할 수 있는 길은 많다. 당신은 그렇게 많이 뛰어다니지 않아도, 그렇게 많은 의무와 약속을 다하지 않아도 될 것이다. 집에서 그렇게 많은 시간을 TV 앞에서 보내지 않아도 되고, 차를 그렇게 많이 운전하지 않아도, 그렇게 많은 돈을 가지지 않아도 큰 문제가 없을 것이다. 일을 단순화하는 데 얼마간의 생각과 주의를 기울인다면 자신의 시간을 스스로 소유하게 만들어 주는 멋진 길에 들어설 것이다. 잘 알겠지만 당신 시간의 주인은 바로 자신이다. 시간을 즐길 수 있을 것이다. 자신의 모든 순간에 살 수 있을 것이다. 시간은 영원히 당신의 것이 아니지만 말이다.

마하트마 간디가 언젠가 저널리스트에게 다음과 같은 질문을 받았다. "당신은 거의 50여 년을 하루에 적어도 15시간 이상 일했지요? 이제 휴식을 취해야 할 시간이 아닙니까?" 간디는 이렇게 대답했다. "아뇨, 난 언제나 휴가 중입니다."

물론 휴가라는 말은 '속이 비어 있거나 공허한' 이라는 뜻이다. 우리가 현재에 완전하게 존재하기를 수련한다면 그 자체로 삶은 우리에게 어느 때나 완전히 접근할 수 있는 것이 된다. 엄밀하게 보면 우리는 시간의 밖에 존재하기 때문이다. 시간을 비워 버리면 우리 또한 그렇게 된다. 그러면 우리는 언제나 휴가 중일 수 있다.

만약 우리가 꾸준히 오래도록 수행해 간다면 더 좋은 휴가를 가질
수 있는 방법을 배울 수 있을 것이다.

오직 때가 이르면 장미 정원의 그 순간일 수 있습니다.

비가 때리는 초막의 그 순간,

피어오르는 연기 뒤에 서 있는 교회의 그 순간

기억할지어다, 과거와 함께 미래와 함께 관여되어 있음을.

시간은 오직 시간을 통해서만 정복될 수 있는 것.

– T. S. Eliot, Burnt Norton, Four Quartets

27

잠과 잠 스트레스

　우리가 날마다 규칙적으로 행하는 일 중 가장 특별하고도 고마움을 모르는 것이 잠자기다. 평균 하루에 한 번 포근한 바닥에 몸을 누이고 몇 시간 동안이나 자신을 내려놓는다고 상상해 보라. 그건 정말 신성한 시간이다. 우리는 잠에 애착이 커서 여간해서는 사적인 목표를 이루기 위해 의도적으로 잠을 포기하려 하지 않는다. "난 여덟 시간이 필요해요." 혹은 "난 아침엔 죽어도 못 일어나요."라는 말을 자주 들어 봤을 것이다. 당신이 누군가에게 1시간이나 15분만 일찍 일어난다면 가치 있는 일을 할 수 있다고 이야기하면 상대방도 그 가치를 인정하지만 그걸 실행에 옮기기는 매우 어렵다. 사람들은 자신의 수면 시간을 간섭받으면 위협을 느낀다.

　그러나 아이러니하게도 스트레스의 가장 흔한 초기 증상은 수면 문제다. 우선 생각하는 마음의 문을 닫기 어려워 잠들기 힘들거나 한밤중에 깨어나 다시 잠들지 못하거나 혹은 둘 다일 수도 있다. 흔히 이리저리 몸을 뒤척이며 마음을 정리하려 하며, 자신에게 내일이 얼마나 중요한 날이며 휴식하는 것이 얼마나 중요한가를 거듭 설득하려 해 보아도 아무 소용이 없다. 잠 속으로 들어가려 하면 할수록 눈은 더욱 말똥말똥해진다.

이렇듯 자신에게 잠들라고 강요할 수는 없다. 잠은 이완과 같이 당신이 주의를 내려놓아야만 이룰 수 있다. 잠들려고 애를 태우면 태울수록 긴장과 불안은 더욱 커지고 잠은 더욱 달아난다.

우리가 '잠이 든다(going to sleep)'고 말할 때 그 표현 자체에는 '어디로 간다'는 뜻이 들어 있다. 아마도 잠이 '우리에게 다가온다'는 표현이 더욱 정확할 것이다. 잠들 수 있음은 삶의 조화를 표시하는 것이다. 충분한 잠을 자는 것은 건강의 기본 요소다. 잠이 부족해지면 생각과 기분, 행동이 산만해지고 흩어지기 쉬우며, 몸이 지치고 '병에 걸리기' 쉬워진다.

우리의 수면 양식은 자연 세계와 밀접하게 관련되어 있다. 잘 알고 있듯이 지구는 24시간마다 한 번씩 지구축을 중심으로 회전해서 우리에게 빛과 어둠의 순환을 가져오고, 모든 유기체는 그 순환에 따른다. 그런 변화를 일주기라 한다. 이 리듬은 뇌와 신경계의 신경전달물질의 분비와 모든 세포의 생화학에서 일일 변동으로 나타난다. 우리는 지구라는 이 별의 기본 리듬을 우리 시스템에 내장하고 있다. 실제로 생물학자들은 수면-각성 순환을 조절하는 시상하부에 있는 '생물 시계'가 존재하고, 제트 여객기 여행이나 야간 교대 작업 혹은 다른 행동양식의 변화로 생물 시계가 혼란된다고 이야기한다. 우리는 지구와 함께 순환하고 수면 양식은 이 연결성을 반영한다. 이 리듬에 혼란이 올 때 다시 적응하고 정상으로 돌아가는 데는 상당한 시간이 걸린다.

75세의 한 할머니가 1년 반 전에 시작된 수면 문제로 스트레스 완화 클리닉에 참여했다. 그녀는 또 최근 고혈압 문제가 생겨 약을 먹고 있었다. 그녀는 공립학교에서 일하다가 10년 전쯤 퇴직했는데 잠을 청할 수 없어서 밤새 쉬지 못하고 뜬눈으로 지낸다고 이야기했다. 주치의가 그녀의 긴장을 풀기 위해 매우 낮은 용량의 신경안정제를 처방했다. 그러나 그녀는 약 먹는 것이 '무섭고 떨렸다.' 그녀는 몇 차례 복용량을 반으로 줄여 약을 먹었다. 약이 잠자는 데 얼마간 도움을 주었으나 그녀는 약 먹기가 싫어서 결국 그만두었고, 약에 의존하지 않고 잠을 잘 잘 수 있는 법을 배우기 위해 스트레스 완화 클리닉을 찾아왔다.

그녀는 해냈다. 그녀는 MBSR 프로그램의 전 과정을 성실하게 수련해 나갔다. 그녀는 마음이 너무 방황해서 정좌명상보다는 요가를 좋아했으며, 날마다 우리가 요구하는 것보다 더 많이 수련했다. 8주가 끝나갈 무렵에 그녀는 매일 밤, 그녀의 표현대로라면, '기적적으로' 곧바로 잠들 수 있었고, 약의 도움 없이 그렇게 할 수 있다는 사실에 매우 기뻐했다.

잠자는 데 여러 문제가 있다면 그것은 당신의 몸이 자신이 현재 살아가고 있는 방식에 대해 무언가를 이야기해 주려고 애쓰는 것이라 할 수 있다. 마음과 몸의 다른 증상처럼 이 메시지 역시 경청할 필요와 가치가 있다. 흔히 그것은 당신 생활 가운데 스트레스 문제가 있다는 표시이고, 문제가 풀리면 수면 문제는 저절로 해결된다. 때때로 운동을 얼마나 많이 하고 있는지를 살펴보는 것도 도움이 된다. 산책이나 요가 또는 수영 등과 같은 규칙적인 운동은 푸근하게 잠들 수 있는 능력의 차이를 만든다. 자신을 위해 한번 실험해 보라.

어떤 경우 사람들은 실제 필요한 것보다 더 많이 자야 한다는 관념에 사로잡힐 수 있다. 잠에 대한 욕구는 사람마다, 연령마다 다를 수 있는데, 나이가 들수록 수면 욕구는 줄어드는 것으로 알려져 있다. 하루 네다섯 시간이나 여섯 시간 자는 것으로 충분하고 낮에도 활동하는 데 무리가 없지만 흔히 그보다 긴 시간 '자야만 한다'고 느끼는 사람이 많다.

우리는 잠을 이루지 못할 때면 침실에서 벗어나 잠시 동안 당신이 좋아하는 무엇이나 기분이 좋아지는 무언가를 하기를 권한다. 나는 내가 잠들 수 없다면 그때 잠들어야 할 필요가 없기 때문이라고 가정하곤 한다. 비록 내가 의식적으로 잠을 자고 싶어 했더라도 말이다. 내가 잠자기 어려울 때 하는 두 번째 일은 명상이다. (첫 번째로 하는 일은 지금 내가 무엇을 하고 있는가를 깨닫기까지 이리저리 뒤척이고 혼란스러워 하는 것이다.) 나는 침대에서 일어나 따뜻한 담요로 몸을 감싼 뒤 방석에 앉아서 내 마음을 단지 지켜본다. 이 시간은 무엇이 나를 그리 짓누르고 산란하게 만들어 평화스런 잠에서 깨어나도록 만드는지를 주의 깊게 바라볼 수 있는 좋은 기회를 가져다준다. 어떤 경우는 침대에서 송장 자세로 누워 바디 스캔을 수련하기도 한다.

보통 30분가량 명상을 하고 있으면 마음이 고요해져 다시 잠들 수 있게 되기도 한다. 다른 때는 좋아하는 계획안 생각해 보기, 목록 만들기, 좋은 책 읽기, 음악 듣기 혹은 당신이 혼란스럽고 화나고 무서워하고 있음을 받아들이기로 당신을 끌고 갈 수 있다. 그것이 무엇이든 그것에 대해 마음챙김 명상을 하라. 당신이 깨어 있다면 한밤중은 요가하기에 매우 좋은 시간이다.

이런 방법으로 불면을 다루기 위해서는 당신이 이미 깨어 있음을 깨닫고 받아들여야 한다. 잠자리에 다시 들지 못한다면 그다음 날 낮에 지쳐서 얼마나 힘들까라고 심란해하며 염려하는 것은 잠드는 데 도움을 주지 않는다. 억지로 잠들려 해도 마찬가지다. 지금 이미 깨어 있는 게 사실인데, 미래는 미래의 순간에 돌보도록 내려놓지 못할 이유가 어디에 있는가? 완전히 깨어 있지 못할 이유가 어디 있는가?

첫 장에서 잠시 소개했듯이 마음챙김 명상수련은 다른 모든 영적 훈련이나 수련에서도 이런저런 양상으로 발견되기는 하지만, 일차적으로 불교명상수련 전통에서 유래하였다. 흥미롭게도 불교에는 신이 없다. 이것이 다른 여러 종교와 구별되는 큰 차이점이다. 불교는 부처라는 역사적 인물에게서 구현된 원리(진리)에 대한 존경에 기초하고 있다. 이야기에 따르면, 위대한 성자이며 스승으로 여겨지는 사람인 부처에게 누군가가 다가가 물었다. "당신은 신이십니까?” 그가 답했다. “아니요, 나는 깨어 있는 사람이오.”
마음챙김 명상의 정수는 우리가 흔히 빠져 있는 자각 없는 반수면
상태인 무명에서 깨어나도록 하는 것이다.

우리는 매우 많은 시간을 자동조종 상태에서 기능하며, 그것은
우리가 깨어 있더라도 자각하고 있기보다는 반수면 상태와 유사
하게 살아간다는 의미다. 실제로는 마음챙김의 랩소디라 말할 수
있는 『월든(Walden)』에서, 소로(Henry David Thoreau)는 “우리는 기
계적인 도움에 의해서가 아니라 깊은 잠 중에서도 우리를 버리지
않는 새벽에 대한 무한한 기대로 스스로를 다시 깨우고 깨어 있는
법을 배워야 한다.”고 이야기한다.

깨어 있을 때 자신을 완전히 깨어 있게 개입할 수 있다면, 어떤
시간에 잠들지 못하는 것에 대한 우리의 관점은 다른 모든 것에
대한 우리의 생각과 함께 변할 것이다. 지구가 자전하는 24시간의
순환 동안 깨어 있는 어떤 때라도 ‘완전히 깨어 있기’와 ‘사물을
있는 그대로 받아들이는 수련’을 하는 기회로 볼 수 있다. 마음이
산란하고 잠들지 못하고 있다는 사실까지도 포함해서 말이다. 이
렇게 할 때 당신의 수면은 말할 것도 없이 스스로를 돌볼 것이다.
그것은 ‘반드시’ 또는 ‘당연히’라고 외치고 있을 때는 찾아오지 않
으며, 당신이 그렇게 되어야 한다고 생각하는 만큼 오랫동안 계속
되지도 않을 것이다. 우리는 ‘반드시’라는 말을 너무 많이 쓴다.

이런 접근법이 당신에게 지나치게 급진적이라면 잠시 다른 대
안을 생각해 보면 좋다. 수면을 조절하기 위한 약품 시장의 규모는
수백만 달러 이상이다. 이런 산업이 번창하는 것은 인간이 전체적
으로 항상성을 잃어버리고 있으며, 이를 조절하려는 단순한 시도

가 얼마나 널리 퍼져 있는지를 단적으로 보여 주는 것이다. 많은 사람이 잠들기 위해 혹은 더 오래 잠자기 위해 약을 먹곤 한다. 자신의 내적 리듬과 순환을 통제하고 조절하기 위해 화학 약품을 처방하는 것이다. 약은 다른 모든 방법이 실패했을 때에야 사용을 고려해 볼 수 있는 마지막 수단이 되어야 하지 않겠는가?

우리가 의도하는 바는 아니지만 스트레스 완화 클리닉에서 하는 바디 스캔 수련 중에 많은 사람이 잠이 든다. 바디 스캔이 깊은 이완을 유도하기 때문이다. 당신이 피곤할 때 바디 스캔을 한다면 깊이 이완되기보다는 잠들기 십상이다. 이것이 바디 스캔 전 과정을 통해 깨어 있기 위해 노력해야 하는 이유다. 어떤 사람들은 몇 주 동안 그 테이프를 다 듣지 못한다. 어떤 이들은 바디 스캔의 시작점인 왼쪽 발가락이나 왼쪽 무릎에 주의가 닿기 전에 잠이 든다. 수업 시간 때때로 강사의 지도가 코골이로 중단된다. 그럴 때마다 사람들의 웃음소리가 많이 나오는데, 이는 어쩔 수 없는 일이다. 우리 대부분 어느 정도는 잠이 부족하고 이완될 때 잠에 빠져드는 경향이 있다. 그래서 우리는 바디 스캔 수련 중에는 더 이완될수록 더 깨어 있는 법을 배워야 한다. 이것은 배울 만한 일이며 가치 있는 일이다. 하지만 많은 연습이 필요하다.

사람들이 불면 문제로 도움을 받기 위해 클리닉에 찾아오면 우리는 그들에게 밤에 잠드는 데 도움이 되도록 바디 스캔 테이프를 사용할 수 있게 해 준다. 그들에게 하루 중 다른 시간에 '깨어 있기' 위해 테이프를 사용한다는 약속을 받고서 말이다. 바디 스캔 테이프는 잠드는 데 잘 작용한다. 수면장애를 가진 대부분의 사람은 바디 스캔을 수련한 뒤 몇 주 후에는 현저히 증상이 좋아지고,

8주 프로그램이 끝나기 전에 수면제를 끊었다고 보고한다.

어떤 이들에게는 잠이 들거나 다시 잠들고 싶을 때 침대에 누워서 단지 호흡에 초점을 맞추고, 의식이 호흡을 따라 몸속으로 이동해 들어갔다가 되돌아 나오게 하며, 매 순간 몸이 매트 속으로 차츰차츰 가라앉게 내려놓는 것도 좋은 방법이다. 당신은 우주와 하나가 되어서 그 끝에서 숨을 내쉬고 다시 우주는 우주의 끝인 당신으로부터 숨을 들이쉰다고 상상할 수 있다.

잠시 우리가 어떻게 '잠이 드는지'를 생각해 보자. 어떤 특정 시점에 우리는 매트 위에 몸을 눕히고 두 눈을 감고 이완한다. 안개가 스물스물 몰려오듯 의식이 가물가물해지고 우리는 잠 속으로 빠져들어 간다. 바디 스캔을 할 때에는 특별히 눈을 감고 누워서 하기 때문에 이완이 점차 깊어 가는 길을 따라 여행하면서 '갈림길'에 왔을 때는 이를 알아차리는 것을 학습해야 한다. 길의 한 방향은 의식이 가물거리고 알아차림이 없어지고 잠이 드는 쪽이다. 이 방향은 규칙적으로 따라가기 매우 좋은 길이며 우리가 건강을 유지하고 신체와 심리적 자원을 회복하게 도와준다. 잠은 축복이다. 또 다른 방향은 명상과 이완과 성성한 알아차림의 상태로 가는 길이다. 이 길 역시 규칙적으로 훈련할 가치가 있고 충분한 회복을 도와주는 조건이다. 이는 생리 혹은 심리적인 수면 상태와는 매우 다르다. 이상적으로는 두 방향의 상태를 모두 키워 나가고, 특정 시점에서 어느 것이 다른 것보다 더 중요한지를 알아차릴 수 있으면 가장 좋다.

잠에 대한 애착이 너무 강해 잠이 부족한 결과에 대해 지나치게 근심한다. 그러나 몸과 마음을 조절할 수 있고 우리가 경험하는 혼란을 바로잡을 수 있다고 믿는다면 수면장애를 더 큰 성장을 위한 디딤돌로 삼을 수 있다. 마치 통증이나 불안 등의 다른 신체 증상을 사용해서 더 깊은 전체성 수준을 이룰 수 있듯이 말이다.

나는 아이들이 어렸을 때 혼란스러운 수면 양상에서 벗어나기가 힘들었다. 그 기간 동안에 전혀 방해받지 않고 잠을 잔 날은 손으로 꼽을 정도였다. 첫 번째 이유는 아이들을 돌봐야 했기 때문이다. 우리 집 아이들이 네다섯 살이 될 때까지는 수시로 깨어나는 유전자를 가지고 태어난 것처럼 행동했기 때문이다. 나와 아내는 처음부터 아이들의 이런 특성에 대해 '아이들은 잠을 이렇게 자야 한다.'는 우리의 생각을 강요하기보다는 있는 그대로 받아들이기로 했다. 이는 필요하면 늘 깨어날 준비 태세를 갖추고 살기를 배우는 것을 의미한다. 어떤 날은 하룻밤에 서너 번씩 일어나며, 밤이면 밤마다 십여 년을 그렇게 보냈다. 거의 늘 일찌감치 잠자리에 들어서 아이들의 수면 방식을 따라잡으려 했다. 그러나 대부분의 경우에는 내 신체 시스템이 덜 자고 덜 꿈꾸도록 조정되었고, 나는 용케도 이 세월을 잘 관리해 왔다.

내가 완전히 지치지도 않고 병도 들지 않은 이유 중 하나는 수면 문제와 싸우려 들지 않았다는 데 있다. 나는 잠을 자지 못하는 것을 받아들였으며 오히려 명상수련의 일부로 삼으려 했다. 제7장에서 언급했듯이 한밤중이면 나는 아이 하나를 안거나 업고 마루를 걷고, 달래고, 노래 불러 주고, 흔들어 주곤 했다. 그러한 일을 통해 그 아이들이 정말 내 자식임을 떠올리면서 그들의 감정, 몸, 나의 몸, 나의 아버지됨을 자각했다. 정말이지 나는 한시 바삐 침대로 돌아가고 싶었지만 그렇게 할 수 없었고 그렇게 하지 않았다. 나는 그 시간에 '깨어 있음'을 '정말로 깨어 있기'를 수련하는 기회로 삼았다. 이런 관점을 가진 후로 밤중에 깨는 것은 한 인간으로, 그리고 한 아버지로서의 훈련과 성장을 위한 또 다른 기회가 되었다.

이제 아이들은 성장했고 매우 잘 잔다. 그러나 나는 여전히 한밤중에도 자주 깨어난다. 때로 밤중에 깨어나는 것은 내 마음에 매우 많은 것이 아마 내가 그렇게 하기를 원하기 때문에 떠나지 않고 있는 것이리라. 그래서 나는 침대에서 일어나 앉거나 요가를 하거나 그 둘 모두를 한다. 다음에는 내 느낌에 따라 침대로 다시 돌아가거나 혹은 마무리 짓고 싶어 하는 마음의 일거리(프로젝트)를 하고 소음을 만들지 않는다. 한밤은 매우 평화롭고 조용하다. 전화벨 소리나 어떠한 방해도 없다. 특히 세상과 소통하게끔 유혹하는 이메일로부터 거리를 두고자 한다면 말이다. 별과 달 그리고 여명은 멋진 광경을 제공하고, 한밤중에 하늘을 올려다보지 않으면 알 수 없는 '내가 우주와 연결되어 있다는' 느낌을 준다. 일단 다시 잠자러 가려는 마음을 멈추면 마음은 이완되고, 나는 그 시간을 마음챙김 명상에 온전히 쏟을 수 있게 된다.

물론 사람들은 서로 다르고 저마다의 리듬을 지니고 있다. 어떤 이들은 한밤중에 최상의 기능을 보이고, 어떤 이들은 이른 아침에 최상의 기능을 보인다. 하루 24시간을 당신에게 가장 적합하게 사용하는 방법이 무엇인지를 발견하는 것은 매우 가치 있다. 그것을 발견하는 길은 몸과 마음에 주의 깊게 귀 기울이고 그들에게 당신이 필요로 하는 것을 가르쳐 알도록 하는 데서 출발할 것이다. 이는 변화와 실험에 대한 저항을 내려놓고 자신에게 삶의 새로운 경계를 열렬히 탐색할 수 있도록 해 주는 것을 의미한다. 잠에 대한 당신의 관계는 마음챙김 명상의 좋은 과실이다. 만약 당신이 잠들지 못하는 것에 대해 덜 염려하고 온전히 깨어 있음에 보다 주의를 기울일 수 있다면, 잠은 당신 자신에 관해 숨어 있던 많은 이야기를 들려줄 것이다.

28

사람 스트레스

　이미 눈치 챘겠지만, 사람은 삶의 커다란 스트레스원이 될 수 있다. 우리 모두는 누군가가 내 삶을 통제하려 들고, 자신을 위한 시간을 요구하고, 필요 이상으로 까다롭거나 적대적이며, 내가 기대하는 방식으로 행동하지 않고, 우리와 우리의 감정에 대해 배려하지 않는다고 느낀 적이 적지 않을 것이다. 또한 스트레스를 유발하기 때문에 가능하면 상대하지 않고 싶지만 함께 있거나 일할 수밖에 없는 처지여서 어쩌지 못하는 별난 사람의 이름을 한둘은 댈 수 있다. 실은 나에게 가장 큰 스트레스를 유발하는 사람들 대부분은 우리가 깊이 사랑하고 있는 사람이다. 우리는 친밀한 관계가 기쁨이나 즐거움과 함께 때로는 깊은 마음의 아픔이나 상처도 선사함을 익히 알고 있다.

다른 사람과의 관계는 우리에게 마음챙김을 수련해서 '사람 스트레스'를 줄이는 연습을 할 수 있는 기회를 끊임없이 제공한다. 제3부에서 보았듯이 스트레스는 순전히 외적 원인으로만 생기는 것이 아니라 나와 세상과의 상호작용으로 생겨난다. 스트레스를 주는 사람과의 관계에서도 그 관계에서의 자신의 몫을 책임지고 자신의 알아차림, 사고, 감정, 행동에 대한 책임도 동시에 고려해야 한다. 유쾌하지 않거나 위협적인 상황에서와 마찬가지로, 다른 사람과 문제가 생겼을 때도 무의식적으로 '투쟁 혹은 도피 반응'의 자동 반응에 휘둘릴 수 있다. 이런 반응은 장기적으로는 대인관계 문제를 더욱 악화시킨다.

우리 대부분은 대인 간 불쾌감이나 갈등을 다루는 깊숙이 뿌리내린 무의식적 습관을 발달시키고 있다. 이런 습관은 타고난 것이거나 부모가 부부간이나 다른 사람과의 관계에서 보이던 행동방식에서 배운 것이다. 어떤 이들은 대인 간 갈등이나 타인이 분노하는 것을 너무 무서워해서 관계의 마찰을 피하기 위해서라면 어떤 일이라도 하려고 한다. 당신이 이런 습관을 가졌다면, 자신이 실제로 어떻게 느끼고 있는지를 직접적으로 이야기하거나 표현하지 않고, 수동적이 되고, 상대를 달래고, 상대에게 굴복하고, 자신을 비난하고, 문제를 짐짓 모른 체 하는 등 가능한 모든 수단을 동원해서 갈등을 회피하려 할 것이다.

어디를 가든 주위 사람과 갈등을 일으켜 자신의 불안정감을 해결하려 하는 사람들이 있다. 이들은 대인 간 상호작용을 권력과 통제의 면에서 바라보기 때문에 모든 관계를 이런저런 방식으로 자신의 통제력을 행사할 수 있는 기회로 삼거나 타인에 대한 배려

없이 자신의 길을 가는 기회로 이용하려 한다. 이런 습관을 가진 사람은 보통 다른 사람들이 자신을 어떻게 받아들이는지는 고려하지 않고 공격적이고 적대적인 성향을 보인다. 이들은 주위 사람들을 피곤하게 만들며, 상대를 학대하고, 습관적인 자신의 방식에 대해 둔감하다. 그들의 말투는 용어나 목소리 톤이 거칠고 모든 관계가 자기 지배를 주장하기 위한 투쟁인 것처럼 행동한다. 그 결과 그들은 다른 사람들에게 나쁜 감정을 남기기 일쑤다.

　우리 대다수는 이런 양극단이 아닌, 이 두 가지 양상이 혼합되는 형태를 보일 것이다. 그래서 한편으로는 경험적인 회피를 그리고 다른 한편으로는 공격과 가혹함과 상대의 고통에 둔감할 수 있는 잠재력을 함께 갖고 있을 것이다. 생활이 위험에 처하지 않은 상황에서도 제19장에서 보았듯이 '투쟁 혹은 도피 반응'에 대한 자동화된 충동이 우리 행동에 큰 영향력을 행사한다. 자신의 이해관계나 사회적 지위가 위협받는다고 느낄 때마다 '나는 지금 무엇을 하고 있는가.'를 깨닫지 못한 채 자신의 지위와 입장을 보호하거나 방어하기 위한 무의식적 반응을 저절로 하게 된다.[*] 흔히 이런 행동은 갈등 수준을 관계의 안과 밖으로 더욱 높이고 문제를 더욱 복잡하게 몰고 간다. 반대로, 우리는 과도하게 순종적으로 행동할 수도 있다. 그런 경우에는 흔히 자신의 견해나 감정 혹은 자존감을 희생한다. 그러나 우리 인간은 반성하고 생각하고 자각할 수 있는 능력

---

[*] 대니얼 골먼은 이를 '편도체의 납치행각'이라고 표현한다. 이는 편도체가 자신의 위협 상황을 추적해 신호를 보내면, 정서를 조절하고 다른 사람의 관점을 고려하는 등의 뇌 전전두엽의 집행 기능을 낚아채 가 버린다는 것이다. 유념할 점은 인간은 상상 속의 위협에 의해서도 이런 상황이 유사하게 벌어질 수 있다는 사실이다.

또한 가지고 있기 때문에 우리의 무의식적이고 마음 깊숙이 뿌리 박혀 있는 본능을 넘어서는 다른 대안행동을 선택할 수도 있다. 그러나 이를 실천에 옮길 수 있는 우리의 타고난 힘은 미약하다. 그래서 우리는 그 미약한 잠재력을 의도적으로 키워 나갈 필요가 있다. 대안행동은 마술처럼 저절로 표면으로 드러나지 않는다. 특히 대인 간 관계 양식이 자신을 진솔하게 들여다보기를 꺼려하고, 자동적으로 방어적이거나 공격적인 행동에 지배받는 경우에는 더욱 그렇다. 다시 한 번 성인 인간의 행동은 타고난 반응에 의해 움직이기보다는 특정한 대응을 선택하는 것임을 깨달아야 한다.

관계는 우리가 타고난 관계성이라고 부를 만한 연결과 상호 연결성에 기초하고 있다. 사람들이 서로 존중하면서 솔직하고 진솔하게 의사소통하려고 할 때, 비로소 관점이 교환되고 이는 의사소통에 관여하는 사람들에게 새로운 시각과 '함께 존재함'의 느낌을 유발한다. 우리의 감정이 알아차림의 합당한 범위 내의 부분이 될 수 있으면, 공포나 불안정감을 넘어서서 진정한 상호 소통을 할 수 있게 된다. 심지어 우리가 위협받거나 화나거나 공포를 느끼는 상황이라고 하더라도, 우리가 의사소통의 영역을 마음챙겨서 바라볼 수 있다면 상호 관계를 극적으로 개선할 수 있는 좋은 기회로 삼을 수 있다. 예를 들어, 제15장에서도 보았듯이, 스트레스 완화 프로그램에 참석했던 사람들이 자신이 더 무자비하게 강해지려던 동기보다 건강한 친화적인 믿음의 동기를 대안으로 앞세울 수 있듯이 말이다.

의사소통이라는 단어는 정보와 에너지가 공통 연결고리를 통해 흘러가는 것을 뜻하고, 공유란 연합, 참여 혹은 함께 나누기를 의미한다. 그래서 의사소통이란 합치거나 만나거나 마음의 연합을 이루는 것을 뜻한다. 그것이 반드시 의견이 일치하는 것만을 의미할 필요는 없다. 그것은 상황을 전체로 보게 됨과 자신의 견해와 마찬가지로 타인의 견해도 함께 바라보고 열린 마음으로 다룰 수 있게 됨을 뜻한다(유교에서 군자들 사이의 관계를 특정짓는 화이부동(和而不同)이라는 용어가 이 사례에 잘 맞는다 – 역자 주).

우리가 자신의 감정이나 견해 혹은 계획에만 빠져 있을 때는 진정한 소통이 불가능하다. 그럴 때는 사물이나 세상을 보는 견해가 나와 다른 사람은 위협으로 다가오기 때문에 자신과 세계관이나 의견이 일치하는 사람하고만 관계를 맺는다. 나와 견해가 완전히 다른 사람을 만나면 만남 그 자체가 스트레스가 된다. 내가 개인적으로 위협을 받은 것으로 자동 반응하게 되면, 관계에는 전선이 형성되고 관계가 '내 편' 대 '남의 편'의 편 가르기로 추락할 가능성이 높아진다. 이는 의사소통을 매우 어렵게 만든다. 스스로 제한된 마음의 자세로 마음 문을 닫을 때, 우리는 각자가 조망한 '아홉 개의 점'을 넘어설 수 없게 되고, 자신이나 자신의 견해가 한 부분이 되는 시스템 전체를 조망할 수 없게 된다. 그러나 양측이 모두 자기 생각의 범위를 확장하고, 다른 견해를 기꺼이 고려하려 하며, 전체 시스템을 염두에 두고 있다면, 전혀 새로운 가능성이 신기루처럼 생겨날 수 있으며, 편협한 마음이 지나치게 제한적으로 그려 냈던 모든 경계가 눈 녹듯 사라질 수 있다.

의사소통에서 이 같은 조화를 이룰 수 있는 가능성은 개인뿐만이 아니라 국가나 정부 혹은 정치 단체와 같은 여러 사람이 모인 집단에도 적용될 수 있다. 단지 두 세대 전만 해도 서로를 적으로 여기며 죽이려 했었던 미국과 일본, 미국과 독일이 지금은 우방으로 지내며 경제적으로도 긴밀하다. 남아프리카의 인종차별정책은 인종 간의 전쟁 대신에 '진실화해위원회'를 통해 끝날 수 있었다. 피해자와 가해자 모두 자신의 고통과 슬픔을 목소리 높여 서로를 비난하기보다 수십 년 동안 범하였던 거대한 잔인함과 고통을 불러온 사건을 함께 드러내고 명명하고 직면하면서 말이다. 많은 세월 동안 단교했었던 미국과 중국 사이의 소통과 무역에도 역시 커다란 발전이 있었다. 이런 역사를 어떻게 설명할 수 있겠는가?

심지어 한쪽에서만 전체 시스템으로 생각하는 책임을 지고 상대편은 그렇지 않다 하더라도, 전체 시스템의 변화와 갈등을 해결하고 이해하기 위한 새로운 가능성이 생겨날 수 있다. 물론 이런 가능성은 사고와 행동이 옛날 방식 그대로 되돌아가는 상대방의 역공에 의해 단기적으로 끝나거나 중단될 수도 있다.

우리는 매일 뉴스에서 이러한 예들을 본다. 현상을 유지하여 이익을 얻는 사람 내지는 이데올로기적으로 특정 관점에만 집착하는 사람의 심한 저항을 수없이 보아 왔다. 그럼에도 나는 의사소통을 통한 상호 이해를 높이는 전체적 그림은 낙관적이라고 생각한다. 정보 공유와 사회, 경제, 교육 및 문화 교류를 증진시킬 수 있는 가상과 현실적 수단이 근래에 급속하게 늘고 있어서 정부 차원

뿐만 아니라 그룹과 그룹, 개인과 개인 차원에서 의사소통이 종전보다 훨씬 더 쉬워지기 때문이다. 이는 2011년 아랍의 봄을 위시해서 때로는 도저히 극복할 수 없던 것처럼 보였던 난관 속에서도차츰 뿌리를 내리고 있는 더 나은 민주주의를 향한 운동에서 관찰된다. 더 많은 진지한 경제학자들과 정치학자들이 이러한 사회, 경제, 지리, 정치적 추세와 이것의 기원과 장기적인 전망을 이해하기 위한 설명의 틀을 찾으려고 시도하고 있다. 한 예로, 컬럼비아대학교의 거시경제학자 제프리 색스(Jeffery Sachs)는 『문명의 대가』라는 최신 저술에서 마음챙김이 세계와 각 국가의 행복을 위협하는 근본적인 많은 부조화 요소를 화합시키는 주요한 수단으로작용할 수 있다고 강력하게 주장한다. 우리는 제32장의 세상 스트레스에서 이 주제에 대해 자세히 다룰 것이다.

우리가 MBSR 프로그램에서 사람 스트레스와 의사소통의 어려움이라는 주제에 대해 이야기할 때, 가끔은 모든 참여자를 2인 1조로 짝을 지어 저술가이자 에이키도(aikido) 수행자인 조지 레너드(George Leonard)의 합기도 무예(武藝, martial art)에서 유래한 많은알아차림 훈련 방법을 수련한다. 이 훈련은 우리가 다른 사람과 파트너십을 이루어서 몸으로 행위하고, 위협적이고, 스트레스 상황에서 반응하는 대신 대응하는 경험을 할 수 있도록 도와준다. 우리는 두 사람 사이에서 가능한 여러 에너지 관계를 시뮬레이션하고조망해 보며, 그런 상황에 있을 때 그들이 내면에서 어떻게 느낄 것인가를 상상하고 소통해 본다.

에이키도의 목표는 신체적 공격을 받고 있을 때 자신의 중심과 평온을 유지하고, 공격자의 비합리적이고 불균형한 에너지를 당신이 다치지 않고 상대도 손상받지 않고 소멸되도록 하려는 것이다. 이는 가장 위험한 위치인 다가오는 상대의 정면에 위치하지 않으면서 공격자에게 기꺼이 다가가서 그와 실제로 접촉하는 것이다.

이 연습을 할 때 공격자 역할을 맡은 사람은 언제나 파트너와 겨루며 쓰러뜨리려고 하여 스트레스를 주는 사람 혹은 스트레스원 역할을 한다. 공격을 받는 사람에게는 그 스트레스원에 반응해서 여러 선택지 중에서 선택할 수 있는 옵션이 주어진다. 공격자는 매번 팔을 벌리고 상대의 어깨를 향해 똑바로 다가가 '의미 있는 일격'을 가해 상대를 제압하려 한다.

첫 번째 시나리오에서 공격자가 당신에게 다가올 때, 당신은 마룻바닥에 단지 조용히 누워서 "그래 좋아, 당신이 원한다면 무엇이든 해 봐. 난 그 공격과 비난을 감수할 거야."라고 말하거나 "그렇게 하지 마. 그건 내 잘못이 아니야. 다른 사람이 그렇게 했어." 라고 혼잣말을 할 수 있다. 우리는 상대에 대해 그럴 때 어떻게 느끼게 되는지를 관찰하고, 차례로 역할을 바꾼다. 사람들은 누구나 할 것 없이 이 시나리오의 두 가지 역할 모두를 혐오스러워하지만, 실제로 일상에서 자신이 그렇게 행동하는 경향이 적지 않음을 수긍한다. 많은 사람은 자신이 가족의 발걸레 같은 역할을 하고 있다고 느끼거나 수동적 행동이라는 덫에 걸려 옴짝달싹 못한다는 느낌, 강력한 타인에게 위협받고 있다는 느낌에 관한 이야기를 나누게 된다. 그들은 이런 과정에서 상당한 정도로 연결되고 영향을 주고받는다.

시나리오가 계속되면서 이번에는 공격자가 당신에게 다가올 마지막 순간에 가능한 한 빨리 움직여 상대가 당신을 비껴 지나가도록 움직인다. 이때 신체 접촉이 실제로는 일어나지 않는다. 이런 행동은 흔히 접촉을 기대하고 있었으나 그렇게 하지 못했기 때문에 공격자를 더 많이 좌절하게 만든다. 마지막 순간에 피했던 사람은 이번에는 기분이 꽤 좋아진다. 적어도 자신이 타격을 당하지는 않았다. 그러나 그들도 언제나 이런 방식으로 도망 다니거나 사람들을 피하면서 타인과 관계를 맺을 수 없다는 사실을 알아차리게 된다. 부부나 연인들은 흔히 이런 유형의 행동에 빠진다. 즉, 한편은 온 힘을 다해 접촉하고자 하고 다른 한편은 그 접촉을 언제나 거절하거나 피한다. 이런 공격적 역할과 수동적 역할이 뿌리 깊은 습관으로 자리 잡으면 쌍방 모두가 매우 고통스러워진다. 거기에는 어떤 접촉도, 의사소통도 없기 때문이다. 그 결과는 만성적 외로움과 좌절이다. 그러나 사람들은 가장 가까운 관계에서조차도 이와 같은 수동-공격적인 자세로 관계를 맺으며 삶을 살아갈 수 있고, 또 그렇게 살아가는 경우가 적지 않다.

다른 운동에서는 공격을 받을 때 보통은 옆으로 피하는 대신 뒤로 밀려난다. 발뒤꿈치에 금을 긋고 더 이상 물러나지 않도록 지시받고 양측은 엉켜서 서로를 밀어낸다. 이 상황을 더욱 강하고 정서적으로 강렬해지도록 하기 위해 서로를 향해 "내가 옳아. 네가 틀렸어."라고 외칠 수도 있다. 행동을 멈추었을 때 눈을 감고 주의를 몸과 감정으로 챙겨와 보라. 거의 틀림없이 대부분의 사람은 가쁜 숨을 돌린 뒤에 이 시나리오가 앞서 했었던 수동적인 역할보다 조금 더 기분이 좋다고 이야기한다. 이 시나리오에서는 적어도 접촉이 있다. 그들은 몸싸움이 힘을 빼게는 만들지만 끝나고 나면 접촉이 기분을 좋게 한다는 사실을 발견한다. 우리는 자리를 잡고, 접촉을 유지하며, 감정을 발산하고, 그 결과로 기분이 좋아질 수 있다. 당신이 이 연습을 할 때면 왜 다수가 이런 방식의 관계 맺기에 중독되는지에 관해 조금 더 분명하게 이해하게 될 것이다. 그것은 적어도 제한된 방식으로 기분이 좋아질 수 있다.

그러나 이 연습 또한 우리를 공허하게 만든다. 싸우는 두 사람은 서로 자신이 옳다고 생각한다. 서로는 서로에게 '나의 방식'을 보라고 강요한다. 양측 모두 상대를 깔아뭉개는 일이 스스로 다른 시각을 가질 수도 있는 여지를 만들지 못하게 한다는 것을 알아차리게 된다. 그들은 강제하기, 위협하기, 투쟁하기 그 모두가 헛됨을 알아차린다. 그럴 때 우리가 취할 수 있는 행동은 자신이 그 관계를 구원하고 있다고 주장하면서 상대에게 복종하거나 우리의 인생을 영원한 투쟁에 적응시킬 수밖에 없다. 심지어 우리는 그러한 관계의 양상을 '원래 세상이나 일'이 이런 것이라며 당연시하기도 한다. 인간에게는 변화하기보다 고통받고 힘이 들더라도 이미 우리가 알고 있는 것이나 친숙한 것에 안락과 안전감을 느끼는 경향 또한 존재한다. 변화하지 않으면 적어도 현상을 종전과 다르게 바라보고 행동해서 상황을 더욱 위태롭게 할 수도 있는 선택을 감수하는 위험은 택하지 않아도 된다.

우리는 이와 같은 습관적이고 자동적인 체념적 대인행동 양상이 일으킬 수 있는 신체 및 심리적 비용을 너무 자주 망각하곤 한다. 그 비용은 관계를 맺는 두 사람뿐만 아니라 그 관계에 연결되어 그 양상을 밤낮으로 지켜보게 되는 아이나 부모에게도 부과된다. 결국에는 우리 삶이, 자신의 관계와 선택 및 선택 대안에 대한 매우 제한된 견해 속으로만 내려앉게 된다. 계속적으로 투쟁하는 모형 역시 의사소통이나 성장 혹은 변화를 위한 좋은 안이 되지 못한다.

이 시나리오의 마지막 연습은 에이키도에서 들어서기와 블렌딩(blending)이라 부르는 것이다. 이 대안은 다른 시나리오에서 여러 차례 보았던 스트레스에 대한 자동 반응이 아니라 '마음챙김에 기반을 둔 스트레스 대응'을 나타낸다. 그것은 중심이 잡혀 있고, 깨어 있으며, 마음을 챙겨 현재에 존재하는 것에 기초하고 있다. 이는 마음의 균형을 잃지 않고 전체로서의 몸에 뿌리를 굳건히 내리고 스트레스 유발 자극으로서 타인을 알아차릴 것을 요구한다. 그렇게 되면 우리는 공포에 대해 습관적으로 반응하지 않고 '호흡'과 '상황을 전체로 조망하기'에 뿌리 내릴 수 있다. 다른 사람과 마주하는 실제 스트레스 상황에서 늘 그러하듯 상당한 공포가 존재함에도 말이다. 신체적 측면에서 들어서기와 블렌딩은 공격자를 향해 안으로 한 걸음 더 다가서는 것이다. 발을 한 걸음 안으로 내딛어서 공격자를 향해 다가가면서 동시에 공격자의 조금 옆으로 비켜서서 그가 내뻗는 팔을 잡는다. 이 동작을 에이키도에서는 '들어서기'라고 한다. 공격에 한 걸음 비켜 들어서 당신은 공격의 불꽃을 조금 떨어져서 관리할 수 있고, 동시에 공격자에게 더 가까이 다가가 접촉을 유지할 수 있다. 당신이 취하는 바로 그 자세가 당신이 도망가거나 꽁무니를 빼지 않고 현재 일어나고 있는 일에 기꺼이 직면하고 그와 함께 작업하겠다는 이야기를 상대에게 전하는 것이다. 이때 당신은 무지막지한 힘으로 상대를 대하려 할 필요가 없다. 그 대신 상대가 팔을 뻗는 관성을 이용해서 당신과 상대가 같은 방향을 보면서 여전히 상대의 팔목을 잡고 블렌딩한다. 당신은 여전히 상대방의 손목을 잡고 있다. 이 순간 두 사람 모두 같은 방향을 바라보고 있기 때문에 같은 것을 본다. 이 순간 당신은 공격자와 동일한 시야를 공유한다.

이러한 방식으로 들어서기와 블렌딩을 하는 것의 좋은 점 중 하나는 상대의 손 뻗기에 압도당하거나 심하게 다칠 수도 있는 충격을 피할 수 있다는 것이다. 이와 동시에 상대의 힘과 함께 움직이려고 함으로써 사물이나 일을 상대의 관점에서 보려는 의사가 있음을 보여 주어 당신이 수용적이며 함께 바라보고 경청하려는 의사가 있음을 몸을 통해 은유적으로 전할 수 있다. 이런 자세는 공격자가 자신의 통합성을 유지할 수 있게 하면서도, 동시에 당신이 현실과 접촉하는 것을 두려워하지 않으며, 상대의 에너지가 자신을 압도하도록 내버려 두지 않겠다는 의지를 전해 준다. 이 순간 당신은 그가 원하든 원하지 않든 그의 적이 아니라 파트너가 될 수 있다.

이렇게 할 때 당신은 다음 순간에 어떤 일이 일어날지 확실하게는 모르지만 선택할 수 있는 많은 대안을 가지고 있다. 한 가지 가능성은 공격자의 몸을 돌려 이제 당신이 향하고 있는 방향이 어떻게 보이는지를 함께 바라보는 것이다. 다음 순간의 몸짓은 일종의 함께 추는 춤이 될 수 있다. 당신도 전적으로 통제할 수 없고 상대 또한 마찬가지다. 그러나 당신은 중심을 유지함으로써 적어도 자신을 통제할 수 있고 손상을 덜 받게 된다. 너무 많은 것이 처해 있는 맥락에 달려 있기 때문에 다음 순간에 무엇을 해야 할지 구체적인 계획을 짤 수는 없다. 당신은 자신의 상상력과 그 순간순간 바로 볼 수 있는 새로운 방식을 떠올리는 자신의 능력을 믿어야 한다.

강도 높은 훈련을 받은 에이키도 고수가 아니라면, 물론 실제 상황에서 공격을 받을 때 이러한 시도를 해서는 안 된다. 아마 가장 좋은 답은 뒤돌아서 도망치는 것이다. 높은 수준의 검은 띠를 딴 무림의 고수들에게 물어도 이 답은 마찬가지일 것이다. 36계는 최고의 지혜라 불린다. 내가 여기서 묘사하고 있는 운동은 비유를 사용해서 표현하려 한 것이다. 당신이 이런저런 소통이나 상황으로 인한 대인 공격 상황에 처했을 때, 들어서기와 블렌딩하기, 즉 약간 옆으로 다가가서 멈추고 상대와 함께 휘감아 도는 방법을 기억할 수 있다면 스트레스 상황에 과도하게 반응하기보다는 훨씬 더 현명한 대안을 찾을 수 있을 것이다. 이는 특히 당신과 매우 다른 관점이나 이해관계를 가지고 있는 다른 사람과 소통해야 할 때 더욱 그렇다.

막 스트레스 완화 클리닉을 시작하고 아직 의과대학 교수로 자리 잡기 전에, 나는 다른 사람에게 얼굴 가득 미소를 띠우며 "야! 이 자식아!" 하는 식으로 말하는 직속상관과 함께 일한 적이 있다. 그의 그러한 적대적인 행동방식은 효과적인 작업 관계를 방해했기 때문에 나에게 많은 스트레스를 주었다. 그러나 나는 내 요구사항을 전달하려는 몇 차례의 불만족스런 시도 후에 그 사람 자신도 왜 그렇게 호전적이 되는지를 잘 모르고 있다는 것을 알게 되었다. 그는 자신에게 보고하는 사람들을 혼란스럽게 만들었고 좌절시켰다. 그래서 부하 직원들은 자주 심하게 다투고, 화를 내고, 상처 입고, 무엇보다도 인정받고 지지받지 못하는 것에 좌절하여 떠나갔다. 그것은 대단히 전문가답지 못한 것이었다. 그가 얼굴에는 미소를 띠고 말은 적대적으로 내던지던 어느 날, 나는 그 행동에 대해 터놓고 말하겠다는 결심을 했다. 매우 부드럽게 그러나 매우 진지한 표정으로, 나는 그에게 당신이 이런 방식으로 대할 때마다 나를 깔본다는 느낌을 받는다는 것을 알고 있느냐고 물었다. 나는 용기를 내서 이런 상황에서 나는 당신이 나를 좋아하지 않으며 내가 하는 모든 일을 인정하지 않는 것처럼 느껴진다고 이야기해 주었다. 내 말에 대한 그의 반응은 놀람 그 자체였다. 그는 존대하지 않고 이름을 막 부르는 행동이 나에게 그가 나를 좋아하지 않고 내가 일하는 방식을 싫어한다고 느끼게 할 것이라고는 전혀 생각하지 못했다고 말했다. 이런 대화를 하고 나서 우리의 협력 관계는 매우 좋아졌으며 나의 스트레스는 크게 줄어들었다. 우리는 서로에 대해 좀 더 잘 이해하게 되었는데, 그 부분적인 이유는 내가 화나고 상처받고 좌절했다는 이유로 내 모든 힘을 쏟아 그에게 반격하고 저항하기보다는 그의 공격을 블렌딩하기를 택하였기 때문이다. 다른 사람들 역시 그 사건 이후 그와 관계맺기가 수월해졌다고 느끼게 되었다. 그리고 그가 직장을 구하기 위해 병원을 떠날 때, 내게 추천서를 부탁했고 나는 기꺼이 그렇게 했다.

상대 공격자가 다음 순간에 무엇을 하고 당신이 어떻게 반응할지 모르기 때문에 블렌딩의 길은 분명히 어느 정도의 위험을 감수해야 한다. 그러나 당신이 마음을 챙겨서 각 순간의 만남에 개입하고, 당신이 할 수 있는 한 평온과 수용으로 그리고 통합감과 균형

감각을 가지고 그 만남을 대한다면, 보다 새롭고 조화로운 해결책이 필요한 바로 그 순간에 떠오를 것이다. 이는 한편으로는 당신의 감정과 접촉해 있고 그것을 수용하면서, 그 감정을 인정하고 적대적이거나 자신의 권리에 방어적이지 않은 적절한 방식으로 상대방과 공유할 것을 요구한다. 이렇게 당신의 관점과 매우 다른 사람의 생각과 감정과 지혜로운 관계를 맺을 수 있는 능력을 '정서 지능'이라고 부른다. 나쁜 관계에 처해 있는 한편의 사람이 이렇게 해 준다면, 상대가 그런 방식에 참여할 의사를 전혀 보이지 않는다 하더라도 전체 관계가 변화한다. 당신이 문제를 다르게 보고 자신의 중심을 잡고 있다는 의미는, 당신이 단지 반응하고 강제하려고 시도했을 때보다 더 많은 통제력을 가질 수 있게 해 줌을 뜻한다. 분명하고 강해지기 위해 자신의 모든 내적 자원이 필요한 바로 그 시점에, 왜 다른 사람이 의도하는 어젠다가 자신의 몸과 마음의 균형을 어지럽히게 내버려 두겠는가?

스트레스가 많은 대인 관계가 진행될 때 마음챙김 명상에서 솟아나는 인내와 지혜 그리고 단호함은 상대에게 당신을 위협할 수 없거나 압도할 수 없다는 느낌을 주기 때문에 가장 빠른 열매를 맺을 수 있다. 상대는 당신의 평온과 확고함을 느낄 것이며, 그것이 내적 평화를 전파하기 때문에 상대도 새로운 관계로 끌려올 가능성이 높아진다. 다시 한 번 말하지만, 우리는 여기서 이상적인 상황에 대해서만 이야기하는 것이 아니라, 그보다는 마음챙김이 관계성에 가져다줄 수 있는 관계 속에 자신의 존엄을 지키는 존재로 존재하고 스스로의 권리를 지속적으로 지킬 수 있는 방법에 대해 이야기하는 것이다. 계속 실패할 수 있지만 자신이 계속 열려 있다면 매번 배우고 성장하고 강해지고 지혜로워질 수 있다.

당신이 상대방의 행동에 대해 끊임없이 반응적으로 대하고 반대하고, 싸우고, 저항하고, 옳고 그름을 판단하는 대신, 자신이 무엇을 원하고 일을 어떻게 바라보고 있는지에 귀 기울일 만큼 충분히 안정되어 있음을 상대가 알게 된다면 상대방도 환영받고 수용되고 인정받는다고 느낄 것이다. 이는 어느 누구에게도 기분 좋은 느낌을 준다. 그러면 그들도 마찬가지로 당신의 이야기에 귀 기울일 가능성이 높다. 당장은 아니더라도 감정이 어느 정도 수그러들자마자 그렇게 될 것이다. 거기에 마음의 만남과 서로의 차이에 대한 인정과 관용이 내재해 있는 실질적인 융화와 소통이 존재한다. 이와 같은 방식으로, 마음챙김 명상수련은 당신의 관계에 치료 효과를 갖는다.

우리의 몸과 마음이 치유될 수 있는 것처럼 관계도 치유될 수 있다. 기본적으로 이는 사랑과 친절 그리고 수용을 통해서 가능하다. 그러나 관계에서의 치유를 증진시키기 위해서나 치유를 위한 효과적인 의사소통을 위해서는 상대방뿐만 아니라 자기 자신의 몸과 마음, 생각, 감정, 말, 좋고 싫음, 동기 및 목표 등이 현재의 순간순간에 진행되어 가는 양상을 알아차릴 수 있는 힘을 키워 나가야 한다. 만약 타인과의 상호작용과 관련된 스트레스를 치유하고 해결하기 희망한다면, 상대가 자녀나 부모님, 배우자, 이혼한 배우자, 직장 상사, 동료, 친구, 이웃 등 그 누구든지 간에 의사소통에 마음챙기기는 너무나도 중요하다.

　　　　　　　　　　　🍃

　의사소통에 마음챙김을 잘할 수 있는 한 가지 좋은 방법은 한 주 동안 스트레스를 경험했었던 의사소통의 목록표를 작성해 보는 것이다. 우리는 이 과제를 MBSR 수련 참여자들에게 의사소통 훈련이 있는 그 전 주(다섯 번째 주)에 해 오게 한다. 과제는 그날 스트레스를 받았던 의사소통 경험 한 가지에서 그 일이 일어날 때의 과정을 구체적이고 세세하게 알아차리게끔 하는 것이다. 여기에는 당신이 어려워하는 사람에 대한 알아차림을 포함해서 그 어려움이 어떻게 생겨났는지, 당신이 그 상황과 상대에게 실제로 원하는 것은 무엇이었는지, 상대는 당신에게서 무엇을 얻으려 하였는지, 실제로 발생한 일은 무엇이며 어떤 결과가 초래되었는지, 그 일이 일어나고 있을 때 당신은 어떻게 느꼈는지 등에 대한 알아차림이 포함된다. 이 항목들을 과제장에 날마다 기록해서 수업 시간에 함께 이야기를 나누고 토론하게 된다(부록 〈표 1〉에 나와 있는 알아차림 달력을 참조하라).

　이런 숙제를 통해서 사람들은 이전에는 의식하지 못했던 자기 의사소통 방식에 대한 풍부한 관찰 자료를 들고 찾아온다. 단지 스트레스적인 의사소통과 그 당시에 가졌던 생각, 느낌 및 행동을 주의 깊게 추적만 해 보아도, 당신이 정말 바라고 있는 목표를 보다 효과적으로 달성하기 위해서는 어떻게 행동해야 하는지를 알 수 있는 단서가 나타난다. 어떤 이들은 경험하는 스트레스의 적지 않은 부분이 다른 사람과 상호작용할 때 자신이 우선시하는 것을 제대로 주장하는 방법을 제대로 배우지 못해서 생김을 알아차리게 된다. 그들은 자기가 진정으로 느끼고 있는 바를 어떻게 전달해야 하는지 모르거나 자신이 느끼고 있는 그대로 느낄 수 있는 권리가 자신에게 없다고 잘못 생각할 수 있다. 혹은 자신의 감정을 표현하는 것 자체를 두려워할 수도 있다.

또 어떤 이들은 다른 사람에게 결코 "아니요."라고 말하지 못한다. 자신이 그 상황에서 "예."라고 답하는 것이 자신의 한계를 넘어서거나 자신의 자원을 소진시키는 것임을 잘 인식하고 있는 경우에조차도 말이다. 그들은 자신을 위해 무엇을 하거나 자신만을 위한 계획을 세우는 일을 죄스럽게 느낀다. 그들은 자신이 언제나 '좋은 사람'이 되어야 한다고 믿기 때문에, 언제라도 자신을 희생해서 다른 사람들에게 봉사할 준비가 되어 있다. 이들은 실제로 자신의 욕구를 이미 초월했거나 성인이 되어서 그런 것이 아니다.

슬프게도 이 이야기는 흔히 적지 않은 사람이 늘 다른 사람을 도와주면서 자신의 욕구는 팽개쳐 버린다는 것을 시사한다. 이런 사람은 자신의 욕구를 돌보는 일은 '너무 이기적'이거나 '너무 자기중심적'이라 생각하고 다른 사람의 감정을 첫 번째로 꼽는다. 그러나 그것은 오산이다. 이들은 자신을 다른 사람에게 헌신하지 않으면 깊은 수렁에 빠진다고 생각하거나 그렇게 행동하는 것이 '좋은 사람'이 되는 길이라고 배웠고 지금도 그렇게 생각하기 때문에 다른 사람의 인정을 얻기 위해서 자신의 욕구를 뒤로 밀쳐놓는다.

그런 행동방식은 자신의 내적 자원을 재충전하지도 못할 뿐 아니라 자신이 받아들이는 역할에 애착도 가질 수 없게 만들기 때문에 매우 큰 스트레스를 유발한다. 당신은 '좋은 일'을 하고 남을 돕느라고 정신없이 돌아다니다 지쳐 버려 종국에는 진정으로 좋은 어떠한 일도 못하고, 심지어는 자신을 돌보지 못할 지경에까지 이를 것이다. 이 문제의 스트레스원은 진정 다른 사람을 위해 일하는 것이 아니다. 그 주범은 다름 아닌 바로 모든 일을 할 때 '자기 마음의 평화와 조화는 없이 일에만 매달리는' 당신의 태도다.

만약 당신이 생활의 균형을 회복하기 위해 더 이상 못한다고 말하고 관계에서 어떤 한계를 규정해야 할 입장이라면 그렇게 할 수 있는 많은 길이 있다. 흔히 "아니요."라고 말하는 적지 않은 방식이 문제를 해결하기보다는 더 큰 문제를 만들어 낸다. 만약 타인의 요구에 화난 태도로 "아니요."라고 반응한다면, 당신은 주변 사람들에게 나쁜 감정을 만들어 내고 장차 더 많은 스트레스를 불러올 것이다. 우리에게 부담으로 다가올 때 우리는 자동적으로 상대를 역공격하게 되고, 그로 인해 상대는 비난이나 위협받았다고 느끼거나 부적절감을 느끼게 된다. 야멸찬 말투나 어조는 이런 공격에 한몫을 단단히 한다. 이런 상황에서 흔히 우리가 하는 첫 행동은 "아니요."라고 무정하게 반대하는 것이다. 어떤 상황에서는 상대의 이름을 거론하기도 한다. 그래서 공식적인 주장 훈련이 필요하다. 주장 훈련은 감정과 말 그리고 행위에 대한 마음챙기기를 도와준다.

주장성은 당신이 느끼고 있는 진실한 감정과 접촉할 수 있다는 가정에 기초한다. 그것은 당신이 원할 때 "아니요."라고 말할 수 있는가 어떤가를 훨씬 넘어선 것으로, 자신을 알고 상황을 적절하게 읽어서 해당 상황을 의식적으로 직면할 수 있는 가장 심층적 능력에 관한 것이다. 자신의 감정을 '감정'으로 알아차릴 수 있다면, 당신이 압력을 받거나 위협받는다고 느낄 때마다 자동적으로 달려가던 수동적이거나 적대적인 습관적 반응 양식에서 벗어나게 될 것이다. 자기를 건강하게 주장하는 첫 번째 단계는 정말로 당신이 어떻게 느끼고 있는가를 알아차리는 연습이다. 다시 말해, 자신의 감정 상태에 대해 마음챙김을 하는 수련을 하는 것이다. 만약 당신이 '특정한 생각이나 감정은 나쁘다.' 라고 믿는 생활방식에 조건화되어 있다면, 자신의 감정에 대해 마음챙기는 것은 쉬운 일이 아니다. 아마도 그런 생각이나 감정이 떠오를 때마다 반사적으로 그것을 의식하지 않으려는 작업이 진행되고, 그래서 그것을 전혀 알아차리지 못할 수도 있다. 어떤 경우는 스스로를 비난하며 당신이 느끼고 있는 감정에 대해 죄책감을 느끼고, 당신의 진정한 감정을 다른 사람에게는 숨기려고 할 수도 있다. 당신이 믿고 있는 선과 악의 신념에 짓눌려 자신의 감정을 부정하거나 억제하는 것이다.

주장성에서 알아야 할 첫 번째 교훈은 당신의 '감정은 단순히 자신의 감정일 뿐임' 을 알아차리는 것이다. 감정 그 자체는 좋은 것도 나쁜 것도 아니다. '좋다' 거나 '나쁘다' 라는 것은 경험하고 있는 감정에 대해 당신이 사후적으로 부여하는 판단이다. 자기를 건강하게 주장하는 행동하기는 당신의 감정을 있는 그대로 판단 없이 알아차릴 것을 요구한다.

많은 남성이 '진짜 사내는 이런저런 감정을 느끼거나 드러내서는 안 된다.' 라는 식으로 키워진다. 이런 사회화 훈련은 남자아이나 어른에게 자신의 진짜 감정을 알아차리지 못하게 만든다. 그들은 그런 감정을 '수용되지 못할 것들'로 여기고 재빨리 다른 색깔로 각색하거나 거부하거나 억압한다. 그렇게 되면 위협받거나 취약하게 느끼고 슬프거나 상처받았다고 느낄 때와 같이 정서적으로 매우 격양되어 있는 시기에 효과적인 의사소통이 어려워진다.

이런 궁지에서 벗어나는 가장 좋은 방법은 자신이 알아차릴 수 있을 때마다 감정을 판단하고 편집하기를 멈추고, 자신의 감정에 귀 기울이고, 그 감정이 이미 존재하는 까닭에 그것을 있는 그대로 받아들이는 훈련을 해 가는 것이다. 물론 이는 우리가 자신에게 더 마음을 열고 그래서 종전과 다르게 기꺼이 자신과 솔직하게 의사소통하려고 해야 한다.

남성들은 심지어 위협적이지 않은 상황에서조차도 자기 감정을 표현하는 데 어려움을 겪는다. 어떤 경우는 자신의 진솔한 감정에 대해 털어놓고 전달하는 것의 가치를 평가 절하하는 데 너무 길들여져 진짜 감정을 표현할 수 있다는 사실조차도 망각한다. 우리는 단지 우리가 행하려는 것에 대해서만 목을 빼고서 상대방에겐 우리가 말로 표현하지 않더라도 내가 원하는 바나 느끼는 바를 저절로 알아차리겠지 하고 기대한다. 또는 상대의 상태에 대해서는 주의를 기울이지도 않고, 나는 내 할 바를 다했고 결과는 내 소관이 아니라는 식으로 행동한다. 또 다른 사람들에게 자신의 계획과 의도, 감정을 말하는 것을 자율성을 위협하는 것으로 느낀다. 이런 행동양식은 남성이 여성을 끊임없이 분노하게 만드는 흔한 원인으로 작용할 수 있다.

스스로 무엇을 느끼고 있는가를 알고, 스스로에게 자신의 감정은 그냥 감정이고 그런 감정을 갖거나 느끼는 것이 아무 문제가 없음을 상기시키는 수련을 해 간다면, 당신은 자신의 감정이 더 큰 문제를 일으키도록 내버려 두는 대신 그 감정에 진실하게 직면할 수 있는 방법을 탐색하기 시작할 것이다. 감정은 당신이 수동적이 되어 감정을 평가절하할 때나 반대로 공격적이 되어 감정을 과장하거나 과민 반응하는 경우 모두 문제를 일으킨다. 이것은 주장이 강해지는 자신의 감정을 알고 타인과의 통합성을 위협하지 않으며 동시에 자신의 통합성을 유지할 수 있는 방식으로 의사소통할 수 있음을 의미한다. 예를 들어, 만약 당신이 어떤 특정한 상황에서 "아니요."라고 말해야 할 필요가 있거나 그렇게 하기를 원한다면, 그것을 상대를 해치는 무기로 사용하지 않는 방식으로 말하는 것을 연습할 수 있다. 첫 번째는 상대에게 상황이 달랐더라면 그 요구에 기꺼이 응했을 것이라는 점을 말하거나 혹은 "아니요."라고 말하더라도 상대방의 욕구를 존중하고 있음을 분명하게 알리는 방식으로 말하려 할 것이다. 그렇다고 당신이 왜 "아니요."라고 말하려 하는지 그 까닭을 상대에게 반드시 설명해야 할 의무가 있는 것은 아니다. 그러나 당신이 그러길 원한다면 그렇게 할 수도 있다.

주장이 강해질 때 '너 혹은 당신'으로 시작하는 말보다는 '나'로 시작하는 진술을 사용해서 자신이 어떻게 느끼고 있고 그 상황을 어떻게 보고 있는지를 말하는 방식이 매우 도움이 된다. '나 진술문'은 상대가 아니라 자신의 감정과 견해에 관한 정보를 전달한다. 그런 진술은 틀릴 수 없다. 그 이야기는 단순히 자신만이 제대로 아는 당신의 감정에 관한 진술이다. 그러나 만약 자신의 감정이 불편하다면 자신도 모르는 사이에 당신이 어떻게 느끼고 있는가에 대한 책임을 상대에게서 찾으려 할 수도 있다. 그러면 "당신이 나를 화나게 만들었어."라거나 "당신은 나에게 언제나 요구하기만 해."라는 식의 '너 진술문'을 사용하게 된다.

이런 방식의 말투에는 상대가 내 감정을 통제한다는 주장이 들어 있다는 것을 깨달았는가? 당신은 타인에 대한 자신의 감정에 대해 전적인 통제력을 가지고 있으며, 상대방이 내 감정을 책임져야 할 이유는 없다.

그 대신 "나는 당신이 이렇게(혹은 저렇게) 말할 때 화가 납니다."라고 말할 수 있다. 이 말은 모두 사실에 가까우며 어떤 것에 대한 반응으로 자신이 어떻게 느끼는가를 말해 주고 있다. 이런 방식으로 전달하는 것은 상대방에게 자신이 비난받거나 공격받는다는 느낌 없이, 그리고 상대방에게 나를 통제할 수 있는 권력이 있는 것처럼 위협받지 않고, 당신이 하는 말과 당신이 어떻게 보고 느끼는지를 경청할 수 있는 여유를 준다.

상대방이 비록 이것을 명시적으로 이해하지 못할 수도 있지만, 적어도 당신의 입장에서는 다툼 없이 의사소통을 시도한 것이다. 다음으로 당신이 행하거나 말할 것은 그 특정 상황에 달려 있다. 그러나 당신이 전체 상황과 자신의 생각과 감정에 마음챙기기를 유지한다면, 어떤 이해나 조정 혹은 서로 '동의하지 않음에 대한 동의' 등을 통해서 자신의 길을 나아갈 수 있을 것이다. 수동적이나 공격적으로 되어 일어나는 자기 존엄성과 통합성의 손실 없이 말이다.

효과적 의사소통의 가장 중요한 부분은 그 상황과 함께 자신의 생각, 감정, 말에 마음을 챙기는 일이다. 당신과 당신의 '위치'는 사회적 시스템의 한 부분임을 기억해야 한다. 당신이 자신의 알아차림 영역을 전체 시스템을 포함하는 큰 숲으로 확장시킨다면, 이는 당신이 상대방의 관점을 인식하고 존중하게 허용해 줄 것이다. 그러면 당신은 상대를 한 온전한 인간으로 대하며 그의 말을 진정으로 들을 수 있고, 진정으로 공감하고 이해하며, 보다 잘 말하고 들어가며, 효과적이고 주장적으로 품위를 지키며 소통할 수 있게 된다. 우리가 '알아차림의 방식'이라 부르는 이런 접근법을 키우는 시간은 대부분 잠재적인 갈등을 해결하고 보다 큰 조화와 상호존중을 창조해 낸다. 이런 과정에서 당신이 원하거나 필요로 하는 것을 얻을 수 있는 가능성 또한 높아질 것이다. 이는 상대방도 마찬가지다.

29

역할 스트레스

　효과적인 의사소통을 방해하는 가장 큰 걸림돌 중 하나는 자신의 진정한 감정을 알지 못하고 여러 사람 또는 직업적인 역할에 쉽게 휘둘리는 것이다. 이는 우리가 미처 알아차리지 못하거나 타인이 우리의 태도와 행동에 부과하는 엄격한 제약을 깨뜨릴 수 없다고 느낄 때 특히 심하다. 역할은 그 자체의 관성과 과거의 관성, 다른 사람들이 일해 왔던 방식, 우리가 자신과 일에 대해서 어떤 방식으로 처리해야 한다고 믿고 있는 기대, 다른 사람들이 우리가 어떻게 행동해야 한다고 믿고 있을까에 관한 기대 등을 포함한다. 남성은 여성과 함께 있을 때 의식하지 못하는 가운데 습관적으로 남자 고유의 역할을 취한다. 여성이 남성과 함께 있을 때, 부모가 아이와 함께 있을 때, 아이가 부모와 함께 있을 때도 역시 무의식적인 역할을 취한다. 일 역할, 집단 역할, 전문직업적 역할, 사회적 역할, 질병에 걸렸을 때 받아들이는 환자 역할 등 모든 역할의 영향력을 알아차리지 못하고 여러 상황에서 역할은 우리의 행동을 어떻게 조형해 가는지 모르면 역할이 우리를 제한하게 된다.

역할 스트레스는 존재의 영역을 잃었을 때 행위의 뿌리 깊은 습관으로 존재를 대신하려는 데서 유래하는 부작용이다. 그것은 일생을 통해 계속되는 심리적 성장과 영적 성장의 방해물이자, 많은 좌절과 고통의 원인이기도 하다. 우리 모두는 자신과 자신이 현재 처해 있는 상황과 행위와 일의 진행 방식에 대한 강한 당위적 견해를 지니고 있으며, 게임의 규칙은 어떠해야 하고 적절하게 작업할 수 있게 해 주는 환경의 파라메타는 무엇인지에 대해 나름의 생각을 지니고 있다. 이런 견해는 보통 무엇은 할 수 있고 무엇은 할 수 없으며, 특정한 상황에서 적절한 행동은 무엇이고, 무엇에 마음이 편안해질지, 무엇이 된다는 것이 무얼 의미하는지 등에 관한 의견으로 채워져 있다. 다음의 역할 사례가 무엇을 떠오르게 하는지 한번 상상해 보라. 어머니, 아버지, 자식, 형제, 배우자, 상사, 노동자, 연인, 운동선수, 선생님, 변호사, 판사, 성직자, 환자, 남자, 여자, 관리인, 중역, 의사, 정치인, 예술가, 은행가, 보수주의자, 급진주의자, 진보주의자, 자본가, 사회주의자. 어떤 내용이 떠오르는가?

이 모두는 이 세상에서 특정한 방식과 내용으로 이루어지는 행위와 활동의 영역과 관련된다. 이들은 우리가 무엇을 할 때 어떤 방식이 좋은지에 관한 명문화되지 않은 기대의 집합이다. 각각의 역할은 기대와 관련해서 이것이 좋다거나 저것이 좋다는 식의 중요성이나 권위의 껍질을 전달한다. 이들 중 일부는 역할이나 직무를 아는 데 기본이 되는 것이고, 대다수는 그런 기본에 덧칠한 것이거나 우리의 마음이 만들어 낸 것이다. 우리가 일단 자신에게 역할에 따르는 특정한 견해나 기대를 덧붙이면, 우리는 그에 따라 행동하고 거기에 사로잡힌다. 이런 길로 들어섰다는 점을 깨닫지 못한다면, 그렇게 얽힌 실타래는 우리를 고통스럽게 하며, 어떤 일을 행하는 동안 내가 진실로 누구인지를 모르게 만든다. 역할이 우리에게 내미는 힘과 요구는 자신이 부과하는 이런 기대와 결합해 역할이 우리의 존재와 지혜를 표현하는 방편이 아니라 오히려 감옥으로 변해 버리는 지점까지 우리를 내몰 수 있다.

마음챙김은 과도한 역할 스트레스의 부정적 효과에서 우리를 해방시켜 준다. 왜냐하면 우리가 경험하는 스트레스 대부분이 상황의 중요한 측면을 알아차리지 못하거나 사태를 부분적으로만 조망하거나 편향된 지각에서 생기기 때문이다. 자신의 역할에 대해 비난하고 있는 스트레스 상황에서 자신의 관여를 제대로 관찰할 수 있게 되면, 상례에만 빠지지 않고 균형과 조화를 회복하는 창의적인 방식으로 행동할 수 있게 될 것이다.

이런 사례가 어느 날 스트레스 완화 클리닉의 '에이키도' 연습 시간에 극적으로 일어났다. 심장질환으로 클리닉에 찾아온 64세의 랍비 에이브는 최근 사람들과의 관계에서 문제를 많이 겪었고, 앞 장에서 기술했던 블렌딩 운동을 하면서도 큰 어려움을 경험했었다. 그는 자신의 상대와 블렌딩 운동을 하고 난 뒤 어찌할 바를 모르고 서 있었는데 얼굴에 당황해하는 빛이 역력했다. 그의 몸은 자신의 혼란 상태를 반영하고 있었다. 그러다가 갑자기 그는 "그래, 바로 그거야! 난 한 번도 비켜서 본 적이 없어! 몸을 돌리면 다칠 거라고 두려워했어!"라고 소리쳤다. 그는 공격을 받을 때 자신이 방향을 틀지 않았고, 상대의 팔목을 잡으려고 했을 때 몸이 이미 굳어 있다는 것을 알아차렸다. 그 이유는 공격자의 에너지와 자신의 에너지를 조화롭게 섞지 못했기 때문이다.

이런 통찰의 불꽃이 스치는 순간, 그는 이것을 자신의 관계 전반으로 연결시켜 나갔다. 그는 여태껏 자신이 한 번도 몸을 돌리지 않았으며, 언제나 굳어 있었고, 언제나 자신의 관점만을 견지했으며, 놀이에서조차도 타인의 관점을 생각해 보지 않았음을 깨달았다. 그리고 이 모두가 자신이 상처를 받을지 모른다는 두려움 때문임을 알아차렸다.

에이브는 거기서 한걸음 더 나아가 함께 운동을 하는 상대에게 "당신을 믿어요. 당신은 날 도와주려 하는 걸요."라고 말할 수 있었다. 에이브는 다음 순간 말문이 막혀서 머리를 흔들었다. 온전한 경험이 그를 감싸 안았다. 그는 그것을 자신이 다시 태어나는 신생 경험이라고 불렀다. 그의 몸은 말로는 결코 표현할 수 없는 중요한 무엇을 단숨에 가르쳐 주었다. 잠시 동안 그는 너무나 뒤섞여서 한 번도 깨달은 적이 없었던 여러 역할로부터 자신을 분리할 수 있었다. 이제 그는 새로 발견한 알아차림을 살아서 숨 쉬게 지켜 가야 하며, 사람들이나 잠재적인 갈등과 관계를 맺는 새로운 방식을 찾아내야 한다.

때때로 최악의 역할에 갇혀 있으면서도 그런 역할의 족쇄를 깨닫기가 쉽지 않을 수 있다. 우리는 종종 다른 역할을 하고 있는 타인은 나처럼 그런 역할에 묶이는 일은 결코 없으리라고 생각하는 경향이 있다. 그러나 그것은 사실이 아니다. 당신과 같은 상황에 있는 사람과 함께 이야기해 보거나 당신과는 전혀 다른 상황에서 스트레스를 느끼고 있는 사람과 마음을 터놓고 서로 솔직하게 이야기해 보는 것만으로도 충분히 치유적일 수 있다. 왜냐하면 그런 과정을 통해 보다 큰 관점으로 자신이 처한 상황을 바라볼 수 있기 때문이다. 이로써 우리는 덜 소외되었다고 느끼고 혼자만 고통받고 있지 않다는 점을 알게 된다. 다른 사람들도 나와 유사하게 느끼고, 그들도 나와 유사한 역할을 하고 있거나 유사한 입장에 처해 있음을 깨닫게 되는 것이다.

당신이 자신의 역할에 대해 기꺼이 논의할 용의가 있다면, 다른 사람이 당신의 상황을 당신에게 거울처럼 비춰 주어 어쩌면 당신의 마음이 '생각도 못해 볼 것'으로 이미 편집해 버렸을 새로운 선택이나 대안을 볼 수 있도록 도와줄 수 있다. 고정된 역할은 당신의 마음이 사태를 보는 한 가지 방식에만 집착하고 있기 때문이거나 당신이 무의식적으로 하고 있는 역할 연기에 대해 알아차리지 못한 데서 생겨난다.

어느 날 심장질환과 공황발작으로 클리닉에 의뢰된 40대 중반의 여성이 장성한 아들과 벌이는 송사에 대한 이야기를 털어놓았다. 그 아들은 그녀에게 지독히 못되게 굴고 엄마를 학대했지만 집을 떠나는 것을 거부하고 있었다. 어머니와 아버지 모두 그가 떠나기를 원하는데도 말이다. 그때 가족 관계는 교착 상태에 빠져 있었다. 아들은 집 떠나기를 거부하고 있었고, 어머니는 떠나라고 말하면서도 다른 한편으로는 자신이 아들을 버리는 듯한 죄책감과 아들이 집을 떠나서 어떻게 살까 걱정하는 양가감정에 휩싸여 있었다. 이와 같은 그녀의 자기노출은 비슷한 처지에 있는 다른 사람들로부터 자발적 연민과 충고가 쏟아지도록 만들었다. 그들은 그녀로 하여금 어머니의 자식에 대한 맹목적인 사랑이 아들로 하여금 독립해 나가야 할 나이가 되었음을 분명하게 깨닫지 못하게 만들었고, 또 그녀 스스로가 아들에게 적절한 독립 요구도 하지 못하도록 만들고 있음을 깨닫게 도와주려 했다. 부모의 자식 사랑이 너무 강렬해서 이제 더 이상 자신에게나 자식에게 기능하지도 못하고 도움도 되지 않는 사랑을 일방적으로 베푸는 부모의 역할에서 헤어나지 못하게 만들곤 했다.

우리는 모든 역할로부터 고통받을 수 있다. 흔히 스트레스를 만드는 것은 역할 그 자체가 아니라 역할에 대해 자신이 맺고 있는 관계다. 이상적으로 우리는 역할을 자신이 일을 잘 수행할 수 있는 기회와 배우고 성장하며 타인을 돕는 기회로 삼고자 한다. 그러나 우리는 어느 하나의 견해나 감정에만 과도하고 강렬하게 동일시해서 실제로 일어나는 일의 전체 범위를 제대로 보지 못하고 대처 행동의 반경을 좁히며, 스스로 만들어 낸 울타리 안에 속박되어 결국에는 좌절하고 성장하지 못하게 되는 것을 조심해야 한다.

모든 역할은 잠재적 스트레스의 근원이 될 소지를 지니고 있다. 예를 들어, 당신이 직장에서 자신을 리더이자 혁신자, 어려운 문제의 해결사로 여기는 역할을 맡고 있다고 가정해 보자. 비록 당신이 회사를 어느 정도는 통제할 수 있는 지점까지 끌고 오는 데 성공한 상황이라고 하더라도, 당신은 무언지 모를 불편감으로 여전히 찜찜할 수 있다. 당신은 많은 압박감과 끊임없는 위협과 위기와 전력을 모두 쏟아부어야만 하는 재난에 임박해서야 자신의 전 에너지를 쏟는 유형의 존재가 되어 있을 수도 있다. 당신은 자신이 이미 확보해 놓은 안정성에, 그리고 이미 성공을 이룬 상황에 자신을 어떻게 동화시켜야 할지를 모를 수도 있다. 그래서 여전히 열심히 일하고 전력을 다해 몰입하고, 그래야 비로소 안전감을 느낄 수 있는 새로운 동력원을 찾으려고 애쓸 수도 있다. 그런 행동양식은 당신이 이미 특정한 역할에 노예처럼 묶여 있다는 표시다. 아마도 당신은 자신의 다른 역할과 의무에 대해서는 평가 절하하고 일에만 중독되어 있는 만성 중독자처럼 되어 있을 수 있다.

이런 일 중독이 가족생활의 질을 손상시키기 시작하면 많은 불행의 씨를 뿌리게 된다. 당신은 일과 관련된 삶의 일부 영역에서는 대단히 성공적이지만, 자식이나 아내와는 좋은 관계를 맺기가 힘들다는 사실을 발견하고 가족과의 사이에서 메우기 힘든 균열을 알아차리게 될 것이다. 제26장의 심장전문의 엘리엇 박사(Dr. Elliot)처럼 말이다. 당신의 마음은 일의 세세한 부분으로 가득 차고, 가족이 전혀 모르고 있거나 알더라도 별로 관심 없어 하는 문제에만 빠져 있다. 당신은 신체적으로나 심리적으로 어슬렁거릴 시간이 없고, 가족이 기분이 어떠하고 무엇을 하며 하루하루를 보내는지 등 그들의 생활에 대해 아는 바가 별로 없다. 사태가 그렇게 진전되면 당신이 사랑하며 당신을 가장 사랑하는 사람들과 조율하는 능력을, 심지어 그들에 대한 자신의 감정을 표현하는 능력조차도 점차 잃게 된다. 아마도 자신의 특정 역할에 붙잡혀서 다른 많은 역할을 편안하게 처리하지 못하게 될 것이다. 심지어는 자신에 대해서도 무엇이 정말로 가장 중요한지조차 잊어버릴 수 있다. 당신이 누구인지조차도 말이다.

흔히 권력과 권위적 위치에 있는 사람들은 이러한 소외 위험을 안고 있다. 우리는 이를 '성공 스트레스'라 부른다. 전문직업적 역할에서 가질 수 있는 권력과 통제감, 주위로부터 받는 관심과 존경은 강력한 마비와 중독의 힘을 지니고 있다. 명령하고 지시하고 사람들과 기관의 정책에 영향을 미치는 결정을 하는 권위 있는 역할로부터, 권위와 관계가 없는 보통 사람들의 자리인 아버지나 어머니 혹은 남편과 아내의 위치로 신속하게 옮겨 가기란 쉽지 않다. 당신의 가족은 당신이 했었던 백만 불짜리 결정이나 당신의 사회적 중요성이나 영향력에 크게 감명받지 않을 것이다. 직장에서의 성공과 관계 없이 집에서 당신은 여전히 쓰레기를 버려야 하며, 접시를 닦아야 하고, 아이들과 시간을 보내야 하고, 다른 모든 사람이 그러하듯이 보통 사람이 되어야 한다.

당신의 가족은 당신이 진정으로 어떤 사람인지를 잘 안다. 그들은 당신의 좋은 점과 나쁜 점, 당신이 직장에서 보다 완벽하고 권위적으로 보이고 싶어서 감추고 있는 당신의 추한 부분조차도 잘 알고 있다. 그들은 혼란스럽고 자신을 확신할 수 없고, 스트레스를 받고, 병들고, 지치고, 화나고, 우울할 때의 당신 모습을 본다. 그들은 당신의 행위가 아니라 당신의 존재를 사랑한다. 그러나 당신이 가정에서의 역할을 평가절하하고 직업적 겉모습에만 끌려가고 있다는 사실을 망각할 때, 가족은 당신을 그리워하고 당신에게 소외되었다고 느낄 것이다. 사실 직업적 역할에만 너무 깊이 빠져 버리면, 당신이 만들어 낸 틈이 당신과 가족과의 관계를 더 이상 넘어설 수 없는 정도까지 악화시킬 수 있다. 물론 그 시기에 이르면 어느 누구도 더 노력을 하려고 하지 않을 것이다.

당신이 맡고 있는 여러 역할이 서로 부딪치고 각기 다른 방향의 줄다리기일 때, 갖가지 어려움이 계속해서 찾아오는 것은 당연하다. 그 난관을 직면하고 해결해야 한다. 여기에는 어느 정도의 균형이 중요하다. 역할 스트레스의 잠재적 위험을 알아차리지 못하면 그로 인한 손상이 미처 깨닫지 못하는 사이에 심각한 지경에 이를 수 있다. 이것이 가족에서 남자와 여자 사이, 부모와 어린 자식 사이, 장성한 자식과 나이 든 부모 사이에 왜 그렇게 많은 소외가 존재하는지에 대한 한 가지 이유다. 맡고 있는 역할을 버리지 않고도 그 역할 내에서 변화하고 성장하는 것은 분명 가능하다. 그러나 우리 자신을 역할이라는 좁고 경직된 울타리 안에만 가두기 시작하면 자신과 더 이상의 성장을 제한할 수 있다.

자신의 다양한 역할을 제대로 알아차리면, 그 역할에 얽매이지 않고 효과적으로 기능할 가능성이 높아진다. 우리는 다양한 역할에서 그 역할의 노예가 되지 않고 우리 자신이 되기 위한 모험을 시도해 볼 수 있다. 자신에게 진실해야 우리가 선택하는 모든 것에 투명할 수 있고 충분한 안전감을 느낄 수도 있다. 우리에게 더 이상 작동하지 않는 옛 짐들을 기꺼이 바라보고 남김없이 내려놓으라는 이야기다. 아마도 당신은 '나쁜 놈' '약한 사람' '무능한 사람' '지배자' '권위자' '영웅' '항상 바쁜 사람' '항상 서두르는 사람' '늘 시간이 없는 사람' '아픈 사람' '고통받는 사람'의 역할 등을 할 수 있을 것이다. 이들 중 어떤 역이든 충분히 하였다면 그 역할에 현명한 주의를 기울여 보려는 결심을 할 수 있을 것이다. 당신은 그 역할을 내려놓고 이제는 실제로 행위하는 방식과 사태에 대응하는 방식을 변화시켜 존재의 전 범위로 자신을 확장하도록 허용하는 수련을 해 나갈 수 있다. 그렇게 할 수 있는 유일한 길이 있다. 익숙한 방식으로 반응하려는 충동과 습관적 양식과 제한된 마음 자세로 떨어지는 경향성을 무자비할 정도로 개입해서 똑바로 직시하고, 그런 충동이 드는 바로 그 순간에 그것을 내려놓는 연습이 바로 그것이다. 에이브의 예에서 분명히 보았듯이 당신은 판에 박힌 방식에서 벗어나 새롭고 다시 새로워져서 신선함 속에 계속 머물 수 있다. '돌파'를 의미하는 중국 한자가 '전환'이라는 점에서 무언가를 배울 수 있을 것이다.

30

일 스트레스

시간의 압박, 고약한 주위 사람들, 역할에 매몰되기 등을 포함하여 우리가 지금까지 검토해 왔던 모든 잠재적 스트레스원이 모두 일의 영역으로 수렴된다. 이 상황은 현대인의 돈에 대한 강한 욕구로 인해 더욱 심각하게 뒤섞인다. 우리 대부분은 생계를 유지하기 위해 돈을 벌어야 하며, 안정된 급여를 주는 직업은 다양한 잠재적 스트레스원을 내포하고 있다. 다른 한편으로, 일은 급여를 넘어서서 보다 큰 세계와 나를 연결하는 통로가 되기도 한다. 의미 있는 무언가를 위해 자신의 노동과 노력을 쏟고 타인에게 유용한 서비스를 제공하는 행위는 그 자체로서 보상적이다. 타인을 돕고 그들의 건강을 보살피고 우리의 지식과 기술을 투입해서 남들에게 유용한 무언가를 창조해 낸다는 느낌은 내가 자신이나 가족의 안위를 넘어서서 신명을 바쳐서 기여할 가치가 있는 보다 큰 어떤 시스템의 일부라는 것을 느끼게 해 준다. 자신의 일을 이런 관점으로 볼 수 있다면, 매우 어려운 상황에서도 견딜 만하거나 더 나아지거나 아주 만족할 수 있다.

병이나 상해로 일을 할 수 없게 된 사람은 종일 침대에 머무르거나 집 주위에서만 맴돌지 않고 무엇이든 할 수 있는 일이 주어지기를 간절하게 바란다. 능력에 한계가 있어 세상과 그렇게밖에 연결할 수 없을 때는, 어떤 일이든 가치가 있고 견뎌 볼 만하다고 생각할 것이다. 우리는 일이 삶에 의미와 응집성을 부여한다는 사실을 까맣게 잊곤 한다. 일에서 얻을 수 있는 의미와 응집성은 우리가 자신의 일을 얼마나 신뢰하고 돌보아 가꾸는가에 달려 있다. 물론 지금과 같은 고실업 시대에 일에 대한 욕구는 높은 한편 해고와 다른 직장을 구할 수 없고 자신이 찾거나 기대하던 것보다 훨씬 낮은 급여로 일을 해야만 하는 모욕감과 수고로움을 겪는 과정은 당사자뿐만 아니라 가족과 사회에도 엄청난 스트레스를 만들어 낸다.

잘 알다시피 어떤 일은 특히 힘들고 착취적이다. 일부 직종의 작업 조건은 신체와 심리적 건강에 매우 유해해서 노동자의 건강을 해칠 수 있다. (주로 남성을 대상으로 이루어진) 일부 연구에 따르면, 웨이터나 회사 컴퓨터 운영자 혹은 즉석 주문 요리사처럼 의사 결정의 범위는 좁고 해야 하는 수행의 표준은 매우 높은 일에 종사하는 남성은 통제력이 보다 많은 일에 종사하는 남성에 비해 심장병 발병률이 높았다. 이런 경향은 흡연이나 연령과 같은 다른 가외 요인들의 영향을 통제했을 때도 마찬가지였다.

그러나 자율권과 급여가 높고 가치 있다고 여기며, 심지어 매우 좋아하는 일에 종사하고 있다 할지라도, 일은 언제나 고유한 도전 거리를 제시하며 자신이 일의 모든 부분을 통제할 수는 없음을 실감하게 해 준다. 무상의 법칙이 여기에도 적용되어 사태는 끊임없이 변해 가며 당신이 그 모두를 통제할 수는 없다. 언제고 일을 방해하고 직무나 역할을 위협하는 사람이나 힘이 나타나거나 전날 당신이 말한 것이 다음 날 제대로 먹혀들지 않는 경우에 봉착하게 된다. 아무리 큰 힘을 가졌거나 축적했다고 생각하더라도 마찬가지다.

더 나아가 당신이 객관적으로 큰 힘과 영향력을 가졌다 하더라도 사태를 변화시키는 데는 내재적 한계가 있고 조직이나 산업 내부의 저항이 따르기 마련이다. 가령, 당신이 국민 경제의 안정성과 지속 가능성을 위해 월스트리트와 국제 금융 산업을 조절하려 한다고 해 보자. 미국의 대통령조차 그것을 할 수도 없고, 하고 싶지도 않을 것이다. 2008년에 닥친 불황을 생각해 보라. 그것은 금융계의 영리한 사람들과 자신의 능력으로는 채무를 감당할 수 없는 사람들에게 돈을 빌려 집을 사서 높은 값에 되팔 수 있다는 전망에 중독되게 만든 부동산 시장 때문에 생겨났다.

결국 중산층의 저축을 유출시키고 많은 사람이 직업을 잃게 만들었다. 균형과 건전성이 어느 정도 복원되었지만, 개인이 입은 피해는 막대했고 지금도 지속되고 있다. 경제와 금융계의 객관적 교훈에 대한 집합적 기억은 매우 짧게만 지속되기 때문에, 이런 문제는 주기적으로 반복되는 경향이 있다. 이는 일종의 질병이다. 이 질병은 인간 마음이 도덕적 나침반을 잃어버리기 때문에 생겨난다. 그런데 이런 도덕적 해이는 '성공하고' '사업을 성장시켜라.'고 끊임없이 압력을 주는 업무 환경에서는 쉽게 재발할 수밖에 없다.

수위에서 대기업 임원, 웨이터 · 공장 노무자 · 버스 운전사에서 변호사 · 교수 · 과학자 · 고위 경찰관 및 정치가에 이르기까지, 직종과 지위에 상관없이 개인은 누구나 직무 스트레스와 불안정성과 좌절 및 실패를 경험할 수밖에 없다. 많은 일이 개인에게 책임은 높이 지우면서도 제공하는 결정권의 범위는 좁기 때문에 본원적으로 스트레스를 안고 있다. 이를 바로잡기 위해서는 직무 자체를 재조직화하거나 조직원이 보다 견딜 만하게 더 잘 대우해 주는 것이 필요하다. 그러나 많은 직무 명세를 단기간 내에 직원들의 스트레스를 낮추는 방향으로 다시 쓰기는 어려우며, 노동자들은 기껏해야 자신이 가진 자원을 동원해서 최선을 다해 현 상태에 대처하도록 강요받는 것이 현실이다. 이런 스트레스 상황에 나쁜 영향을 받는 정도는 자신의 대처 기술에 달려 있다. 제3부에서 살펴보았듯이 당신이 경험하는 스트레스의 수준은 사태를 어떻게 해석하느냐에 달려 있다. 다른 말로 하면, 당신의 태도, 당신이 변화의 흐름을 탈 수 있는지 여부, 사소한 문제에 대해서도 투쟁하거나 걱정하거나 실망하는 방식으로 대응하는지의 여부 등에 달려 있다.

우리가 신중하지 않다면 아무리 많은 통제력과 결정권을 가지고 있는 것처럼 보인다 한들 우리는 어떤 일에서도 소진될 수 있다. 이는 우리가 한정된 하루 24시간 내에서 점점 더 많은 것을 얻고자 하기 때문에 생겨난다. 오늘날 같이 일순간의 멈춤도 없는 전자 소통의 시대에서는 더더욱 그렇다. 전자 소통은 우리를 일로 몰아가며 주의하지 않으면 전자 소통을 한다는 자체가 무언가 실제적인 일을 하고 있다는 느낌을 전해 주어서 주의 분산과 멀티태스킹에 사로잡히게 만든다. 이는 제대로 일을 처리하는 능력을 크게 감소시킨다. 작가이자 경제적 수행과 탁월성을 오래 연구한 토니 슈워츠(Tony Schwartz)는 『뉴욕타임즈』에 기고한 글에서 "역설적이게도 더 많은 일을 하는 최상의 방법은 일하는 데 시간을 덜 쓰는 것이다."라고 말한다. 관련 분야의 연구 결과에 따르면, 낮 휴식 시간, 짧은 오후 낮잠, 더 긴 수면 시간, 사무실에서 더 많은 시간 떠나 있기, 더 빈번하고 긴 휴가 갖기와 같은 전략적 재충전 방식이 생산성과 직무 수행, 나아가서는 건강을 증진시킨다고 한다. 다른 말로 하면, 우리는 자신의 에너지와 주의력을 보존하고, 그러한 자원을 재충전하기 위한 개인적인 전략을 개발해야 하며, 끊임없이 주의를 분산시키는 일이나 계속해서 일하는 것을 피해야 한다. 일과 우리의 관계를 더 건강한 방향으로 전환하기 위해서는 자신의 내면과 주위에서 일어나는 것을 순간순간 알아차릴 필요가 있다. 하지만 이는 우리가 삶의 모든 측면에 대해 마음챙김을 하지 않는 한 행동으로 옮기기가 말만큼 쉽지 않다.

개인으로서 직무 스트레스에 효과적으로 대처하기 위해서는 당신의 일이 어느 한 부분에만 국한된 것일지라도 전체성의 눈을 가지고 상황을 살펴볼 수 있어야 한다. 가끔씩 스스로에게 다음과 같은 질문을 던져 본다면 상황에 대한 전체적 관점을 유지해 가는 데 도움이 된다. "내가 진짜로 하고 있는 일이 무엇이며, 지금 내가 처해 있는 상황에서 어떻게 최선을 다할 수 있을까?" 우리는 흔히 너무나 쉽게 역할의 고정된 틀이나 껍질 속으로 숨어든다. 특히 오랫동안 같은 일을 해 온 경우라면 더욱 쉽게 그렇게 된다. 이런 버릇을 멈추지 못한다면, 우리는 매 순간을 새롭게 보고 하루하루를 모험으로 볼 수 있는 능력을 잃어 버리게 된다. 그 대신 매일의 반복과 예측성에 젖어 들어 혁신과 변화에 저항하고 새로운 요구나 아이디어 혹은 새로운 사람들에게 위협감을 느껴 그것들을 과도하게 방어적으로 대하게 될 것이다.

우리는 흔히 우리 인생의 다른 시기에 하던 것과 동일한 방식인 자동조종 장치에 따라서 일한다. 만약 마음챙김을 전체로서의 내 삶에서 매우 가치 있는 무엇으로 여기지 않는다면, 일을 하면서 순간순간에 온전히 깨어 있는 삶을 살 필요성을 어디에서 느끼겠는가? 자동 조종 방식은 우리의 일상을 과거처럼 유지하게 할 수는 있지만, 압박감, 단조로움, 반복 등으로 소모되는 느낌을 없애는 데는 도움이 안 된다. 이런 상황은 내가 인생의 의미 있는 목표에서 소외되어 있을 때 특히 심하다. 자동조종장치로 살아가다 보면, 우리는 인생의 다른 영역에서와 마찬가지로 일에 대해서도 숨막히는 느낌을 받을 수 있다. 자신이 많은 대안을 가지고 있지 못하며, 경제적 현실과 인생 초기의 선택, 직무를 바꾸거나 내가 진정으로 하기를 원하는 일을 하거나 그 방향으로 나아가는 것을 방해하는 많은 것에 의해 제한받고 있다고 느낄 것이다. 그러나 실상은 우리가 생각하는 것만큼 굳어 옴짝달싹 못하는 것은 아니다. 많은 경우에 직무 스트레스는 일의 영역에서 평온과 알아차림을 함양하겠다고 의도적으로 개입하고, 마음챙김이 우리가 다루어야 하는 모든 스트레스원에 대한 행위와 반응을 이끌어 가도록 하여 크게 줄어들 수 있다. 우리는 덜 반응적이 되고 자신의 역량을 더 신뢰할 수 있게 된다.

앞에서 반복해서 확인했듯이 우리의 마음은 실제로 존재하는 것보다 더 많은 제한을 스스로 만들어 내는 경향이 있다. 우리 모두는 특정한 '경제적 현실'의 한계 내에서 살아가며 우리가 할 수 있는 통제 가능한 것을 도모하며 살아야 한다. 그러나 그런 한계가 어디까지인지를 알지 못하며, 우리 몸이 치유할 수 있는 능력의 한계가 어디까지인지에 대해서도 모른다. 다만 알고 있기로는 안목의 명료성이 흐려지지 않는다면, 자신의 안목이 자신이 처해 있는 특정한 상황에서 무엇이 가능한지를 찾아낼 수 있는 새로운 직관력을 제공해 준다는 것이다.

직업생활에 마음챙김 수련을 해 간다면, 무슨 일에 종사하고 있든 직장에서의 삶의 질은 크게 나아질 것이다. 직장생활을 긍정적인 방식으로 변화시키려는 시도가 당신이 반드시 스트레스가 쌓이는 직무에서 벗어나야 함을 의미하는 것은 아니다. 일종의 실험을 하듯이, 명상수련을 자신을 위하는 일의 한 부분으로 삼을 수 있다. 그래서 일을 의무로 강요당한다는 느낌의 대상에서 내가 무엇을 하고 있으며, 무엇을 선택했는지를 깨닫기 위한 대상으로 바꾸는 균형 잡기를 할 수 있다. 이런 관점은 일이 자신에게 무엇을 의미하는지에 관한 변화와 직접 관련될 것이다. 당신은 일을 의도적으로 배우고 성장하는 수단으로 사용할 수 있다. 그러면 방해물은 도전과 기회가 될 수 있으며, 좌절은 인내 수련의 장으로, 타인은 자기주장적이 될 수 있는 기회나 효과적으로 의사소통을 하는 기회로, 권력 투쟁은 상대와 내가 내면에 숨어 있는 탐욕과 편향과 무지를 깨닫지 못했을 때의 영향을 알아차릴 수 있는 기회로 활용할 수 있다. 물론 때로는 주어진 상황에서 그런 길을 추구하는 노력을 해 볼 만한 가치가 없다고 생각하여 직장을 떠날 수도 있다.

마음챙김을 가이드 삼아서 순간순간과 날마다의 자기 관점과 행위를 인도할 수 있다. 아침에 일어나 출근 준비를 하거나 퇴근하려 할 때, 일이 '돈을 벌기 위해서'나 '사회적으로 무엇이 되기 위해서'를 넘어서서 당신이 날마다 선택하는 진정한 그 무엇이 될 수 있도록 하라. 이런 태도는 삶의 다른 측면에 대해서 현재 순간에 전념하는 마음챙김의 기초를 일의 영역까지 확장하는 것이다. 일이 당신을 달려가게 내버려 두지 않고, 이제 당신이 일과 보다 큰 균형을 이룰 수 있는 위치에 서게 된다.

사실 일에는 자신의 통제 범위를 넘어서는 의무와 책임과 압력이 존재하며, 그로 인해 우리는 스트레스를 받을 수 있다. 그러나 인생의 어느 측면이라고 그렇지 않겠는가? 우리가 특정한 순간 어떤 압력도 받고 있지 않다면 머지않은 시간 내에 또 다른 압력이 등장할 것이다. 사람은 먹어야 할 욕구를 주기적으로 느낀다. 이런저런 방식으로 보다 큰 세계와 연결될 필요성도 느낀다. 언젠가 어디에선가는 인생고의 어떤 측면에 반드시 노출되게 되어 있는 것이 삶 아니겠는가? 중요한 것은 그것을 어떤 방식으로 맞이하는가다.

당신이 자영업을 하거나 대기업 또는 중소기업에서 일하거나에 관계없이 자신의 일을 마음챙겨서 보기 시작하면 자신의 모든 내적 자원을 지금 하고 있는 일에 집중할 수 있게 된다. 실내에서 일하든 실외에서 일하든, 또 그 일을 사랑하거나 미워하거나 간에 관계없이 말이다. 일에 대해 마음챙김 명상을 해 가는 작업은 당면한 스트레스원에 문제해결적으로 접근할 수 있게 도와주어서 직무스트레스에 보다 잘 대처하게 해 준다. 그렇게 되면 당신이 해고되어 직장을 떠나거나 시위하겠다는 결심을 하려는 등의 인생의 큰 전환과 마주쳐도 균형과 힘 그리고 알아차림을 여전히 지니고 보다 잘 대처할 수 있게 된다. 당신은 인생의 중요한 위기와 변화가 필수적으로 동반하는 정서적인 동요와 반응성을 잘 다룰 수 있게 준비할 수 있다. 누구나 인생의 어려운 시기를 거쳐 가야만 하는 까닭에 인간은 최선을 다해 그 어려움을 타개해 가는 본연적인 자원과 힘을 지니고 있다.

스트레스 완화 클리닉에는 일의 압력으로 생기는 스트레스로 의뢰되는 사람이 많다. 그들은 흔히 진땀이 나거나 신경성 위염, 두통, 불면증 등 같은 신체 증상이나 그 밖의 여러 신체적 불평거리를 가지고 의사를 찾는다. 그들은 의사가 바로 자신의 문제를 진단하고 잘못된 그 무엇을 바로잡아 주기를 원한다. 의사가 자신의 문제를 '단지 스트레스 때문'이라고 말하면 화를 내거나 격분하기 십상이다.

국내 굴지의 하이테크 제조회사 공장 관리자인 한 남성이 직장에서의 현기증과 자기 인생이 통제력을 벗어나는 듯한 느낌 때문에 클리닉을 찾았다. 의사가 그의 증상이 직무 스트레스 탓이라고 이야기했을 때, 처음에 그는 그 말을 믿지 않았다. 비록 자신이 전체 공장의 생산 효율성을 책임지고 있었지만, 자신은 크게 스트레스를 받지 않았었다며 의사의 말을 부정했다. 직장에서 그를 괴롭히는 몇 가지 사소한 일은 있었지만 큰 문제는 아니라고 이야기했다. 대신 뇌종양이나 다른 신체적 문제가 자기가 느끼는 증상의 원인이 아닌지 의심하고 있었다. 그는 "내과적으로 무언가가 잘못되었다고 생각했죠. 직장에서 쓰러질 것 같아서 무언가를 붙잡으려고 할 때, 당신은 나에게 스트레스가 한 원인일 수 있다고 말했어요. 그러나 나는 이 일은 정말로 내 몸에 이상이 생겼기 때문에 일어났을 것이라고 생각해요."라고 말했다. 그는 체력이 달렸으며, 밤에 집으로 돌아갈 때까지 정신적으로 너무 긴장해 있었으며, 집으로 가는 길에 자신을 추스리기 위해 종종 트럭을 도로 바깥에 세워야만 했다. 그는 자신이 마음의 통제력을 잃고 있다고 생각했으며, 수면 부족으로 죽을 수도 있을 거라고 생각했다. 평소 그는 밤 11시 30분까지 뉴스를 지켜보다가 잠자리에 든다. 한 시간 정도 잠을 자고 새벽 2시나 4시경에 잠에서 깬다. 그다음부터는 다음 날 무슨 일이 찾아올지를 생각하며 깨어 있곤 했다. 그의 아내는 남편이 스트레스를 많이 받고 있다고 눈치 채고 있었다. 그러나 아마도 남편은 스트레스가 자신에게 그렇게 해로울 거라고는 믿지 않기 때문에, 스트레스 때문이라는 설명을 받아들이지 않으리라고 생각하고 있었다. 스트레스로 무너진다는 것은 강력한 지도자로서 자신의 역할이나 이미지와 맞지 않는 것이었다. 스트레스 완화 클리닉에 의뢰되었을 당시, 그는 3년가량 직장에서 문제를 겪어 왔었고, 문제가 터지기 바로 직전이었다.

클리닉에서의 수련이 끝날 무렵, 그는 더 이상 현기증을 느끼지 않았고 푹 잘 수 있었다. 4주째 즈음에 그에게 큰 변화가 찾아왔다. 그는 같은 반에 있는 다른 사람에게서 자신이 느꼈던 것과 유사한 증상을 경험했고 그것을 조절하는 데 성공한 이야기를 들었다. 그는 자신의 몸과 증상을 자율적으로 조절하기 위해 할 수 있는 것이 있다는 것을 믿기 시작했으며, 자신의 증상이 직장에서의 스트레스와 직접적으로 관련되어 있음을 깨달았다. 그는 물품 선적과 손익 계산이 끝나야 하는 월말에 자신의 상태가 최악이 된다는 점을 알아차리게 되었다. 그 시점이 되면 부하 직원들을 채근하느라 미친 듯이 돌아다닌다는 사실도 깨달았다. 그러나 이제는 매일 명상수련을 하기 때문에 자신이 무엇을 하고 있고 무엇을 느끼고 있는지 알아차리게 되었으며, 호흡을 의식적으로 활용하여 스트레스가 너무 많이 쌓이기 전에 긴장을 풀고 스트레스 반응을 줄일 수 있게 되었다.

수련 과정을 되돌아보면서 그는 다른 무엇보다도 일에 대한 자신의 태도가 크게 변화되었음을 알게 되었다. 그는 이런 변화의 원인이 자신의 몸과 무엇이 자신을 괴롭히고 있는지에 대해 더 많은 주의를 기울였기 때문이라고 생각했다. 자신과 자신의 마음과 행동을 새로운 시각에서 보기 시작했으며, 여러 일을 그렇게 심각하게 대하지 않아도 별문제가 없음을 깨닫게 되었다. 그는 자신에게 "경영진이 나에게 할 수 있는 최악의 사태는 해고다. 그것에 대해 근심하지 말자. 나는 지금 내가 할 수 있는 최선을 하고 있다. 날마다 내가 할 수 있는 일을 하자."라고 말했다. 그는 호흡을 이용해서 평온을 찾고 중심을 잡았으며, 자신이 '되돌아올 수 없는 지점'이라고 이름 붙인 곳까지 도달하지 않도록 자신을 지켜 나갔다. 자신이 스트레스 상황에 처해 있다고 깨달으면 즉각 어깨에서 긴장을 느꼈고, 그러면 자신에게 "조금 천천히, 조금 여유 있게 가자."라고 말했다. 그는 나에게 "이제 나는 곧바로 되돌아올 수 있어. 내가 주저앉을 필요가 없지. 나는 이완할 수 있고, 다른 사람에게 어떻게 내가 이런 상태에 들어갈 수 있는지를 설명해 줄 수도 있어요."라고 말했다.

관점의 변화는 그가 출근하는 방식에도 반영되었다. 그는 우회로를 이용해서 천천히 운전하면서 회사에 가는 길에 호흡수련을 했다. 회사에 도착할 때가 되면, 이미 그는 하루를 위한 준비를 충분히 갖출 수 있었다. 종전 같았다면 '정면으로 사람들과 투쟁하기 위하여'라고 되뇌이면서 시내 중심로를 택해 출근했을 것이다. 그러나 그는 이제 과거에는 회사에 도착하기도 전에 온 신경이 이미 지쳐 있었다는 사실을 바라보고 받아들이게 되었다. 그는 이제 예전과는 다른 사람으로 보였고 10년쯤 더 젊어 보였다. 그의 아내는 물론 자신도 이런 변화를 믿을 수 없을 정도였다.

그는 일로 인해서 자신이 자신도 모르는 사이에 얼마나 나빠졌고 '믿을 수 없을 정도의 마음 상태'로까지 내몰렸었음을 생각하고는 크게 충격을 받았다. "나는 어렸을 적에 매우 침착한 아이였지. 어른이 되면서 일이 조금씩 나에게 몰래 숨어들어 왔어. 특히 돈의 단위가 점점 더 커지면서 말이야. 나는 이 프로그램을 10년 전에 참석했어야 했어."

실제로 변한 것은 바로 일에 대한 자신의 태도와 반응에 대한 알아차림이었다. 그는 부하 직원들과 보다 효과적으로 의사소통할 수 있게 되었으며 일 처리 방식에서 실질적인 변화를 보였죠.

"나는 몇 주간의 명상수련을 통해 나를 위해 일하는 사람들을 보다 신뢰하기로 결심했으며, 그것은 전적으로 나에게 달려 있다는 점도 알게 되었어요. 나는 회의를 열고 그 자리에서 말했습니다. '여러분, 여러분은 지금 이 일을 하는 데 적지 않은 돈을 받고 있습니다. 이제 나는 더 이상 여러분을 무리하게 끌고 가지 않겠습니다. 이것이 내가 여러분께 기대하는 바입니다. 지금 일이 너무 과하다면 더 많은 사람을 모아야 할 것입니다. 그러나 이 일은 지금 해야 하고 우리 모두가 함께하려는 일이며, 우리가 한 팀으로 이루려는 것입니다.' 이 일은 잘 진행될 겁니다. 사람들이 완벽하게 내가 원하는 방식대로 해 주지는 않겠지만, 일은 어떤 방식으로든 이루어지고 당신은 그 결과와 함께 기꺼이 어울리며 살아가야 합니다. 나는 그것이 인생이라고 생각합니다. 나는 지금보다 훨씬 더 효율적일 수 있으며, 우리는 더 큰돈을 벌 수 있을 것입니다."
이제 그는 일에서 이전보다 스트레스는 덜 받으면서도 더 생산적이게 되었다. 그는 지금까지 다른 사람이 해야 할 일을 자신이 대신 나서서 하느라고 적지 않은 시간을 보냈음을 알게 되었다. "공장 관리자가 되기 위해서 내가 해야 할 일은 배가 잘 떠서 올바른 방향으로 나아가게 하는 것입니다. 나는 지금 내가 열심히 일을 하고 있다고 생각하지만, 해야 할 또 다른 일이 있음을 알았답니다. 전에는 50여 명의 사람들이 언제나 내 등 뒤에만 있어야 하고 이 일 저 일로 끊임없이 나에게 오라고 그들을 불러 대곤 했었죠."

이것은 한 개인이 명상수련을 어떻게 자신의 일에 적용할 수 있는가를 보여 주는 예다. 그는 보다 명료하게 일 속에서 실제로 일어나는 일을 보게 되었고, 그 결과 자신의 일에서 벗어나지 않고도 스트레스를 줄이고 증상을 제거할 수 있었다. 우리가 첫 수업에서 8주 동안 하루에 45분씩 누워서 바디 스캔을 하거나 호흡을 관찰하는 것으로부터 지금과 같은 변화가 있을 것이라고 이야기한다면, 그는 아마도 우리를 미쳤다고 생각했을 것이다. 그러나 그 당시 그는 벼랑 끝에 몰린 것 같았고, 그래서 미친 짓거리로 보였음에도 의사가 한 말과 우리의 권고를 받아들여서 명상수련에 참여했다. 그는 명상수련이 자신의 개인적 상황과 어떻게 관련되는가를 알아차리는 데 4주 정도 걸렸다. 일단 그런 연결성을 감지하자 그는 내부의 자원을 끌어낼 수 있었다. 그는 속도를 늦출 수 있었으며, 현재의 풍요로움을 즐길 수 있었고, 자기 몸의 소리를 들을 수 있고, 일에 자신의 지혜를 적용할 수 있었다.

우리가 하는 일에 관계없이 지구상에 있는 대부분의 사람은 깨어 있어 이득을 얻는다. 그 이득은 단순히 보다 평온해지고 이완되는 일에만 국한되지 않는다. 우리가 일을 순간순간 내적 힘과 지혜를 닦을 수 있는 영역으로 삼을 수 있다면, 우리는 더 좋은 결정을 하고, 더욱 효과적으로 의사를 소통하며, 더 효율적이 되고, 아마 하루의 끝에 보다 행복해져서 직장을 나설 것이다.

일 스트레스를 줄이기 위한 힌트와 제안

1. 일어나서 당신이 오늘 일하러 가기를 선택했음을 확인하는 몇 분의 조용한 시간을 가져라. 오늘 할 일을 간략하게 리뷰해 보고, 실제 하루는 당신이 생각하는 방식대로 진행될 수도 또 그렇지 않을 수도 있음을 기억하라.

2. 일하러 가기 위해 준비하는 전 과정을 알아차림하라. 샤워를 하고, 옷을 입고, 밥을 먹고, 함께 사는 사람들과 관계를 맺는 등이 여기에 해당할 것이다. 가끔씩 자신의 몸과 호흡에 귀를 기울여라.

3. 집을 떠날 때 식구들에게 기계적으로 '안녕'이라고 말하지 마라. 그들과 눈을 맞추고, 몸을 접촉하고, 그 순간에 진실로 존재하며 그들을 잠깐 멈추게 하라. 식구들이 깨어나기 전에 떠나야 한다면 아침인사와 함께 식구들에 대한 그날 느낌을 간단히 적은 메모를 남겨라.

4. 대중교통 수단을 타기 위해 걸어간다면, 몸이 호흡하고, 걷고, 서서 기다리고, 차를 타고 내리는 것을 알아차려라. 일하는 곳으로 마음챙겨 걸어 들어가라. 최대한 휴대전화는 꺼두고 내면을 향해 미소 지어라. 운전을 해서 출근한다면, 차 시동을 걸기 전에 몇 차례 심호흡을 하라. 자신이 이제 일하러 가기 위해 운전을 하려고 한다는 사실을 회상하라. 한 주에 적어도 며칠은 라디오를 켜지 말고 운전해 보라. 오직 운전만 하면서 순간순간을 자신과 함께 해 보라. 휴대전화도 끄고 주

차를 하고 차를 떠나기 전에 자리에 앉아 몇 차례 심호흡을 하라. 마음챙겨 사무실 자리로 걸어 들어가라. 호흡하라. 얼굴이 이미 긴장되고 굳어 있다면 미소를 지어 보라. 힘들면 반쯤의 미소도 좋다.

5. 일하면서 주기적으로 신체 감각을 모니터링하라. 어깨, 얼굴, 손 등이 긴장하고 있는가? 지금 이 순간에 어떤 자세로 앉아 있거나 서 있는가? 신체 언어는 무엇을 말하고 있는가? 의식적으로 가능한 최대로 날숨을 내쉬면서 내 몸에 있는 어떤 긴장이라도 내보내고 균형과 위엄과 기민함을 갖춘 자세로 바꾸어라.

6. 일터에서 걸어갈 기회가 발견되면 이를 적극 활용하라. 마음챙겨서 걸어라. 특별히 그렇게 해야 할 용무가 없는 한 서둘지 마라. 서둘러야 할 때라면 마음챙겨서 서둘러라.

7. 한 번에 하나씩 용무에 필요한 최대의 주의를 기울이면서 일을 처리해 가라. 시간을 가리지 않고 찾아오는 이메일 등에 주의를 분산시키지 말아라. 연구 증거는 인간이 한꺼번에 여러 일을 동시에 처리하지 못한다고 증언한다. 동시에 쫓고 있는 여러 마리의 토끼를 모두 놓치게 된다.

8. 가능한 자주 휴식시간을 가지고 그때는 제대로 이완하고 재충전하라. 커피를 마시거나 담배를 피는 대신 3분 정도 건물 밖으로 나가서 걷거나 서서 호흡하고, 실내에서라면 책상을 잡고 목과 어깨를 돌려라(그림 6-2] 참조). 사무실 문을 닫고 5분 정도 조용히 앉아 있을 형편이라면 그 시간 동안 호흡 감각을 알아차려 보라.

9. 휴식과 점심을 편안한 사람들과 같이 하라. 그렇지 못할 경우 혼자 있는 편이 더 좋다. 점심 환경을 바꾸어 보는 것이 도움이 될 수 있다. 한 주에 한두 번은 혼자서 고요한 가운데 마음챙기면서 점심을 먹어 보라.

10. 다른 대안으로 한 주에 한 번이나 며칠 정도 점심을 거르고 밖으로 나가서 운동을 하라. 가능하다면 매일 그래도 좋다. 운동은 스트레스를 줄이는 최선의 방법이다. 이렇게 할 수 있는 역량은 당신의 일이 얼마나 융통성이 있는가에 달려 있다. 이렇게 할 수 있다면 이 방법은 마음을 깨끗하게 비우고 긴장을 풀고 오후를 새롭고 활기차게 시작할 수 있는 아주 좋은 방법이다. 많은 사업장에서 점심시간이나 일과 전후에 직원들이 운동할 수 있는 체육 시설을 갖추는 추세다. 직장에서 운동을 할 수 있다면, 그 기회를 활용하라. 운동하기도 명상하기와 마찬가지로 상당한 개입이 필요하다. 운동을 할 때 마음챙겨서 하라. 큰 변화가 있을 것이다.

11. 매 시간마다 1분 동안 일을 멈추어서 호흡을 알아차려 보라. 우리는 이보다 훨씬 더 많은 시간을 직장에서 백일몽으로 보낸다. 이런 미니 명상을 현재와 조율하고 단지 존재하는 데 사용해 보자. 그 시간을 회복하는 데 사용해 보자. 우리는 코앞에 놓인 모든 일에 사로잡히기 때문에 이런 작업은 쉽지 않다.

12. 일터의 일상 단서를 자신의 중심을 잡고 이완하는 신호로 사용해 보라. 전화기 신호음이 울리는 시간, 미팅 전의 휴식, 당신 일을 시작하려면 먼저 자기 일을 마쳐야 하는 누군가

를 기다리는 시간 등을 활용하라. 그 시간에서 떨어져 나와 이완하려는 대신 그 안으로 문을 열고 들어가 조율하며 이완하라.

13. 일하는 동안 다른 사람과 소통하는 당신의 방법에 마음챙김을 해 보라. 만족스러운가? 어떤 문제가 있는가? 어떻게 개선할 수 있을까를 생각해 보라. 당신과 수동적이거나 적대적으로 관계를 맺는 사람이 있는가? 알아차려 보라. 어떻게 하면 그들과 보다 효과적으로 소통할 수 있을까? 생각해 보라. 동료들을 전체성의 눈으로 보려고 시도해 보라. 그들의 감정과 욕구에 어떻게 더 민감해질 수 있을지 생각해 보라. 자신이 보다 따뜻해지고 마음챙김을 해서 그들을 어떻게 도울 수 있을까 생각해 보라. 나와 상대의 목소리 톤과 신체 언어를 알아차리는 것이 의사소통을 도와줄 것이다.

14. 일터에서 하루가 끝날 때면, 오늘 한 일을 리뷰하고 내일 해야 할 일의 리스트를 만들어 보라. 리스트에서 자신이 생각하기에 가장 중요한 일의 순서로 우선순위를 매겨라.

15. 일터를 떠나면서 걷기와 호흡하기를 다시 알아차려라. 일터를 떠나는 전환을 하고 있다는 것을 알아차려라. 몸을 점검해 보라. 지쳐 있는가? 똑바로 서 있는가, 구부정하게 서 있는가? 표정은 어떤가? 현재의 순간에 존재하는가? 아니면 자신의 생각하는 마음속에 들어 있는 자신을 꺼내어 퇴근하려 하는가?

16. 대중교통을 이용한다면, 호흡과 걷기와 앉고 서기에 주의를 기울여라. 서두르고 있다면 그것을 알아차려라. 일상의 어느

순간만큼이나 직장과 가정 사이를 오가는 시간도 가치 있는 순간이다. 그 시간을 온전한 자신의 것으로 만들어라. 퇴근 시간을 전화하는 기회로 채우고 싶은 충동을 알아차려라. 가능한 만큼 전화를 사용하고자 하는 충동을 알아차림하고 바라보면서 내버려 두어 보라. 이 시간 중의 적어도 어느 정도는 나 자신이 주인이 됨을 관찰해 보라. 손수 운전하여 퇴근한다면, 차 시동을 걸기 전에 얼마간 조용히 앉아 있어라. 마음챙겨서 집으로 운전해 오라. 핸즈프리 휴대전화를 사용할 수 없거나 지금 꼭 통화해야 하는 일이 아니라면 휴대전화를 내려놓으라. 그 결정을 알아차릴 수 있는가? 그 결정을 무시하고 통화를 하게 되는 자신의 충동을 알아차릴 수 있는가?

17. 현관으로 들어가기 전에 내가 무엇을 하려는지 알아차려라. 이 전환을 퇴근이라 부른다. "집에 들어왔어."라고 소리치지 말고 가족들과 마음챙겨서 인사하고 눈 맞춤하라.

18. 도착하자마자 바로 구두를 벗고 작업 복장을 벗어라. 옷을 바꿔 입는 것은 퇴근을 완성시켜 주며 일터에서 벗어난 당신의 역할로 신속하고 의식적으로 통합시켜 준다. 시간을 낼 수 있다면, 요리나 식사를 하기 전에 5분 정도 명상하라.

19. 참다운 명상은 당신이 순간순간을 어떻게 사는가에 있음을 명심하라. 이런 식으로 당신이 하는 모든 일상사가 명상수련의 한 부분이 될 수 있다. 당신이 현재의 순간에 기꺼이 머물려 하고 생각을 내려놓으면서 그것을 알아차림과 몸으로 품어 안을 수 있다면 말이다.

이 내용은 마음챙김 수련을 일에 적용한 하나의 힌트와 제안에 불과하다. 결국 자신의 일과 관련된 스트레스를 줄일 수 있는 자신에게 가장 잘 맞는 방법을 스스로 찾아가야 한다. 이런 점에서 당신의 창의성과 상상력은 최고의 자원이 된다.

31

음식 스트레스

복잡하고 세계화된 세상을 건강하게 살아가기 위해서는 자신의 몸속으로 무엇을 넣느냐에 대해 적어도 얼마간은 주의를 기울여야 한다. 음식과 우리의 관계는 지난 몇 세대 동안 너무 많이 변했으며, 오늘날 무수히 많이 제공되는 음식들 중에 어떤 것이 가치 있고 영양가 있는 것인지를 분별해 낼 수 있는 새로운 지적 능력이 필요하다. 예를 들어, 지난 시절에는 음식 소비자들이 수십 만 년에 걸쳐 자신이 땅에 직접 심어서 얻은 소수의 식품만을 소비했었다. 금세기에 들어서까지 우리의 섭식 양식은 세대를 거치면서도 거의 변하지 않았다. 우리가 먹는 음식은 거의 전적으로 사냥이나 채집, 농경을 통해 얻는 작물이었다. 여러 세대에 걸쳐 우리는 자연에서 먹어도 되는 것과 먹어서는 안 되는 것이 무엇인지를 배워 왔으며, 우리의 몸은 각자가 살고 있는 고립된 특정 지역, 기후, 집단, 문화의 섭식 방식에 길들었다. 음식을 마련하거나 먹거리를 키우는 작업은 사회 구성원이 에너지를 가장 많이 쏟는 영역이었다. 우리는 우리가 살고 있는 지역의 환경에서 최선을 다해 얻을 수 있는 모든 것을 먹었다. 그래서 좋든 싫든 간에 자신이 살아가고 있는 특정 환경의 변덕과 예측 불가능성에 노출될 수밖에 없었다. 본원적으로 자신이 거주하고 있는 자연환경과 동질정체(신토불이)적 조화를 이루며 살 수밖에 없었다. 자연 속에서 살았으며 자연에서 떠나지 않았다.

우리는 지금도 여전히 자연의 일부분이지만, 자연과의 친밀한 연결성을 덜 알아차리며 살고 있다. 이제 인간은 과거 어느 시기보다도 훨씬 더 많이 자연을 조작할 수 있는 능력을 가진 입장에 서 있기 때문이다.

소위 선진국에서 인간과 음식의 관계는 복잡성이 늘어나는 방향으로 거대한 변화를 겪고 있다. 이제 수많은 먹거리 중에서 선택을 해야 하는 소위 '소비자'가 된 것이다. 과거에 우리 모두는 이런저런 먹거리를 만들어 내야 하는 생산자였다. 이제 대부분의 사회에서는 사람들은 음식 생산과는 거리가 먼 삶을 산다. 생물학적으로는 살기 위해 먹고는 있지만, 심리적으로는 많은 사람이 먹기 위해 산다고 말할 수 있으며, 음식에 대한 우리의 심리적 몰두는 실제적인 배고픔과는 거의 관계가 없어졌다.

더구나 현대인은 5년 혹은 10년 전에는 존재하지도 않았던 음식에 끊임없이 노출된다. 이제 음식은 합성되고 공장에서 처리되어 우리 앞에 등장하며, 우리는 그 음식이 어떻게 자라고 경작되고 만들어졌는지에 대한 정보를 거의 갖지 못한다. 선진국에서는 이제 어떤 음식이건 원하는 시기에 식탁 위에 올릴 수 있다. 이는 급속히 성장하는 원거리 수송 시스템의 발달 덕택이다. 이 사회에서 자신이 경작하는 식품에 의존하거나 사냥이나 목축에 전적으로 의존하고 있는 이들은 한 손으로 꼽을 정도로 소수에 불과하다. 우리는 이제 음식을 얻기 위해 모든 시간과 에너지를 쏟을 필요가 없는 시대에 들어섰다.

　인구학적으로 우리는 이제 음식 소비 국가가 되었다. 가까운 과거와도 달리 식량 생산에 관여하는 인구의 비율은 매우 낮다. 큰 변화가 일어난 것이다. 이제 우리는 놀랄 만큼 풍요로운 소비자들의 천국인 '현대판 신전'에 해당하는 대규모 마트에서 식품을 구입한다. 슈퍼마켓의 선반 위에는 언제나 식품이, 그것도 선택할 수 있는 종류가 수천 가지도 넘는 상품이 진열되어 있다. 이로 인해 우리는 날마다 식품을 구하러 다니지 않아도 되게 되었다. 이제 우리에게 필요한 것은 '식료품'을 구입하기 위한 충분한 돈이다. 냉장과 냉동, 캔으로 포장하고 꾸미면서 우리가 살고 있는 집을 식품 저장고 삼아서 원하는 것은 무엇이든 언제나 먹을 수 있게 되었다. 이러한 발전은 놀랄 정도로 음식을 마련하는 노동에서 우리를 해방시켜 준다. 우리 모두는 주의 깊게 유전자를 변형한 매우 많은 과일과 채소를 마켓에서 바로 구할 수 있게 되었다. 마트 진열대에 아름답게 갈무리되어 있는 오렌지, 포도, 사과, 자두, 아보카도, 케일, 당근, 비트 등을 상상해 보라.

　식품 생산과 분배 시스템은 우리의 집합적인 상호 의존성과 연계성을 보여 주는 완벽한 예다. 식품 분배 도관은 사회라는 시스템의 동맥과도 같고, 냉장 트럭과 기관차 및 비행기는 사회 세포와 조직에 필수 영양을 공급하기 위한 이송 도구의 구실을 한다. '대규모 대기 오염은 차치하고라도 이런 시스템이 과연 지속 가능한 것인가?' 하는 의구심이 든다. 트럭 운전사들의 대규모 시위가 며칠 이내로 도시의 식품을 바닥나게 할 수도 있다. 가게에 사람들이 구입해야 할 식품이 동이 날 수도 있다. 우리는 그런 일에 관해서는 전혀 생각하지 않는다.

우리가 크게 염두에 두지 않는 또 한 가지는 우리 사회의 식품 공급이, 마켓의 진열대에서 당신이 찾을 수 있는 거의 모든 것을 제공하는, 몇몇 소수의 농업 기업에 의해 독점될 수 있다는 사실이다. 아마 여러분의 조부모님 세대는 현재 식품 진열대의 상품들 중 70%가량을 음식으로 여기지 않을 것이다. 하지만 현재 그런 식품은 놀라울 정도로 편리한 식품 획득(우리가 쇼핑이라고 부르는 행위에 의해서)과 상상 못할 정도로 유혹적인 고칼로리와 고지방 음식이라는 특성을 이용해서 많은 현대인을 중독시키고 있다.

사실 전체 인구를 통틀어서는 건강이 전보다 나아졌다. 많은 사람이 이런 건강의 개선을 현재의 음식 덕분으로 돌리는데, 이는 일부만 진실이다. 깨끗한 물과 위생은 사망률을 낮추고 수명을 연장시키는 데 중요한 역할을 했다. 그런데 우리는 지금 우리 사회의 건강에서 중요한 변곡점에 서 있는 것 같다. 미국과 불행하게도 미국의 선도를 따르는 많은 선진국 사람들의 건강이 음식의 과잉 섭취, 특히 특정한 음식의 과잉 섭취로 손상을 입고 있다는 증거가 많다. 즉, 풍요로 인해 생기는 현대 질병이다. 역사상 처음으로 우리의 후손이 부모 세대보다 건강하지 못할 수도 있다고 예측된다. 비만이 1970년 중반 이래 무지막지하게 늘고 있다. 이렇게 되는 원인은 다른 요소도 있겠지만, 식사량이 크게 늘고 칼로리는 높으면서 영양은 적은 탄산음료와 같은 합성식품의 섭취가 주범이다.

우리의 건강은 인간의 몸이 결코 소화시키지 못하는 현대 식품에 함유되어 있는 수백, 심지어 수천 종의 화학물질에 노출됨으로써 위협받는다. 이런 물질은 최근에 만들어져 인간의 몸이 자신의 일생이나 인간 종의 역사에서 노출된 적이 없었고 우리의 몸은 그에 맞게 진화할 시간이 없었다. 거대 농업 회사와 관련되어 있는 비료와 살충제 잔유물, 식품 회사들이 오염된 환경에서 오랫동안 상하지 않게 만들기 위해 첨가하는 식품 첨가제와 방부제 등이 이런 것들이다. 식품 회사들은 때로는 충분한 검증 없이 첨가제와 방부제를 음식에 넣는다. 이런 화학물질은 인간이 긴 진화 과정을 통해 정교하게 발달시켜 놓은 동질정체적인 몸의 생화학 체계를 위험하게 하거나 세포나 조직이 손상되고 와해될 수 있다. 해당 전문가들이 무어라 말하든 우리는 그런 식품에 함유된 화학물질에 노출되는 것이 다음 세대나 자신의 일생에 걸친 소화에 어떤 작용을 하고 어떤 영향을 미칠지 제대로 모르고 있다. 분명한 사실은 우리가 우리 몸에 대해 화학적으로 일종의 러시안 룰렛 게임을 벌이고 있다는 것이다. 자신이 그런 게임에 참여하고 있는지조차도 모르는 채 말이다. 마운트 시나이 의과대학과 유명한 텔레비전 저널리스트 빌 모이어(Bill Moyer)가 이 주제를 공공 텔레비전 프로그램으로 다룬 적이 있다. 그는 이 프로그램에서 자신의 몸이 어떤 독성 물질에 노출되는가를 시험해 보았다. 그 결과, 피와 소변에서 84가지 화학물질이 검출되었다. 여기에는 다이옥신, 폴리염화페닐, 프탈산디부틸 그리고 미국에서 40년 이상 사용이 금지되어 온 DDT 등의 위험한 화학물질도 포함되어 있었다. 그러한 화학물질이 가전제품과 다른 소비제품을 포함해서 많은 다른 환경에 노출되어 유입될 수도 있겠지만, 아마도 우리가 먹는 것을 통해 주로 우리 몸으로 들어올 것이다.

일생에 걸쳐 먹는 음식은 건강에 매우 중요하다. 때문에 우리 몸속으로 넣는 것들에 대해서 분별력 있는 주의를 기울일 필요가 있다. 지나치게 걱정하거나 지나치게 광적으로 움직이지는 말고 말이다. "당신은 바로 당신이 먹은 것으로 구성된다."라는 경구는 조금도 틀린 말이 아니다. 우리는 평생 우리 건강에 잠재적인 해를 줄이기 위해서 우리가 구입하고 섭취하는 것에 마음챙김을 해야 한다. 임신, 수유, 아동, 청소년기처럼 몸이 특히 취약한 기간에는 더욱 그렇다.

비만은 당뇨, 대사증후군, 심장질환 등과 함께 아이와 어른 모두에서 급증하고 있는 세계적 유행병이다. 질병 통제 및 예방 본부에 따르면, 1990년 미국의 10개 주가 10% 이하의 비만율을 보였고, 15%나 그 이상의 비만율을 가진 주는 없었다. 2000년 조사에서는 10% 이하의 비만율을 보이는 주는 없고, 23개 주가 20~24%의 비만율을 보였고, 25% 이상의 비만율을 가진 주는 없었다. 2010년 조사에서는 20% 이하의 비만율을 가진 주가 없고, 36개 주가 25% 이상의 비만율을 보이는데, 이 중 12개 주(Alabama, Arkansas, Kentucky,

Louisiana, Michigan, Mississippi, Missouri, Oklahoma, South Carolina, Tennessee, Texas 그리고 West Virginia)는 30% 이상의 비만율을 보였다. 이는 깊이 주목할 만한 현상이다. 왜냐하면 그것을 늦추거나 역전시킬 수 있는 방법에 대한 분명한 답이 없기 때문이다. 2012년 미국의 건강관리법은 수십 억 달러를 들여서 다년간 이 문제에 대해 전면 압박 수비를 펼치려 하고 있다. 여기에는 지역사회에서 비만 고위험군을 위한 건강한 식이와 운동 및 다른 삶의 방식을 선택하는 것에 관한 강좌를 조직하는 것이 포함되어 있다.

식단은 다양한 범위의 만성질병에 중요한 역할을 한다. 나쁜 식단은 세포나 조직 수준에서 염증을 일으켜 다양한 질병의 원인이 될 수 있는데, 여기에는 최근 발견된 대사증후군도 속한다. 식단 관련 질병은 몇몇 특정 모집단이나 사회집단에서 특히 더 높다. 이는 물론 가난한 집단에 해당한다.

동물성 지방과 콜레스테롤이 높은 식단은 관상동맥 질환의 주요 원인인데, 심장 동맥은 지방성 플라그에 의해 막히고 굳어진다. 이 과정은 어린 시절부터 시작된다. 미국에서 심혈관계 질병은 다른 모든 질병을 합한 것보다 더 만연해 있다. 우리가 건강하게 살고 지속 가능한 안녕을 경험하려면 자신이 먹는 것과 음식과 우리의 관계에 대해 주의를 기울이는 일이 무엇보다 중요하다. 운 좋게도, 음식에 관한 거라면 더 건강하게 살기 위해 우리가 할 수 있는 매우 많은 것이 있다.

과학자들이 동물에게 관상성 심장질환을 유발시키려면 그들의 먹이통에 베이컨이나 달걀, 버터 등 해당 식품을 6개월이나 그 이상 넣어 주기만 하면 된다. 이런 음식은 심장의 동맥벽을 막는 데 매우 효과적이다. 버터와 붉은 고기, 햄버거, 핫도그, 아이스크림 등 미국에서 매우 인기 있는 식품은 콜레스테롤과 동물성 지방 수준이 매우 높다. 중국이나 한국, 일본과 같은 나라에서는 고기와 동물성 지방이 적고 생선과 곡물을 더 많이 사용하는 식사 양식이 발달해 있으며, 심장병 발생률이 훨씬 낮다. 반면 식도암이나 위암의 발병률이 높은데, 이는 소금에 절이고 불에 태운 음식을 즐겨 먹는 것과 관련되는 듯하다. 흥미롭게도 이러한 아시아 국가가 미국 식단을 받아들이면서 심장병과 비만이 극적으로 증가하는 양상을 경험하고 있다. 이 말은 당신의 식단에서 베이컨과 달걀을 완전히 빼라는 뜻이 아니라 어느 정도 합리적인 균형을 찾는 것이 중요하다는 것이다. 아울러 자신이 검토하지 않고 습관적으로 행하게 되는 건강하지 못한 쇼핑과 식이 습관을 알아차리고, 그 대신 자신과 가족을 더 풍요롭게 할 건강한 방법을 찾아야 한다.

음식과 암과의 관계는 심장질환의 경우처럼 그렇게 분명하지는 않지만 유방암, 직장암, 전립선암 등에서 음식의 역할을 지적하는 상당한 증거가 있다. 이런 암에서도 식품에 포함된 전체 지방량이 중요한 역할을 하는 듯하다. 지방을 많이 섭취하는 사람이 면역 기능이 낮다는 증거(예: 암세포로부터 신체를 보호하는 역할을 하는 것으로 생각되는 자연살해세포의 활동 저하)가 있으며, 섭취하는 전체 지방(동물성 및 식물성 지방 모두를 포함한) 섭취량을 변화시키면 자연살해세포의 활동성이 증가했다. 동물을 대상으로 하는 많은 연구 결과에서 섭식과 암 사이의 관계를 발견할 수 있으며, 여기서도 음식으로 섭취하는 지방이 가장 큰 역할을 한다. 알코올의 지나친 소비는 특히 흡연과 결합될 때 일부 암 발생 가능성을 증가시킨다.

1977년에 미국 상원의 영양분과위원회는 '미국인은 과식으로 자신의 목숨을 단축시키고 있다.'고 선언했다. 자신의 경고가 그렇게 선견지명이 있는 것인 줄은 몰랐겠지만, 위원회의 보고서는 국민에게 일상생활과 활동에 필요한 전체 에너지 중 지방에서 얻는 에너지의 수준을 30~40% 정도로 줄이라고 권장한다. 30%의 지방 중 최소 10%만 포화지방에서 얻고 나머지 20%는 불포화지방에서 얻으라고도 지적한다. 그들은 종전에 지방에서 얻었던 에너지는 복합탄수화물의 섭취를 늘려 채우라고 권장한다. 그들의 제안은 이것이 지방의 최적 섭취 수준인 30%이기 때문이 아니라, 현재의 실정에서 달성 가능한 목표이기 때문이었다. 실상 전통 중국 식이에서는 전체 열량의 15%만을 지방에서 얻는다. 멕시코의 타라우마라 인디언 사회에서는 지방에서 얻는 열량이 10%에 불과하며, 그것도 동물성 지방에서 얻는 것은 거의 없다. 타라우마라 부족을 연구한 과학자들에 따르면, 그들은 실제로 심장질환이나 고혈압이 거의 없었다. 미국에서도 제7일 안식교도를 대상으로 한 연구가 흥미롭다. 이들은 모두 채식주의자인데, 이 종교집단에서도 심장질환과 암의 발생률이 매우 낮았다.

　　모든 수준에서 음식과 우리의 관계를 알아차릴 수 있고 또 그 관계를 변형시킬 수 있는 많은 방법이 드러나고 있다. MBSR의 공식 커리큘럼에 이를 명시적으로 포함시키지는 않았지만, 우리는 프로그램을 운영하는 첫 십 년 동안 어떻게 식품을 구매하고, 무엇을 먹으며, 먹고 난 뒤에 어떻게 느끼는지(음식을 먹고 난 뒤에 우리 몸이 자신에게 보내는 메시지)를 마음챙겨 관찰하도록 훈련했다. 이는 우리 삶의 질과 건강, 심지어 장수에까지 큰 차이를 만든다.

『욕망하는 식물(The Botany of Desire)』의 저자인 마이클 폴란(Michael Pollan)의 충고에서 좋은 교훈을 얻을 수 있다. 그는 이렇게 우아하고 간결하게 말한다.

> 음식을 먹어라, 주로 식물성으로, 너무 많지 않게.

좋은 충고이지만 실천하기는 쉽지 않다. 마음에 새겨 과감하게 행동으로 옮길 만한 좋은 경구다. 이 경구가 우리에게 던지는 한 가지 메시지는 우리가 자신의 몸에 넣는 것이 진짜 음식인지 아니면 다른 어떤 것인지를 스스로에게 질문해 보라는 것이다. 폴란의 처방은 단순하지만 우리가 매번 먹을 때마다 가슴에다 품고 실천에 옮겨 볼 만큼 매우 중요하다. 이런 경구를 선불교에서는 '공안'이라 한다. 공안은 마음속에 넣고 끊임없이 반복해서 떠올린다. 날이면 날마다 오랜 기간 동안 공안이 알아차림의 전면에 나설 수 있게 한다면, 그것이 살아서 우리의 경험과 선택을 조형할 수 있다.

샌프란시스코에 있는 캘리포니아 대학교와 소살리토에 있는 예방의학 연구원의 딘 오니시(Dean Ornish) 박사와 동료들은 개척적인 연구를 삼십 년 이상 진행해 왔다. 이 연구에서는 생활양식을 크게 변화시켜서—무엇을 먹고 무엇을 먹지 않느냐를 선택하는 것을 포함해서—심각한 관상성 심장질환과 초기 단계의 전립선 암의 진전을 늦추고, 멈추고, 심지어 역전시킬 수도 있음을 일관되게 입증하고 있다.

오니시 방법에는 먹는 방식뿐만 아니라 살아가는 방식도 마찬가지로 중요하게 포함시키고 있다. 오니시 프로그램의 양생법에는 백설탕과 밀가루 같은 정제된 탄수화물 및 지방은 적게 먹고, 과일과 채소, 통곡물, 콩, 간장류, 고섬유질 식품 등을 생선 기름과 아마 기름을 쳐서 먹는 방법이 포함되어 있다. 이 밖에도 걷기 형태의 가벼운 운동과 요가와 명상수련도 요구한다. 가까운 관계의 사람과 사랑과 친밀감을 발달시키는 중요성도 강조된다. 이런 방법을 따른 심장병과 전립선암 환자 집단 모두에서 콜레스테롤 수준이 약을 먹을 필요가 없는 수준 이하로 떨어졌다. 같은 방법으로 비만이 유발하는 주요 결과 중 하나인 2유형 당뇨병의 진전도 역전시킬 수 있음이 입증되었다.

전립선암 환자에게서는 극적인 후성유전학적 변화도 찾을 수 있었다. 이는 생활양식의 변화가 염색체에 영향을 줄 수 있다는 증거인데, 엘리사 에펠(Elisa Epel), 클리프 사론(Cliff Saron), 데이비드 크레스웰(David Creswell) 등의 연구에서 얻었던 것과 동일한 결과다. 즉, '친 염증성 유전자'로 알려져 있는 유전자 표현이 많은 수 꺼져서(기술적 용어로 하향 조절이라고 함) 몸에서 질병을 유발하는 염증 과정이 줄어들었다. 전립선암, 유방암, 직장암을 촉진하는 것으로 알려져 있는 종양 유전자 수백 개의 활성화가 꺼졌다. 이와 동시에 건강을 향상시키는 것으로 알려져 있는 유전자의 표현은 증가했다(상향 조절되었다).

이런 변화는 무선화 임상 실험에서 프로그램을 시작한 지 3개월 만에 나타난 것으로, 우리 몸이 생활양식에, 특히 음식 선택에 실질적으로 반응함을 보여 주는 강력한 증거다. 자신이 하는 선택에 주의를 기울이고 살아가는 방식을 변화시키면 분자 수준에서 건강이 향상된다는 증거가 나타난 것이다.

더 중요한 것은 염색체의 끝을 수리하거나 길게 해서 노화를 통제할 수 있는 효소인 텔로미라제가 오니시 프로그램을 따른 초기 전립선암 환자에게서 관찰된다는 사실이다. 이런 결과는 이 환자가 이루어 낸 생활양식의 종합적인 변화가 스트레스를 줄이고 장수를 돕는 방향으로 세포 생물적 과정의 방향을 바꾸었음을 시사한다. 오니시 방식으로 적어도 5년 이상 생활한 사람에게서는 실제로 텔로미라제의 길이가 길어진 것이 관찰되었다.

오니시 박사의 연구는 인간의 몸이 얼마나 유연하고 강건한가와 기회만 주어진다면 스스로를 치유할 수 있는 능력이 있음을 극적으로 보여 준다. 만성질환은 우리가 아픈 증상을 느끼게 되거나 질병으로 진단받기 전까지 상당한 기간에 걸쳐 질병 과정을 진행시켜 나가기 때문에, 그의 연구 결과는 특히 중요한 함의를 지닌다. 연구 결과는 몸속에서 만성적이고 병적인 과정이 수년간 진행된 다음에라도 그 손상을 멈추거나 심지어 역전시킬 수 있음을 말해 준다. 이런 일을 약으로 해낸 것이 아니라 사람들이 자신의 생활양식과 건강을 결정적으로 변화시킬 수 있는 선택 능력을 알아차리게 하여 이룬 것이다. 그 결과, 사람들은 자신의 삶의 방식과 무엇을 먹고 어떻게 먹는가를 진짜로 바꿀 수 있었다.

오니시 박사의 연구에서 통제집단에 있던 사람들은 같은 기간 동안 탁월한 전통의학적인 치료를 받았다. 그들은 또한 대다수의 심장 전문의들이 관례적으로 권장하는 처방대로 지방에서 얻는 열량을 30% 정도로 줄이고 규칙적으로 운동을 하였다. 그러나 다른 집단에서 했던 것처럼 생활양식을 급격히 변화시키지는 않았다. 의학적 치료와 통상적인 권고안을 따랐음에도 통제집단에 속한 환자들은 질병 과정이 더욱 진행되었다. 그들의 관상성 동맥은 1년 뒤에 더욱 막혔으며 관상성 심장질환이 악화되었다.

이 연구는 고도의 의료 기술 없이도 살아가는 방식의 변화를 통해 심장 기능이 향상될 수 있으며 동맥경화를 실질적으로 역전시킬 수 있음을 증명하는 첫 번째 연구로 길이 남을 것이다. 아마도 이 연구에 참여했던 남녀 환자들은 자신이 지금까지 살아오던 삶의 방식을 바꿈으로써 심장질환을 치료할 수 있었다고 말할 수 있을 것이다. 이들은 명상과 요가를 규칙적으로 수련하고(하루에 1시간씩), 산책하며(주당 3회), 함께 모여 수련하고, 서로를 격려하며, 먹는 것을 변화시켰다.

5년간에 걸친 추수 연구는 참여자들이 변화된 생활양식을 유지시켜 나간다면 건강의 개선이 유지됨을 보여 주고 있다. 현재 의료 보호 시스템(메디 케어)에서는 오니시 프로그램을 생활양식 개선 치료로 비용을 지불하고 있다. 이는 체중 감소에 초점을 맞춘 것이 아님을 유념해야 한다. 초점은 건강한 먹기와 마음챙겨서 음식을 선택하는 데 있다. 체중 감소보다 건강하게 먹는 것을 개선하면 건강해질 가능성이 높아질 뿐만 아니라 저절로 체중이 감소하고 유지된다. 체중을 빼는 모든 다이어트가 정말로 건강한 것은 아니다. 4,000명 이상의 스웨덴 여성이 참여한 16년 이상 추적된 한 연구 결과에 따르면, "저탄수화물—고단백질 다이어트는 심장질환의 위험률을 높이며", 뉴잉글랜드 의학저널에 발표된 또 다른 연구에서도 고단백 저탄수화물 다이어트는 혈압이나 콜레스테롤 수준과 같은 전통적 위험 요인을 증가시키지 않더라도 관상동맥질환을 증가시킨다고 한다.

오니시 박사 연구의 가장 흥미롭고 중요한 발견은 다음과 같다. 사람들이 자신의 생활과 섭식 양식을 더 크게 바꿀수록 현재 연령에 관계없이 더 많이 건강해졌다. 이때 가장 중요한 것은 당신의 먹고 사는 방식과 그것들에 대해 당신이 쏟는 친절과 자기연민이었다. 오니시 박사는 친절하고 마음챙김해서 접근한다면 변화 과정에서 실패하지 않는다고 강조한다. 그는 내가 '다이어트 중이다.'라고 생각하지 말라고 한다. 왜냐하면 다이어트라는 정의에는 이미 무엇을 먹어서는 안 되고 무엇은 반드시 해야 한다는 의미가 들어 있어 당신이 건강한 방향으로 서서히 변화해 가려는 의지를 빼앗아 가기 때문이다. 오니시 박사의 연구 참여자들이 새로 받아들인 생활양식을 여러 해에 걸쳐 지속할 수 있었던 이유는 부분적으로 요가와 명상수련의 효과 때문이라고 나는 생각한다. 수련과 의도성이 존재의 양식으로 혼합된 것이다. '이것이 내가 엄격하게 지켜야 하는 다이어트다.'라고 생각하는 대신 '이것은 내가 해야 하는 명상이나 요가다.'라고 생각하면 "이는 내가 인생을 사는 방식이다."라는 문제가 될 것이다. 제2장에서 논의했듯이 이런 태도가 따르기 훨씬 쉽다.

건강해지려는 결심을 단단히 했더라도 오래 지속되어 온 음식과 자신의 관계를 바꾸기는 쉽지 않은 일이다. 이것은 체중을 줄이려 노력하는 대다수의 사람이 실패한다는 사실에서 보다 분명해진다. 어떤 이유에서든 건강을 개선하거나 질병의 진행 과정을 늦추기 위해 섭식 습관을 바꾸고자 결심했다면, 그 결심에 대해 공포나 편집증을 가지거나 자신의 체형이나 체중에 대한 과도한 선입견으로 대하기보다는 지혜를 갖춘 깊은 개입과 내적인 규율로 접근해야 할 것이다. 여기에는 모든 수준에서 음식과 자신의 관계를 마음 챙겨서 바라보는 것을 포함한다. 섭식에 관한 당신의 자동적이고 중독적인 행동과 사고 및 감정, 섭식과 관련한 사회적 관습 등에 대해 보다 알아차려야 하는데, 그런 영역은 체계적이고 비판단적으로 관찰하기가 정말 어렵다. 따라서 부적응적이고 기존 습관에 자동으로 끌려다니는 음식과의 관계를 건강하고 응집성 있으며, 삶의 통합된 방식으로 바꾸기 위해서는 강한 개입이 필요하다.

앞서 살펴보았듯이 마음에 대한 체계적인 훈련은 자동적이고 무의식적인 행동과 고통을 야기하고 고통으로 몰아가는 근원적인 동기와 충동에서 해방되어 참다운 나를 만나는 데 큰 도움이 된다. 음식과 우리의 관계에서도 예외가 아니다. 이런 이유로 마음챙김 명상수련은 섭식 습관을 바꾸고 그것을 유지하는 데 특히 유용하다. 실제로 당신의 마음챙김 명상수련이 점차 강화되어서 일상의 모든 활동에 마음챙김 수련을 해 가게 되면, 음식과 섭식에서의 변화는 자연스럽게 따라온다. 아마도 당신은 이점을 이미 깨닫고 있을지도 모르겠다. 우리가 일상에 주의를 기울이기 시작할 때 먹는 영역에 대한 심층적인 조망은 불가피할 것이다.

확실히 음식 먹기는 삶의 대부분에서 중심 역할을 한다. 우리는 식품을 구입하고, 준비하고, 차리고, 음식을 먹게 되는 물리적·사회적 환경에 주의를 기울이고, 먹고 난 뒤 설거지 등의 활동에 꽤 많은 노력과 에너지를 소모한다. 이런 모든 활동은 우리가 주의를 기울일 수 있는 행동과 선택을 포함하고 있다. 덧붙여 우리가 먹는 음식의 질과 그 음식이 어떻게 자라고 만들어졌는지, 어디서 왔는지, 그 안에 어떤 성분이 포함되어 있는지 등의 부분을 눈여겨 살필 수 있다. 또 얼마나 많이 먹는지, 얼마나 자주 먹는지, 언제 먹는지, 먹고 난 느낌은 어떤지 등에 대해서도 주의를 기울일 수 있다. 예를 들어, 특정한 음식을 먹을 때나 특정한 양의 음식을 먹고 난 뒤 어떻게 느끼는지와 빠르게 먹거나 느리게 먹었을 때, 특정한 시간에 먹었을 때 어떻게 서로 다르게 느끼는지 등에 대해 마음챙김 명상을 할 수 있다. 자신이 특정한 음식에 애착과 갈망을 느끼는 것에 대해 아이들과 마찬가지로 자신도 특정 음식을 먹으려 하거나 먹으려 하지 않는 것에 대해, 가족의 식습관에 대해 마음챙김을 할 수 있다. 이 모든 영역은 당신이 음식의 영역에 마음챙기기를 할 때 생생한 초점으로 등장하게 된다.

음식에서 얻는 기쁨, 다음 수저를 들기 전에 눈과 코와 입으로 앞에 놓인 음식의 맛과 영양을 미리 경험하는 것 등과 같은 식사의 가장 기본적인 부분을 마음챙김하라. 음식 준비와 식사의 사회적 측면은 기본적이면서 동시에 양육적이다. 가족과 친구와 함께하거나 직장 공동체에서 식사를 위해 함께 앉는 기쁨은 삶에서 가장 심오하고 인간적인 차원이다.

우리 대부분은 습관을 바꾸기가 어렵다는 것을 잘 안다. 식습관도 마찬가지다. 먹기는 감정이 많이 관여되는 활동이자 문화적인 활동이기도 하다. 음식과 우리의 관계는 전 생애를 통해서 조건화되고 강화받는다. 먹기는 우리 각자에게 서로 다른 의미를 가진다. 우리는 특정한 음식, 특정하게 먹는 음식의 양, 특정한 장소와 시간에 먹는 것, 특정한 사람과 먹는 것에 대해 특정한 감정적 연합을 형성하고 있다. 음식과 맺는 이런 감정적 연합은 자기 정체성과 안녕감의 일부가 될 수 있다. 이런 까닭에 다른 생활양식보다 식습관을 바꾸기가 가장 어려울 수 있다. 그래서 부드럽고 강압적이지 않은 마음챙김 방법을 먹기에 적용하는 것이 변화를 쉽게 만들고 치유적이 된다. 마음챙김 명상은 자신이 가장 잃어버리기 싫어하는 것을 버리라고 하는 방법보다는 나에게 가장 의미 있는 것과의 관계나 연결을 재정립해서 이를 더 의미 있고 즐겁고 만족스러운 것으로 바꿀 수 있게 해 준다.

시작하기 가장 좋은 장소는 바로 이곳이다. 어떤 큰 변화를 시도하기보다는 당신이 현재 먹고 있는 것과 그것이 당신에게 어떻게 영향을 미치는가를 정확하게 관찰해 보는 데서 출발점을 잡을 수 있다. 음식이 어떻게 보이는지, 그것을 먹을 때 어떤 맛이 나는지를 정확하게 관찰하려고 노력해 보라. 식사를 하려고 식탁 앞에 앉아 있을 때 접시에 무엇이 있는지 바라보라. 그것의 재질은? 음식의 색깔과 모양은? 어떤 냄새가 나는가? 음식을 바라볼 때 어떤 기분이 드는가? 맛은 어떠한가? 유쾌한가 불쾌한가? 음식을 먹고 난 뒤의 기분은 어떤가? 당신이 원하던 음식인가? 입맛에 맞는가?

먹고 난 한두 시간 뒤에 다음 질문을 해 볼 수 있다. 당신은 어떻게 느끼는가? 에너지 수준은 어떤가? 먹은 것이 당신을 기운나게 하는가 기운 빠지게 하는가? 위장은 어떠한가? 먹은 것에 대해 지금은 어떻게 생각하는가?

스트레스 완화 클리닉에서 사람들이 이런 방식으로 자신의 먹기에 주의를 기울이기 시작했을 때, 그들은 몇 가지 흥미로운 이야기를 한다. 어떤 이들은 특정한 음식은 자신이 좋아하거나 먹고 싶어서라기보다는 습관적으로 먹게 된다는 것을 알아차리게 되었다. 또 어떤 이들은 특정 음식을 먹는 것이 속을 더부룩하게 만들거나 기운 빠지게 만든다는 것을 알아차리게 되었다. 많은 사람이 마음챙겨서 음식을 먹을 때, 그 과정을 새로운 방식으로 알아차리게 되어 먹는 과정이 전보다 훨씬 더 즐겁다고 이야기했다.

프로그램 시행 초기에 우리는 일부 참여자가 8주 말에 수행 예정인 '마음챙김과 다이어트' 부분을 자세하게 다루기 훨씬 전부터 식습관에 큰 변화가 왔다고 보고하는 것을 알게 되었다. 이는 아마도 첫 수업의 건포도 먹기 명상과 그에 대한 대화 때문으로 보인다. 이런 식습관의 자발적인 변화는 참여자들이 일상에서 하는 비공식 명상의 한 부분으로 먹는 것에 마음챙김을 계속한다면 더욱 커질 것이다.

우리 클리닉에 찾아오는 환자들 중 어느 누구도 식습관을 변화시키거나 체중을 줄이려는 목적으로 마음챙김 명상을 하는 사람은 없다. 그럼에도 많은 사람이 보다 천천히 먹기 시작한다. 그들은 종전보다 적게 먹고도 만족하며, 심리적 욕구를 충족시키기 위해 음식을 이용하려는 자신의 충동을 잘 깨닫게 된다. 일부는 의도적으로 살을 빼려 하지 않았는데도 이런 방식으로 먹기에 주의를 기울이자 프로그램이 끝난 8주 뒤면 상당한 체중이 감량되기도 한다.

예를 들어, 제13장과 제23장에서 만났던 요통으로 고생하는 트럭 운전사 필은 MBSR 프로그램에 참가하면서 자신과 음식과의 관계도 변화시켰다. 체중도 6.5kg 줄었다. 그는 이렇게 말했다.

나는 특별히 다이어트를 하지 않는다. 나는 무엇을 먹을 때 그것에 주의를 기울인다. 때로는 먹기 시작한 후에 마음을 가다듬으며, 복식 호흡을 하고, 조금씩 속도를 늦추어 간다. 인생이란 자신이 어디로 가고 있는지도 모른 채 계속해서 달리기만 하는 쥐의 경주와 같다. 당신은 모든 것을 급하게 하려고 한다. 당신은 단지 입 안으로 음식을 밀어 넣고 두 시간 후면 다시 배고파 한다. 맛을 전혀 느껴 보지 못했기 때문이다. 당신이 그런 방식으로 먹는다면 배는 부르겠지만 맛을 느끼는 미뢰는 먹기와 별 관계를 갖지 못한다. 미뢰는 모든 것과 관계가 있다. 맛을 느끼지 못했다면 당신은 아무런 맛도 보지 못했기 때문에 다시 배가 고파질 것이다. 이것이 지금 내가 보는 방식이다. 전에는 결코 그렇게 하지 못했었지만 이제는 먹는 속도를 늦추어 음식을 보다 잘 씹기 때문에 맛을 느끼게 되고 덜 먹게 된다. 당신도 알다시피 나는 전에는 한 번도 그렇게 해 보지 못했다. 나는 앞으로 7kg 정도를 더 빼고 싶다. 내가 지금처럼 먹는 속도를 늦춘다면, 매주 조금씩 체중이 줄어들어서 그 후로도 계속 줄어든 체중을 유지할 것이라고 확신한다. 당신이 만약 서둘러 체중을 줄인다면 다이어트가 끝난 뒤 머지않아 옛날 체중으로 돌아갈 것이다. 나는 명상을 통해서 자신을 위한 목표를 세우고 다른 곳으로 빠지지 않고 계속해 간다면 이루어진다는 것을 배웠다. 어디 다른 곳에 있더라도 언제나 볼 수 있다. 왜냐하면 그것은 내 마음속에 있기 때문이다.

자신과 음식의 관계와 함께 다이어트와 건강의 연결에 관해서도 어느 정도 주의를 기울이는 것이 중요하다. 이를 통해 자신이 사는 방식을 선택하면서 충분한 정보에 바탕을 둔 결정을 내릴 수 있다. 여기서 중요한 것은 알아차림 자체다. MBSR에서는 특정한 다이어트를 권하거나 선전하지 않는다. 우리는 참여자들에게 삶의 다른 영역처럼 섭식 영역에서도 자동조종 양식에 빠지지 말고 마음챙김 주의를 기울이라고 권한다. 참여자 스스로 알아보고 자신이 중요하다고 생각하는 무엇을 비교적 오랜 기간을 통해 자기를 더욱 건강하게 하는 방향으로 마음챙김하고 변화시키라고 권한다. 대부분의 사람은 자신의 현재 다이어트에서 건강한 변화의 여지를 발견한다. MBSR은 이를 위한 전환점이 된다.

그러나 자신의 건강을 개선하고 심장질환이나 암의 위험을 줄이기 위해 혹 어떤 경우는 단순히 음식을 보다 즐기기 위해 식사

습관을 바꾸기로 결심했다고 하더라도, 어떻게 시작해야 할지를 아는 것은 쉽지 않다. 그런 변화를 오랫동안 유지하는 것 또한 쉽지 않다. 일생에 걸쳐 형성된 습관과 관습은 그 자체가 동력을 가지고 있고 존중할 필요가 있으며, 어느 정도 현명하게 작동한다고 보아야 한다. 오니시 박사의 연구에서 참여자들은 식습관을 바꾸고 새로운 섭식 방식을 지속해 가는 데 대해 많은 격려와 지지를 받았다. 참여자들은 채식 요리법을 배웠고 그동안 먹던 음식을 거의 포기해야만 했으며, 자신이 무엇을 먹어야 할지 떠오르지 않을 때를 대비해 냉장고에 다양한 냉동 음식과 스낵을 공급받았다.

당신이 개인적으로 섭취하는 콜레스테롤과 지방의 수준을 낮추거나 현재 먹고 있는 특정 음식을 줄이려고 결심했다 해도 그 일을 성취하는 것은 쉽지 않다. 일생을 통한 습관과 관례는 외부의 지원 없이 스스로의 힘만으로 바꾸는 것은 쉽지 않다. 식습관을 바꾸기 위해 첫 번째로 알아야 할 일은 왜 그런 변화를 시도하는가를 깨닫는 것이다. 그런 다음에는 날마다 그리고 매 순간마다 당신이 가려 하는 길을 벗어나게 하는 충동과 기회와 좌절을 만났을 때 변화를 꾀하려는 이유를 떠올려 보아야 한다. 다시 말해, 당신에게 있어 건강하고 중요한 것이 무언가에 대한 자신의 관점과 자신에 대해 진실로 깊은 믿음을 보일 필요가 있다는 것이다. 음식과 영양에 대한 믿을 만한 정보와 음식과 먹기에 대한 자신의 관계를 분명하게 알아차리는 것이 필요하다. 그래야 어디에서 음식을 구입하고, 무엇을 사며, 어떻게 최상으로 준비할까에 관해 현명한 선택을 할 수 있다.

이는 음식과 먹기에 대한 순간순간의 알아차림이 긍정적 변화를 초래하는 결정적 요인임을 뜻한다. 마음챙김 명상이 통증, 공포, 시간, 사람 등과의 관계에 긍정적 영향을 미치는 것과 마찬가지로, 음식과 자신과의 관계를 변화시키는 데도 유용하게 쓰인다. 예를 들어 보자. 많은 이가 먹기를 스트레스를 해소하기 위해 사용하곤 한다. 우리는 불안할 때 먹고 외로울 때 먹는다. 또 지루할 때, 마음이 공허할 때, 무엇엔가 실패했을 때 먹는다. 이 모두는 자신의 몸에 자양분을 공급하기 위한 먹기가 아니라 반사적인 먹기다. 이때 우리는 기분이 나아지고 시간을 때우려고 먹는 것이다.

그러는 동안에 먹는 것은 흔히 건강하지 않은 섭식의 단면을 이루게 된다. 자신을 기분 좋게 하려는 보상이나 대접은 과자나 사탕, 케이크, 아이스크림 등과 같은 열량이 높고 단것이기 십상이다. 이런 식품은 지방이 많이 함유되어 있고 설탕으로 범벅되어 있거나 칩처럼 소금이 많이 들어 있다.

우리는 어떤 음식이 쓸모 있고 요리하거나 먹기 쉬운가에 대해서도 생각해 보아야 한다. 패스트푸드 체인점들은 동물성 지방과 콜레스테롤, 소금, 설탕 등으로 가득 찬 음식을 전문으로 취급하고 있다. 최근에는 샐러드 바나 튀긴 음식 대신 구운 음식을 내는 등 보다 건강한 식품을 취급하는 추세이기는 하다. 많은 음식점이 구운 생선이나 닭고기와 같은 심장에 좋은 음식을 판다고 선전하고 있지만, 그들 중 대다수는 여전히 지방 수준을 낮추지 않고 요리 방법도 크게 개선하지 않은 실정이다. 집을 떠나서 먹거리를 찾으려 할 때도 건강한 음식을 찾아 먹기가 쉽지 않다. 때로는 정말 먹을 만한 음식을 찾아내기 전까지는 차라리 먹지 않는 것이 더 건강할 수도 있다. 우리는 그런 시간을 이용해 인내를 수련하고 불완전하거나 결핍된 느낌을 내려놓는 연습을 해 볼 만하다.

건강을 개선하려면 자신의 식습관을 검토해 보는 것이 매우 중요하다. 그것은 단순히 동물성 지방이나 콜레스테롤, 심장질환 및 암의 문제만이 아니다. 미국인이 과식하고 있다는 증거는 많이 있다. 또한 설탕이 많이 들어간 음식이 우리 몸의 만성염증 과정을 촉진한다는 증거는 상당하다. 특히 기능의학(functional medicine)이라는 새로운 분야에서는, 이런 문제를 유전적 개인차와 관련시켜 다루는데, 사람마다 독특한 유전자 배열이 있어 특정 음식에 대한 알러지나 음식 민감성, 염증 과정 등에 대한 취약성을 만든다고 한다.

식습관 외에도 생활양식 또한 중요하다. 남성은 보통 하루에 2,500칼로리, 여성은 1,800칼로리 정도를 먹는다. 오늘날 우리는 우리 선조가 태웠던 정도의 열량을 태울 필요가 없어진 문화에서 살게 되었다. 차를 타고 움직이며, 대부분의 시간을 앉아서 일한다. 운전을 하고 앉아 있는 것은 걸어 다니고 노동을 하는 것에 비해 열량 소모가 거의 없다. 질병관리예방본부는 2006년에 여성의 칼로리 소비가 1971년에서 2000년까지 30년 사이에 22% 증가하고, 남성은 7% 증가했다고 보고했다. 이 수치는 지난 30여 년 사이의 비만 증가율과 짝을 이룬다. 그래서 비만 문제를 다룰 때 다른 생활양식 요인이 중요한 것이다. 이 증거는 식습관의 다른 측면을 전혀 바꾸지 않고도 평소보다 조금 덜 먹으면 더 건강해질 가능성이 높다는 것을 시사한다.

지금 우리 사회는 과식하고 있다는 사실을 이야기하는 것조차 위험한 지경이다. 특히 어린 소녀와 젊은 여성의 섭식장애 유병률이 높은데, 이는 신경증적인 사람들이 자신의 신체 이미지에 대해 얼마나 민감한지를 알게 해 준다. 때때로 사람들과 음식의 관계가 역기능적으로 조절되어 영양이 부족하고 쇠약한 몸을 여전히 뚱뚱하다고 생각하거나(신경성 식욕부진증), 먹는 것에는 저항하지 못하고 먹고 난 뒤에 의도적으로 토해 체중 증가를 막는 지경(신경성 폭식증)에까지 이른다. 이런 장애의 밑바탕에는 흔히 강한 정서적 요소와 외상의 역사가 깔려 있다. 그래서 현재 진행되고 있는 고통과 자기혐오가 어마어마하고 통렬하며, 자신에 대한 정직한 직면과 연민 없이는 치료하기 어렵고 신뢰와 연결성 및 상호 연결성을 회복해야 치료된다.

섭식장애가 발생하는 이유 중 일부는 후기 산업사회가 사람들의 겉모습에 큰 비중을 두고, 특히 여성에게서 신체와 미의 개념을 객관화하려는 경향성의 불행한 결과에서 찾을 수 있다. 우리는 내적 경험과 자신의 존재와 수용에 눈을 돌리는 대신 체중과 신장, 겉모습에 있어 사회적 기준에 맞지 않는 자신을 비난하는 경향을 발달시켰다. 그래서 우리는 자신의 몸으로부터 소외되었으며, 사람들은 영원하고 늙지 않는 이상을 찾아 절식을 시도하고 다이어트 음료로 알려진 화학적 칵테일의 소비자가 되어 법석을 떤다. 이 모든 시도에는 완벽한 신체를 향한 열망이 숨어 있다.

음식이나 절식과 관련된 현재의 모든 유행에는 지혜가 거의 깃들어 있지 않다. 왜 우리는 다이어트 음료 대신 물을 마시지 않는가? 왜 우리는 다이어트 방법을 계속 정교화해 가는데도 우리 몸을 굶겨서 폭식에 이르게 할까? 이제 우리가 에너지를 쏟고 있는 방향이 틀렸다는 것을 깨달을 때가 되었다. 아마도 우리는 지금 자신을 치유하고 자신의 안녕감을 최적화하는 데보다도 체중이나 외양에 과도한 집착과 관심을 보이고 있는 듯하다. 만약 우리가 자신의 마음에 무엇이 떠오르고 무엇을 자신의 몸 안으로 넣고 왜 그런지 등과 같은 진짜 기본적인 것에 대해 마음챙김의 주의를 기울이기 시작한다면, 신경증적 관심이나 에너지를 소비하지 않고 좀 더 건강할 수 있는 실질적인 진전을 이룰 수 있을 것이다. 이런 생활양식의 전환은 하루하루를 통해 친절과 수용으로 자기 몸속의 느낌을 알아차림하는 과정으로 시작된다. 알아차림의 시간이 처음에는 많지 않아도 차츰 늘여가는 것이 중요하다. 보다 구체적으로, 한 입 한 입에 대해서, 내가 이번에 먹으려는 음식을 선택하고 그것을 바라보고 냄새 맡아 보고 씹고 맛보는 과정과 한 입을 먹기 전과 먹는 동안, 그 후에 어떻게 느끼는지를 마음챙김한다. 마음챙겨 먹기는 매우 경직된 방식의 일반 다이어트와 달리 매우 부드럽고 융통성 있는 균형을 갖추고 있다. 어떤 감정이나 기분이 들더라도 받아들이면서 이 과정에서의 경험에 더 많이 머물 수 있을수록 몸과 마음 그리고 음식 자체가 당신이 무엇을 해야 하는가를 가르쳐 줄 것이다. 이런 과정 자체에서 건강한 방식으로 먹는 결과가 스스로 생겨난다.

우리는 환자들과 함께 미국인의 섭식에 관심을 보이는 국립과학원과 다른 전문 직업집단들의 모임에서 나온 지침을 검토해 보았다. 예를 들어, 미국의학회는 염장하거나 훈제한 음식과 미리 조리된 고기류가 특정 암을 유발할 가능성이 있기 때문에 소비를 줄이거나 피할 것을 권장한다. 이 권고는 현실적으로는 소시지, 베이컨, 핫도그 등의 식품을 포기하거나 급격히 줄이는 것을 의미한다. 미국심장협회는 붉은 고기의 섭취를 줄이고 저지방이나 탈지우유를 마실 것, 전지우유와 크림을 제거할 것, 지방이 많이 함유된 치즈를 줄일 것, 개당 300mmg의 콜레스테롤을 함유한 달걀 섭취를 줄일 것(오니시의 다이어트에는 하루에 단지 2mmg의 콜레스테롤을 허용하고 있다) 등을 권장하고 있다.

이런 기관들에서 피하거나 권장하는 음식에는 어떤 것이 있는가? 그들은 공통적으로 신선한 과일과 채소를 많이 먹고 날것으로 먹거나 영양분이 파괴되거나 빠져나가지 않도록 조리할 것을 권하고 있다. 브로콜리나 콜리플라워 같은 채소는 함유하고 있는 항산화제가 자연스럽게 작용해서 특정한 암을 예방한다고 알려져 있다. 이 기관들은 또한 밀, 옥수수, 쌀, 보리와 같은 통곡물을 식탁에 많이 올릴 것을 권장한다. 이런 곡물은 아침이나 간식으로 빵이나 시리얼, 밥의 형태로 먹을 수도 있고 저녁식사의 중요 재료로 이용할 수 있다. 이 식품은 하루 음식 섭취 열량의 75% 이상을 차지하도록 권하고 있는 복합탄수화물의 가장 좋은 근원이 된다.

복합탄수화물과 영양분을 공급해 주는 것 외에도 통곡물과 과일, 야채는 포만감을 오래 지속시켜 주는 식이섬유를 많이 함유하고 있어 다이어트에 매우 도움이 된다. 식이섬유는 음식을 한쪽 끝에서 다른 쪽으로 이동시키는 수축 운동의 일종인 장관운동을 일으킨다. 우리가 먹은 음식에 함유된 섬유소의 양은 소화관을 통과하는 시간을 변화시킨다. 양호한 조건에서는 소화관이 소화된 음식 잔유물에 노출되는 시간을 줄어들게 할 수 있다. 소화 잔유물에는 흔히 독성이 있을 수 있어 신체가 효율적으로 제거해야 한다.

요약해 보자. 음식에 대한 관계에 주의를 기울이는 일은 건강에 매우 중요하다. 음식과의 관계에서 자신의 신체에 귀 기울이고 마음의 활동을 잘 관찰하는 일은 식습관을 건강하게 변화시키고 유지하는 데 매우 긴요한 도움을 줄 수 있다. 만약 명상수련이 강력하다면 먹는 음식과 그것이 자신에게 미치는 영향에 대해 자연스럽게 깨닫고 있을 것이다. 그러면 음식에 대한 당신의 욕망과 몰두에 대해 마음을 챙기게 될 것이며, 그것을 생각과 감정으로 바라볼 수 있고, 당신에게 작용하기 전에 그것을 내려놓을 수 있을 것이다.

자동항법장치의 조종사로 전락할 때는 왜 자신이 원하지 않는 행동을 했는지 자신이 무엇을 한 것인지 사후에나 깨닫게 될 것이다. 언제 먹고, 무엇을 먹으며, 맛은 어떠하고, 이 식품은 어디에서 왔으며, 그 속에는 무슨 성분이 들어 있고, 그것을 먹고 난 뒤에는 어떻게 느껴지는지 등에 대해 마음을 챙기는 일을 지속적으로 행할 수만 있다면, 우리 삶에서 매우 도전적이고 극도로 중요한 영역(음식 섭취하기)을 자연스럽게 변화시킬 수 있다.

음식과 먹기 마음챙김을 위한 힌트와 제안

1. 종전에 자신의 몸과 마음에 대해 해 왔던 방식과 같이 음식과 먹기의 전 영역에 대해 주의를 기울이는 것으로 시작한다.

2. 고요함 속에서 식사를 마음챙겨서 해 보라. 전체 과정을 주의 깊게 지켜볼 수 있을 정도로 식사 동작을 하는 속도를 충분히 늦추어라. 제1장에 있는 건포도 먹기 명상에 관한 지시문을 읽어 보라. 먹는 동안 전화기는 꺼 놓자.

3. 먹고 있는 음식의 색깔과 질감을 살펴보라. 이 음식이 어디서 왔고 어떻게 자라거나 만들어졌을까에 대해 생각해 보라. 합성된 것인가? 공장에서 왔는가? 첨가물은 없는가? 이 음식을 마주하기까지 관여되어 있는 모든 사람의 노력을 관찰할 수 있는가? 음식이 한때는 자연과 어떻게 관여되었는가를 볼 수 있는가? 당신 앞에 있는 채소와 과일과 곡물에서 햇빛과 비와 같은 자연을 볼 수 있는가?

4. 음식을 먹기 전에 몸이 이 음식을 원하고 있는지 자신에게 물어보라. 배가 그것을 얼마나 원하는가? 먹는 동안에도 자신의 몸이 하는 이야기를 들어 보라. 마음에서 어떤 충동이 올라오는가?

5. 먹고 난 뒤에 몇 시간 동안 몸이 느끼는 바를 알아차려라. 무겁게 느껴지나? 가볍게 느껴지나? 지치는가 아니면 기운이 나는가? 몸의 상태가 당신에게 무엇을 말하려 하는가? 방귀가 많아지거나 소화불량이 오는가? 이런 증상을 특정 음식이나 음식의 조합과 관련시킬 수 있는가?

6. 쇼핑을 할 때 시리얼 상자, 빵, 냉동식품과 같은 식품의 상품 안내문 내용을 읽어 보라. 어떤 내용이 있는가? 지방, 동물성 지방이 높게 함유되지 않았는가? 소금과 설탕은 얼마나 들어 있는가? 주성분은 무엇인가? (법에 따라 제일 많이 들어간 성분

이 가장 먼저 나오고 들어간 양의 순서대로 함유 성분이 적혀 있다.)

7. 자신의 강렬한 음식 욕구를 알아차린다. 그것이 어디서 오는지 자문해 보라. 당신이 정말 원하는 것은 무엇인가? 배고픔이 아닌 다른 바람을 지금 이 특정한 먹기를 통해 대신 채우려는 것은 아닌가? 음식을 아주 적은 양으로 나누어 먹을 수 있는가? 이 음식에 중독이 되었나? 이런 생각이 일단 스쳐 지나가게 하고 자신의 음식 갈망을 단지 생각이나 감정으로 지켜볼 수 있는가? 지금 이 순간에 먹기를 선택하는 대신 보다 건강하고 자신에게 만족스러운 다른 무엇을 선택할 수 있는가?

8. 음식을 장만할 때 마음챙겨서 하는가? 감자 껍질 벗기기나 당근 썰기 명상을 보라. 감자 껍질을 벗기면서 당근을 썰면서 온전히 지금에 머무를 수 있는가? 그 행동을 하면서 자신의 호흡과 몸 전체를 알아차려라. 그렇게 해 본 효과는 어떤가?

9. 자신이 좋아하는 음식 레시피를 살펴보라. 어떤 성분을 요구하는가? 그 속에 크림, 버터, 라드, 설탕, 소금이 얼마나 들어가는가?

   그 레시피가 자신이 요리하려는 것이 아니라면 다른 레시피가 있는지 찾아보라. 지방, 콜레스테롤, 소금, 설탕이 적게 들어가면서도 맛이 있는 레시피가 많이 개발되어 있다. 그런 요리법에서는 크림 대신 요거트, 라드나 버터 대신 올리브 오일, 설탕 대신 과일 주스를 사용한다.

32

세상 스트레스

우리가 지구라 부르는 우주 행성은 열이 나고 아프다. 대다수 천체 과학자들에 따르면, 진단은 심각하고 예후는 좋지 않으며 상태는 더욱 악화될 수 있다. 왜냐하면 그들의 모든 지식과 슈퍼컴퓨터 모델링을 동원해서 이해하려 해도 많은 것이 불확실하고, 지금까지 접해 본 적이 없고, 어떻게 치료해야 하는지도 확실하지 않기 때문이다. 이러한 진단에 이르게 한 증상 중 하나는 전 세계적인 기온 상승이다. 이는 탄소를 함유한 연료가 연소하여 급격하게 빙하와 극지방 만년설이 녹아 대기 중의 이산화탄소와 온실 가스가 엄청나게 증가한 까닭에 기인한다. 주로 인간 행위의 결과이고, 지금 지구에 매우 많은 사람이 너무 많은 에너지를 소모하며 살고 있기 때문이다. 인간의 농업, 축산, 산업은 산림을 파괴하고 바다를 오염시키며 수만 년 동안 정교하게 지구의 항상성을 지켜 오던 순환을 파괴하고 있다. 우리의 가정인 지구는 인류 역사상 지금까지 경험하지 못했던 방식으로 스트레스를 받고 있다. 이런 결과는 우리의 아이의 아이, 그들 아이의 또 아이 세대가 사는 날인 미래 삶에 영향을 미칠 것이다. 그 모습을 명확하게 그리기는 어렵지만 인간뿐만 아니라 지상의 다른 종들에게도 불길한 전조다.

그래서 개인뿐만이 아니라 전 세계의 건강을 위해서, 어쩌면 지금이야말로 결과의 불확실성과 우리 행위의 대가가 심각함을 민감하게 깨달아야 할 때다. 이 모든 현상은 서로 연결되어 있다. 이 모든 것은 인간의 마음과 행위에서 생겨난다. 인간의 마음이 자신을 알 때, 우리는 인간 역사가 우리에게 주었던 모든 지혜, 미, 이해, 연민을 얻을 수 있다. 예술, 과학, 건축, 경이로운 기술, 음악, 시, 의학 등 우리가 큰 박물관, 대학교, 콘서트홀에서 찾을 수 있는 모든 것을 말이다. 인간의 마음이 자신을 알지 못할 때 우리는 무지, 잔인성, 억압, 폭력, 인종 학살, 유대인 대학살, 죽음, 대규모 파괴를 초래한다. 이러한 이유로 마음챙김은 사치품이 아니다. 작게는 개인에게 더 건강해지고 행복해질 수 있는 자유를 주는 전략이며, 크게는 우리 종이 살아남고 번식하기 위한 필수품이다. '호모 사피엔스 사피엔스'는 자신이 인식하는 것을 인식하는, 다른 말로 자신의 알아차림을 다시 알아차리는 존재라는 의미다. 우리의 연약한 행성과 생태계와 항상성 사이클을 고려한다면, 마음챙김은 중요하고도 결정적 요인이 될 것이다. 그래서 정치와 경제 담화나 행동 모두에서 문제의 해법을 찾을 수 있는 길을 제공할 수 있다.

음식과 음식 스트레스에 관한 제31장을 돌아보면 우리는 선진국의 풍요로운 음식 세계를 당연시 여기는 경향이 있다. 하지만 가뭄과 같은 지구의 변화가 특정 지역의 음식 공급을 심각하게 긴장시키고 있고, 지구 온난화로 인해 음식 원천에 대한 압박이 가중되고 있다. 우리가 매우 연결된 세상에 살고 있다는 사실을 감안하면, 개인과 우리 가족, 후손의 건강과 안녕이 이런 대규모의 생태적이고 지리정치적인 힘에 달려 있다. 오염되고 음식 난에 시달리는 세계에서 건강 식단을 선택하기란 매우 어렵다. 오염된 환경에서는 아직은 알지 못하지만 장기적으로는 독성 효과를 보일 수 있는 수많은 요인이 존재할 수 있다. 예를 들어, 당신이 지방, 콜레스테롤, 소금, 설탕이 적게 들어 있고, 복합탄수화물이 많이 든 식품이나 과일, 야채, 식이섬유소가 많이 함유된 건강식을 먹는다 하더라도 화학물질이 함유되어 있는 오염된 물을 먹을 수밖에 없거나 생선이 수은이나 PCB 등으로 오염되어 있다거나 과일과 야채에 살충제 잔유물이 남아 있을 수 있다.

음식과 건강 사이의 관계를 고려해 볼 때, 생각하는 것보다 음식을 보다 넓은 개념으로 조망하는 것이 중요하다. 그것이 어디에서 자랐거나 잡혔고, 어떻게 키워졌으며, 무엇이 첨가되었는가와 같은 식품의 질이 중요한 변수가 된다. 건강과 식이의 상호 연결 측면을 깨닫는 것은 무엇은 많이 먹고 무엇은 가끔씩 먹는 식으로 아직 특정한 음식에 대해 절대적인 지식이 부족한 상태에서 그것에 대해 어떤 보호막을 칠 것인가와 관련해서 현명한 결정을 할 수 있게 해 줄 것이다. 앞서 논의했었던 마이클 폴란의 저술이 이 점에서 많은 도움이 된다.

어쩌면 이 시대에는 음식과 음식 속에 무엇을 포함시킬 것인가에 대한 정의를 확대시킬 필요가 있다. 나는 개인적으로 우리가 우리 몸 안으로 넣거나 흡수해서 우리에게 에너지를 갖게 해 주고 그것을 이용할 수 있게 해 주는 것은 무엇이든 음식이라고 생각하기를 좋아한다. 이런 방식으로 생각한다면, 물은 확실히 이 범주에 포함시킬 수 있다. 물은 인간에게 없어서는 안 될 음식이다. 공기 또한 마찬가지다. 우리가 마시는 물과 호흡하는 공기는 건강에 직접적으로 영향을 미친다. 매사추세츠 주에 있는 몇몇 도시는 물이 너무 오염되어 다른 지역에서 수입해야만 할 지경에 이르렀다. 각 주의 많은 시골 우물도 역시 오염 정도가 높다. 로스앤젤레스에서는 공기 중 화학물질의 농도가 높아 대기오염 경보를 발하는 날이 적지 않다. 경보가 발하면 아이나 노인, 임산부는 외출을 삼가고 실내에 있어야 한다. 또 서부에서 보스턴으로 차를 몰고 들어가다 보면 도시 상공을 뒤덮고 있는 황갈색의 공기 오염대를 볼 수 있는 날이 상당하다. 일생을 통해 꾸준히 절식을 반복하는 것과 마찬가지로, 그런 도시의 공기 속에서 숨 쉬며 사는 것이 건강에 좋을 것이라고 믿기는 어렵다. 이제 산업화된 나라의 대다수 도시는 이와 실정이 매우 유사하다.

개인으로서의 우리는 이제 공기와 물과 음식의 질에 대해 깊이 생각할 수밖에 없는 시점에 분명 도달했다. 안전하게 마시고 요리하기 위해 수돗물을 정수하거나 병에 든 물을 살 수 있다. 마시는 물에 대해 지나치게 신경을 쓰는 듯 보여 좀 부끄러운 마음이 들 수도 있으나, 그렇게 조심하는 것이 장기적으로 보면 현명하다. 특히 임산부가 그렇고 아이들에게 음료수 대신 물을 마시도록 교육하려고 할 경우가 그렇다. 물론 이는 당신이 병에 든 물이 좋은지 어떤지를 제대로 아는 경우에만 그렇다. 시중에서 판매하는 생수가 더욱 오염되어 있을 경우도 있기 때문이다.

공기 오염에서 자신을 보호하는 일은 또 다른 과제다. 만약 당신이 공장이나 기타 산업 시설의 영향을 받는 곳이나 도심에 거주하고 있다면, '담배 피우는 사람들에게서 멀리 떨어져 있어라.' 혹은 '대형 버스들이 매연을 뿜으며 지나갈 때 숨을 멈추어라.'는 등의 소극적 대책을 제외하고는 개인이 할 수 있는 일은 별로 없다. 상당 기간에 걸친 법률 및 정치적 행위가 공기와 수질 개선에 효과를 발휘할 수 있을 것이다. 이것이 바로 건강에 관심을 갖는 사람이 자기 에너지를 사회 변화를 위한 행위에 쏟는 극적인 까닭이다.

자연생태계를 보호하는 일은 모든 이의 이해관계와 직접 관련된다. 환경은 쉽사리 오염되지만 이를 되돌려 정화하기는 쉽지 않다. 개인으로서의 우리는 음식에 들어 있는 오염 물질을 추적해 내기가 쉽지 않다. 오염되지 않은 음식을 공급받기 위해서는 조직이나 기관에 의존해야 한다. 그런 기관들이 감시를 게을리하거나 적절한 표준이나 검사 절차를 확립하지 못한다면, 우리와 다음 세대의 건강은 미래에 다가올 무수한 위험에 매우 취약할 수밖에 없다. 예를 들어, 살충제인 DDT와 전자산업에서 유출되는 PCB 등은 체지방이나 심지어 엄마의 젖에서까지, 자연 어디에서건 발견된다. DDT와 같은 살충제는 미국에서 판매가 금지되었지만, 미국의 산업체들은 제3세계 나라에 이들 살충제를 여전히 판매하고 있다. 아이러니하게도 이 살충제는 커피나 파인애플 등의 형태로 다시 미국으로 들어와서 식탁에 버젓이 자리 잡고, 미국이 수출한 독성의 잔유물은 도처에서 미국인을 기다리고 있다(이 점은 데이비드 위어(David Weir)와 마크 샤피로(Mark Schapiro)가 쓴 『독성의 순환(Circle of Poison)』이라는 책에 설득력 있게 묘사되어 있다).

문제는 살충제 제조 회사들은 이런 정보를 잘 알고 있는 반면 일반 소비자들은 무지하다는 데 있다. 우리는 흔히 법이 작물을 키우는 데 무엇은 사용이 허락되고 무엇은 허용되지 않는다는 식으로 우리를 보호해 주리라고 순진하게 믿고 있지만, 미국 법은 코스타리카, 콜롬비아, 멕시코, 칠레, 브라질, 필리핀 등 다른 나라에서 자라는 식품에 사용되는 살충제 수준을 규제하지 못한다. 이들 나라에서 미국은 커피와 바나나, 파인애플, 후추, 토마토 등을 다량으로 수입하고 있다. 더군다나 제3세계에서 살충제를 사용하는 농장 농부들은 그들이 생산하는 식품의 오염도를 최소화하기 위해 어떻게 해야 할지도 제대로 모르고, 심지어 살충제를 살포할 때 자신의 안전 조치도 제대로 못하면서 이를 사용하고 있다. 세계보건기구에 따르면 제3세계에서 살충제에 오염된 사람의 사례가 50만 건이 넘고, 매년 수천 명이 살충제 중독으로 죽어 간다. 아울러 지구 환경은 빠른 속도로 살충제로 뒤덮여 간다. 환경보호국은 미국에서만 연간 51억 파운드의 살충제가 사용된다고 보고한다. 우리는 우리의 환경과 생태계가 살충제로 포화되어 갈 때의 효과를 아직 제대로 알지도 못한다. 그러나 그런 변화가 인간에게 이로울 리 만무하다.

토양 자체로 돌아가 보면, 인간이 자신의 활동으로 크게 스트레스를 받고 종국에는 그것에 압도당할 수도 있는 조그만 지구라는 행성을 서로 공유하며 살아가고 있음을 깨닫게 된 것은 아주 최근이다. 이제 우리는 우리의 상호 긴밀한 연결성이 지구 자체로 확대되고 있음을 안다. 인간의 몸과 마찬가지로 지구 생태계도 역동적인 시스템이고, 강건하지만 깨지기 쉽고, 스트레스를 받을 수도 있는 동질정체적 기제를 가지고 있다. 지구 생태계 역시 한계를 넘으면 급속하게 와해될 수밖에 없는 상한선이 있다. 만약 우리의 집합적인 인간 행위가 생태계의 순환을 균형에서 벗어나게 할 수 있다는 점을 깨닫지 못한다면, 우리는 개인으로서가 아니라 인간 종으로서의 우리를 파괴하는 씨앗을 뿌리게 될 것이다.

많은 과학자가 우리가 현재 가고 있는 이 길이 이미 위험의 임계점을 넘어서 있다고 생각한다. 세계는 서서히 인간 활동이 상상할 수 없을 정도로 대양을 오염시킬 수 있으며, 산성비로 유럽의 숲이 헐벗게 되고, 우리가 숨 쉬는 산소의 상당량을 공급해 주고 있는 열대 우림이 마구 파괴되고 있으며, 이들을 다른 무엇으로도 대체할 수 없음을 깨닫기 시작했다. 인간의 활동은 경작지를 생산이 불가능할 정도로 황폐화시키기도 한다. 이산화탄소로 대기가 오염되어 지구 표면의 평균 온도가 상승했다. 불화탄소의 생산과 방출로 대기권의 오존층이 파괴되어 태양에서 오는 위험한 자외선에 노출될 확률이 증가했다. 인간 활동은 물과 우리가 숨 쉬는 공기를 오염시키고, 살충제는 토양과 하천, 야생을 오염시켰다.

이런 문제는 우리와 꽤 멀리 떨어져 있거나 현실을 모르는 낭만적인 사람들 혹은 신경질적인 야생·자연애호가들이 야단법석을 떠는 것처럼 보일지 모르지만, 온실 가스 방출이 줄지 않는다면 다가올 10년이나 20년 후에는 그 영향이 현저해질 것이다. 이미 2005년 뉴올리언스를 황폐화시킨 허리케인 카트리나와 2012년 뉴욕과 뉴저지 주 일부를 강타한 샌디 등에서 보듯이 태풍 강도로 분명해지고 있다. 이런 문제는 우리 자신과 다음 세대의 삶의 주요 스트레스와 질병 증가의 근원이 될 수 있다. 한 예로, 대기가 태양의 해로운 자외선을 걸러 낼 수 있는 능력이 낮아져서 피부암이 크게 증가하거나 음식과 환경에 포함된 살충제에 노출이 늘어나 암, 유산, 미숙아나 장애아 출산 등이 증가한 것을 들 수 있다.

이런 문제점이 거의 매일 신문지상에 보고되고 논의되고 있지만, 마치 그것은 진짜 관심사가 아니거나 뾰족한 방법이 없으니 무력하게 바라보아야 하는 문제로 치부되어 문제의 치유에는 별 관심을 쏟지 않고 있는 실정이다. 때로는 개인으로서 할 수 있는 일은 아무것도 없다고 느끼기도 한다.

그러나 이런 문제점과 개인으로서의 우리 자신의 건강과 전체로서의 지구의 건강과의 관계를 보다 민감하게 알아차리고 제대로 아는 것은 세계의 변화를 위한 의미 있는 첫 단계가 될 수 있다. 적어도 그 쟁점에 대해 더 많이 알고 알아차릴수록 자신을 변화시킬 수 있는 가능성이 높아진다. 당신은 이미 이 세계의 작지만 중요한 한 부분이고, 자신이 생각하는 것보다는 더 큰 영향력을 가지고 있다. 당신은 다시 사용할 수 있는 물건을 재활용하는 일과 같은 자신이나 자신의 행동 변화를 통해서 세계를 변화시키고 있다.

우리가 인식하고 있든 아니든 간에 이런 문제는 우리의 삶과 건강에 지금도 영향을 미치고 있다. 그들은 물리적 스트레스와 함께 심리적 스트레스의 근원이 되기도 한다. 우리의 심리적 안녕감은 인간 활동이나 비행기, 자동차, 기계 소리가 없고 단지 세계의 소리 그 자체를 들을 수 있는 장소를 발견하여 그리로 갈 수 있느냐에 달려 있다. 더 기분 나쁘게는 강대국 사이의 핵전쟁이 20분 이내에 우리가 알고 있는 모든 생명을 파괴할 수 있다는 사실이다. 우리의 아이들은 그것에 대해 알고 있고, 어떤 연구에 따르면 아이들은 부모 세대가 지구를 파괴시킬 수도 있다는 가능성 때문에 혼란스러워한다.

세계가 촘촘하게 연결되어 있다는 이해에 기초한 새로운 사고로 역사의 물길을 급격하게 바꿀 수 없다면, 과거의 경험으로 비추어 보아 낙관론을 펴기가 힘들다. 지금까지의 역사에서 중거리 탄도탄을 제외하고는 인류가 발명한 무기를 사용하지 않은 적이 없었다. 최근 미국과 구 소련에서 벌이는 이런 무기 제거는 핵전쟁의 가능성을 제거하는 한 단계임에 틀림없지만, 그것은 단지 첫 단계일 뿐이다. 우리는 폭력의 족쇄가 풀릴 때만이 아니라 상황만 맞아떨어지면 뉴욕과 모스크바 두 도시의 전 인구를 몰살할 수도 있는 전쟁의 가능성을 발견할 수 있다. 이제 '내 편' '네 편'이나 '좋은 친구'나 '나쁜 친구'라는 시각을 갖는 대신 '우리'라는 시각을 가져야 한다. 우리가 '우리'라는 이름을 깊이 생각하고 느끼지 못한다면, 지구촌 수준에서의 진정한 힐링을 창조하기보다는 서로를 해치고 적이 되는 정책을 펼치기 십상이다. 우리는 우리의 환경이 핵무기 제조 과정과 핵발전소에서 생기는 방사선 폐기물에 의해 위협당하고 있다는 점에 대해서도 보다 민감해질 필요가 있다. 지금의 실정으로는 독성이 수십 만 년 이상 남아 있을 고준위 방사선 폐기물로부터 환경이 오염되는 것을 방지할 수 있는 현실성 있는 방법이 없다. 핵산업체들과 정부는 일반인이 방사능으로부터 받을 수 있는 위험을 항상 평가절하해 왔으며, 지금도 그 경향은 여전하다. 그러나 그 위험은 부정할 수 없는 실정이다. 플루토늄은 지금까지 알려진 인간에게 가장 해로운 물질이다. 그것은 인간이 만든 것이며, 체내에 있는 플루토늄의 원자 하나로도 당신을 죽일 수 있다. 많은 원자탄을 제조할 수 있는 양의 플루토늄이 무기 공장을 통해 사라졌다.

이런 문제는 우리가 분명하게 의식적인 주의를 기울일 가치가 있는 사안이다. 우리는 스스로 자각을 하고 있든 그렇지 않든 간에 이런 쟁점에 관한 정보를 거의 날마다 접하게 된다. 그러나 우리가 자각하지 못하는 가운데 이런저런 방식으로 흡수하고 받아들이게 되는 이런 쟁점에 관한 정보, 심상, 소리가 적지 않을 것이다. 우리는 정보의 바다에 빠져서 살고 있다. 디지털 혁명은 현대를 정보의 시대로 만들고 있다. 신문과 라디오, TV, 수많은 무선 플랫폼 등을 통해 날마다 접하게 되는 정보는 '축약판'에 지나지 않는 게 아닌가? 그런 정보는 우리가 인정하고 있는 것보다 훨씬 더 많이 세상과 우리 자신에 대한 견해나 우리의 생각과 감정에 영향을 주고 있는 것은 아닐까? '너무 많은 정보'가 이 시대의 유행이 되었다. 사실이다. 우리는 정보, 너무 많은 정보 속에 빠져 있다. 이에 반해 깊이 있는 이해를 가능하게 하고 지혜를 만드는 지식을 충분히 가꾸지 못한다. '너무 많은' 이해나 지혜와는 먼 길에 와 있다.

예를 들어, 우리가 전 세계에서 일어나는 대부분의 나쁜 뉴스의 세부사항에 관한 정보만을 취하게 되는 사실을 생각해 보자. 우리는 흔히 죽음과 파괴, 폭력으로 얼룩져 있는 정보의 바다에 빠진다. 이런 정보는 계속적으로 보도되는 행운을 얻게 되는데, 우리는 흔히 이에 대해 잘 인식하지 못한다. 가족이 베트남 전쟁 동안 그날의 사상자 숫자를 듣거나 전투 장면을 지켜보지 않으면서 저녁을 먹을 수 있는 경우란 흔치 않았다. 초현실적인 상황도 벌어진다. 이라크나 아프가니스탄 전쟁의 경우는 반대로 유튜브에서 볼 수 있는 사상자나 전투 정보가 공식 뉴스에서는 축소 편집된다. 하루 날을 잡아 얼마간 라디오를 계속 켜놓고 지내보라. 아마 당신은 강간과 살인 그리고 생각하기조차 쉽지 않은 교내 총기난사 등에 관해 자세한 이야기를 들을 가능성이 매우 높을 것이다.

우리는 날마다 이러한 정보 식사를 한다. 그와 같은 끔찍한 정보에 계속 노출될 때 어떤 영향을 받을지 생각해 보라. 모든 혼란스런 정보에 대해 당신이 행사할 수 있는 통제력은 거의 전무하다. 이런 상황에서 발생할 가능성이 높은 한 가지 효과는 다른 사람에게 일어나는 일에 무관심해지는 것이다. 다른 사람의 운명은 단지 우리가 살고 있는 세상의 배경으로 깔려 있는 폭력이라는 바다의 한 부분일 뿐이어서 그 사건이 특별히 모골이 송연하지 않은 것이라면 알아차리지도 못할 것이다.

그러나 이런 모든 정보도 우리에게 노출되는 모든 선전물이 스며들 듯이 우리 내부로 침입해 들어온다. 당신이 마음챙김을 할 때는 이를 깨닫게 된다. 마음챙김 수련을 통해 당신은 자신의 마음이 뉴스나 선전 문구로부터 살금살금 기어들어 온 잡다한 정보로 가득 차 있음을 바라볼 수 있게 된다. 실상 광고인은 광고 메시지가 당신의 머릿속으로 스며들어가 그들이 팔려고 하는 상품을 더 원하고 더 선택하도록 하는 효과적인 방법을 고안해내는 대가로 많은 수입을 올리고 있다.

TV와 영화 그리고 명사에 집착하는 문화 또한 오늘날 우리의 표준 식단이 되어 버렸다. 1주 24시간 내내 우리는 케이블, 위성, 유튜브, 다운로드, TV와 무선기기를 통해 흘러나오는 정보에 노출된다. 일부 연구 결과에 따르면, 평균적인 미국 가계에서 하루에 7시간이나 TV를 보고, 많은 아이가 하루 4~7시간 정도 본다. 이는 잠자는 것을 제외하고는 다른 어떤 활동에 들이는 시간보다 많은 것이다. 아이들은 광적이고 폭력적이며 잔인하고 불안을 유발하는, 실제 세상의 다른 경험과는 아무런 관련이 없고 인공적으로 만들어 낸 이차원적인 정보와 심상과 소리에 질릴 정도로 노출된다.

또한 아이들은 인기 있는 공포영화 속에서 극단적인 폭력과 사디즘 영상에 노출된다. 죽이고 강간하고 불구로 만들고 사지를 절단하는 행위를 포함하는 현실에 대한 기괴한 영상적 묘사나 게임이 젊은이들 사이에 매우 인기를 끌게 되었다. 이런 생생한 현실 묘사가 젊은이들 마음 식단의 한 부분이 되었으며, 이런 종류의 현실 왜곡에 대한 방비책이 거의 없다. 이런 영상은 아이들 마음의 균형 잡힌 발달에 커다란 왜곡과 혼란을 초래할 것이다. 그 왜곡을 바로잡아 줄 수 있는 유사한 힘을 가진 방책이 없을 때 더욱 그렇다. 많은 아이에게 영화 속의 흥분에 비교해서 현실은 너무나 무미건조하고 창백한 것으로 전락한다. 영화 제작자들은 시청자의 관심을 계속 받기 위해서 더욱 잔인하고 난폭한 영상으로 후속편을 채워 간다.

미국 아동이 소비한 이런 폭력 정보는 그들의 마음에 영향을 미쳤다. 최근 학교나 공공장소에서 반복되고 있는 대량 살상과 학교 폭력 사례에서 그 증거를 찾을 수 있다. 콜럼바인, 오로라, 투손, 밀워키 등의 사례가 눈에 생생하다. 이는 얼마지 않아 코네티컷 뉴타운의 샌디훅 초등학교 아동 대참사로 이어졌다. 영화를 본 후 그 속에 묘사된 행위를 모방하여 다른 사람을 살해한 청소년과 성인의 사례는 이미 너무나 많다. 그들은 현실을 영화의 연장인 것처럼 여기며, 다른 사람의 공포나 고통은 아무 가치나 결과가 없는 듯 행동한다. 이런 식의 정보 흡수는 공감과 연민의 인간 감정에 깊은 고랑을 파서 많은 아이가 희생당하는 사람들의 고통을 더 이상 나의 일과 동일시하지 않는 지경에까지 이르렀다. 10대 폭력에 관한 최근의 한 문헌에 따르면, 미국 아이들은 16세가 될 때까지 TV와 영화에서 보는 3만 3,000건의 살인을 포함해서 평균적으로 약 20만 건의 폭력 행위를 지켜보게 된다고 한다.

영상과 소리, 정보로 우리의 신경계를 끊임없이 폭격하는 이런 행태는 스트레스가 된다. 당신이 깨어나는 순간 TV를 켜고, 직장으로 출근하는 길에 자동차에서 라디오를 듣고, 집에 돌아와서 뉴스를 지켜보며, 밤에도 TV나 영화를 본다면, 당신의 마음은 당신의 생활과는 직접 관련도 없는 이미지로 가득 찰 것이다. 쇼가 아무리 멋지고 당신에게 다가오는 정보가 아무리 흥미로운 것이라 할지라도 그것은 여전히 이차원적 평면에 머물러 있는 것이다. 어느 것도 지속적인 가치를 지니지 못한다. 그러나 그런 정보 쓰레기를 계속적으로 먹음으로써 정보와 도착에 대한 갈증을 일부 해소한 듯한 일시적 느낌을 받을 것이다. 그래서 당신의 인생에서 매우 중요한 대안적 활동을 위한 시간을 밀어낼 수 있다. 바로 침묵과 평화, 아무것도 하지 않고 존재만을 위한 시간과 생각과 놀이, 정말로 무엇을 행하기 위한 시간을 말이다. 마음챙김 명상수련 과정에서 너무나 생생하게 맛보게 되는 마음의 끊임없는 동요가 TV와 라디오, 신문과 영화의 소비로 채워지고 더욱 혼란스러워진다. 마치 우리 일상의 삶이 충분히 생산하지 못하는 것처럼 우리는 끊임없이 우리 마음속의 화덕으로 반응하고, 생각하고, 근심하고, 집착하고, 회상할 불쏘시개를 삽질해 넣고 있는 것이다. 아이러니는 우리가 그렇게 하는 이유가 바로 자신의 염려와 몰두로부터 얼마간의 휴식을 얻고, 마음속의 고민을 걷어치우고, 우리 자신을 기쁘게 하고, 보다 이완하기 위해서라는 데 있다.

그러나 우리의 의도대로 일이 되지는 않는다. TV를 보면서 신체적 이완을 증진하기란 매우 힘든 일이다. 그것은 감각적 폭격이며 중독이 된다. 많은 아이가 TV에 중독되어 TV의 전원 스위치를 내리면 무엇을 해야 할지조차 모른다. TV 시청은 시간을 어떻게 보내야 할지를 찾아내야 하는 도전 없이 권태로부터 도망갈 수 있는 편리한 방법이다. TV는 또한 부모들로 하여금 마치 최면에 걸린 듯 아이 돌보는 사람 역할을 하는 데 사용하도록 만든다. TV가 방영될 때면 그들은 적어도 몇 순간의 평화를 맛보게 된다. 많은 어른도 아이들과 유사한 방식으로 멜로 드라마나 시트콤 혹은 뉴스에 중독된다. 이런 생활방식이 가족 관계와 의사소통에 어떤 영향을 줄까에 대해서는 아무 생각도 없이 말이다.

이 모든 관찰은 우리의 생각을 위한 음식이 된다. 우리는 여기에 제기한 모든 쟁점을 서로 다른 관점에서 바라볼 수 있다. '정답'은 존재하지 않으며 이런 쟁점에 관한 우리의 지식은 언제나 불완전하다. 그런 문제를 이 장에 등장시킨 이유는 세상 스트레스가 어떤 것들인가에 대한 이야깃거리를 삼기 위해서다. 그것들은 당신을 자극하고 도전하게 만들어서 당신의 행동과 당신 자신의 지역환경에 대한 자신의 견해를 자세히 살펴보도록 만들어 이런 영역에서 의식적인 삶과 마음챙기기를 훈련하는 것을 목표로 한다.

우리 각자는 세상 스트레스를 바라보는 자신의 조망 방식을 알아둘 필요가 있다. 그 조망은 우리가 그것을 좋아하든 좋아하지 않든, 또 그것을 무시하든 무시하지 않든 우리에게 영향을 미친다. 우리는 진공 속에서 사는 것이 아니기에 이런 문제를 클리닉에서 주의 깊게 다룬다. 외부 세계와 내부 세계는 마치 몸과 마음처럼 더 이상 분리된 실체가 아니다. 우리는 우리의 환자가 자신의 개인적인 문제와 매한가지로 세상 문제에도 의식적으로 깨어 접근해 가는 것이 중요하다고 믿는다. 외부 문제에 대해서도 자신의 삶 전체에 마음을 챙겨 가듯이 한다면 자신에게 작용하는 모든 범위의 힘에 대해서도 효과적으로 대처할 수 있을 것이다.

세상 스트레스는 앞으로 더욱 강렬해질 것이다. 스튜어트 브랜드(Stewart Brand)의 『전 지구 목록(Whole Earth Catalog)』에 따르면, 머지않은 장래에 하루가 다 가기 전에 집에서 당신이 알고 싶은 모든 정보를 제공해 주는 작고 멋진 TV가 등장한다고 한다. 미래의 컴퓨터와 무선 전화기, 강력 TV, 개인용 로봇 등 모두 연결되어 있을 문명의 이기는 당신이 언제나 정보에 접근할 수 있고, 그 정보가 언제나 당신 손가락 끝에 있도록 만들어 줄 것이다. 이런 변화는 어떤 면에서 당신을 해방시켜 주고 더 많은 자유와 융통성을 가져다주는 측면도 있지만, 그 장비들과 함께 상호작용하는 방식으로 삶의 양식이 제한되어 버리거나 단지 살아 있는 정보처리 기계나 오락 소비자로 전락해 버릴 위험성이 있다. 이러한 위험에서 자신을 지켜야만 한다.

"세상이 더욱 복잡해질수록 그리고 개인의 심리적 영역과 프라이버시를 더 침범해 들어올수록, 아무것도 하지 않기의 수련은 더욱 중요해진다." 우리는 자신의 온전성을 보호하고 내가 누구인가를 깊이 이해해야 할 필요가 있다. 우리의 존재는 지금 내가 맡고 있는 역할과 컴퓨터 접속 번호, 주민등록번호, 신용카드 번호와 비밀번호를 모두 넘어서 있음을 거듭거듭 깨달아야 할 시점에 와 있는 듯하다. 21세기의 스트레스에 직면하기 위해서, 그리고 우리 스스로에게 '우리가 조금 더 복잡한 수준의 성인용 전자 장난감을 넘어서는 인간이라는 것이 무엇을 의미하는지'를 되새기기 위해서 마음챙김은 반드시 필요하다.

우리가 여기서 다룬 문제 중 어느 것도 극복할 수 없는 건 없다. 그것은 모두 인간의 마음에 의해 만들어진 것이며, 인간 마음의 외적인 표현이다. 모든 문제는 인간의 마음에 의해 다시 해결될 수 있다. 만약 인간의 마음이 지혜와 조화에 가치를 두고 익히며 전체성과 연결성의 관점에서 자신의 이해 관계를 바라볼 수 있다면 말이다. 그렇게 하기 위해서 우리는 공포와 탐욕, 증오라 부르는 마음의 충동을 뛰어넘어야 한다. 우리 모두는 자신에게서 그리고 세상에 대해서 이런 일이 일어나도록 만드는 데 의미 있는 역할을 할 수 있다. 우리 자신이 반응하고 스스로를 치유하는 능력의 한계를 넘어 스트레스를 받으면 건강하게 지낼 수 없다는 사실을 이해한다면, 자신과 세상을 다르게 대하는 방식을 배우게 될 것이다. 여기에서도 역시 우리는 표면에 드러나는 증상만을 다루고 없애려 하지 않고, 숨어 있는 근본적인 원인을 찾아내려는 시도를 익히게 될 것이다. 그 성과는 우리 내부에 존재하는 치유의 힘과 함께 우리가 도구를 얼마나 잘 사용할 수 있는가에 달려 있다.

환경 문제를 해결하기 위해서는 더욱 개인 생활에서 알아차림과 조화를 함양시켜 주는 자신의 중심을 조율할 필요가 있다. 정보 그 자체는 문제가 아니다. 우리가 익혀야 할 것은 배분되는 정보에 현명한 주의를 기울이고, 그것에 대해 깊이 생각하며, 그 내부에 존재하는 질서와 연결성을 파악해서 자신의 건강과 치유를 위해 정보를 잘 활용하는 일이다. 개인과 집단과 지구 수준 모두에서 말이다.

우리의 정치, 경제, 기술적인 전선에 몇 가지 희망적인 징조가 있다. 마음챙김이 사회와 기관의 주류에 영향력을 행사하고 일상 담화의 한부분이 되어 가고 있다는 것이다. 예를 들면, 존경받는 거시경제학자 제프리 색스(Jeffery Sachs)는 그의 책『문명의 대가(The Price of Civilization)』에서 마음챙김이 우리가 세계 및 국가적으로 직면한 주요 문제를 해결하는 시도의 중심에 있어야만 한다는 인상적인 주장을 했다. 흥미롭게도 그는 '임상경제학'이 의사가 환자를 접근하는 방식과 많이 닮아 있다고 이야기한다. 라틴아메리카, 동유럽, 아프리카에서 지난 25년 동안의 괄목할 만한 경제 위기에 대한 대처에 근거하여, 그는 우리 경제 문제를 다음과 같이 진단한다.

미국 경제 위기의 중심에는 미국의 정치적·경제적 엘리트 사이에서 시민적 미덕이 퇴보했다는 도덕적 타락이 놓여 있다. 부유하고 힘 있는 사람들이 나머지 사회와 세계를 존경과 정직과 연민으로 대하지 않는다면, 시장, 법, 선거의 사회만으로는 충분하지 않다. 미국은 세계에서 가장 경쟁력 있는 시장경제로 발전했지만 그러는 사이 시민의 미덕은 퇴보했다. 사회적 책임감이라는 기풍을 복구하지 않고서는 의미 있고 지속가능한 경제 회복이란 없다.

(······)

우리는 좋은 시민정신의 다양한 행위를 통해 문명의 대가를 치룰 준비를 해야만 한다. 공정한 세금 기꺼이 떠맡기, 사회의 필요에 대해 우리 스스로를 교육시키기, 미래 세대를 위해 조심성 있는 집사로서 역할하기, 연민과 동정심이 사회를 이어 붙이는 접착제라는 것을 기억하기 등 말이다.

(······)

미국 사람은 마음이 넓고, 온화하고, 관대하다. 그러나 미국의 부유하고 강한 엘리트들에 대한 이러한 이미지는 이제 더 이상 TV에서 볼 수 있거나 마음속에 떠오르는 특징이 아니다. 미국의 정치는 타락하고 붕괴되어 더 이상 이러한 엘리트를 고려하지 않는다. 미국 사회는 미디어에 휘둘리는 소비주의에 너무 심하게 통제당해서 건강하고 효과적인 시민정신의 전통과 습관을 유지하지 못하고 있다.

부처와 아리스토텔레스 모두를 인용하여 색스는 중도(middle

path)에 대한 사례를 만들었다. 이는 일과 레저, 저축과 소비, 자기 관심과 연민, 개인주의와 시민의식 사이의 중도와 균형을 뜻한다. 그는 "우리는 마음챙김의 사회가 필요하다. 그 안에서 우리는 우리의 행복, 다른 사람들과의 관계, 우리의 정치적 수행을 다시금 진지하게 챙길 수 있다." 그는 이것이 어떻게 가능하고, 우리 모두가 그것의 성공을 위해 책임을 지는 것이 얼마나 시급한 일인지를 설명한다. 그의 책 후반부에서 색스는 개인의 만족과 행복, 사회 및 경제적 안녕을 위해 마음챙김이 꼭 필요한 삶의 여덟 가지 면을 나열하였다.

- 개인 마음챙김: 대중 소비주의에서 벗어나기 위한 개인적 절제
- 일 마음챙김: 일과 레저의 균형 잡기
- 지식 마음챙김: 교육의 경작
- 타인 마음챙김: 연민과 협동의 수행
- 자연 마음챙김: 세계 생태계의 보존
- 미래 마음챙김: 미래를 위하는 책임감
- 정치 마음챙김: 정치 기관을 통해 집단행위를 하기 위한 공익적인 생각과 공유 가치 키우기
- 세계 마음챙김: 평화에 이르는 길로써 다양성의 수용

이것은 항상성과 건강과 약속을 재건할 수 있는 방법으로, 정치에 윤리성과 건전성을 모두 살릴 수 있는 놀라운 처방전이다. 우리는 그것이 폭넓은 영향력을 가질 것이라고 희망할 뿐이다. 특히 그가 가장 큰 변화와 치유의 잠재력이라고 보는 '새 천 년의 세대' 인

인터넷 세대(2010년에 18세에서 29세 사이의 세대를 뜻함)에 말이다. 그러나 우리가 젊든 나이가 들었든 똑같이 우리는 이 새로운 기회에 깨어서 우리의 일과 꿈을 좇는 방식으로 살아야 한다. 그렇지 못한다면 우리 미래는 너무 우울하고 끔찍하다. 우리를 위협하는 것들의 전체 범위를 알려고 하는 태도가 중요하다. 아마도 우리가 직면하고 있는 위기의 정도와 긴급성이 우리에게 지구촌 수준에서 마음을 챙기면서 사는 삶을 선택하도록 만들 것이다.

국내외를 가리지 않고 정치의 다양한 측면에 마음챙김을 적용하려는 고무적인 노력이 펼쳐지고 있다. 그 하나는 제14장에서 언급한 오하이오 출신의 6선 의원인 팀 라이언(Tim Ryan)의 일이다. 라이언 의원은 자신이 마음챙김 명상과 요가의 수행자이고, 건강, 교육, 군사, 경제, 사업, 환경, 에너지, 범죄, 사법과 같은 다양한 분야에 마음챙김 기반 프로그램을 실시할 것을 끊임없이 주창하고 있다. 그는 다음과 같이 말한다.

정치 리더로서 나는 세계를 더 좋은 곳으로 만들기 위해서는 실습도 해 보고 검증도 된 실제적인 방법이 필요함을 안다. 내가 그 방법을 알고 있는데, 어떻게 이를 알리지 않을 수 있겠는가. 조국의 가능한 많은 사람에게 마음챙김을 접근할 수 있게 하는 것이 내 직무라고 생각한다.*

* Tim Ryan, *A Mindful Nation: How a Simple Practice Can Help Us Reduce Stress, Improve Performance, and Recapture the American Spirit.* New York: Hay House; 2012; xxii.

435명의 하원과 100명의 상원 의원이 있는 미 국회에 이제 긴 시간 자신이 스스로 마음챙김 수련을 해 나가고 국내 정치의 핵심 영역에 마음챙김을 장기적으로 적용하자고 주장하는 의원이 적어도 한 명은 있는 셈이다. 나는 시간이 지나면 더 많은 동료 의원들이 그와 함께할 것으로 확신한다. 팀 라이언은 제프리 색스가 제안하는 새 천 년 세대가 되기엔 너무 나이가 많지만, 그는 젊은 세대를 위한 길을 보여 주고 있다. 그의 주장은 국가의 안녕을 증진시키기 위해 도움이 될 많은 연구 결과와 전략적 실천 프로그램의 뒷받침을 받고 있다. 그는 자신의 비전을 이렇게 설명한다.

이민자, 혁신가, 모험가의 나라로서 우리는 새로운 길을 어떻게 선택하고 바꾸고 발견하는지를 알고 있다. 이제 우리는 우리의 집합적 뇌신경회로를 바꿔서 미국의 새로운 동력을 만드는 도전이 필요하다. 우리는 함께 뭉쳐서 경제와 정부 시스템을 업데이트해야 한다. 종전의 산업 모델은 서로 잘 소통할 수 없고 풀뿌리의 현장 사건과는 동떨어진 발상을 하는 과도하게 관료화된 행정기관을 만들어 버렸다. 이는 나날이 복잡해져 가는 우리 사회를 조직하고 통제하기엔 역부족이다. 이제 우리는 새로운 사고와 방식으로 시민을 동기화할 방법이 필요하다. 시민이 참여해서 이런 도전을 창의적으로 극복해 나가는 과정을 도울 수 있는 시스템이 필요하다. 우리는 어떤 아이디어가 우리 삶의 방식을 긍정적으로 변화시킬 수 있을지 확실히 알지 못한다. 하지만 마음챙김은 급속하게 변화하는 시기에 최상으로 부상하는 아이디어를 알아차릴 수 있도록 해 줄 것이다. ……마음챙김만으로 이 모든 일을 할 수 있는 것은 아니지만, 위대한 미국의 모든 시민과 능력자의 잠재력을 잘 활용할 수 있게 해 줄 것이다. 마음챙김을 하는 국가는 상황이 그것을 필요로 할 때 진로를 바꾸고 새로운 길을 더 잘 찾아낼 수 있을 것이다.[*]

라이언의 이야기는 진정으로 영감을 준다. 나는 새 천 년 세대와 모든 다른 세대가 이 말을 경청할 뿐만 아니라 상호 연결성이라는 더 큰 용광로 속에서 그들이 스스로에게 진정으로 존재했을 때 일어날 수 있는 가능성과 사랑에 빠졌으면 한다.

라이언 의원의 주장처럼 신기술에 마음챙김을 다양한 방식으로 적용하려는 시도가 많다. 예를 들어, 구글은 간부들을 위한 몇 가지 마음챙김 프로그램을 운영하고 있으며, 실리콘밸리에 있는 본사뿐만 아니라 세계에 흩어져 있는 지사에도 마음챙김을 적용할 것을 권장하고 있다. 초기 구글의 엔지니어였고 아시아어 구글 서치를 개발하는 데 일조했던 처드 멍 탄(Chade-Meng Tan)은 미라바이 부시(Mirabai Bush), 대니얼 골먼(Daniel Goleman), 노먼 피셔(Norman Fischer), 마크 레서(Marc Lesser), 필립 골딘(Philippe Goldin) 등과 함께 구글과 세계 비즈니스 환경을 위한 마음챙김 기반 프로그램인 '자기 내면의 탐색(Seacrch Inside Youself: SIY)'을 개발하였다. 그는 이를 책으로 발간했고 미국과 많은 나라에서 베스트셀러가 됐다. 이 밖에도 구글은 여러 해 동안 직원들을 위해 MBST 프로그램을 실시해 왔다. 직원들은 마음챙김 수련이 심화되어 생활

* 앞의 책, Tim Ryan's A Mindful Nation. 143-144.

스트레스를 조절할 뿐만 아니라 유망한 혁신 영역에서의 직관력과 창조성을 키우기 위하여 두 프로그램 사이를 오가며 실시한다. 구글에 있는 제니 리켄(Jenny Lykken)과 캐런 메이(Karen May) 같은 혁신 지도자들은 마음챙김을 최적의 작업 환경 만들기와 일–생활 통합하기 같은 도전에 적용하고 있다.

실리콘밸리에서 마음챙김에 관심을 가지고 이를 적용하는 업체는 구글만이 아니다. 애플의 MBSR과 기타 마음챙김 프로그램은 러네이 버가드(Renee Burgard)가 가르친다. 페이스북의 아투로 베자(Arturo Bejar)와 다른 엔지니어들은 페이스북 9억 5,000만 사용자 사이에 갈등을 해결하기 위한 플랫폼에 마음챙김 요소를 도입해서 사람들이 자기 마음의 상태와 정서 및 자신의 의사소통 방식을 알아차릴 수 있도록 돕는다. 그들은 UC 버클리의 다처 켈트너(Dacher Keltner)와 연구 협력 프로그램을 운영하고 있는데, 마음챙김과 연민이 사용자 사이의 갈등을 줄이고 의사소통을 개선하는 효과를 연구하고 있다. 멀리사 다임러(Melissa Daimler)와 같은 트위터 리더는 마음챙김이 조직 효과성과 학습에 미치는 영향을 연구한다.

실리콘밸리의 가장 존경받는 일부 혁신가들은 마음챙김을 회사의 운영에 활용한다. 예를 들어, 트위터의 설립자 중 한 명으로 시작했던 미디엄(Medium), 페이스북의 설립자 중 한 명으로 시작했던 아사나(Asana)는 프로그램과 강의나 다른 방법으로 회사에 마음챙김이 성행하도록 지원한다. 아사나의 공동 설립자인 더스틴 모스코비츠(Dustin Moskovitz)와 저스틴 로젠스타인(Justin Rosenstein)은 "마음챙김이 없는 회사는 길을 잃게 될 겁니다. 최고 인재들이 떠나고, 평범한 직장이 되고, 혁신을 멈추게 되지요."라고 말한다. 그들은 마음챙김과 반성이 개인의 성장뿐만 아니라 조직이 진화하고 최상의 잠재력을 발휘하게 돕는다고 말한다.

소렌 고다머(Soren Gordhamer)가 만들고, 지금도 주관하는 '위즈덤 2.0'이라 부르는 연례 모임에서는 대화와 혁신을 조장하기 위해 기술계의 리더십과 마음챙김을 결합하고 있다. 이 모임은 대부분의 회원이 아주 이른 나이에 억만장자가 된 새 천 년 세대에 속하는 웹 기술의 창시자나 발명가들이기 때문에 특히 의미가 있다. 그들은 자신의 창조물이 지니고 있는 잠재적 그림자에 대해 이해하고 있으며, 사용자가 중독에 빠지지 않고 인생의 아날로그적 의미를 잃지 않으면서 새로운 기술을 활용할 수 있도록 돕는 방법을 찾는 데 마음챙김을 적용하려 한다. 실리콘밸리의 주요 박애주의자인 1440재단 조아니와 스콧 크리엔스(Joanie and Scott Kriens)는 그들의 기금을 마음챙김, 보다 넓게는 학교, 건강, 작업장에서 진정한 관계 맺기 기술에 사용하고 있다.

정치로 다시 돌아오면, 마음챙김은 영국 정치의 일부가 되었다. 마음챙김과 마음챙김의 사회 및 경제적 잠재력에 관심을 갖는 다수의 의원이 영국 옥스포드 대학교의 마음챙김센터의 크리스 컬런(Chris Cullen)과 마크 윌리엄스(Mark Williams)가 지도하는 마음챙김센터의 8주 코스를 수료하였다. 이 그룹의 주 멤버 중 한 명은 노스 웨일스 선거구를 대표하는 크리스 루안(Chris Ruane)이며, 다른 이는 런던 경제대학의 경제학자인 리처드 라야드(Richard Layard)다. 2012년 12월 4일 크리스 루안은 영국 하원에서 마음챙김의 잠재력이 영국의 청년 고실업과 산적한 문제를 해결하는 데 큰 도움이 될 수 있음을 역설하는 인상적이고 설득력 있는 연설을 했다. 라야드 경은 국가와 경제의 건강을 평가하는 데 GDP를 넘어서서 국민의 심리적 요소를 고려하는 새로운 경제지표를 개발했다. 그는 '행복 실천'이라고 이름 붙인 집단을 통해 사회적 변화를 선도하고 있다. 라야드 경의 견해는 『행복: 새로운 과학에서 배우는 교훈(Happiness: Lessons from a New Science)』이라는 그의 책에 자세히 담겨 있다. 루안과 라야드 경은 마음챙김에 대한 의회 동료들의 높아지는 관심을 충족시키기 위해 또 다른 마음챙김 프로그램의 사이클을 함께 이끌고 있다. 스웨덴 국회에서도 영화 제작자인 구나 미카넥(Gunnar Michanek)에 의해서 마음챙김 수련과 흥미가 일어나고 있다.

2013년 2월, 유명 잡지인 『마인드풀(Mindful)』은 지면 전체 홈페이지(Mindful.org)를 마음챙김의 다양한 구현과 세계 곳곳의 수행자와 그들의 노력 그리고 세계를 변화시키고 치유하는 도구로서의 마음챙김을 소개하는 데 할애했다. 나는 북경, 테헤란, 케이프타운, 부에노스아이레스, 로마 등과 같은 세계 각지에서 MBSR 교사로 활동하는 친구와 동료들로부터 이메일을 받았다. 그들은 자신이 무엇을 하고 있고, 일이 어떻게 진행되고 있으며, 장차 다양한 국제적 마음챙김 모임과 훈련 프로그램을 교류할 수 있는 길에 대해 많은 이야기를 하고 있다.

荒

앞에서 기술한 모든 상황이 이렇게 짧은 기간 내에 일어나리라고는 생각하지 못했다. 불과 수년 전만 해도 이런 일이 있을 거라고는 기대하지 않았다. 마음챙김이 의학, 건강 보호, 심리학, 신경 과학의 주류 속으로 들어가리라고는 1979년엔 생각하지도 못했다. 미국 NIH가 연간 수천만 달러를 마음챙김 연구비로 지원하고 영국 보건성이 마음챙김 기반 인지치료를 우울증 재발 방지 프로그램으로 추천하는 사태를 지켜보면서 나는 감개무량하였다. 천문학자들의 이야기처럼 137억 년 전 빅뱅에서 시작해서 팽창해 나가던 우주가 갑작스레 멈추고 원 상태로 돌아가서 '빅 크런치(big crunch)'로 가는 사태와 다를 바 없다. 그러나 이 모든 사태가 일어났다. 나는 이를 매우 고무적인 신호로 간주한다. 우리 존재의 숨겨진 차원을 친밀감과 이해로 키워 내고 종(種)으로서 우리가 도약하는 데 박차를 가하게 하는 지구적 운동의 시작이기를 희망한다.

나는 인간 종은 어떤 면에서는 지구의 자가면역성 질환이라고 쓴 적이 있다. 우리는 지구 고통의 원인이자 동시에 희생자다. 그러나 이런 상황이 반드시 계속되어야 할 이유는 없다. 우리가 자신의 활동이 세상에 미치는 많은 악영향을 알아차리지 못할 때는 우리의 활동이 지구 고통의 원인이 된다. 그러나 우리는 깨어서 지구를 치유하고 번성시키는 집사가 될 수도 있다. 이런 지혜를 구현한다면 우리 자신이 큰 수혜자가 될 것이다. 이런 일이 시작되기는 어렵지만, 지상에 살고 있는 우리 모두에게 그런 시작이 꼭 필요하다. 인간 존재로서의 우리 내면에 있는 가장 깊은 최상의 것을 발견하고 구현하는 일과 소명은 우리 모두의 공동 운명이다. 인류만이 아니라 세상과 세상에 존재하는 모든 것을 위해서.

우리는 외부 세계에서 내부 세계로, 전체 세계에서 개인으로 자신의 인생에 직면하면서, 자신의 호흡과 몸과 마음에 직면하면서 전 순환로를 돈다. 우리가 살고 있는 세계는 매우 급속하게 변화하며 우리는 불가피하게 그 변화에 휩싸이게 마련이다. 우리가 그 변화를 좋아하든 싫어하든, 그 변화를 깨닫든 그렇지 못하든 간에 말이다. 오늘날 세상 변화의 많은 부분은 분명하게 보다 큰 평화와 조화와 건강의 방향으로 가고 있다. 그것을 저해하는 것도 분명히 있다. 이 모두는 전체 고난의 한 부분이다.

물론 도전은 이러한 것이다. 우리는 인간으로서 어떻게 살아가야 하는가? 세상 스트레스, 음식과 일 그리고 역할 스트레스, 사람, 수면, 시간 스트레스와 우리 자신의 공포와 고통의 존재를 인정할 때, 오늘 아침에 깨어나서 우리는 무엇을 해야 하는가? 지금 바로 우리가 평화의 중심이 될 수 있는가? 지금 즉시 자기 자신의 존재와 조화롭게 살아갈 수 있는가? 우리가 가진 지식을 우리를 위해, 우리의 내부 세계와 외부 세계를 위해서 쓰일 수 있게 만들 수 있을까?

과거 10여 년 간 스트레스 완화 클리닉을 거쳐 간 수천 명의 특별한 '보통 사람들'은 그들 내부에 있는 알아차림 능력을 키우고 마음챙김 명상에 들어 있는 치유력을 발견하여 확신과 성공으로 삶의 도전을 직면할 수 있었다.

우리는 미래 세계를 예측할 수 없다. 자신의 미래가 달려 있는데도 바로 코앞의 며칠도 예측하기 힘들다. 우리가 할 수 있는 것은 바로 지금 현재를, 순간순간 할 수 있는 최선을 다해 온전히 내가 행하는 작업이다. 우리 자신과 이 세계의 미래가 바로 지금에 의해 창조된다. 우리의 선택은 중요하며 그것이 미래의 차이를 만든다.

지금까지 우리는 마음챙김의 많은 구체적 적용 사례를 살펴보았다. 이제 수련으로 되돌아와서 어떻게 마음챙김 명상을 생활의 일부로 만들고, 그와 같은 존재의 방식을 공유하는 다른 사람들과 어떻게 연결될 것인가에 대해 좀 더 알아보는 시간을 갖기로 하자.

세상 스트레스를 다루기 위한 힌트와 제안

1. 당신이 먹는 물과 음식의 질과 원천에 주의를 기울여라. 내가 지금 살고 있는 지역의 공기의 질은 어떤가?
2. 정보와 당신의 관계를 알아차림해 본다. 얼마나 많은 신문과 잡지를 읽는가? 읽고 난 후의 느낌은 어떠한가? 언제 읽게 되는가? 신문이나 잡지를 읽는 것이 그 시간을 가장 바르게 쓰는 것인가? 당신이 받은 정보에 대해 어떻게 행동하는가?

뉴스와 정보를 갈망하고 있음을 알아차리는가? 어느 정도가 중독인지 그 지점을 아는가? 이메일을 얼마나 자주 확인하는가? 메시지나 트위터, 카카오톡 등을 확인하기 위해 얼마나 자주 휴대전화를 보는가? 정보로 자극을 받거나 자신의 행위나 생각을 다른 사람에게 알리고 싶은 욕구에 의해 당신의 행동은 어떻게 영향을 받고 있는가? 제대로 보거나 듣지 않으면서 언제나 TV나 라디오를 켜두고 있지는 않은가? 단지 시간을 보내기 위해 신문을 읽고 있지는 않은가? 얼마나 자주 자신의 주의를 능동적으로 분산시키는가? 어떤 방법으로 그렇게 하는가?

3. TV를 어떻게 사용하는가를 알아차려라. 어떤 프로를 선택하는가? 그것이 어떤 욕구를 충족시켜 주는가? 시청 후에는 어떤 느낌인가? 얼마나 자주 보는가? 처음 TV를 켰을 때 나타나는 마음 상태는 어떤가? TV를 껐을 때 나타나는 마음 상태는 어떤가? 시청 후 몸 상태는 어떤가?

4. 나쁜 뉴스와 난폭한 영상을 보는 것이 당신의 몸과 마음에는 어떤 효과를 나타내는가? 일상적으로 이를 잘 알아차리는가? 세상의 스트레스와 고통을 마주하게 되면 무력하고 우울해지는가? 이러한 사실을 알아차려 보라.

5. 당신이 관심을 갖는 특정한 주제를 찾아보라. 그 대상에 자신이 어떤 역할을 한다면 스스로 보람과 힘을 느낄 수 있는 그런 것으로 찾아보라. "단지 그것을 위해 무언가를 하라." 매우 작은 일을 했을지라도, 당신이 더 큰 세상과 의미 있게 연결된 것처럼 중요성을 느낄 수 있을 것이다. 이웃이나 도시에서

중요한 문제로 확인된 건강이나 안전 혹은 환경적 쟁점을 찾
아낸다면, 당신은 그것의 잠재적 위험에 대한 시민의식을 고
양시키거나 기왕 벌어진 문제점을 완화시키려는 시도를 하여
효능감을 느낄 수 있을 것이다. 당신도 보다 큰 시스템의 일
부분이기 때문에 외부로 향해 세상을 힐링하는 책임을 갖는
것이 내면을 힐링하게 해 줄 수 있다. '세계적으로 생각하고,
지역적으로 행동하라.' 는 격언을 생각해 보라. 그 격언은 거
꾸로도 작동한다. '지역적으로 생각하고, 세계적으로 행동하
라.' 당신이 할 수 있는 최선을 다해서 지역사회에서 그 문제
를 위해 함께 일할 수 있는 사람들을 찾아라. 우리는 언제나
더 큰 전체의 한 부분이다. 비록 우리 자신이 큰 전체이지만
말이다.

제5부

알아차림의 길

새 출발

MBSR 프로그램의 또 한 기의 문을 닫아야 할 때가 온 것 같다. 나는 마지막 시간을 지켜보며 자기관찰과 수용과 치유의 8주 여행을 함께 떠났던 사람들에게 경이의 시선을 보낸다. 그들의 표정이 전과는 다르다. 그들은 정좌해 앉는 법을 배웠다. 우리는 오늘 아침을 20분간의 바디 스캔으로 시작했으며, 그런 다음 다시 20분 동안 정좌명상을 하고 그다음 순서를 이어 갔다. 고요는 더할 나위 없이 아름다웠으며, 영원히 정좌할 수 있을 듯했다.

내 눈에는 그들이 과거에는 수수께끼로 생각했던 문제에 대해 매우 단순한 근본 해결책을 아는 것처럼 느껴졌다. 그들은 여전히 같은 사람들인데도 말이다. 그들의 삶에서 크게 바뀐 것은 아무것도 없다. 다만 지금까지 온 이 인생의 여로가 자신에게 어떤 의미

를 지니는지에 대해 매우 미묘하게 떠오른 어떤 방식을 제외하고
는…….

참여자들은 이 시점에서 멈추고 싶어 하지 않는다. 이런 일은 8주
의 회기가 끝날 무렵에 늘 일어나는 일이다. 언제나 이제 막 시작
한 듯한 느낌으로 가득 찬다. 그런데 벌써 끝이라니! 왜 매주 한
번씩 만나는 모임을 계속하지 못하며, 함께 수련을 계속하지 못하
는가?

이 시점에서 우리가 수련을 멈추어야 할 이유는 여러 가지다.
가장 중요한 이유는 자율성과 독립성을 발달시켜야 하는 까닭이
다. 우리가 8주간 배운 것을 각자 자신의 세상에서 검증해 볼 필요
가 있다. 우리가 자기 내부의 내적 자원을 제외하고는 기댈 것이
하나도 없을 바로 그때에 말이다. 이는 학습 과정의 한 부분이며,
그 자체로 수련의 중요한 일부분이 된다.

MBSR 프로그램이 끝났다고 해서 수련을 멈추어야 할 이유는
없다. 최종 목표는 수련을 꾸준히 계속하는 바로 그것이다. 이 여
정은 일생에 걸쳐 계속된다. 지난 8주는 단지 여정을 시작하게 한
것이고, 우리는 이제 막 다른 경로에 들어선 것이다. 수련을 끝내
며 우리는 "좋습니다. 이제 여러분은 기초를 갖추었습니다. 이제
스스로의 길을 개척하시면 됩니다. 무엇을 해야 할지를 알고 계시
고, 단지 그렇게 하시면 됩니다." 더 간단하게는 "여러분의 세상을
사십시오."라고 한다. 우리는 의도적으로 외부 지원을 거두어들여
서 참가자들이 자신에 대한 마음챙김 명상의 동력을 유지하고, 자
신의 삶에서 작동할 수 있도록 하려 한다. 우리가 만약 삶에서 만
나게 되는 다양한 인생고에 직면하여 그것을 풀어 가는 힘을 갖게

된다면, 이제 명상수련은 집단으로나 병원 프로그램으로서가 아니라 자기 자신의 의도와 개입에 기초해서 발달시킬 수 있는 기회를 부여받아야 한다.

우리가 34년 전 MBSR 클리닉을 열 때의 생각으로는, 8주 훈련이 끝나면 사람들이 스스로 이곳을 걸어 나가리라고 예상했었다. 그런 다음 그들이 6개월이나 1년 혹은 그 후에 다시 찾아오기를 원한다면, 수련을 보다 깊이 할 수 있는 내용의 졸업자 프로그램에 참가하도록 했다. 그런 모형은 몇 년 동안 잘 운용되었다. 졸업생 수업 역시 정규 수업과 유사하게 출석률이 매우 좋았으며 그들은 종일명상 회기에도 정기적으로 참석해 정좌하곤 했다. 졸업반 클래스는 5회기나 6회기 이상 한 달이나 한 주 간격 등으로 매우 형태가 다양하다. 때로는 특정 주제에 초점을 맞추기도 한다. 그러나 그 모두는 수련의 동력을 유지하거나 다시 점화하고, 수련의 깊이를 더하고, 마음챙김을 일상의 모든 면으로 확대해서 우리의 삶을 우리가 가장 사랑하는 방식으로 충분히 살게 하려는 것이다.

수업이나 집단, 추수회기, 테이프, 책이 어느 점에서는 도움이 될 수 있지만 정수는 아니다. 이 점을 상기시키는 것이 중요하다. 정수나 핵심은 오늘 수련하고 내일 아침에 일어나서 또 수련하고, 일정 계획이 어떠하든 계속 수련하겠다는 당신의 각오와 개입이다. 우리 클리닉의 MBSR 프로그램의 개요를 따라한다면, 8주의 수련기간은 당신의 명상수련이 원하는 삶의 방식으로 자연스럽게 자리 잡기에 충분한 시간이다. 아마도 8주가 지나기 전에 진짜 배움은 자기 내부에서 나온다는 것을 알게 될 것이다. 그런 다음, 이 책의 각 장을 다시 읽고 부록의 읽을거리에 있는 책을 참조하고, 가능하다면 함께 명상을 할 다른 사람과 집단을 만들어 서로 강화하고 지지한다면, 당신의 수련은 더욱 성장하고 깊어질 것이다. 당신이 어디에 살든 지역적이나 국제적으로 그리고 직접적으로나 온라인상으로 그렇게 할 수 있는 기회가 그 어느 때보다 많아졌다.

방을 둘러보면서 나는 참석한 모든 이가 자신이 이 짧은 기간에 이룬 것과 자신뿐만 아니라 모든 이가 각자 지니고 있는 힘과 확고한 결심을 얼마나 존경하고 찬양하는지에 대해 보이는 열광에 충격을 받는다. 높은 출석률이 그들이 지닌 개입 수준을 말해 준다.

에드워드는 수련에 하루도 빠지지 않았다. 프로그램을 시작하기 두 달 전 그를 처음 보았을 때 나는 그에게 바디 스캔을 제안했고, 그 이후 그는 바디 스캔 테이프를 놓지 않았으며, 그의 그런 노력은 나에게 매우 깊은 감동을 주었다. 그는 자신의 인생이 바디 스캔에 달려 있다고 느꼈다. 그는 직장에서 점심시간이면 사무실이건 주차장이건 관계없이 언제나 수련을 했다. 직장에서 집으로 돌아가서도 다른 어떤 일보다 먼저 바디 스캔 테이프를 들었다. 그런 다음에야 저녁을 먹었다. 그는 이런 방식의 수련이 자신의 혼을 일깨웠으며, 자신이 에이즈에 걸려 맞게 된 신체적 · 감정적 기복과 수시로 느끼게 되는 피로, 그가 받아야만 하는 수많은 검사와 치료 절차를 다룰 수 있게끔 해 주었다고 말했다.

피터는 인생에서 중요한 변화를 만들어 냈고 그것이 제2의 심장 발작을 방지하고 건강하게 지내는 데 결정적인 도움이 되었다고 느끼고 있다. 밤중 운전 길에 세차하다가 찾아온 깨달음이 그의 눈을 뜨게 해 주었다. 피터 역시 날마다 수련을 계속했다.

베벌리는 프로그램이 평온을 찾는 데 도움이 되었다고 느끼며, 힘든 날에도 자기답게 될 수 있다고 믿게 되었다. 앞에서 보았듯이 그녀는 자신을 공포로 몰아넣는 의학적 진단 절차에서 통제력을 유지하는 방법으로 명상 훈련을 상상력 넘치게 이용했다.

마지는 프로그램이 끝난 직후에 복부에서 비악성 종양을 제거하는 수술을 받았다. 그래서 몇 달이 지난 뒤에야 그녀와 이야기를 할 수 있었다. 나는 그녀에게 〈이완의 세계〉라는 병원용 스트레스 감소 비디오 테이프를 빌려 주었는데, 그녀는 그것을 집에서 명상에 덧붙여 정신적으로 수술을 준비하고 수술 후 회복을 돕는 데 사용했다. 그녀는 나중에 자신이 한 시간 동안의 수술 전 과정을 명상을 하며 깨어 있었다고 말했다. 그녀는 의료진이 그녀의 대장에서 종양을 절제한다는 이야기를 평온하게 들었다고 말했다. 집으로 돌아왔을 때 그녀는 수술 후 회복을 돕기 위해 반복해서 명상을 사용하였다. 그녀는 과거에 받았던 수술과는 달리 이번에는 마취 효과가 사라졌을 때도 통증이 없었다고 말했다. 그녀가 이 프로그램에 참가하기 전에 수술을 받았을 때는 마치 단단히 웅크린 용수철 같았다. 그러나 이번에는 훨씬 이완되었으며 마음이 편했다. 무릎에 상당한 통증이 여전히 계속되는데도 말이다.

아트는 두통이 줄어들었을 뿐만 아니라 호흡을 통해 스트레스 상황에서 생기곤 했던 두통을 예방할 수 있었다. 경찰인 그는 여전히 자신의 업무에 스트레스를 받고는 있지만 보다 편안해졌음을 느낀다. 이제 그는 그 일에서 은퇴를 준비하고 있다. 그는 모든 프로그램 중에서 요가를 가장 좋아했으며 종일 명상수련 뒤에 시간이 완전히 사라지는 새로운 수준의 이완을 경험했다고 말했다.

프랑스계 캐나다 사람인 트럭 운전사 필은 수련을 통해 여러 차례의 극적인 경험을 했다. 그가 이야기한 방식과 기꺼이 자신의 경험을 다른 사람과 공유하려는 의지는 반의 모든 이를 감동시켰다. 그는 이제 보험 면허를 위한 시험을 볼 때보다 마음챙김을 잘할 수 있으며, 요통에 휘둘리지 않을 수 있다고 느꼈다. 그는 자신의 통증이 보다 다룰 만하며 가족과 함께하는 시간을 즐길 수 있게 되어 인생이 풍요로워졌다고 말했다.

로저는 8주 후에도 자신의 상황에 대해 약간 혼란스러워했다. 놀랍게도 그는 모든 프로그램을 다 마쳤으며, 자신이 전보다 이완되고 통증을 다루는 데 약물에 덜 의존한다고 말했다. 그러나 자신의 가정 문제에는 어떻게 마주해야 할지 명쾌하게 정리하지 못하고 있었다. 그는 적어도 한두 번은 이성을 잃을 정도로 화를 냈으며, 그의 아내는 그를 집에 접근하지 못하도록 법정 명령을 받아내기도 했다. 그는 분명히 얼마간의 개인적 주의가 필요했다. 그러나 그는 내가 그에게 그렇게 하도록 격려하는 만큼이나 개인적 주의를 구하는 일을 완강하게 거절했다.

엘리너는 오늘 아침 마치 타오르는 전구 같았다. 그녀는 심장발작 때문에 클리닉을 찾아왔는데, 프로그램을 시작한 이래로 다시는 심장발작을 경험하지 않았다. 그녀는 이제 발작이 찾아왔을 때 그것을 어떻게 다루어야 하는가를 알고 있다고 느꼈다. 종일 명상 회기는 그녀에게 매우 중요했다. 그녀는 지금까지 살아온 60년간 전혀 깨닫지 못하고 지냈던 내적 평화를 느끼고 있었다.

루이즈는 아들이 "어머니, 이 프로그램이 나에게 매우 유용했으니 어머니에게도 정말 좋을 거예요."라고 하며 자신을 데리고 왔다고 말했다. 그녀는 즉시 이 프로그램이 자신이 겪고 있는 류머티즘 관절염으로 인한 통증과 삶의 제한에 대해서뿐만이 아니라 인생 전체에 대한 자신의 태도를 바로잡는 데도 도움이 된다는 것을 알게 되었다. 그녀는 바디 스캔에서 통증을 잠재우고 하루의 속도를 조절하는 것을 배웠다. 그녀는 몇 주 후 주말에 차로 쿠퍼스 타운에 갈 거라고 자랑스럽게 말했다. 그런 일은 며칠 전까지만 해도 엄두도 못 내던 일이었다. 물론 루이즈는 가족과 친구들과 함께 야구 명예의 전당을 방문하는 일도 빼놓지 않았다. 그녀는 그 여행 동안 군중이 많아서 스트레스를 느낄 때마다 밖으로 나와서 앉을 수 있는 장소를 찾아 눈을 감고 명상을 했다. 완전히 반무의식 상태로 다른 사람에 대해서는 신경 쓰지 않고서 말이다. 그녀는 그와 같은 잠재적 고난의 시기에 자신이 균형을 유지하기 위해서는 그렇게 해야 한다는 것을 알았다. 그녀는 주말 여행 동안 몇 차례나 그렇게 명상을 했으며, 멋진 여행을 잘 끝낼 수 있었다. 그녀는 "내 아들이 정말로 옳았지요. 난 처음에 그 아이가 정신이 나갔다고 생각했어요. 그 아이는 내게 새로운 삶의 기회를 주었어요."라고 이야기했다.

고혈압 때문에 온 로레타도 자신의 삶이 변했다고 말했다. 그녀는 기업 자문가로 일해 왔다. 프로그램에 참가하기 전 그녀는 자신이 고객에게 보고서를 보여 주려 할 때면 언제나 두려움에 떨었다고 말했다. 이제 로레타는 자신의 작업에 대해 자신감을 갖게 되었다. "그들이 내 프레젠테이션을 좋아하지 않는다면 무엇이 달라지는데? 나는 내 자신이 프레젠테이션에 대해 어떻게 느끼는가가 가장 중요함을 알게 되었어요. 그런 알아차림이 내가 일할 때마다 생기던 불안을 상당 부분 줄여 주고 일을 더 잘할 수 있게 만들어 주었어요."라고 말했다.

'그들이 좋아하면 무엇이 어떻게 되는데?'라는 통찰이 지난 8주간의 로레타의 성장에 대해서 말해 준다. 그녀는 자신이 비판이나 실패에 대한 두려움과 함께 칭찬과 승인의 덫에 걸려 있었음을 간파했다. 그녀는 자기 경험을 자신의 기준에서, 그리고 자신에게 갖는 의미의 면에서 판단할 수 있게 되었다. 나머지는 빠져들기 쉬운 정교한 소설이나 환상일 뿐이다.

로레타가 그녀의 삶에 구체화시킨 통찰력과 능력은 우리가 자신의 이야기가 현실이 아님에도 얼마나 쉽게 그것에 갇혀 버릴 수 있는지를 보여 주는 완벽한 예다.* 그녀의 알아차림은 지혜의 반영이다. 이는 당신이 어떤 사실에 대해 머릿속에서 정교한 가공의 이야기를 만들기 쉬운가를 보여 주고, 더 이상 이런 실수를 하지 않을 때 어떤 일이 일어나는지를 알게 해 준다. 가공의 이야기를 만들어 내는 자기 참조 틀이 '오직 모를 뿐' 몸에 근거하고 열린

---

* 서장에서 언급한 토론토 대학교의 연구를 상기해 보라. 그 연구에서 MBSR 수련에 따라 현재 순간에 몰입하는 측두엽 활동성은 높아지는 반면 자기 이야기를 만드는 전두엽 피질의 중앙선 연결망의 활동성은 낮아졌다. 로레타의 경험은 마음챙김 훈련을 통해 영향을 받는 자기참조의 두 가지 양식에 관한 현상을 그림으로 보여 주는 것 같다.

알아차림에 근거하는 존재의 양식으로 전환된다. 수련을 더 많이 하면 할수록 이런 전환은 더 쉬워진다.

헥터는 자신의 분노를 보다 잘 통제할 수 있게 되었다고 전했다. 그는 136kg의 몸을 마치 거대한 새가 날아가듯 별다른 노력 없이 움직이는 레슬러였기 때문에 그와 밀기 운동을 하는 것은 매우 흥미로웠다. 그는 신체적으로 중심을 잡는 법을 알고 있었지만 이제는 감정적으로 중심을 잡는 법도 알게 되었다.

앞의 이야기에 나온 사람들과 이번 주에 프로그램을 마친 모든 사람은 많은 노력을 했다. 우리는 여전히 계속해서 자기수용과 '무위'를 강조하고 있지만 대다수는 이런저런 방식으로 변화했다. 그들이 일구어 낸 변화는 아무것도 하지 않거나 그들이 단지 매일 수련에 참가했다거나 서로를 지지해 주었다거나 하는 등에서 나온 것이 아니다. 변화는 먼 길을 가는 명상가의 고독에서, 정좌해서 지금 여기에 존재하려는 그들의 의지에서, 고요와 침묵 속에 거하며 몸과 마음을 직면하는 데서 유래한 것이다. 그들의 몸과 마음이 저항하고 별 노력 없이 얻을 수 있는 어떤 것에 대한 갈망이 상존하는데도 불구하고 무위를 수련한 결과였다.

우리 반의 이야기꾼이 되어 버린 필은 열두 살 때부터 간직하고 다녔던 그 까닭을 모르는 기억을 털어놓았다. 이번 주에 명상을 하는 동안 갑작스레 그 기억의 의미가 그를 찾아왔다.

우린 캐나다의 침례교회에 다니고 있었어요. 조그만 교회였어요, 교인이 구십 명쯤 되는 그런 규모의 교회 말이에요. 그때 교회에는 문제가 많았어요. 우리 아버진 그런 문제투성이 교회에 나가려는 사람이 아니었어요. 그 교회가 합쳐지리라 생각하며 함께 노력하고 있었지요. 우리 아버진 "우리 얼마 동안 여기서 떠나 있자!"라고 했어요. 우린 이 작은 교회를 이 지역에 있는 유일한 교회라 생각했었지요. 그런데 다른 교회가 또 있었어요. 교인은 모두가 농부였고 열이나 열다섯, 가장 많이 모일 때면 스무 명 정도였지요. 우린 지원도 할 요량으로 그 교회에 다니기로 했어요. 그 교회는 교인 수를 늘리고 우린 새로운 사람을 만나는 기회도 갖고 말이지요.

우리는 그 교회로 갔는데 거기에는 목사도 없었어요. 주일이면 이곳저곳에서 예배를 진행할 목사가 초청되어 왔어요. 어느 일요일, 우리는 오기로 약속된 목사님을 기다리고 있었지요. 기다리고 기다렸지만 목사님은 나타나지 않았고, 누군가의 제안으로 우리는 찬송가를 부르기 시작했어요. 몇 곡을 불렀으나 목사님은 여전히 나타나지 않았으며, 이미 예배 시간은 꽤 지나 있었지요. 누군가가 성경의 한 구절을 낭송하면 좋겠다고 제안했으나 어느 누구도 응답하지 않았어요. 그러자 한 사내가 자리에서 벌떡 일어났어요. 그는 교육을 받지 못해 성경이 이야기하는 어떤 구절도 읽을 수 없었지요. 그는 아주 평범한 시골뜨기 농부로 매우 남루해 보였어요. 그러나 그는 귀머거리가 아니었죠. 그는 누군가에게 알고 있는 성경의 구절을 자신을 위해 읽어 달라고 요청했어요. 그것은 베풂에 관한 것이었죠.

또 다른 농부 교인이 말했어요.

"그건 돼지와 소가 어느 날 함께 나눈 대화와 같은 겁니다. 돼지가 소에게 '너는 어떻게 알곡을 얻었니? 그것도 창고에서 가장 좋은 것으로 말이야? 난 언제나 쓰레기만 치우는데?' 라고 말했죠. 소는 '글쎄, 난 매일 무얼 베풀지. 그러나 넌 죽기 전까지는 너의 소중한 것을 남에게 주지 않잖니?' 라고 답했죠. 농부는 계속 말을 이어 갔어요. '이것이 신께서 당신에게 원하는 바로 그것입니다. 신에게 매일 모든 걸 바치십시오. 영혼을, 찬양을, 당신이 받은 모든 것 이상을 그에게 바치십시오. 돼지처럼 받기만을 기다리지 말고 말이죠."

이것이 사내가 이야기한 내용의 전부였어요. 그런데 바로 이 말이 내가 바디 스캔을 하고 있을 때 내 마음에 찾아왔어요. 내 몸에 대한 감사가 터져 나왔죠. 내 눈에 대한 감사, 발에 대한 감사가 저절로 생겨났어요. 장님이 되기 전에 절름발이가 되기 전에 눈에 대해 발에 대해 감사하라. 네 마음이 참으로 믿기만 한다면 한 줌의 소금으로도 능히 산맥을 움직일 수 있다는 구절이 생각났어요. 대부분 의사가 말하길 우리 인간은 자기 뇌의 아주 일부분만을 활용한다고 지적하지요. 같은 맥락이라고 생각해요. 인간의 뇌는 무한한 능력을 가지고 태어났지요. 그러나 좋은 연결을 만들어 내지 못한다면 아무것도 할 것이 없죠. 당신의 뇌가 잘 움직이도록 수련을 해야 합니다. 뇌에서 무언가를 끌어내야 합니다.[*]

----

[*] 필의 이런 직관은 MBSR이 뇌 변화에 긍정적 효과를 미치는 것에 관한 과학적 연구를 수십 년 앞선다.

그리고 나는 말했어요. '오, 신이시여.' 지금까지 나는 그날 교회에서 농부가 이야기했던 영적 메시지가 이렇게 큰 위력으로 나에게 다가올지는 몰랐어요. 내 몸에 대한 살아 있는 의미로 되살아날지 몰랐어요. 받을 수 있으려면 먼저 주어야 한다는 그 의미가 말이에요. 난 이 프로그램에 많은 노력과 시간을 들였어요. 때로는 오직 이 프로그램만을 위해 100마일을 운전해 오는 게 내키지 않은 적도 있었어요. 그러나 난 모든 수업에 언제나 제시간에 참석했죠. 이 프로그램에서 무엇인가를 얻기 시작하자 참석하기가 쉬워졌어요. 일단 당신이 하기를 원하는 바에 마음을 둔다면 거기에 최선을 다하고 모든 주의를 기울인다면 무언가를 얻을 수 있게 되죠.

오늘 그들이 방을 떠날 때, 대다수가 이 수업은 끝이 났지만 이는 단지 또 다른 새로운 시작임을 이해한 것 같았다. 그 여행은 정말 일생을 통한 것이다. 그들이 스스로에게 의미 있는 접근법을 발견했다면, 그 까닭은 누군가가 그것을 잘 판매했기 때문이 아니라 그들 스스로 탐험해 보고 그 가치를 자신이 발견했기 때문이다. 이것은 마음챙김 명상의 단순한 길이며, 자신의 인생에 대해 깨어 있는 단순한 길이다. 우리는 그것을 때로는 '알아차림의 길'이라고도 부른다.

알아차림의 길을 가기 위해서는 명상수련을 계속해야 한다. 수련을 멈춘다면 그 길은 잡초가 우거지고 희미해져 정작 당신이 선택하려는 어느 순간에 찾아가지 못할 수도 있다. 여기에 언제나 바로 놓여 있을 때 우리는 쉽게 다시 돌아올 수 있다. 얼마간 수련을 하지 않았더라도 당신이 호흡과 함께하는 순간, 그 순간에 되돌아올 수 있다면 당신은 다시 바른 자리에 서 있는 것이다.

실제로 일단 당신이 당신의 인생에서 마음챙김 명상을 체계적으로 훈련했다면 그것을 멈추기란 불가능하다. 당신이 규칙적으로 명상수련을 했을 때와 그렇지 않았을 때 스스로가 어떻게 느끼고, 스트레스와 통증을 다루는 당신의 능력에 어떤 효과가 있는지를 비교할 수 있다면, 수련하지 않는 것도 또 다른 수련이 될 수 있다.

마음챙기기를 유지하고 키워 나가는 지름길은 명상수련의 시간을 날마다 규칙적으로 갖고 이를 유지하는 것이다. 다음에 이어질 두 개의 장을 통해 당신은 공식 및 비공식 명상수련을 유지하기 위한 구체적이고 실질적인 제안을 접할 것이다. 당신 인생의 방향과 명료성을 제공해 줄 깨달음의 길이 계속 펼쳐질 수 있도록 말이다.

34

공식수련 계속하기

마음챙김 수련의 가장 중요한 부분은 수련에 계속 생기를 불어 넣어 주는 일이다. 그렇게 하는 길은 바로 수련을 계속하는 것이다. 먹기나 일하기가 그렇듯이 마음챙김 명상이 일상이 되어야 한다. 우리는 그것을 행하기 위해 많은 조정이 필요하더라도 존재와 무위를 위한 시간을 마련하여 수련에 생기를 불어넣을 수 있다. 매일 정규 수련을 위한 시간을 마련하는 일이 매일 밥을 먹는 것 같이 되어야 한다. 그것이 중요하다.

사용하는 기법은 실상 그렇게 중요하지 않다. 수련을 위해 CD나 앱을 사용하거나 지침을 다운로드 받느냐 아니냐보다는 수련을 계속하는 것이 더욱 중요하다. 우리가 해 왔던 다양한 수련 기법은 당신을 자신에게 데리고 가는 수단에 지나지 않는다. 강을 건너기 위한 뗏목이다. 중요한 것은 순간으로 돌아오기를 계속하는 것이다. 명상수련과 관련해서 생기는 의문에 대한 최상의 답은 수련을 계속하는 것, 문제를 판단하려 하지 않고 바라보면서 수련을 계속하는 바로 그것이다. 시간이 흐르면 수련은 다음번에 당신이 알아야 할 필요가 있는 것을 가르쳐 주는 경향이 있다. 의문과 의심을 가지고 정좌해 있으면, 그 의구심은 다음 주가 되면 자연스레 해결되는 경향이 있다. 뚫고 들어갈 수 없을 듯 보였던 것이 투명해지며, 진흙탕으로 보였던 것이 맑아진다. 그것은 마치 당신의 마음을 가라앉히는 것과 같다. 베트남 명상 교사이며 시인이자 평화주의자인 틱낫한(Thich Nhat Hanh)은 명상을 유리잔의 사과 주스가 맑아지는 것에 비유한다. 당신은 불편함이든 걱정이든 혼란이든 어떤 감정이든지 간에 현재하는 것과 함께한다. 그리고 마음은 스스로 정돈된다. 당신이 충분히 깨어서 넓은 마음 밭을 가지려고 노력하는 것 외에는 아무것도 하지 않고 있는, 즉 알아차림 속에서 단지 쉬고 또 쉬면 된다.

　명상수련이 깊어짐에 따라 가끔씩 제1부의 ‘마음챙김의 실천: 주의 주기’를 다시 읽어 보면 좋다. 당신에게 가장 실제적인 도움을 주는 제4부의 ‘응용: 인생사 고난 상대하기’도 빼놓을 수 없다. 처음에는 매우 분명해 보이던 많은 부분이 수련이 깊어짐에 따라 다른 모습으로 다가올 가능성도 있다. 전에는 별 의미를 갖지 못했던 부분이 수련이 깊어짐에 따라 큰 의미로 다가올 수 있다. 그래서 지시문을 다시 읽어 보는 것은 큰 의미가 있다. 지시문은 때로는 너무 단순해서 오해를 만들기 쉽다. 그러나 지시문을 읽고 다시 반복해서 읽어 볼 필요가 있다. 우리 모두는 그렇게 한다. 지시문을 다시 읽을 때, 수련의 세부 기술로서가 아니라 인간으로서의 내가 정말로 어떠한 존재인지에 관해 보다 분명하고 깊이 있게 알아차리게 된다. 다른 MBSR 교사가 또 다른 자기만의 방식으로 동일한 지시문을 안내해 주는 것을 들어보는 것도 매우 유용한 경우가 많다. 흔히 다른 사람에게서 새로운 방식의 지시문을 들으면서 자신이 스스로에게 질문을 던지던 것에 대한 새로운 이해 방식의 문을 열게 된다.

심지어 호흡 지켜보기에 관한 지시도 오해하기 쉽다. 예를 들어, 많은 이가 당신의 호흡을 '관찰하라'는 지시를 자신의 호흡에 대해 '생각해 보라'는 의미로 오해한다. 그 둘은 다르다. 명상수련은 당신의 호흡에 대해 생각해 보라고 요구하지 않는다. 거기에는 당신의 호흡과 '함께 존재하고' '그것을 지켜보며' '그것을 느끼라'는 의미가 포함되어 있다. 마음이 이리저리 떠돌고 있을 때 호흡에 대해 생각하면 알아차림을 되돌릴 수 있다. 그러나 그다음 순간에는 호흡 관찰하기로 돌아가라.

생각을 어떻게 다룰 것인가에 관한 지시도 흔히 오해를 산다. 우리는 생각하는 것이 좋지 않아서 생각하기를 억제하고 호흡이나 바디 스캔 혹은 요가 자세에 주의를 기울이라고 제안하는 것이 아니다. 생각을 다루는 방식은 그것을 단지 '생각으로' 지켜보고 생각을 자기 의식의 밭에 있는 하나의 사건으로 자각하라는 것이다. 그다음은 당신의 수련에 따라서 여러 가지를 행할 수 있다. 예를 들어, 호흡을 사용해서 고요와 마음챙김을 개발하려고 한다면, 생각이 당신의 주의를 호흡에서 채간다는 자각이 생기는 즉시 생각을 내려놓고 호흡으로 되돌아가면 된다. '내려놓는다'는 의미는 당신의 생각을 옆으로 밀쳐 버리거나 차단해 버리거나 억압하거나 거절한다는 의미가 아니다. 당신의 생각이 무엇을 하든 그대로 하도록 내버려 두고 당신이 할 수 있는 최선으로 순간순간 당신의 주의를 호흡에 유지하면 된다.

생각과 함께 작업하는 또 다른 방법은 생각의 내용 대신 과정을 바라보는 것이다. 이는 개별적인 생각과 함께 당신의 생각 과정이 주의의 주요 대상이 되도록 만드는 것이다. 정좌명상 CD의 마지막에 나와 있듯이 주의를 생각 그 자체의 흐름으로 가져오기만 하면 된다. 이렇게 할 때, 우리가 그 생각의 내용을 인식한다 하더라도 생각의 내용 쪽으로 방향을 잡으면 안 된다. 생각의 내용에 끌려가지 않고 생각이 마음의 밭에 떠오르고 작동하는 것을 바라보기만 한다.

마음챙김 명상수련에서는 생각의 내용은 전혀 개의치 않는다. 우리는 생각을 지켜보면서 그 내용을 검열하거나 판단하려 하지 않는다. 수련을 해 나가다 보면 그렇게 하는 일이 쉽지 않음을 깨달을 것이다. 흔히 우리는 떠오르는 생각의 좋고 나쁨을 판단하고 그에 반응하는 경향이 있다. 마음챙김 명상수련 작업은 매우 부드럽다. 어떤 생각이나 감정이 여기에 있다면, 그것을 있는 그대로 받아들이고 바라보지 못할 이유가 어디 있겠는가? 좋아하는 내용에는 좋은 점수를 주고 싫어하는 내용은 못본 체 한다면, 우리는 자신을 분명하게 보고 우리의 마음자리를 있는 그대로 볼 수 있는 기회를 잃게 된다.

여기에서 수용이 시작된다. 우리 자신에게 부드럽고 친절해야 할 필요가 있음을 명심하자. 그래서 어떤 순간에서의 호흡뿐만 아니라 자신의 마음에 다가오는 무엇이든 받아들이도록 허락하자. 동시에 우리는 어떤 생각은 잠재적으로 나에게 도움이 되거나 고통을 줄이고 어떤 것은 도움이 덜 되거나 심지어는 유해하고, 고통을 더할 수도 있음을 알아차릴 수 있다. 당신의 생각은 어떤 것도 당신의 적이 아니다. 그 각각은 우리에게 무언가 가치 있는 것을 가르쳐 준다. 우리가 생각을 그 자체로 보고, 그것이 오고 감을 알아차리면서 휴식하고, 그것의 내용과 감정에 의해 사로잡히거나 고문당하지 않는다면 말이다.* 우리가 계속해서 강조했듯이 이런 오리엔테이션이 규칙적으로 길러진다면 시간이 지날수록 더욱 깊어져 가는 수련의 산물이 될 것이다.

수련을 하면서 자기 내부를 깊이 관찰하거나 존재의 내적 상태에 대해 자각하다 보면 마음이 끊임없이 흩어지는 것을 필연적으로 경험하게 된다. 외부의 일에 마음이 끌리고, 오늘 해야 할 일에, 삶에서 진행되고 있는 일에 마음이 끌려다닌다. 그래서 그런 생각이 우리의 주의를 장악할 때는 순간적으로 마음이 그 생각이나 감정, 욕망의 내용에 개입되고, 자각은 그 순간에 멈춰진다. 그래서 진정한 수련은 순간순간 현명한 주의를 활용하겠다는 개입이며,

---

* 이는 마음챙김에 기반한 인지치료(MBCT)가 심오한 기여를 한 영역이다. 자신의 과거 삶에서 수차례 주요 우울 삽화를 경험한 적이 있는 사람은 우울증이 치료된 후에도 재발 가능성이 매우 높다. 이는 주로 우울한 반추로 알려져 있는 만성적 생각과 정서의 패턴 때문이다. 마음챙김은 이런 사람이 자신의 생각 내용이 바로 자기가 아니고 하늘의 구름처럼 내 뜻대로가 아니라 스스로 오고 감을 알게 해 주는 방식으로 자기와 자기 생각과의 관계를 바꿀 수 있게 해 준다. Williams M, Teasdale J, Segal Z, Kabat-Zinn J. *The Mindful Way through Depression: Freeing Yourself from Chronic Unhappiness*. New York: Guilford; 2007 참조. 이 접근법은 범불안장애, 공황장애, 기타 우울한 정서 상태를 가진 사람들을 돕는 데도 사용되고 있다.

마음 밭의 내용을 바라보고 내려놓겠다는 의지이자, 바라보고 가게 버려 두겠다는 의지다. 어떤 생각이 내 마음을 차지하더라도 말이다.

명상 지시를 제대로 이해하지 못하거나 오해하는 데서 생기는 문제 외에도, 수련을 방해하는 문제는 있다. 그 하나는 당신이 어딘가 목표 지점에 도달하겠다는 생각이다. 명상에 꽤 능숙해졌다는 확신이 서거나 '특별한 상태'나 멋진 '곳'에 도달했다는 생각이 들자마자 당신은 그 즉시 자신의 마음이 향해 가고 있는 것을 주의 깊게 지켜보아야 한다. 마음챙김과 평온이 깊어지고, 직관력이 생기며, 이완과 자기 신뢰감이 늘어나고, 신체의 변화가 생기는 등의 수련 진전 표시에 기뻐하는 것은 자연스럽다. 그렇지만 그런 진전에 너무 큰 가치를 부여하지 않고 그 일조차도 일어나는 그대로 내려놓는 일 또한 중요하다. 그 이유 중 하나는, 마음이 일단 자신의 경험에 대해 논평하기 시작하면 우리가 이룬 상태의 본질이 변질되기 시작하여 또 다른 무엇으로 변해 버리기 때문이다. 또 마음이 '당신이' 그 상태에 책임이 있고 당신이 무언가를 해냈다고 주장하는 것은 정확치 않다. 궁극적으로 수련의 본질은 '무위'에 있다.

마음은 어떤 것이든, 그리고 무엇이든 쫓아다닌다. 한순간 명상 수련이 얼마나 멋진가를 이야기하다가 다음 순간 그 반대 주장을 설득하려 든다. 그 어느 것도 지혜의 산물은 아니다. 중요한 것은 이런 충동이 있음을 깨닫고 이런 충동이 다가올 때, 바라보고 내려놓고 가게 두는 연습을 거듭하는 일이다. 그렇지 못하다면 차츰차츰 당신은 명상과 요가가 얼마나 경이로운 것이며, 당신에게 얼마나 큰 도움이 되었으며, 모든 사람이 왜 명상수련을 해야 하는가에 대해 더 많은 이야기를 늘어놓게 될 것이다. 말하자면 수련가라기보다는 명상 선전가가 되어 가는 것이다. 이야기를 더 많이 할수록 수련에 마음을 쏟을 수 있었다면 더 좋았을 에너지가 엉뚱한 곳으로 흩어진다. 만약 명상의 이 흔한 함정을 눈여겨볼 수 있고 주의할 수 있다면, 당신의 수련은 깊이와 성숙을 더할 것이며, 당신의 마음은 작은 망상으로부터 자유로워질 것이다. 이런 이유 때문에 우리는 스트레스 완화 클리닉의 참가자에게 자신이 명상수련을 하고 있다는 사실과 명상 그 자체에 대해 다른 사람에게 이야기를 많이 하지 말고 단지 수련을 열심히 하라고 권한다. 이런 방법은 의도는 좋지만 엉뚱하게 옆길로 새고 혼란해지기 쉬운 마음의 에너지를 마음챙김 명상의 렌즈를 통해 잘 모을 수 있는 좋은 길이다.

이 이야기가 공식수련과 관련해 가장 흔히 하는 몇 가지 오해다. 그것은 내가 어느 날 어떤 사람이 입고 있는 티셔츠에서 발견한 문구인 '명상, 그것은 당신이 생각하는 것이 아니다.'라는 말의 의미를 되새겨 봄으로써 쉽게 고칠 수 있다.

제10장에서 스트레스 완화 클리닉에서 제공하는 MBSR 8주 과정을 이야기한 바 있다. 편의를 위해서 다시 한 번 그 내용을 표로 요약해서 제시한다. 우리 클리닉의 환자가 하듯이 CD 1번을 사용해서 수련을 하는 것이 아마 가장 좋은 방법일 것이다. 그러면 당신은 순간순간 당신에게 무엇이 기대되고 있는지를 정확하게 알고 언어로 지시하는 음색 차원의 이점을 충분히 살릴 수 있을 것이다.

이 과정이 끝나면, CD 없이 스스로 수련을 시작하면 된다. 8주의 수련 기간이 끝나고 난 뒤에도 열의와 동기를 유지해야 한다.

〈표 34-1〉 8주 연습 스케줄

1~2주	바디 스캔(CD 1)을 적어도 1주에 6일, 하루에 45분 동안 수련하라. 바디 스캔과 다른 시간에 하루 10분 정좌하고 자신의 호흡을 알아차리는 수련을 하라.
3~4주	가능하다면, 바디 스캔과 마음챙김 요가 1(CD 2)을 번갈아 수련하라. 1주에 6일을 그렇게 하라. 하루 15~20분간 정좌해서 호흡을 알아차리는 수련도 계속하라. 온전한 정좌와 호흡으로 몸의 감각을 포함하여 알아차림의 경계를 넓히도록 시도하라.
5~6주	정좌명상(CD 3)을 바디 스캔이나 마음챙김 요가 1과 번갈아 가면서 하루 45분씩 수련하라. 아직 시도하지 않았다면 스스로 마음챙김 걷기를 실험해 보라. 6주에는 스탠딩 요가와 몇몇 다른 자세를 섞어서 수련해 보라. 격일로 정좌명상(CD 3)을 계속하라.
7주	단독으로 하거나 혼합해서 당신만의 방법을 이용해서 하루 45분 수련하라. 이번 주에는 CD를 사용하지 말고 최대한 스스로 수련해 보라. 어떤 이유로든 힘들어지면 CD로 돌아가도 좋다.
8주	다시 CD를 사용하라. 이번 주는 적어도 두 번 바디 스캔을 하라. 정좌명상과 마음챙김 요가수련을 자신의 일정에 맞추어 계속 하라. 원한다면 마음챙김 걷기를 포함시켜도 좋다.

8주 이후

- 매일 앉아라. 정좌가 당신의 주요 수련 형태라고 느껴진다면, 한 번에 적어도 20분씩 그리고 가능하면 30~40분 정도 앉아라. 처음 몇 달간은 일주일에 한두 번 정도 CD를 사용하는 것이 수련을 깊이 있게 해 줄 수도 있다. 바디 스캔이 당신의 주요 수행 형태라고 느껴진다면, 바디 스캔과 함께 하루에 5~10분 정도 정좌하는 것도 명심하라. 정신없이 나쁜 하루를 보내게 되어 충분한 시간이 없다면, 1분 내지 3분이라도 시간을 내어 앉아라. 어느 누구도 하루에 1분 내지 3분은 낼 수 있다. 하지만 당신이 그렇게 할 때, 집중적인 무위의 1분이 되게 하라. 정좌와 호흡으로 몸의 감각에 집중하라.

- 가능하다면 아침에 앉아라. 하루 전체에 긍정적인 영향을 줄 것이다. 다른 좋은 수련 시간대는 ① 일터에서 집에 오자마자와 저녁 전, ② 집이나 사무실에서의 점심 전, ③ 저녁이나 늦은 밤 특히 당신이 피곤하지 않을 때, ④ 공식수련을 하기에 좋은 어느 때다.

- 바디 스캔이 당신의 주요 수련 형태로 느낀다면, 매일 적어도 20분, 가능하면 30~40분 그것을 하라. 다시 말하지만, 처음 몇 달은 CD를 사용하는 것이 도움이 될 것이다.

- 1주에 4회 30분이나 그 이상 요가를 하라. 마음을 챙겨 가며 요가를 하고 있는지 주의하라. 특히 호흡과 몸의 감각과 자세 중간의 쉼을 알아차리면서 말이다. 나는 매일 아침 정좌하기

전에 특정한 장소에서 그렇게 한다.

- 시리즈 2, 시리즈 3의 마음챙김 명상수련 CD의 안내를 들으며 실험해 보라. 다양한 짧은 형태의 안내 명상이 담겨 있다.
- 수행이 깊어지면서 무슨 일이 일어나는지를 눈여겨보라. 독서 목록에 있는 다양한 책을 탐험해 보라. 수련을 계속하려는 관심을 격려해 줄 것이다.

가끔씩 다른 사람과 함께 수련하는 것이 도움이 된다. 지금까지 혼자서만 수련해 왔다면 다른 사람의 지원이 경이롭고 수련의 깊이가 더해질 수 있는 기회를 제공할 것이다. 나는 기회가 닿는 한 명상에 대해 함께 이야기하는 모임이나 정좌명상 집단에 참여하려 한다. 장기간의 집중수련에도 적극적으로 참여한다. 그런 시간이면 수련을 지도하는 스승을 따라 한 번에 한 주나 열흘 이상 동안 하루 종일 명상수련을 한다. 이런 집중 수련(안거나 용맹정진)은 마음챙김을 심화시키고 자신의 것으로 만드는 데 매우 중요한 역할을 한다. 또 다양한 범위에 걸쳐서 나와는 다른 수련 경험을 한 스승은 자신만의 고유한 마음챙김 방법을 지니고 있으면서도 공통적인 달마의 참조 틀을 지니고 있어서 내 수련에 생기를 불어넣어 주고 무위에 대한 관점과 마음챙김이 구현되는 끝이 없는 깊이에 대해 깨닫게 해 준다.

정기적으로 함께 앉아서 수련을 할 수 있는 지역사회의 명상 그룹을 찾아보는 것도 좋을 것이다. 인터넷을 검색하면 쉽게 찾을 수 있다. 유튜브 영상을 포함해서 당신의 수련을 도울 수 있는 여러 자원을 활용할 수 있다. 온라인으로 MBSR 프로그램에 참여할 수 있다.

나는 주로 두 곳의 마음챙김센터에서 집중수련을 한다. 매사추세츠 바어에 있는 통찰명상회(Insight Meditation Society: IMS)와 캘리포니아 우드캐어에 있는 스피릿 락 명상 센터가 그곳이다. 두 곳 모두 세계적으로 명망 있고 경험이 많은 명상 스승이 지도하는 마음챙김 명상수련을 제공한다. 이 스승들은 여러 지역을 여행하면서 그곳에서 수련을 지도하기도 한다. 웹 사이트(www.dharma.org/ www.spiritrock.org)에서 그들의 프로그램과 집중 수련 일정을 검색할 수 있다.

두 곳 모두 어느 정도는 불교적 지향성을 가지고 있다. 그러나 전반적으로는 마음챙김의 범세계적이고 인간적인 관련성과 일상생활에 대한 적용을 강조한다. 그들은 자신의 종교를 전도하려 하지 않으며 당신은 자신의 취향을 손쉽게 찾을 수 있고, 원한다면 과정을 그만둘 수도 있다. MBSR이나 다른 마음챙김 프로그램에서 수련을 받는 사람은 염불(찬송)이나 절과 같은 의례가 가끔 행해진다 하더라도, 마음챙김의 기본 수련이 이러한 센터들이 제공하는 서비스의 핵심임을 즉시 깨닫는다. 두 센터는 모두 마음챙김 수련을 심화하고 자신의 삶을 마음챙겨서 살려고 하는 사람들을 만날 수 있게 해 주는 데 더할 나위 없이 좋은 환경을 제공한다.

집중수련에 더해서 당신은 자신이 살고 있는 지역에서 MBSR 프로그램을 찾으려 할 수 있다. 현재 많은 병원과 지역사회 교육센터들이 MBSR과 기타 마음챙김에 기반을 둔 프로그램을 제공하고 있다. 자신에게 좋은 곳을 고르기 위해서는 먼저 강사를 만나서 이야기해 보고 라포가 형성되고 연결감이 느껴지는지를 살펴보라. 강사 자신이 마음챙김 수련과 어떤 관계인지, 어떤 종류의 전문수련(예: MBSR, MBCT 등)을 받았는지 물어보는 것을 꺼릴 이유가 없다. 나는 당신이 강사에게 진실성과 통합성 그리고 현존성을 느낄 때만 프로그램에 등록하라고 제안하고 싶다. 뉴욕 시에는 웹 사이트를 공유하고 상호 권면하는 MBSR 교사들의 오래된 협의체가 있다(www.mindfulnessmeditationnyc.com). 뉴욕 시의 오픈 센터와 뉴욕 라인 벡에 있는 오메가 연구소 같은 곳은 마음챙김 프로그램을 간헐적으로 제공하고, 미국이나 세계 전역에 이런 프로그램을 제공하는 곳이 적지 않다. 당신이 보스턴에 산다면, 케임브리지 통찰명상센터를 권하고 싶다. 그곳에서는 태국 전통에 입각해서 수련을 제공한다. 불교적 지향성이 어느 정도 있지만 교습의 질이 뛰어나다. 테라바다(소승)의 전통 외에도 선과 티베트 불교 전통의 존경받는 스승도 존재한다. 그들은 큰 도움을 줄 수 있다.

끝으로, 정좌하고 앉아서 단지 호흡하라. 그것이 좋게 느껴진다면 자신에게 미소 짓기를 허락하라.

35

비공식 수련 계속하기

마음챙김 명상의 본질은 의도적으로 주의를 쏟는 것이다. 그래서 비공식 수련을 계속한다는 것은 주의를 기울이고 깨어 있으며 자신의 순간을 소유함을 뜻한다. 이는 매우 흥미로울 수 있다. 당신은 어느 시점에서라도 "내가 온전히 깨어 있는가?" "내가 지금 무엇을 하고 있는지 알고 있는가?" "내 호흡은 어디에 가 있는가?" "내 마음은 어디에 가 있는가?"라고 스스로에게 의문을 던질 수 있다.

우리는 마음챙김 명상을 일상으로 가져오기 위해서 다양한 전략을 구사할 수 있다. 당신은 서 있고, 걷고, 듣고, 말하고, 먹고, 일하는 것에 마음을 조율할 수 있다. 당신은 당신의 생각에, 기분 상태와 정서에, 무언가를 하거나 어떤 식으로 감정을 갖게 되는 당신의 동기에, 당신 몸의 감각에 마음을 조율할 수 있다. 당신은 또 타인들, 즉 어른과 아이들, 그들의 신체 언어, 그들의 긴장, 그들의 감정과 언사, 그들의 행위와 행위의 결과에 마음을 챙길 수 있다. 당신의 보다 큰 환경, 당신의 피부에 느껴지는 공기와 자연, 빛, 색상, 형태, 움직임의 소리에 마음을 챙길 수 있다.

당신이 깨어 있는 한 당신은 마음챙겨 있을 수 있다. 필요한 모든 것은 당신의 주의를 현재 순간으로 가져오기를 원하고 기억하는 것이다. 다시 한 번, 주의를 기울이는 일이 '무엇 무엇에 대해 생각하기'가 아님을 기억할 필요가 있다. 그것은 당신이 주의를 기울이고 있는 것을 직접적으로 지각함을 의미한다. 당신의 생각은 당신 경험의 한 부분에 지나지 않는다. 그것은 중요한 부분일 수도 그렇지 않을 수도 있다. 자각은 전체를 보는 것, 각 순간의 전체 내용과 맥락을 지각하는 것을 뜻한다.

우리는 결코 생각만으로는 이것을 전체적으로 파악할 수 없다. 그러나 우리가 생각을 넘어서고, 직접 보고 듣고 느낀다면, 그것의 본질을 지각할 수 있을 것이다. 그래서 마음챙기기는 당신이 보고, 듣고, 알고 있는 것을 바라보고 아는 것이며, 한 단계 더 넘어서면 당신이 보고 듣고 아는 것을 다시 보고 듣고 바라보고 아는 것이며, 이런 단계는 그다음으로 계속 이어질 수 있다. 그러나 마음챙김 명상은 단순히 그것을 하나의 아이디어로서만 아는 것이 아니다. 예를 들어, 계단을 올라가고 있다는 것을 알아차리는 것은 계단 올라가기와 함께 존재하는 것을 뜻하며, 경험의 순간순간적인 자각을 의미한다. 이런 방식으로 수련해 감으로써 우리는 자동조종 방식에서 벗어나서 점차 우리 자신을 현재의 순간에서 살아가게 할 수 있고 그것의 에너지를 보다 온전히 느낄 수 있게 된다. 그러면 우리는 전체에 대해서, 그리고 전체와 우리와의 관계에 대해서 자각하기 때문에 변화와 잠재적으로 스트레스가 될 수 있는 상황에 대해 보다 적절하게 반응할 수 있다. 당신이 깨어 있는 순간은 어느 때라도 이것을 수행할 수 있다.

제9장에서는 일상에서의 마음챙기기에 대해 세부적으로 논의했는데, 필요하면 그 생각을 참조할 수 있을 것이다. 일상생활에서의 마음챙김에 대해 저자가 쓴 『당신이 어디에 가든, 당신은 거기에 있다(Whatever You Go, There You Are)』라는 책으로 보충할 수 있다. 제10장에서는 클리닉에서 공식 명상수련에 덧붙여 하는 다수의 비공식적 자각 훈련을 소개했다. 무엇보다 가장 중요한 것은 하루의 순간순간 우리의 호흡에 마음을 맞추는 수련을 해 가는 것이다. 이 수련이 우리를 현재에 머물게 한다. 그것은 우리의 몸속에 기초해 있고, 우리가 중심을 잡고 그 순간에 깨어 있게 한다.

우리는 아침에 일어나기, 세수하기, 옷 입기, 쓰레기 치우기, 심부름하기 등과 같은 일상적인 활동에 대해서도 마음챙김 명상을 수련할 수 있다. 비공식 수련의 핵심은 언제나 같다. 거기에는 자신에게 "지금 내가 여기에 있는가?" "나는 깨어 있는가?"라고 묻는 것을 포함한다. 바로 그 질문이 우리를 현재로 데려오고 지금 우리가 하고 있는 것에 더 많이 접촉할 수 있도록 만들어 준다.

8주간의 비공식적 수련 숙제가 다음에 나열되어 있다. 이러한 비공식적 수련은 이전 장에서 공식 수련을 위한 각 주의 과제와 함께 행해야 한다. 물론 스스로 자신의 처방전을 만들 수도 있다. 만약 시작이 자발적으로 일어난다면, 수련이 뿌리를 내릴 수 있다는 좋은 징조다. 삶은 끝없는 창의적인 기회를 제공한다. 당신의 날과 삶의 모든 분야는 비공식적 수련의 일부다. 궁극적으로 참 수련은 우리가 반복적으로 강조했듯이 당신이 살아 있는 매 순간 당신의 삶을 어떻게 살아가는지다.

- 1주: 적어도 한 끼의 식사를 마음챙김하며 먹어라.
- 2주: 하루에 하나의 유쾌한 사건을 알아차려라. 유쾌/불쾌한 사건 알아차림 달력(부록 참조)에 사건과 그 당시의 생각, 느낌, 몸의 감각을 기록하고 그것의 패턴을 찾아보라. 경험을 유쾌하게 하는 것이 무엇인지 알아차릴 수 있는가? 추가로 하루에 한 가지의 일상 활동을 알아차림해 보라. 아침에 일어나는 것, 이 닦는 것, 샤워하는 것, 요리하는 것, 설거지하는 것, 쓰레기 버리는 것, 쇼핑하는 것, 아이에게 책을 읽어 주는 것, 그들을 재우는 것, 개 산책시키는 것 등을 말이다. 가볍게 몸에 있는 존재의 느낌을 포함

하여 무엇을 하든 그때 출현해 있는 경험을 알아차려라.

- 3주: 불쾌하거나 스트레스를 주는 사건이 일어나는 동안에 그것을 알아차려라. 사건과 몸의 감각, 생각, 기분, 반응/대응을 유쾌/불쾌한 사건 알아차림 달력에 기록하라. 내재된 양상을 찾아라. 경험을 불쾌하게 만드는 것이 무엇인지 알아차릴 수 있는가? 이번 주 동안 하루 중 힘든 시간의 순간을 캡처할 수 있도록 노력하라. 자동조종장치에 빠지는 경향을 알아차리고 어떤 상황에서 그런 일이 일어나는지를 알아차려라. 일반적으로 당신을 존재의 중심에서 벗어나게 하는 것이 무엇인지를 기록하라. 가장 보고 싶지 않은 것은 무엇인가? 어떤 생각과 감정이 그날 하루를 지배하는가? 자동조종장치를 극복할 때 몸에서 무엇이 일어나는지를 알아차려라.

- 4주: 스트레스에 대한 반응을, 그것을 바꾸려고 하지 말고 알아차려 보라. 스스로가 정서적으로 곤궁에 빠지거나 막히거나 차단된다고 느껴지거나 무감각해질 때 그에 대해 알아차림해 보라. 어떤 방법으로든 그것을 바꾸려고 하지 말고, 스스로를 향해 선물할 수 있는 모든 친절을 베풀면서 단지 그것을 지니고 있으며 알아차리기만 하라.

- 5주: 스트레스를 경험하는 상황에서 사고와 감정이 위축되는 등 습관적으로 스트레스에 반응하는 순간을 알아차려라. 스트레스 반응을 알아차릴 수 있다면, 이제 스트레스에 반응하기보다는 대응할 수 있는지를 실험해 보라. 그렇지 않으면, 이미 일어나고 있는 스트레스 반응에 대해 좀

더 마음을 챙겨서 대응으로 전환할 수 있는지 시도해 보라. 비록 그런 과정이 별로 우아하지 않더라도 말이다. 실제로는 자신과 크게 관련된 개인적인 일이 아닌데도 이를 사적인 것으로 과장해서 받아들이고 있지는 않는지와 그것이 정서적인 반응을 일으킬 만한 것인지에 주의를 기울이면서 가능한 창의적이 되어 보려고 애써라. 공식 명상 동안 일어나는 당신의 반응을 알아차리려 해 보라. 바디 스캔, 요가나 정좌명상을 할 때 스스로 어떻게 반응하는가를 알아차릴 수 있는가? 그렇다면 그 순간을 할 수 있는 만큼 최대로 예민하게 알아차리려고 해 보라. 공식수련은 마음속에서 일어나는 반응성을 알아차리고 대안적인 현명한 대응을 육성할 수 있는 좋은 토양을 제공한다. 이번 주 동안 하루에 한 가지 어려운 소통 일화를 알아차려 보라. 무엇이 일어났고, 그 소통에서 원하는 것이 무엇이었고, 상대가 원하는 것이 무엇이었는지, 실제로 일어난 것은 무엇인지를 소통 달력에 기록하라. 한 주 동안에 걸친 패턴을 찾아보라. 이 행위가 당신에게 당신이 다른 사람과 소통할 때의 마음 상태와 결과에 대해 말해 주는 것은 무엇인가?

- 6주: 당신이 먹는 것을 알아차려라. 그것이 어디에서 왔고, 어떻게 생겼고, 얼마나 먹으려고 선택했고, 그것을 먹을 때의 반응과 먹으려고 예상할 때의 기대, 먹고 나서 당신이 어떻게 느끼는지를 알아차려라. 먹는 것으로 자신을 평가하기보다는 흥미와 호기심 그리고 친절함을 가지고 이

과정을 알아차림하라. 눈, 귀, 코, 즉 시각과 청각, 후각, 뉴스, TV, 대기오염 등을 통해 세상을 어떻게 받아들이고 소화하는지를 알아차려라. 특별히 다른 사람과 그들과의 관계의 질을 알아차려라. 당신이 사랑하는 사람과 당신이 알지 못하는 사람과 소통하거나 거리에서 그들을 지나쳐 갈 때 침묵 속에서 그들을 향한 자비를 만들어 보내려고 실험해 보라.

■ 7주: 아침에 일어나기 전에, 충분한 시간 동안 잠자리에 머물면서 오늘은 과거와는 다른 완전히 새로운 하루이고 삶의 완전히 새로운 시작임을 알아차려라. 이를 위해서는 요가의 송장 자세로 아무런 계획 없이 쉬는 것을 포함해서 몇 분 동안 침대에 머무르는 관행이 좋은 방법이 될 수도 있다. 만일 빨리 일어나는 것이 중요한 것처럼 보이면 좀 더 일찍 일어날 수도 있다. 그렇지 않으면 시간의 압박을 받지 않고 침대에 누워 명상할 수 있다. 하루의 막바지에 다시 잠자리에 누워 잠에 빠질 준비가 되었을 때, 하루로부터 당신을 놓아 주고 잠이 당신을 차지할 수 있도록 허락하면서 부드럽게 호흡하고 이를 알아차려라. 조용히 다른 사람과 자기 스스로를 향해 자애를 보내는 실험을 계속 하라.

■ 8주: 이 주는 MBSR 프로그램의 마지막 주다. 여덟 번의 수업을 연속적으로 해 왔기 때문에 여덟 번째 주는 당신 삶의 나머지 전부다. 수업은 끝이 없다는 의미다. 현재의 순간은 삶이 지속되는 한 계속된다. 우리는 오직 이 순간만을

살 수 있다. 우리 모두가 그렇다. 그렇다면 우리가 이 순간 할 수 있는 최상으로 살지 않을 이유가 무엇이 있겠는가? 매 순간을 마음챙김하면서 살 수 있다면 충만하고 행복하고 현명한 삶을 사는 것이 아닐까?

기타 유용한 알아차림 활동

1. 매 시간 1분씩 마음챙김하려고 하라. 이를 공식 수련으로 간주할 수도 있다.
2. 어디에 있든지 가능한 자주 호흡과 접촉하려고 하라.
3. 두통, 통증, 심계항진, 가쁜 호흡, 근육 긴장 등의 고통을 일으키는 신체 증상과 이에 선행하는 정신 상태 사이의 연결을 알아차려 보라. 1주 동안 이들에 대한 일기를 써 보라.
4. 공식명상과 이완, 운동, 건강한 식사, 충분한 수면, 친밀감과 소속감, 유머에 대한 자신의 욕구에 마음을 챙기고 그것을 존중하라. 이러한 욕구는 건강의 대들보가 되어 준다. 이런 욕구에 정기적으로 적절하게 주의를 기울인다면, 그것은 건강을 위한 강력한 밑바탕이 되어 주고, 스트레스에 대한 복원력을 키우고, 삶에 더 만족스러워질 것이다.
5. 특별히 스트레스를 받는 하루나 일이 끝난 후에는, 최대한 그날 생긴 압력을 낮추고 균형을 회복할 수 있는 과정을 가져라. 명상, 심혈관계 운동, 친구와 함께하기, 남을 돌보고 한 편이 되기, 충분한 수면 등이 회복을 도와줄 것이다.

요약하자면, 당신이 깨어 있는 삶의 모든 순간은 더 큰 고요와 알아차림과 체화된 현존이 가능한 기회다. 이를 실현하는 좋은 방법은 자신의 일상에서 마음챙김을 스스로의 방식으로 가꾸는 것이다.

36

자각의 길

서구 문화에서는 길이나 도(道)의 개념이 친숙하지 않다. 이 개념은 중국에서 유래한 것으로, 실재하는 것과 실재하지 않는 것 그리고 삼라만상의 변화하는 본질을 포함해서 '모든 것에 관한 우주적 법칙이나 질서'라는 뜻이며, '도(Tao)'나 단순히 '길'로 언급된다. 도는 그 자체의 법칙에 따라 펼쳐지는 세계로, 어느 것 하나 만들어지거나 강제되는 것이 아니라 모든 것이 단지 펼쳐지며 나타난다. 도에 따라 사는 것은 무위와 무작위를 이해하는 일과 같다. 당신의 인생은 이미 스스로 무위와 무작위를 행하고 있다. 중요한 것은 당신이 그 점을 볼 수 있고, 일이 되어 있는 방식에 따라 살며, 모든 것과 모든 순간에 조화를 이룰 수 있느냐이다. 이는 통찰과 지혜와 치유의 길이며 받아들임과 평화의 길이다. 또한 몸과 마음의 길을 깊이 바라보고 그 자체를 인식하는 길이다. 그것은 의식적으로 살고, 당신의 내적 및 외적 자원을 알고, 궁극적으로는 거기에는 내부도 외부도 없음을 알아차리는 예술이다.

지금 우리의 교육에는 이런 요소가 거의 없다. 대체로 현재의 학교 교육은 존재나 주의를 훈련하는 것을 강조하지 않지만, 이런 상황은 최근 급격히 변하고 있다.* 학교에서 마음챙김을 가르치지 않을 때, 우리 각자는 자기만을 위한 개별적인 존재로 전락한다. 현대 교육의 통용 화폐는 '행하기'다. 슬프게도 그것은 대부분 분열되고 변질된 행하기로 전락한다. 누가 그 행위를 하느냐와 존재의 영역에서 우리가 배울 수 있는 것을 강조하는 태도로부터는 너무 멀어져 버렸다. 행하기는 자주, 너무나도 자주 시간 압력에서 일어난다. 세상의 속도에 의해서 우리의 삶이 밀려가고 있듯이 잠시 멈춰 서서 자신을 반성해 보고 누가 그 행위를 하는가도 알아보는 작은 사치도 부려 보지 못하고서 말이다. 이는 알아차림 그 자체에 높은 가치를 부여하려는 것이 아니라, 알아차림의 풍요로움과 그것이 어떻게 길러지고 사용되는가를 가르치려는 것이다. 그것을 통해 사고의 횡포와 한계를 완화하고 우리의 사고와 정서를 균형 잡히게 만들려는 것이다. 이는 지능과는 별개의 또 다른 차원이다.

어쩌면 초등학교에서 행하는 간단한 연습을 통해서도, 내 생각 그 자체가 내가 아니고, 생각이 오가는 것을 지켜볼 수 있고, 생각

---

* 최근에 초등이나 중등 교육 및 대학의 교과목에 마음챙김을 포함시키려는 움직임이 점점 증가하고 거세지고 있다.

에 매달리거나 생각을 좇지 않는 것을 배우는 데 많은 도움을 줄 수 있다. 비록 초등학교에서 마음챙김을 연습할 그 당시에는 그것을 제대로 이해하지 못했다고 하더라도, 단지 듣는 것만으로도 좋다. 호흡이란 나의 평생 벗이며 단지 그 벗을 지켜봄으로써 평온이 찾아온다는 것을 알면 도움이 될 것이다. 우리는 단지 존재하는 것만으로 충분하다. 자신이 어떤 존재감을 가졌다고 느끼기 위해서 모든 시간을 행하거나 노력하거나 경쟁해야만 하는 것은 아니다. 우리는 근본적으로 존재하는 그대로의 전체다.

'세서미 스트리트'나 '로저 씨의 이웃'을 보고 자란 세대를 제외하고는 이런 메시지를 듣지 못했을 것이다. 그러나 살아 있는 한 너무 늦은 때란 없다. 자신의 전체성과 연결하기로 작정한 시간이 바로 출발의 최적기다. 요가 전통에서는 나이는 태어난 때부터가 아니라 수련을 시작하는 그때부터 계산된다. 그래서 만약 당신이 수련을 막 시작했다면 이제 며칠이나 몇 주 또는 몇 달배기가 된다! 이 얼마나 멋진 일인가!

이상하게 들릴지도 모르지만, 이런 일은 주치의가 스트레스 완화 클리닉에 의뢰했던 사람이나 우리가 초대했던 사람에게서도 일어났다. 존재의 길, 삶의 길, 주의를 기울이는 길을 탐색하는 일은 인생의 모든 고통과 격랑 내부에 바로 지금 그 자체와 그 내부를 그것에서 벗어나게 하고 새롭게 만드는 작업을 시작한 것과 같다. 그러나 그것을 하나의 아이디어나 철학으로 탐색하는 것은 죽은 수련, 즉 이미 과도하게 붐비는 우리의 마음을 더 많은 또 다른 아이디어로 채우는 일이 될 것이다.

참여자와 마찬가지로 우리는 당신 삶의 우군이 되어 당신이 마음챙김 명상의 길을 걸어서 당신의 몸과 세계에 존재하는 방식을 바꾸었을 때 일이 어떻게 변화되는가를 스스로 바라볼 수 있는 영역을 창조하는 작업에 당신을 초대한다. 시작할 때부터 알게 되겠지만, 이것은 일생을 승선할 여행에의 초대이며 인생을 깨달음의 모험으로 바라보는 길로의 초대다.

이 모험에는 인생의 길을 따라 스스로가 찾아갈 영웅적인 탐구의 모든 요소가 포함되어 있다. 이 말이 당신에게는 억지처럼 들릴지 모르지만, 우리는 우리의 환자들을 그들 각자의 방랑 여행의 영웅으로 본다. 운명에 난타당했지만 전체성의 이 여행에 기꺼이 올라타 마침내 고향으로 오는 길을 밟는 그리스 신화의 영웅처럼 말이다.

이런 질문에 스스로를 너무 오래 비춰 보고 멈춰 서 있어야 할 필요가 없다. 우리가 고향에 가까이 온 순간도, 이미 우리의 생각보다는 훨씬 더 가까이에 우리의 고향이 있다. 우리가 이 순간과 이 호흡의 충만함을 깨달을 수만 있다면 바로 지금 여기에서 고요와 평화를 발견할 수 있을 것이다. 바로 지금 고향에 와 있을 수 있다. 우리의 몸이 바로 그곳이다.

알아차림(깨달음)의 길을 걸어갈 때, 당신은 삶을 보다 온전하고 실질적으로 만들어 주는 삶의 경험을 체계적으로 의식하게 된다. 어느 누구도 이것을 어떻게 이룰 수 있다거나 세속에서 가치 있다고 행하는 것이 하찮은 것일 수도 있음을 가르쳐 주지 않는다. 이런 의문에 대해 준비가 되었을 때 비로소 그 답은 당신을 찾아온다. 도가 나타나는 방식은 이처럼 펼쳐진다. 진실로 지금 바로 이 순간순간이 당신 인생의 첫 순간이다. 현재가 당신이 살아야 할 유일한 시간이다.

마음챙김 명상수련은 당신의 눈을 열고, 반의식 상태 대신 자동적으로, 무의식적으로 반응하는 대신 깨어서 의식적으로 대응하는 삶의 길을 걸어갈 수 있는 기회를 제공한다. 그 최종 결과는 자신이 어떤 길을 걸어가고 있으며, 어떤 길을 따라가고 있는지, 또 내가 깨어 있고 알아차리고 있음을 안다는 점에서 다른 삶의 방식과 다르다. 어느 누구도 당신에게 그 도가 무엇인지에 대해 지시하지 않는다. 아무도 '나의 길'을 따라오라고 말하지 않는다. 도는 오직 하나이지만, 매우 많은 서로 다른 사람과 관습과 신념이 존재하듯이 도가 나타나는 방식도 다양하다.

우리의 진짜 직업은 자기 스스로의 길을 발견하는 것이다. 그 길을 찾는 여행은 변화의 바람과 스트레스와 통증과 고통의 바람과 기쁨과 사랑의 바람과 함께하는 항해이며, 우리가 결코 항구를 떠난 적이 없고 우리 자신에게 결코 떨어져 있지 않았음을 깨닫게 되는 순간까지 계속되는 항해다.

성실하고 일관되게 그 여행을 계속한다면 실패란 있을 수 없다. 명상은 단순히 이완을 조금 다르게 표현한 것이 아니다. 이완 훈련을 시행했는데 끝내 이완하지 못했다면, 당신은 실패한 것이다. 그러나 당신이 마음챙김 명상을 수련한다면 정말로 중요한 유일의 것은 어떤 순간에 있는 그대로의 것을 기꺼이 바라보고 그것과 기꺼이 함께 존재하려 하느냐다. 거기에는 불편함과 긴장, 성공이나 실패에 관한 당신의 생각도 포함된다. 당신이 그렇게 바라본다면 거기에 실패란 없다.

이와 마찬가지로, 생활 스트레스에 마음을 챙겨서 직면한다면 당신은 그 스트레스에 반응하는 데 실패할 수가 없다. 그것을 단지 자각하는 것만으로 모든 것을 변화시키고 성장과 행동의 새로운 선택 안에 열려 있는 강력한 대응이 가능하다.

때때로 그런 선택이나 대안이 즉시 나타나지는 않는다. 당신이 하고 싶지 않은 것이 무엇인지는 분명하지만 무엇을 하고 싶은지는 분명하지 않을 때가 있을 수 있다. 어느 순간도 실패의 시기가 아니다. 그 순간이 바로 창조적인 순간이며, 알지 못하는 순간, 인내의 순간, 알지 못함에 중심이 있는 순간이다. 혼란, 실망, 초조도 때로는 창조적일 수 있다. 만약 우리가 알아차리면서 순간순간의 현재에 기꺼이 존재하려 한다면 혼란, 실망, 초조와 함께 일할 수 있다. 이것이 인생의 온갖 고난에 직면한 그리스인 조르바의 무희다. 그것은 성공과 실패를 초월하여 우리를 실행하게 하는 운동이며, 우리 인생 경험의 전 범위를 허용하는 존재의 길로 데려다주는 운동이다.

깨달음, 알아차림의 길은 그런 구조를 지닌다. 우리는 이 책에서 그 구조 속으로 좀 더 세밀하게 들어가 보았다. 우리는 그 길이 건강과 치유, 스트레스, 통증, 질병, 몸, 마음, 인생의 모든 상승과 하강에 어떻게 연결되어 있는지를 이야기해 왔다. 그것은 여행해야 할 길이며, 날마다의 수련으로 발전시켜야 할 길이다. 또한 그것은 철학이라기보다는 존재의 길이며 순간을 온전히 사는 길이다. 이 길은 당신 스스로가 걸어갈 때에야 비로소 당신의 것이 되는 그런 길이다.

마음챙김 명상은 궁극적으로는 그 어느 곳도 아닌, 단지 당신에게 이르는 길을 따라가는 일생의 여행이다. 깨달음의 길은 언제나 매 순간 당신이 손을 뻗치면 닿을 수 있는 곳인 바로 여기에 있다. 지금까지 말하고 행한 모든 것의 진수가 당신의 몸과 마음이 고요 속에 있을 때 이는 한 수의 시로 표현될 수 있을지 모른다.

그래서 파블로 네루다(Pablo Neruda)의 「고요하게(Keeping Quiet)」라는 시를 옮겨 본다.

자! 열둘까지 세고
우린 계속 침묵 속에 있자.

지상에서 한 번
어떤 언어로도 말하지 말아 보자.
일 초 동안 멈추어 보자.
그리고 우리의 팔을 움직이지 말자.

이국적 순간이 되리라.
돌진도 없이 엔진도 없이
우리는 모두 하나가 되리니
갑작스런 기이함 속에.

차가운 바다의 어부는
고래를 해치지 않으리.
소금을 모으는 사람은
자기의 상처 난 손을 바라보리라.

녹색 전쟁을 준비하는 이들

가스로 하는 전쟁, 불로 하는 전쟁

생존자 없는 승리

정갈한 옷을 입고

그들의 형제와 함께 걸어가며

그늘 속에서, 아무것도 하지 않고.

내가 원하는 것

완전한 나태로 혼란되면 안 되지.

인생은 무언가;

나는 죽음을 동반한 트럭을 원치 않아.

만약 우리가 우리 인생을 움직이게 하는

하나로 모아진 마음이 아니라면

한동안 아무것도 할 수 없다면

아마 거대한 침묵이

이 슬픔을, 자신이 결코 이해하지 못하는

죽음으로 자신을 위협하는 슬픔을

방해할 수 있으리.

모든 것이 죽은 듯 보일 때

그리고 나중에 살아 있다고 증명이 되면

지구는 우리에게 가르쳐 주리라.

이제 열둘을 세겠다.

그리고 당신은 침묵을 지키고 나는 떠나가리라.

후기

이 책이 1990년에 처음 출간된 이래 많은 일이 일어났다. 그중
하나는 이 책에서 소개했던 스트레스 완화 클리닉(Stress Reduction
Clinic: SRC)이 2000년부터 내 오랜 직장동료이자 친구인 사키 산
토렐리(Saki Santorelli) 박사의 지도하에 13년 동안 매사추세츠 의
과대학에서 발전을 계속 해 오고 있다는 사실이다. 그의 탁월한
리더십과 비전 그리고 매우 혼란스러운 시기를 거쳐 오고 있는 의
학계에서의 협상 기술 덕분이다. 2013년 9월에는 클리닉의 34주
년 기념식을 가졌다. 그동안 2만여 명의 환자가 8주 MBSR 프로그
램을 마쳤다. 클리닉의 현재 교사와 스태프는 마음챙김 수련이 효
과가 있도록 정교화하고, 자신이 하는 일의 질을 높이고, 프로그램
에 참여하는 사람이 자신을 더 잘 이해하고 가능한 최대로 자신답

게 성장할 수 있도록 돕는 데 최선을 다해 헌신하고 있다. 지역사회에서 여러 해에 걸쳐 프로그램의 성공에 헌신한 MBSR 강사와 스태프 모두에게 우리는 깊은 감사를 표한다.

지난 20여 년 동안에 이 책에서 소개한 MBSR과 다른 마음챙김에 기반을 두고 있는 프로그램이 전 세계에 걸쳐 널리 퍼져나갔다. 상식적 관점에서 보면 이는 거의 불가능에 가까운 일이지만, 다른 관점에서 보면 매우 당연한 일이고 지금이 세계가 마음챙김과 그 도구의 변혁적이고 치유적인 잠재력을 눈여겨볼 수 있는 최상의 순간이다. 변화는 처음에는 비교적 서서히 일어났지만 그 뒤에는 매우 급속하게 일어났다. 마음챙김은 병원, 의료센터, 클리닉, 학교, 기업, 교도소, 군대 등과 같은 매우 광범위한 기관으로 번져 나갔다. 이런 변화의 일부는 1993년 빌 모이어스(Bill Moyers)와 함께 한 공중파 방송 〈치유와 마음(Healing and Mind)〉 특집 프로그램 덕분이다. 이 특집 방송은 그해 4,000만 명 이상이 보았다. 45분 분량의 방송은 방송 그 자체가 '안내가 동반되는 명상(guided meditation)'으로 편집되어 시청자에게 깊은 영향을 미쳤다. 시청자는 클리닉의 수업에 참가한 환자들과 함께 자신이 마음챙김 수련에 참여해서 수련을 하고 있다는 느낌을 받았다.

클리닉에서 우리가 하는 일은 여러 TV 뉴스 프로그램과 대중매체의 기사로 다루었다. 지금도 대중매체의 보도는 증가하고 있으며, 외국의 대중매체에서도 마찬가지다.

마음챙김에 기반한 인지치료(MBCT)의 개발도 심리학 영역과 심리치료에서 마음챙김이 널리 수용되고 확산되는 데 큰 역할을 하였다. MBCT는 잘 설계되고 임상 현장에서 실행되어 마음챙김의 임상적 효능성을 훌륭하게 입증해 주었다. 마음챙김의 정도를 측정하려는 간편하고 경제적인 자기보고식 도구들이 개발되어 실증 연구가 크게 늘어났다. 다른 한편, MBSR과 다른 형태의 명상수련이 뇌의 구조와 연결 및 활동에 갖는 효과를 명상신경과학(contemplative neuroscience)이라는 이름의 신경과학 영역으로 성장하고 연구가 가속되었다. 이 연구의 다수는 수만 시간의 명상수련 경험이 있는 승려와 수련자들을 대상으로 이루어졌다. 위스콘신 대학교의 '정서신경과학실험실과 건강마음연구센터'를 운영하는 리처드 데이비슨(Richard Davidson)과 동료들은 이 분야의 선구자다. 위스콘신 대학교는 마음챙김을 위한 자체 센터를 만들고 훌륭한 MBSR 강사들로 팀을 구성하였으며, 설립자인 캐서린 보너스(Katherine Bonus)가 이끌어 가고 있다.

'마음과 삶연구소(The Mind and Life Institute)'와 그곳의 '연례여름연구소(annual Summer Research Institute)'는 최고 수준의 젊은 연구자와 임상가의 공동체 형성을 촉진시켰다. 연구소는 바렐라 연구기금(고 프란시스코 바렐라. 마음과 삶연구소의 공동 창립자이자 신경과학자, 철학자이며 명상수련에 깊이 관여되어 있었던 분의 이름을 딴 기금)을 중견 연구자와 같은 규모로 젊은 연구자에게도 전략적으로 지원했고, 이를 통해 젊은 연구자들이 자신의 경력을 쌓아 갈 수 있게 만들어 주었다.

1995년에 우리는 스트레스 완화 클리닉뿐만 아니라 그것을 넘어서서 그 당시 우리의 일에서 출발한 다른 프로젝트의 근원까지 함께 품어 안기 위한 상위 연구소인 '의료, 건강보호 및 사회마음챙김센터(Center for Mindfulness in Medicine, Health Care, and Society:

CFM)'를 시작했다. CFM은 현재 병원 환자들과의 작업에 더해서 학교와 기업 등에 마음챙김 기반 프로그램을 제공하고 있다. CFM에는 'Oasis'라는 기관도 포함되어 있는데, Oasis는 마음챙김에 관심이 있는 건강전문가와 다양한 기관에서 마음챙김을 수련하고 전달하려는 사람을 교육하고 훈련한다. Oasis는 세계 각지에서 참가하는 전문가를 위한 MBSR 강사 자격 프로그램을 제공한다.

CFM은 연구 프로젝트를 진행하고 있는 다양한 기관과 협력하고 매년 국제 마음챙김 콘퍼런스를 개최하는데, 2013년에는 11차 콘퍼런스가 열렸다. 이 모임에는 세계 각처에서 수백 명의 과학자와 임상가 및 교육자가 모여 각자의 연구와 실천을 공유한다. 아름답게 성장해 가는 공동체다. 많은 마음챙김 교사들은 마음챙김, MBSR, MBCT, 기타 마음챙김 기반 개입에 관한 자신의 독특한 관점을 전문 잡지와 일반 잡지에 기고한다. 그들은 자애와 연민과 함께 고결한 인간 성품이라 할 수 있는 관용, 용서, 감사, 친절 등을 함께 키우는 마음챙김 수련에 대해 공부하고 저술한다.

세계 각지의 서로 다른 집단에서 유래하는 이런 모든 노력이 단순히 추상적인 철학이나 좋은 아이디어가 아니라 실천으로서의 마음챙김에 대한 흥미와 이해를 깊게 해 준다. 마음챙김에 기반을 둔 개입 방법은 다방면으로 증가하고 있다. 그래서 현재는 MBSR과 이를 모델로 개발된 다른 프로그램들이 인사이트 LA와 같은 불교 명상센터들에 제공될 지경에까지 이르렀다.

1992년에서 1999년까지, 우리는 우스터 시내에서 무료 MBSR 클리닉을 운영했다. 무료 마음챙김 탁아소와 무료 교통편을 제공하고 영어와 함께 스페인어로도 가르쳤다. 이 클리닉과 여기서 서

비스를 받은 수백 명의 사람은 MBSR의 범용성과 다문화 장면에의 적용성을 잘 입증해 주었다. 우리는 또 매사추세츠 교정국의 수형자와 직원을 위한 4년짜리 프로그램을 진행하였고, 이를 통해 MBSR이 많은 수감자의 적개심과 스트레스를 낮추는 능력이 있음을 보여 주었다. 시내 클리닉을 함께 운영하고 있는 동료 중 한 명인 조지 멈퍼드(George Mumford)는 챔피언 결정 시즌에 있는 시카고 불스와 로스앤젤레스 레이커스 선수들에게 마음챙김을 훈련시켰다.

CFM, SRC, MBSR 프로그램이 운영되는 곳과 훈련 기회 등의 정보를 알고 싶으면, CFM의 웹 사이트(www.umass med.edu/cfm)를 찾으면 된다.

서문에서 틱낫한(Thich Nhat Hanh)은 이 책을 '다르마와 세상양자 모두를 향해 열려 있는 문'이라고 묘사했다. 비록 이 책에서는 다르마(dharma)라는 용어를 발견하지 못했겠지만 나는 그 단어를 사용할 필요가 있다고 생각하고, 또 사용하고 싶다. 여러 해동안 나는 다르마란 용어를 사용하기를 꺼렸으며 MBSR을 가르치는 데도 필요치 않았다. 그러나 틱낫한이 그렇게 보았듯이 MBSR은 여전히 다르마에 깊이 뿌리를 내리고 있다. 미래의 MBSR 교사들이 마음챙김을 서구 임상심리학의 지적 전통에서 개발된 또 하나의 인지-행동적 '기법'에 불과하다고 생각한다면, 이는 매우 빗나간 생각이다. 이는 MBSR이 기초하고 있는 마음챙김의 기원과 MBSR의 치유적이고 변혁적인 잠재력을 크게 오해하는 것이다. 무엇을 제대로 이해하지 못한다면 그것을 제대로 가르칠 수 없음이 자명하다. 결과에 대한 집착 없이 수련을 통해 구현되는 바를 이해하지 못하고서는 마음챙김을 제대로 이해하기 힘들다. 이 주제에 관해 더 자세히 알고 싶은 독자를 위해 나는 '정교한 기술이자 지도가 있는 고민인 MBSR의 기원에 대한 고찰'이라는 제목의 글을 썼다. 이 글은 옥스퍼드 대학교 마음챙김센터의 마크 윌리엄스와 내가 함께 저술한 『마음챙김: 그 의미와 기원과 적용에 관한 다양한 관점』이라는 책에 실려 있다. 나는 『Coming to Our Senses』라는 책에 '다르마'라는 장을 넣기도 했다. 이 용어를 사용하고 마음챙김에 기반을 둔 개입의 영역 내에 자리 잡게 하려는 노력은 MBSR이 유래하고 MBSR 수련이 기초하고 있는 전통을 이해하고 싶어 하는 이들에게 보다 명시적인 배경을 밝히기 위해서다. MBSR은 처음부터 미국과 미국 의학과 건강 보호계의 주류가 이 변혁적이고 해방적인 다르마 관점을 수용할 수 있을 것인가를 시험해 보는 일종의 실험이었다. MBSR과 그 사촌은 인도에서 오래전에 발견되고 긴 시간 동안 정련되어 왔으며 무수한 전통에 의해 수천 년을 거쳐 오면서 더욱 정교화되고 생기를 더해 온, 불교에만 국한되는 것이 아닌, 아시아 모든 문명의 심원한 지혜가 표현된 몇 가지 방식이라고 볼 수 있다.

그 지혜의 가장 우주적 표현으로서의 마음챙김은 당신 삶과 당신이 맺는 모든 관계에 안과 밖으로 모두 가치가 있을 것이다. 마음챙김 수련은 순간순간과 날마다 당신의 삶과 일을 자라게 해 주고 꽃 피우게 해 주고 자양분을 공급해 줄 것이다. 그러면 세상은 아마 당신 자신의 가슴 안에서 끝없이 피어날 꽃으로 인해 득을 볼 것이다.

부록

부록 1. 유쾌/불쾌한 사건 알아차림 달력

처음 한 주 동안 특정한 요일에 일어난 한 가지 유쾌한 사건을, 그 사건이 일어나는 동안 알아차려 보라. 사건이 지나가고 난 뒤에, 그 사건의 내용과 자신의 경험에 대해 자세히 기술하라. 다음 한 주 동안은 요일마다 경험한 불쾌하거나 스트레스 받는 경험 한 가지를 이 같은 방법으로 알아차리고 기록하라.

	어떤 경험인가?	그 사건이 일어날 당시에 유쾌한(혹은 불쾌한) 느낌을 알아차렸는가?	그 경험이 일어날 때 내 몸은 어떻게 느꼈나? 내가 느낀 몸의 감각을 자세히 기술하라.	그때 동반되던 기분 및 생각은 어떤 것이었나?	이 기록을 마친 뒤에 지금 마음에 떠오르는 생각은 어떠한가?
월요일					
화요일					
수요일					
목요일					
금요일					
토요일					
일요일					

부록 2. 스트레스 소통 달력

한 주 동안 특정한 날에 일어나는 어렵거나 스트레스 받는 소통 한 가지를, 그 소통이 진행되는 동안 알아차려 보라. 사건이 지나간 뒤에 당신의 경험을 자세히 기술하라.

	어떤 소통인가? 누구와 어떤 내용을 소통했나?	왜 어려움이 생겼나?	상대나 그 상황에서 정말 내가 원하는 것은 무엇이었으며, 실제로 얻은 것은 무엇인가?	상대방은 무엇을 정말로 원했으며, 실제로는 무엇을 얻었나?	대화 동안과 대화가 끝난 뒤에 당신은 어떻게 느꼈나?
월요일					
화요일					
수요일					
목요일					
금요일					
토요일					
일요일					

부록 3. 읽을거리 및 자원

MINDFULNESS MEDITATION: ESSENCE AND APPLICATIONS

Alpers, Susan. *Eat, Drink, and Be Mindful*. Oakland, CA: New Harbinger, 2008.

Analayo, Satipatthana. *The Direct Path to Realization*. Cambridge: Windhorse Publications, 2008.

Amero, Ajahn. *Small Boat, Great Mountain*. Redwood Valley, CA: Abhayagiri Monastic Foundation, 2003.

Bardacke, Nancy. *Mindful birthing*. San Francisco: HarperCollins, 2012.

Bartley, Trish. *Mindfulness-Based Cognitive Therapy for Cancer*. Oxford: Wiley-Blackwell, 2012.

Bauer-Wu, Susan. *Leaves Falling Gently: Living Fully with Serious and Life-Limiting Illness Through Mindfulness, Compassion, and Connectedness*. Oakland, CA: New Harbinger, 2011.

Bays, Jan Chozen. *Mindful Eating*. Boston: Shambhala, 2009.

____. *How to Train an Elephant*. Boston: Shambhala, 2011.

Beck, Joko. *Nothing Special*. New York: HarperCollins, 1995.

Bennett-Goleman, Tara. *Emotional Alchemy: How the Mind Can Heal the Heart*. New York: Harmony, 2001.

Biegel, Gina. *The Stress Reduction Workbook for Teens*. Oakland, CA:

New Harbinger, 2009.

Bodhi, Bhikkhu. *The Noble Eightfold Path*. Onalaska, WA: BPS Pariyatti Editions, 2000.

Boyce, Barry, ed. *The Mindfulness Revolution: Leading Psychologists, Scientists, Artists, and Meditation Teachers on the Power of Mindfulness in Daily Life*. Boston: Shambhala, 2011.

Brantley, Jeffrey. *Calming Your Anxious Mind: How Mindfulness and Compassion Can Free You from Anxiety, Fear, and Panic*. Oakland, CA: New Harbinger, 2003.

Carlson, Linda, and Michael Speca. *Mindfulness-Based Cancer Recovery*. Oakland, CA: New Harbinger, 2011.

Chokyi Nyima, Rinpoche. *Present Fresh Wakefulness*. Boudhanath, Nepal: Rangjung Yeshe Books, 2004.

Davidson, Richard J., with Sharon Begley. *The Emotional Life of Your Brain*. New York: Hudson Street Press, 2012.

Davidson, Richard J., and Anne Harrington. *Visions of Compassion*. New York: Oxford University Press, 2002.

Didonna, Fabrizio. *Clinical Handbook of Mindfulness*. New York: Springer, 2008.

Epstein, Mark. *Thoughts Without a Thinker: Psychotherapy from a Buddhist Perspective*. New York: Basic Books, 1995.

Feldman, Christina. *Silence: How to Find Inner Peace in a Busy World*. Berkeley, CA: Rodmell Press, 2003.

Feldman, Christina. *Compassion: Listening to the Cries of the World*. Berkeley, CA: Rodmell Press, 2005.

Germer, Christopher. *The Mindful Path to Self-Compassion*. New York: Guilford, 2009.

Germer, Christopher, Ronald D. Siegel, and Paul R. Fulton, eds. *Mindfulness and Psychotherapy*. New York: Guilford, 2005.

Gilbert, Paul. *The Compassionate Mind*. Oakland, CA: New Harbinger,

2009.

Goldstein, Joseph. *Mindfulness: A Practical Guide to Awakening.* Boulder, CO: Sounds True, 2013.

Goldstein, Joseph. *One Dharma: The Emerging Western Buddhism.* San Francisco: Harper-Collins, 2002.

Goldstein, Joseph, and Jack Kornfield. *Seeking the Heart of Wisdom.* Boston: Shambhala, 1987.

Goleman, Daniel. *Focus: The Hidden Driver of Excellence.* New York: Harper-Collins, 2013.

Goleman, Daniel. *Destructive Emotions: How We Can Heal Them.* New York: Bantam, 2003.

Goleman, Daniel. *Healing Emotions: Conversations with the Dalai Lama on Mindfulness, Emotions, and Health.* Boston: Shambhala, 1997.

Gunaratana, Bante Henepola. *The Four Foundations of Mindfulness in Plain English.* Boston: Wisdom, 2012.

Gunaratana, Bante Henepola. *Mindfulness in Plain English.* Somerville, MA: Wisdom, 2002.

Hamilton, Elizabeth. *Untrain Your Parrot and Other No-Nonsense Instructions on the Path of Zen.* Boston: Shambhala, 2007.

Hanh, Thich Nhat. *The Heart of the Buddha's Teachings.* Boston: Wisdom, 1993.

Hanh, Thich Nhat. *The Miracle of Mindfulness.* Boston: Beacon Press, 1976.

Kabat-Zinn, Jon. *Mindfulness for Beginners: Reclaiming the Present Moment-and Your Life.* Boulder, CO: Sounds True, 2012.

Kabat-Zinn, Jon. *Letting Everything Become Your Teacher: 100 Lessons in Mindfulness-Excerpted from Full Catastrophe Living.* New York: Random House, 2009.

Kabat-Zinn, Jon. *Arriving at Your Own Door: 108 Lessons in Mindfulness-Excerpted from Coming to Our Sense.* New York:

Hyperion, 2007.

Kabat-Zinn, Jon. *Coming to Our Sense: Healing Ourselves and the World Through Mindfulness*. New York: Hyperion, 2005.

Kabat-Zinn, Jon. *Wherever You Go, There You Are*. New York: Hyperion, 1994, 2005.

Kabat-Zinn, Jon, and Richard J. Davidson, eds. *The Mind s Own Physician: A Scientific Dialogue with the Dalai Lama on the Healing Power of Meditation*. Oakland, CA: New Harbinger, 2011.

Kabat-Zinn, Myla, and Jon Kabat-Zinn. *Everyday Blessings: The Inner Work of Mindful Parenting*. New York: Hyperion, 1997.

Kaiser-Greenland, Susan. *The Mindful Child: How to Help Your Kid Manage Stress and Become Happier, Kinder, and More Compassionate*. New York: Free Press, 2010.

Krishnamurti, J. *This Light in Oneself: True Meditation*. Boston: Shambhala, 1999.

Levine, Stephen. *A Gradual Awakening*. New York: Random House, 1989.

McCowan, Donald, Diane Reibel, and Marc S. Micozzi. *Teaching Mindfulness*. New York: Springer, 2010.

McQuaid, John R., and Paula E. Carmona. *Peaceful Mind: Using Mindfulness and Cognitive Behavioral Psychology to Overcome Depression*. Oakland, CA: New Harbinger, 2004.

Mingyur, Rinpoche. *The Joy of Living*. New York: Three Rivers Press, 2007.

Mingyur, Rinpoche. *Joyful Wisdom*. New York: Harmony Books, 2010.

Olendzki, Andrew. *Unlimiting Mind: The Radically Experiential Psychology of Buddhism*. Boston: Wisdom, 2010.

Orsillo, Susan, and Lizbeth Roemer. *The Mindful Way Through Anxiety*. New York: Guilford, 2011.

Packer, Toni. *The Silent Question: Meditating in the Stillness of Not-Knowing*. Boston: Shambhala, 2007.

Penman, Danny, and Vidyamala Burch. *Mindfulness for Health: A Practical Guide to Relieving Pain, Reducing Stress and Restoring Wellbeing*. London, UK: Piatkus, 2013.

Richard, Matthieu. *Why Meditate? Working with Thoughts and Emotions*. New York: Hay House, 2010.

Richard, Matthieu. *Happiness: A Guide to Developing Life's Most Important Skill*. New York: Little, Brown, 2007.

Richard, Matthieu. *The Monk and the Philosopher*. New York: Schocken, 1998.

Rosenberg, Larry. *Breath by Breath*. Boston: Shambhala, 1998.

Rosenberg, Larry. *Living in the Light of Dying*. Boston: Shambhala, 2000.

Ryan, Tim. *A Mindful Nation*. New York: Hay House, 2012.

Salzberg, Sharon. *Real Happiness*. New York: Workman, 2011.

Salzberg, Sharon. *A Heart as Wide as the World*. Boston: Shambhala, 1997.

Salzberg, Sharon. *Lovingkindness*. Boston: Shambhala, 1995.

Santorelli, Saki. *Heal Thy Self: Lessons on Mindfulness in Medicine*. New York: Bell Tower, 1998.

Segal, Zindel V., Mark Williams, and John D. Teasdale. *Mindfulness-Based Cognitive Therapy for Depression: A New Approach to Preventing Relapse*. 2nd ed. New York: Guilford, 2012.

Semple, Randye J., and Jennifer Lee. *Mindfulness-Based Cognitive Therapy for Anxious Children*. Oakland, CA: New Harbinger, 2011.

Shapiro, Shauna, and Linda Carlson. *The Art and Science of Mindfulness: Integrating Mindfulness into Psychology and the Helping Professions*. Washington, DC: American Psychological Association, 2009.

Shen-Yen, with Dan Stevenson. *Hoofprints of the Ox: Principles of the Chan Buddhist Path as Taught by a Modern Chinese Master*. New York: Oxford University Press, 2001.

Siegel, Daniel J. *The Mindful Brain: Reflection and Attunement in the Cultivation of Well-Being*. New York: Norton, 2007.

Silverton, Sarah. *The Mindfulness Breakthrough: The Revolutionary Approach to Dealing With Stress, Anxiety, and Depression*. London, Uk: Watkins, 2012.

Smalley, Susan, and Diana Winston. *Fully Present: The Science, Art, and Practice of Mindfulness*. Philadelphia: Da Capo, 2010.

Snel, Eline. *Sitting Still Like a Frog: Mindfulness for Kids Aged Five Through Twelve and Their Parents*. Boston: Shambhala, 2013.

Spiegel, Jeremy. *The Mindful Medical Student*. Hanover, NH: Dartmouth College Press, 2009.

Stahl, Bob, and Elisha Goldstein. *A Mindfulness-Based Stress Reduction Workbook*. Oakland, CA: New Harbinger, 2010.

Sumedo, Ajahn. *The Mind and the Way*. Boston: Wisdom, 1995.

Suzuki, Shunru. *Zen Mind Beginner's Mind*. New York: Weatherhill, 1970.

Thera, Nyanoponika. *The Heart of Buddhist Meditation*. New York: Samuel Weiser, 1962.

Tolle, Eckhart. *The Power of Now*. Novato, CA: New World Library, 1999.

Trungpa, Chogyam. *Meditation in Action*. Boston: Shambhala, 1970.

Urgyen, Tulku. *Rainbow Painting*. Boudhanath, Nepal: RangJung Yeshe, 1995.

Varela, Francisco J., Evan Thompson, and Eleanor Rosch. *The Embodied Mind: Cognitive Science and Human Experience*. Cambridge, MA: MIT Press, 1991.

Wallace, Alan B. *The Attention Revolution: Unlocking the Power of the Focused Mind*. Boston: Wisdom, 2006.

Wallace, Alan B. *Minding Closely: The Four Applications of Mindfulness*. Ithaca, NY: Snow Lion, 2011.

Williams, J. Mark G. and Jon Kabat-Zinn, eds. *Mindfulness: Diverse*

Perspectives on Its Meaning, Origins, and Applications. London: Routledge, 2013.

Williams, Mark, and Danny Penman. *Mindfulness: A Practical Guide to Finding Peace in a Frantic World.* London: Little, Brown, 2011.

Williams, Mark, john Teasdale, Zindel Segal, and Jon Kabat-Zinn. *The Mindful Way Through Depression.* New York: Guilford, 2007.

FURTHER APPLICATIONS OF MINDFULNESS AND OTHER BOOKS ON MEDITATION

Brown, Daniel P. *Pointing Out the Great Way: The Stages of Meditation in the Mahamudra Tradition.* Boston: Wisdom, 2006.

Loizzo, Joe. *Sustainable Happiness: The Mind Science of Well-Being, Altruism, and Inspiration.* New York: Routledge, 2012.

McLeod, Ken. *Wake Up to Your Life: Discovering the Buddhist Path of Attention.* San Francisco: HarperCollins, 2001.

HEALING

Bowen, Sarah, Neha Chawla, and G. Alan Marlatt. *Mindfulness-Based Relapse Prevention for Addictive Behaviors.* New York: Guilford, 2011.

Byock, Ira. *The Best Care Possible: A Physician' s Quest to Transform Care Through the End of Life.* New York: Penguin, 2012.

Byock, Ira. *Dying Well: Peace and Possibilities at the End of Life.* New York: Riverhead Books, 1997.

Fosha, Diana, Daniel J. Siegel, and Marion F. Solomon, eds. *The Healing Power of Emotion: Affective Neuroscience, Development, and Clinical Practice.* New York: Norton, 2009.

Gyatso, Tenzen. *The Compassionate Life.* Boston: Wisdom, 2003.

Gyatso, Tenzen. *Ethics for a New Millennium.* New York: Riverhead

Books, 1999.

Halpern, Susan. *The Etiquette of Illness: What to say When You Can't Find the Words*. New York: Bloomsbury, 2004.

Lerner, Michael. *Choices in Healing: Integrating the Best of Conventional and Complementary Approaches to Cancer*. Cambridge, MA: MIT Press, 1994.

McBee, Lucia. *Mindfulness–Based Elder Care: A CAM Model for Frail Elders and Their Caregivers*. New York: Springer, 2008.

Meili, Trisha. *I Am the Central Park Jogger: A Story of Hope and Possibility*. New York: Springer, 2003.

Moyers, Bill. *Healing and the Mind*. New York: Broadway Books, 1993.

Ornish, Dean. *Love and Survival: The Scientific Basis of the Healing Power of Intimacy*. New York: HarperCollins, 2008.

Ornish, Dean. *The Spectrum: A Scientifically Proven Program to Feel Better, Live Longer, Lose Weight, and Gain Health*. New York: Ballantine Books, 2007.

Pelz, Larry. *The Mindful Path to Addiction Recovery: A Practical Guide to Regaining Control over Your Life*. Boston: Shambhala, 2013.

Remen, Rachel. *Kitchen Table Wisdom: Stories That Heal*. New York: Riverhead Books, 1997.

Simmons, Philip. *Learning to Fall: The Blessings of an Imperfect Life*. New York: Bantam, 2002.

Sternberg, Esther M. *Healing Spaces: The Science of Place and Well-Being*. Cambridge, MA: Harvard University Press, 2009.

Sternberg, Esther M. *The Balance Within: The Science Connecting Health and Emotions*. New York: W. H. Freeman, 2001.

Tarrant, John. *The Light Inside the Dark: Zen, Soul, and the Spiritual Life*. New York: HarperCollins, 1998.

Wilson, Kelly. *Mindfulness for Two: An Acceptance and Commitment Therapy Approach to Mindfulness in Psychotherapy*. Oakland, CA:

New Harbinger, 2008.

STRESS

LaRoche, Loretta. *Relax–You May Have Only a Few Minutes Left: Using the Power of Humor to Overcome Stress in Your and Work.* New York: Hay House, 2008.

Lazarus, Richard S., and Susan Folkman. *Stress, Appraisal, and Coping.* New York: Springer, 1984.

McEwen, Bruce. *The End of Stress as We Know it.* Washington, DC: Joseph Henry Press, 2002.

Rechtschaffen, Stephen. *Time Shifting: Creating More Time to Enjoy Your Life.* New York: Random House, 1996.

Sapolsky, Robert M. *Why Zebras Don' t Get Ulcers.* New York: St. Martins/Griffin, 2004.

Singer, Thea. *Stress Less: The New Science That Shows Women How to Rejuvenate the Body and the Mind.* New York: Hudson Street Press, 2010.

PAIN

Burch, Vidyamala. *Living Well with Pain and Illness: The Mindful Way to Free Yourself from Suffering.* London: Piatkus, 2008.

Cohen, Darlene. *Finding a Joyful Life in the Heart of Pain: A Meditative Approach to Living with Physical, Emotional, or Spiritual Suffering.* Boston: Shambhala, 2000.

Dillard, James M. *The Chronic Pain Solution: Your Personal Path to Pain Relief.* New York: Bantam, 2002.

Gardner–Nix, Jackie. *The Mindfulness Solution to Pain: Step–by–Step Techniques for Chronic Pain Management.* Oakland, CA: New Harbinger, 2009.

Levine, Peter, and Maggie Phillips. *Freedom from Pain: Discover Your Body's Power to Overcome Physical Pain*. Boulder, Co: Sounds True, 2012.

McManus, Carolyn A. *Group Wellness Programs for Chronic Pain and Disease Management*. St. Louis, MO: Butterworth-Heinemann, 2003.

Sarno, John E. *Healing Back Pain: The Mind-Body Connection*. New York: Warner, 2001.

TRAUMA

Emerson, David, and Elizabeth Hopper. *Overcoming Trauma Through Yoga: Reclaiming Your Body*. Berkeley, CA: North Atlantic Books, 2011.

Epstein, Mark. *The Trauma of Everyday Life*. New York: Penguin, 2013.

Karr-Morse, Robin, and Meredith S. Wiley. *Scared Sick: The Role of Childhood Trauma in Adult Disease*. New York: Basic Books, 2012.

Karr-Morse, Robin, and Meredith S. *Ghosts from the Nursery: Tracing the Roots of Violence*. New York: Atlantic Monthly Press, 1997.

Levine, Peter. *Healing Trauma: A Pioneering Program for Restoring the Wisdom of Your Body*. Boulder, CO: Sounds True, 2008.

Levine, Peter. *In an Unspoken Voice: How the Body Releases Trauma and Restores Goodness*. Berkeley, CA: North Atlantic Books, 2010.

Ogden, Pat, Kekuni Minton, and Claire Pain. *Trauma and the Body: A Sensorimotor Approach to Psychotherapy*. New York: Norton, 2006.

Sanford, Matthew. *Waking: A Memoir of Trauma and Transcendence*. Emmaus, PA: Rodale, 2006.

van der Kolk, Bessel, Alexander McFarlane, and Lars Weisaeth, eds.

Traumatic Stress: The Effects of Overwhelming Experience on Mind, Body, and Society. New York: Guilford, 1996.

POETRY

Bly, Robert. *The Kabir Book*. Boston: Beacon, 1971.

Bly, Robert, James Hillman, and Michael Meade. *The Rag and Bone shop of the heart*. New York: HarperCollins, 1992.

Eliot, T. S. *Four Quartets*. New York: Harcourt Brace, 1977.

Hafiz. *The Gift: Poems by Hafiz*. Trans. David Ladinsky. New York: Penguin, 1999.

Hass, Robert, ed. *The Essential Haiku*. Hopewell, NJ: Ecco Press, 1994.

Lao-Tsu. *Tao Te Ching*. Trans. Stephen Mitchell. New York: Harpercollins, 1988.

Mitchell, Stephen. *The Enlightened Heart*. New York: Harper and Row, 1989.

Neruda, Pablo. *Five Decades: Poems 1925–1970*. New York: Grove Weidenfeld, 1974.

Oliver, Mary. *New and Selected Poems*. Boston: Beacon, 1992.

Rilke, R. M. *Selected Poems of Rainer Maria Rilke*. New York: Harper and Row, 1981.

Rumi. *The Essential Rumi*. Trans. Coleman Barks. San Francisco: Harper, 1995.

Ryokan. *One Robe, One Bowl*. Trans. John Stevens. New York: Weatherhill, 1977.

Shihab Nye, Naomi. *Words Under the Words: Selected Poems*. Portland, OR: Far Corner Books, 1980.

Tanahashi, Kaz, *Sky Above, Great Wind: The Life and Poetry of Zen Master Ryokan*. Boston: Shambhala, 2012.

Whyte, David. *The Heart Aroused: Poetry and the Preservation of the*

Soul in Corporate America. New York: Random House, 1994.

Yeats, William Butler. *The Collected Poems of W. B. Yeats.* New York: Macmillan, 1963.

OTHER BOOKS OF INTEREST, SOME MENTIONED IN THE TEXT

Abrams, David. *The Spell of the Sensuous.* New York: Vintage, 1996.

Blakeslee, Sandra, and Matthew Blakeslee. *The Body Has a Mind of Its Own: How Body Maps in Your Brain Help You Do (Almost) Everything Better.* New York: Random House, 2007.

Bohm, David. *Wholeness and the Implicate Order.* London: Routledge and Kegan Paul, 1980.

Chaskalson, Michael. *The Mindful Workplace: Developing Resilient Individuals and Resonant Organizations with MBSR.* Chichester, West Sussex: Wiley–Blackwell, 2011.

Doidge, Norman. *The Brain That Changes Itself: Stories of Personal Triumph from the Frontiers of Brain Science.* New York: Penguin, 2007.

Gilbert, Daniel. *Stumbling on Happiness.* New York: Vintage, 2007.

Goleman, Daniel. *Ecological Intelligence: How Knowing the Hidden Impacts of What We Buy Can Change Everything.* New York: Broadway Books, 2009.

Goleman, Daniel. *Social Intelligence: The New Science of Human Relationships.* New York: Bantam, 2006.

Goleman, Daniel. *Emotional Intelligence: Why It Can Matter More than IQ.* New York: Bantam, 1995.

Kaza, Stephanie. *Mindfully Green: A Personal and Spiritual Guide to Whole Earth Thinking.* Boston: Shambhala, 2008.

Kazanjian, Victor H., and Peter L. Laurence. *Education as Transformation: Religious Pluralism, Spirituality, and a New*

Vision for Higher Education in America. New York: Peter lang, 2000.

Lantieri, Linda. *Building Emotional Intelligence: Techniques to Cultivate Inner Strength in Children*. Boulder, CO: Sounds True, 2008.

Layard, Richard. *Happiness: Lessons from a New Science*. New York: Penguin, 2005.

Marturano, Janice. *Finding the Space to Lead: A Practical Guide to Mindful Leadership*. New York: Bloomsbury, 2014.

Nowak, Martin. *Super Cooperators: Altruism, Evolution, and Why We Need Each Other to Succeed*. New York: Free Press, 2011.

Olser, William. *Aequanimitas*. New York: McGraw-Hill, 2012.

Olser, William. *A Way of Life*. Springfield, IL: Charles C. Thomas, 2012.

Sachs, Jeffrey D. *The Price of Civilization: Reawakening American Virtue and Prosperity*. New York: Random House, 2011.

Snyder, Gary. *The Practice of the Wild*. San Francisco: North Point, 1990.

Watson, Guy, Stephen Batchelor, and Guy Claxton, eds. *The Psychology of Awakening: Buddhism, Science, and Our Day-to-Day Lives*. York Beach, Me: Weiser, 2000.

Resources

There are a great many mindfulness associations and programs throughout the world, taught in many different languages. You can find them readily on the Internet through Google and other search engines. This list is simply a few of the centers we know about in the English-speaking world, and other websites that may be sources of information or support.

Center of Mindfulness in Medicine, Health Care, and Society

University of Massachusetts Medical School

Worcester, Massachusetts

http://www.umassmed.edu/cfm/index.aspx

Oxford Mindfulness Centre

University of Oxford, United Kingdom

http://oxfordmindfulness.org

Centre for Mindfulness Research and Practice

Bangor University, North Wales

http://www.bangor.ac.uk/mindfulness

Mindfulness Research Guide

A free online publication, published monthly, to keep abreast of the
        scientific research studies on mindfulness and its applications

http://www.mindfulexperience.org/research-centers.php

Clinical Education and Development and Research

University of Exeter, United Kingdom

http://cedar.exeter.ac.uk/programmes/pgmindfulness

University of California Center for Mindfulness

San Diego, California

http://health.ucsd.edu/specialties/mindfulness/Pages/default.aspx

University of Wisconsin Center for Mindfulness

UW Health Integrative Medicine

Madison, Wisconsin

http://www.uwhealth.org/alternative-medicine/mindfulness-based-stress-
reduction/11454

Mindful Birthing and Parenting
University of California, San Francisco
San Francisco, California
http://www.mindfulbirthing.org

Duke University Medical Center
Integrative Medicine
Durham, North Carolina
http://www.dukeintegrativemedicine.org/classes-workshops-and-
education/mindfulness-based-stress-reduction

Jefferson University Hospitals
Philadelphia, Pennsylvania
http://www.jeffersonhospital.org/departments-and-services/mindfulness/
public-programs

Awareness and Relaxation Training
San Francisco, California
http://www.mindfulnessprograms.com

MBSR British Columbia
Vancouver, BC Canada
http://www.mbsrbc.ca

Open Ground Mindfulness Training

Sydney, Australia

http://www.openground.com.au

Mindful Psychology

Auckland, New Zealand

http://www.mindfulpsychology.co.nz/trainers.html

Institute for Mindfulness South Africa

Capetown, South Africa

http://www.mindfulness.org.za

저자 소개

존 카밧진(JON KABAT-ZINN) 박사는 과학자이자 저술가 그리고 명상 지도자다. 그는 현재 매사추세츠 대학병원의 명예교수로 재직 중이며, 그곳에서 스트레스 완화 클리닉을 개설하고 MBSR 프로그램을 개발하고 보급하였다. 그는 마음챙김 명상과 적용에 관한 많은 책을 출간했으며, 그의 저술은 세계 35개국 이상의 언어로 번역되어 널리 읽히고 있다. 그는 1971년 MIT의 노벨상 수상자 살바도르 루리아(Salvador Luria)의 실험실에서 분자생물학으로 박사학위를 받았으며, 그 후 오랫동안 몸과 마음의 상호작용과 만성통증과 스트레스 장애를 보이는 환자들에게 마음챙김 명상을 임상적으로 적용하는 것과 관련된 연구를 해 왔다. 그는 명망 있는 다양한 학회와 기관으로부터 많은 상을 받았고, '통합의학을 위한 학술건강센터 컨소시엄(Consortium of Academic Health Center for Integrative Medicine: CAHCIM)' 등의 여러 단체를 설립하고 활동을 이끌고 있다. 존 카밧진 박사는 마음챙김이 의학, 심리학, 건강 보호, 학교, 기업, 병원, 교도소, 프로 스포츠 등의 기관에서 중요한 실천 방법으로 자리 잡게 하는 데 큰 기여를 해 왔다.

역자 소개

♣ 김교헌

김교헌 박사는 성균관대학교 심리학과 대학원을 졸업하였고, 현재 충남대학교 심리학과 교수로 재직 중이다. 미국 애리조나 대학교와 뉴질랜드 오클랜드 대학교에서 임상건강심리학을 연구하였으며 임상심리전문가, 건강심리전문가, 중독심리전문가로 활동하고 있다. 한국심리학회장과 건강심리학회장, 중독심리학회장을 역임하였으며, 현재 아시아건강심리학회장을 맡고 있다. 명상, 중독, 스트레스와 대처, 웰빙에 관심이 있으며 중독 관련 연구로 2010년 한국심리학회의 학술상을 수상하였다. 현재 충남대학교에서 '중독행동연구소' 와 '심리성장과 자기조절 센터' 의 운영을 맡고 있다.

♣ 김정호

고려대학교 심리학과와 동 대학교 대학원 심리학과를 졸업하고 문학박사 학위를 받았다. 한국심리학회 산하 한국건강심리학회 회원이며 건강심리전문가다. 현재 덕성여자대학교 심리학과 교수로 재직하고 있으며, 한국건강심리학회 회장을 역임하였다. 대표적인 저서로『스트레스의 이해와 관리』(개정 증보판, 공저, 시그마프레스, 2008),『조금 더 행복해지기: 복지정서의 환경-행동 목록』(학지사, 2000), 『스트레스는 나의 스승이다』(아름다운인연, 2005),『나로부터 자유로워지는 즐거움『(불광출판사, 2012),『스무 살의 명상책』(불광출판사, 2014),『생각 바꾸기』(불광출판사, 2015) 등이 있으며, 스트레스, 웰빙, 명상 등에 관한 다수의 논문이 있다.

♣ 장현갑

서울대학교 심리학과와 동대학원에서 심리학 박사학위를 취득하였다. 서울대학교 심리학과 교수, 영남대학교 명예교수, 가톨릭 의과대학 외래 교수 등으로 재직하였으며, 한국 명상치유학회 명예회장, 한국통합의학회 고문이다. 명상과 의학의 접목을 시도한 '통합의학'의 연구와 보급에 앞장서고 있다.

2001년부터 세계인명사전인 마르퀴즈 후즈후(Marquis Who's Who) 5개 분야(인더월드, 사이언스&엔지니어링, 메디슨&헬스 케어, 리더스, 아시아)에 9년 연속 등재되었다. 2005년 영국국제인명센터(IBC)로부터 '100대 교육자'에 선정되었고, 2006년 '명예의 전당(Hall of Fame)'에 영구헌정되었다.

대표적인 저서로는 『마음챙김』(미다스북스, 2007), 『마음 vs 뇌』(불광출판사, 2009), 『스트레스는 나의 힘』(불광출판사, 2010), 『가볍게 떠나는 심리학 시간여행』(학지사, 2015) 등이 있다.

마음챙김 명상과 자기치유(하)

−삶의 재난을 몸과 마음의 지혜로 마주하기−

Full Catastrophe Living (Revised Edition)

2017년 3월 10일 1판 1쇄 발행
2024년 8월 20일 1판 5쇄 발행

지은이 • 존 카밧진
옮긴이 • 김교헌 · 김정호 · 장현갑
펴낸이 • 김 진 환
펴낸곳 • (주) **학지사**

04031 서울특별시 마포구 양화로 15길 20 마인드월드빌딩 5층

대표전화 • 02) 330-5114   팩스 • 02) 324-2345

등록번호 • 제313-2006-000265호

홈페이지 • http://www.hakjisa.co.kr
인스타그램 • https://www.instagram.com/hakjisabook

ISBN 978-89-997-0882-4 04180
    978-89-997-0880-0 (세트)

정가 **15,000원**

▌출판미디어기업 **학지사**

간호보건의학출판 **학지사메디컬** www.hakjisamd.co.kr
심리검사연구소 **인싸이트** www.inpsyt.co.kr
학술논문서비스 **뉴논문** www.newnonmun.com
원격교육연수원 **카운피아** www.counpia.com
대학교재전자책플랫폼 **캠퍼스북** www.campusbook.co.kr

MBSR 창시자 카밧진 박사의 CD 시리즈
한국어 녹음 시판

이제 이 책에 나오는 마음챙김 명상을 저자이자 MBSR의 창시자인 카밧진 박사가 가르쳤던 그대로, 우리말 번역으로 배운다

MBSR은 세계가 인정한 마음챙김 명상 브랜드다. 마음챙김 명상 프로그램의 효과는 개인이 의도를 가지고 규칙적으로 수련을 하느냐에 달려 있다. 마음챙김 명상 수련은 급진적인 사랑의 행위, 자기존중의 행위, 당신의 내면 깊은 곳의 지혜와 치유 능력을 존중하는 행위이다.

이 명상을 위한 안내 CD는 카밧진 박사가 직접 지도하였던 스트레스 완화 클리닉 수업에서 병원 환자들이 사용했던 것이다. 이후 20년 동안 이 CD는 미국 전역, 캐나다, 유럽, 남아프리카에서부터 호주와 뉴질랜드에 이르기까지 병원과 클리닉에서 진행하는 MBSR 프로그램에 활발하게 사용되고 있다.

CD 시리즈 1은 카밧진 박사의 첫 저서 *Full Catastrophe Living*(마음챙김과 자기치유, 학지사), CD 시리즈 3은 *Coming to Our Senses: Healing Ourselves and the World Through Mindfulness*(온정신의 회복, 학지사)와 함께 나온 것으로서 우리말 녹음은 미국MBSR본부 인증지도자인 안희영 박사가 제작하였으며, 서점이나 한국MBSR연구소(서울시 서초구 효령로 26길 9-12 봉황빌딩3층)에서 구입할 수 있다.

명상이 처음이거나 혼자 수련하면서 진전이 없는 분들은 이 책의 근간이 되는 MBSR 8주 수업(한국MBSR연구소, 02-525-1588)에 실제로 참여하기를 권한다.